H. Kaiser · J. Kaiser · T. Kaiser | Die Zivilgerichtsklausur im Assessorexamen
Band I: Technik, Taktik, Formulierungshilfen

Die Zivilgerichtsklausur im Assessorexamen

Band I: Technik, Taktik, Formulierungshilfen

Von

Horst Kaiser
Vorsitzender Richter am Landgericht Lübeck a. D.
Ehem. Arbeitsgemeinschaftsleiter für Referendare
Ehem. Mitglied des Gemeinsamen Prüfungsamtes Nord für das Assessorexamen
Seminarleiter bei den Kaiserseminaren

Jan Kaiser
Ehem. Richter am Landgericht Lüneburg
Wirtschaftsjurist (Univ. Bayreuth)
Geschäftsführender Gesellschafter der Kaiserseminare
Seminarleiter bei den Kaiserseminaren

Torsten Kaiser
Rechtsanwalt
Wirtschaftsjurist (Univ. Bayreuth)
Mitherausgeber der Juristischen Arbeitsblätter
Seminarleiter bei den Kaiserseminaren

9., neu bearbeitete Auflage 2021

Verlag Franz Vahlen

Zitierweise: *Kaiser/Kaiser/Kaiser* Zivilgerichtsklausur I

www.vahlen.de

ISBN 978 3 8006 6246 3

Wilhelmstraße 9, 80801 München
Druck: Druckerei C.H. Beck Nördlingen
(Adresse wie Verlag)

Satz: R. John + W. John GbR, Köln
Umschlaggestaltung: Martina Busch Grafikdesign, Homburg Saar

CO_2 neutral
vahlen.de/nachhaltig

Gedruckt auf säurefreiem, alterungsbeständigem Papier
(hergestellt aus chlorfrei gebleichtem Zellstoff)

Vorwort zur neunten Auflage

In der Neuauflage haben wir als maßgebliche Änderung die Besonderheiten der süddeutschen Bundesländer wie Bayern und Baden-Württemberg in Bezug auf die Zivilgerichtsklausur deutlicher herausgearbeitet als in den Vorauflagen. Daneben haben wir – wie immer – die zwischenzeitlich ergangenen, examensrelevanten Gerichtsentscheidungen sowie die Erkenntnisse aus unseren Wochenendseminaren und den neuen Examensdurchgängen verwertet, Überholtes gestrichen und mit gewissem Erfolg der Versuchung widerstanden, das Buch sehr viel dicker werden zu lassen. Eine maßvolle Erhöhung des Umfangs ließ sich aufgrund des Eingehens auf die süddeutschen Besonderheiten und ein, zwei andere Aspekte, die wir nun besser dargestellt zu haben glauben, jedoch leider nicht vermeiden.

Wenn wir hier im Text die männliche Schreibweise verwenden, so dient dies nur dem Lesefluss. Es sind natürlich stets Menschen aller Geschlechter gemeint.

Timmendorfer Strand, Freiburg im Breisgau und Lübeck im Dezember 2020

Horst, Jan und Torsten Kaiser

Vorwort zur ersten Auflage

Die Erfahrungen von mehr als fünfzehn Jahren als Leiter von verschiedenen Zivilrechtsarbeitsgemeinschaften und Prüfer im zweiten Staatsexamen haben Horst Kaiser auf die Idee gebracht, ein »anderes« Lehrbuch für Referendare zu schreiben.

Es ist auf den ersten Blick unerklärlich, dass es selbst Referendaren (damit sind im Folgenden der Einfachheit halber Menschen beiderlei Geschlechts gemeint), die über gute materielle Kenntnisse verfügen und dies auch durch die Note im ersten Examen bewiesen haben, selten gelingt, diese im zweiten so umzusetzen, dass sie das Ergebnis wiederholen oder gar verbessern können. Dadurch, dass man sich im Assessorexamen nicht mehr mit Lehrmeinungen auseinandersetzen muss, sondern sich auf das Wissen um die Gesetzeslage und die herrschende Rechtsprechung beschränken kann, ist die Anwendung des materiellen Rechts und die Darstellung der Lösung einfacher geworden, sollte man meinen. Dies ist sicher richtig. Es führt aber trotzdem nicht zu einem besseren Abschneiden im Examen, weil der neu hinzukommende Bereich, die Kenntnis des Prozessrechts, häufig mehr als lückenhaft ist und die Darstellung der Entscheidung in der ungewohnten Form eines Urteils vielen nur schlecht gelingt. Dies hat verschiedene Ursachen.

Es liegt zum einen an der meist wenig examensorientierten Ausbildung, zum anderen an der mangelnden Bereitschaft der Referendare, sich aus eigenem Antrieb in die ihnen meistens wenig vertrauten neuen Rechtsgebiete einzuarbeiten. Zudem fehlt vielen Referendaren die Fähigkeit, Lösungen sprachlich so umzusetzen, dass die Formulierungen den Anforderungen eines guten Urteilsstils gerecht werden.

Die allgemein beklagte Schwierigkeit wiederum, die Aufgabe in fünf Stunden bewältigen zu müssen, resultiert zum größten Teil daraus, dass die Umsetzung der ermittelten Lösungsteile in brauchbare Formulierungen zu viel Zeit kostet. Dies hat zur Folge, dass es in der Schlussphase »eng« wird und durch die Hektik der letzten halben Stunde erörterungswürdige Aspekte auf der Strecke bleiben oder anfängerhaft anmutende Fehler beim Abfassen der üblicherweise letzten Arbeitsteile, des Tenors oder der Zins- und Nebenentscheidungen, gemacht werden. Genau an dieser Stelle sollen die Hilfestellungen ansetzen!

Die Voraussetzung, um aus den Anregungen, Formulierungsvorschlägen und Problemdarstellungen den optimalen Nutzen für Examensklausuren ziehen zu können, hängt von einem jedenfalls in den Grundzügen vorhandenen zivilprozessualen Basiswissen ab. Dieses können Sie sich leicht dank der insoweit wirklich guten Anleitungsbücher von Knöringer »Die Assessorklausur im Zivilprozess« sowie Anders/Gehle »Das Assessorexamen im Zivilrecht« aneignen. Zumindest das, was dort steht, sollten Sie vorher gelesen haben und vor dem Durcharbeiten einzelner Kapitel dieses Buches noch einmal nachlesen, um unsere Darstellungen richtig einordnen und behalten zu können.

Das Besondere dieses Buches besteht darin, dass wir aus der Fülle der zivilprozessualen Probleme diejenigen herausgesucht haben, die in Examensklausuren am häufigsten vorkommen, sie auf klausurtaktisch sinnvolle Fallkonstellationen reduziert haben und dazu Formulierungsvorschläge anbieten, die bei der Bewältigung der Umsetzungsprobleme helfen sollen. Was nicht examensrelevant ist, wird nicht erörtert. Wir erheben daher weder den Anspruch auf Vollständigkeit noch auf wissenschaftliche Darstellung der Materie. Deshalb werden Sie auch keine Zitate finden. Wir möchten vielmehr nur Referendaren die Angst vor dem Herangehen an zivilprozessuale Problemstellungen nehmen. Gerade diejenigen, die vielleicht keine »Helden« im Zivilrecht und schon gar nicht im Zivilprozessrecht sind, wollen wir ermuntern, sich zumindest das hier vermittelte Basiswissen und eine sinnvolle Vorgehensweise anzueignen. Unser Ziel ist es, allen dabei zu helfen, ein ihren materiellen Rechtskenntnissen entsprechendes Examensergebnis zu erzielen und nicht an eher formalen Klippen zu scheitern.

Was schreibe ich zur Zulässigkeit einer Klage? Wie gehe ich an den neuen Typ von Klausur heran? Was gehört in ein zusprechendes oder ein abweisendes Urteil? Wie lernt man, die Begründungen kurz und treffend wiederzugeben, ohne in den mühsam erlernten und bei Abfassen von Urteilen schädlichen »Gutachtenstil« oder »Lehrbuchstil« zu verfallen? Zur Beantwortung dieser Fragen möchten wir mit diesem Buch beitragen.

Das Buch enthält Tipps zur effektiven Examensvorbereitung, Hinweise zur Klausurtechnik und -taktik, eine Darstellung des Aufbaus von Tatbestand und Entscheidungsgründen vom Normalfall bis zur Hilfswiderklage sowie die Einführung in den Urteilsstil. Außerdem finden Sie Erläuterungen und Formulierungsvorschläge zu den relevantesten prozessualen Problemstellungen. Sie finden dort Anleitungen zum Überprüfen und Erweitern Ihres Präsenzwissens sowie Fehlerwarnungen und Vorschläge für Notfälle.

Sie sollten beim Durcharbeiten dieses Buches Ihnen nicht vertraute Vorschriften der ZPO nachschlagen und zu den einzelnen Komplexen die Kommentierungen in dem im Examen zugelassenen Kommentar durchlesen. Das wird Ihnen helfen, im Ernstfall mit dem Kommentar umgehen zu können. Sie werden feststellen, dass einige Ratschläge mehrmals vorkommen. Manche Tipps sind so wichtig, dass man sie gar nicht oft genug lesen kann.

Die kursiv gedruckten Passagen sind die »Bausteine« für Ihre Klausuren. Unvollständige Sätze, die mit »...« enden, müssen Sie dem Sachverhalt Ihrer Vorlage entsprechend ergänzen.

Die Verfasser veranstalten Wochenendseminare zur Vorbereitung auf die Examensklausuren in allen Rechtsgebieten. Der Schwerpunkt liegt wie in diesem Buch auf Klausurtechnik und -taktik unter Berücksichtigung der besonderen Anforderungen des Assessorexamens.

Nähere Informationen erhalten Sie unter:

KAISER SEMINARE
Mail: info@kaiserseminare.com
Internet: www.kaiserseminare.com

Lübeck,
im September 2005

Horst, Jan und Torsten Kaiser

Inhaltsverzeichnis

Abkürzungsverzeichnis

Abs.	Absatz
aE	am Ende
AG	Arbeitsgemeinschaft
Agl.	Anspruchsgrundlage(n)
Alt.	Alternative
arg.	Argumentum
Aufl.	Auflage
Az.	Aktenzeichen
BA	Beweisaufnahme
BGB	Bürgerliches Gesetzbuch
BGH	Bundesgerichtshof
Bl.	Blatt
BRAGO	Bundesrechtsanwaltsgebührenordnung
btr.	betreffend/e/r
bzgl.	bezüglich
bzw.	beziehungsweise
c.i.c.	culpa in contrahendo
d.A.	der Akten
dh	das heißt
EBV	Eigentümer-Besitzer-Verhältnis
EGMR	Europäischer Gerichtshof für Menschenrechte
EGZPO	Gesetz betreffend die Einführung der Zivilprozessordnung
EMRK	Europäische Menschenrechtskonvention
EUR	Euro
eV	einstweilige Verfügung
evtl.	eventuell
f., ff.	folgende, fortfolgende
GbR	Gesellschaft bürgerlichen Rechts
gem.	gemäß
GG	Grundgesetz
gg.	gegen
ggü.	gegenüber
GKG	Gerichtskostengesetz
GmbHG	Gesetz betreffend die Gesellschaften mit beschränkter Haftung
GoA	Geschäftsführung ohne Auftrag
GVG	Gerichtsverfassungsgesetz
HGB	Handelsgesetzbuch
hM	herrschende Meinung
hRspr	herrschende Rechtsprechung
Hs.	Halbsatz
iG	in Gründung
iHd/iHv.	in Höhe der/des/von
InsO	Insolvenzordnung

iRd/iRe/iRv .... im Rahmen des/der/einer/eines/von
iSd/iSv .... im Sinne des/der/von
iVm .... in Verbindung mit

KfH .... Kammer für Handelssachen
KG .... Kommanditgesellschaft
KE .... Kostenentscheidung

lat. .... lateinisch

NI .... Nebenintervention
Ni .... Nebenintervenient
NJW .... Neue Juristische Wochenschrift
Nr. .... Nummer

oHG .... offene Handelsgesellschaft
OLG .... Oberlandesgericht

PflVG .... Pflichtversicherungsgesetz
PVV .... positive Vertragsverletzung

RBW .... Rechtsbindungswillen
Rn. .... Randnummer
Rspr. .... Rechtsprechung
RVG .... Gesetz über die Vergütung der Rechtsanwältinnen und Rechtsanwälte

S. .... Satz
s. .... siehe
sog. .... sogenannte
StGB .... Strafgesetzbuch
stRspr .... ständige Rechtsprechung
StVG .... Straßenverkehrsgesetz
StVO .... Straßenverkehrsordnung

usw. .... und so weiter
uU .... unter Umständen

vgl. .... vergleiche
VB .... Vollstreckungsbescheid
VU .... Versäumnisurteil
vV .... vorläufige Vollstreckbarkeit

zB .... zum Beispiel
ZPO .... Zivilprozessordnung
ZVG .... Gesetz über die Zwangsversteigerung und die Zwangsverwaltung
zzgl. .... zuzüglich

Literaturverzeichnis

Zur Förderung der Übersichtlichkeit und Lesbarkeit haben die Verfasser auch in dieser Auflage bewusst auf Fußnoten verzichtet. Wer dies als Mangel ansieht, hat die Intention dieses Werkes nicht verstanden. Es geht um eine optimale Vorbereitung auf die Zivilgerichtsklausuren im Assessorexamen und nicht um eine wissenschaftliche Darstellung der Materie. Kein Referendar hat Zeit und Muße, die Fülle der Verweise in den einschlägigen Lehrbüchern nachzuschlagen. Dies ist auch wenig ratsam, da es dazu verleitet, sich in Einzelprobleme zu verstricken und den Blick auf das Wesentliche verwischt. Das Wesentliche wiederum ist in diesem Werk umfassend dargestellt.

Die Verfasser haben bei der Erstellung des Buches und seiner Neuauflage vor allem folgende Werke hinzugezogen:

Anders/Gehle, Das Assessorexamen im Zivilrecht, 14. Aufl. 2019

Baumbach/Lauterbach/Hartmann/Anders/Gehle, Zivilprozessordnung, 79. Aufl. 2021

Büßer/Tonner, Das zivilrichterliche Dezernat, 2. Aufl. 2016

Dallmeyer, Zivilrechtliche Musterklausuren für die Assessorprüfung, 8. Aufl. 2019

Furtner, Das Urteil im Zivilprozess, 5. Aufl. 1985

Knöringer, Die Assessorklausur im Zivilprozess, 18. Aufl. 2020

Kurpat, Das Zivilurteil: Einführung in die Urteilstechnik, 8. Aufl. 2017

Lackmann, Der Zivilrechtsfall in Prüfung und Praxis, 2. Aufl. 2014

Münchener Kommentar zur Zivilprozessordnung, 6. Aufl. 2020

Musielak/Voit, Grundkurs ZPO, 15. Aufl. 2021

Musielak/Voit, Zivilprozessordnung, 16. Aufl. 2019

Oberheim, Zivilprozessrecht für Referendare, 13. Aufl. 2017

Olivet, Die Kostenverteilung im Zivilurteil, 4. Aufl. 2006

Olivet, Juristische Arbeitstechnik in der Zivilstation, 4. Aufl. 2010

Palandt, BGB, 79. Aufl. 2020

Rosenberg/Schwab/Gottwald, Zivilprozess, 18. Aufl. 2018

Schellhammer, Die Arbeitsmethode des Zivilrichters, 18. Aufl. 2019

Schellhammer, Zivilprozess, 16. Aufl. 2020

Schneider, Kostenentscheidung im Zivilurteil, 3. Aufl. 1997

Schuschke/Kessen/Höltje, Zivilrechtliche Arbeitstechnik im Assessorexamen, 35. Aufl. 2013

Schwab, Grundzüge des Zivilprozessrechts, 2. Aufl. 2007

Stein/Jonas, Kommentar zur Zivilprozessordnung, 21. Aufl. ab 1993, 22. Aufl. ab 2002, 23. Aufl. ab 2014

Theimer/Theimer, Mustertexte zum Zivilprozess Band I, 10. Aufl. 2020

Theimer/Theimer, Mustertexte zum Zivilprozess Band II, 8. Aufl. 2018

Thomas/Putzo, Zivilprozessordnung, 41. Aufl. 2020

van den Hövel, Die Tenorierung im Zivilurteil, 8. Aufl. 2020

van den Hövel, Richterliche Arbeitstechnik, 5. Aufl. 2013
Zimmermann, Klage, Gutachten und Urteil, 21. Aufl. 2019
Zöller, Zivilprozessordnung, 33. Aufl. 2019

A. Grundlegende Ratschläge

Für die Vorbereitung auf das Assessorexamen sollten Sie nicht nur für die Zivilgerichtsklausuren, sondern generell sowie für alle Rechtsgebiete und Klausurtypen die folgenden Ratschläge beherzigen: 1

1. Sie sollten rechtzeitig ein Repetitorium besuchen!
2. Sie sollten sofort mit der Wiederholung des materiellen Rechts anfangen!
3. Sie sollten die Basisliteratur der Stationen jeweils vor deren Beginn durchlesen!
4. Sie sollten eine private Arbeitsgemeinschaft mit anderen Referendaren bilden!
5. Sie sollten die AG-Stunden gründlich vor- und nachbereiten!
6. Sie sollten die Arbeitsgemeinschaft mitgestalten!
7. Sie sollten so viele Klausuren wie möglich schreiben!
8. Sie sollten die Klausurbesprechungen vor- und nachbereiten!
9. Sie sollten (außer in Bayern) Vorträge üben!

Wenn Lernen ein lebenslanger Prozess ist und Stillstand Rückschritt bedeutet, haben die meisten, die dieses Buch in die Hand nehmen, nach unseren Erfahrungen den ersten Fehler schon gemacht. Sie haben nämlich nach dem ersten Examen aufgehört zu lernen oder das Erlernte zu wiederholen, und erst mit Beginn der Referendarzeit wieder damit angefangen. Ertappt? Dies ist besonders für diejenigen nachteilig, die lange auf ihren Referendarplatz haben warten müssen, und das sind nicht selten Referendare, die im ersten Examen nicht gerade glückvoll abgeschnitten haben. Daran ist nichts mehr zu ändern, aber so muss es ja nicht weiter gehen. Und bei vollem Einsatz ist noch nichts verloren. Daher gilt:

1. Sie sollten rechtzeitig ein Repetitorium besuchen!

Die Anforderungen im Zweiten Juristischen Staatsexamen sind in den letzten Jahren derart rasant angestiegen, dass man als Referendar mit der Auswahl des examensrelevanten Stoffes hoffnungslos überfordert ist. Auch die staatliche Ausbildung konnte nach unseren Erfahrungen mit dieser Entwicklung nicht Schritt halten. Die Referendarzeit ist eine großartige Möglichkeit, sich einen Einblick in die unterschiedlichen juristischen Berufe zu verschaffen, eine wirklich gute Examensvorbereitung bietet sie indes nicht. Dass wir nicht die einzigen sind, die das so sehen, steht schwarz auf weiß in einer Entscheidung des BVerwG, nachzulesen in DVBl. 1988, 349 ff. Nach der Feststellung des BVerwG, es sei keiner Vorschrift zu entnehmen, dass die staatliche Ausbildung den Anspruch erhebe, Referendare ohne zusätzliche eigene Examensvorbereitung bestmöglich auf die Zweite Juristische Staatsprüfung vorzubereiten, heißt es wörtlich: »**Im Gegenteil ist eine ergänzende Aus- und Fortbildung durch private Lehrveranstaltungen nicht nur zulässig, sondern geboten.**« Dem ist nichts hinzuzufügen.

Dass wir drei Kaisers mit weiteren 30 Kollegen Ihnen an derzeit sieben Standorten bundesweit Wochenendseminare zu allen examensrelevanten Rechtsgebieten und Klausurtypen anbieten sowie ein umfangreiches Angebot an Übungsklausuren bereithalten, das unsere Kurse und Skripte ergänzt, hat sich mittlerweile herumgesprochen. Zu unserem Konzept erfahren Sie mehr auf unserer Homepage unter www.kaiserseminare.com.

2. Sie sollten sofort mit der Wiederholung des materiellen Rechts anfangen!

Sie dürfen das, was Sie wissen, nicht in Vergessenheit geraten lassen! Und das geht schneller als Sie denken, gerade wenn Sie kein begeisterter Jurist sind. 2

Beim Auffrischen des materiellen Rechts sollten Sie darauf achten, dass vieles von dem, was für das Referendarexamen wichtig war, für das Assessorexamen sogar hinderlich sein kann. Literaturansichten oder von der herrschenden Rechtsprechung abweichende Einzelentscheidungen sind im Assessorexamen nutzloses Ballastwissen. Es ist Ihnen deshalb wenig damit gedient, Ihre alten Unterlagen aus Studienzeiten durchzuarbeiten oder Kurse zu besuchen, die mehr auf das Referendarexamen zugeschnitten sind. Sie müssen sich bei der Wiederholung des materiellen Rechts auf das Wesentliche konzentrieren, andernfalls ertrinken Sie in der Fülle des Stoffes. Es gibt schließlich nicht nur Zivilrecht! Zudem finden Sie die Darstellung von erheblichen Meinungsstreiten in den Kommentaren, die Sie benutzen dürfen. Voraussetzung dafür ist aber, dass Sie das Problem erkennen und an der richtigen Stelle nachschlagen.

Ausgehend von diesen Überlegungen bemühen wir uns darum, Ihnen Problembewusstsein anstelle von kasuistischem Teilwissen zu vermitteln. Es ist für Sie wichtiger, Probleme zu erkennen und die Lösungen dann im Kommentar nachzuschlagen, als Hunderte von Lösungen auswendig zu lernen und dann doch im Examen die richtige nicht zu finden oder der Gefahr zu erliegen, den Fall der gewünschten Lösung »anzupassen«. Zur Wiederholung des materiellen Zivilrechts empfehlen wir deshalb unser Lehrbuch **»Materielles Zivilrecht im Assessorexamen«** – ebenfalls bei Vahlen in dieser Reihe erschienen – und das gleichnamige Wochenendseminar.

3. Sie sollten die Basisliteratur der nächsten Stationen vor deren Beginn durchlesen!

3 Durch die ständigen Verkürzungen der Referendarzeit ist es zunehmend schwieriger geworden, sich den neuen Stoff in der knapp bemessenen Zeit der einzelnen Stationen anzueignen. Es liegt mithin auf der Hand, dass man für die Vorbereitung auf die erste Station die Zeit zwischen dem ersten Examen und dem Beginn der Referendarzeit nutzen sollte. Auch wenn sich Ihnen die Referendarliteratur noch nicht voll erschließt, so macht es dennoch den entscheidenden Unterschied, ob Sie wenigstens von den neuen Begriffen schon einmal gehört haben und zumindest ungefähr wissen, was auf Sie zukommt. Der erste Urlaub in Rom oder Paris bringt auch mehr, wenn man vorher einen Stadtführer durchgelesen hat. Nur durch Vorbereitung schaffen Sie es, am Beginn einer Station nicht wie ein »Ochs vorm Berg« zu stehen und zu verhindern, genau das dann auch – etwas netter ausgedrückt – in Ihrem Stationszeugnis zu lesen. Was soll Ihr Ausbilder denn mit Ihnen anfangen, wenn Sie keinen blassen Schimmer von der Praxis haben? Wenn Sie aber gleich zu Beginn der Station zeigen, dass Sie trotz praktischer Defizite, die Ihnen keiner verübelt, brauchbare Voten oder Entscheidungsentwürfe abliefern, wird man Sie sicherlich sinnvoller beschäftigen.

Es gibt darüber hinaus aber auch noch einen anderen wichtigen Aspekt, der Sie veranlassen sollte, vorbereitet in die Stationen zu gehen: Wie wollen Sie sonst überhaupt beurteilen, ob Sie sich auf Ihre Ausbilder oder AG-Leiter verlassen und deren Darstellungen und Ratschlägen vertrauen können? Ohne eigene Kenntnisse von der Materie sind Sie Ihren Ausbildern doch hilflos ausgeliefert. Woher wollen Sie denn sonst wissen, ob Ihnen Richtiges und Wichtiges vermittelt wird oder ob Ihnen jemand nur seine langjährige Erfahrung weitergibt, was für die Praxis hilfreich sein mag, nicht aber für Ihr Examen? Bedenken Sie, dass die meisten Ihrer Ausbilder keine Examensprüfer sind und vielleicht gar nicht wissen, welche Anforderungen im Examen an Sie gestellt werden. Die Ausrede, Sie hätten das, was man Ihnen als Fehler ankreidet, von Ihrem Ausbilder so beigebracht bekommen, zieht im Examen nicht!

4. Sie sollten eine private Arbeitsgemeinschaft mit anderen Referendaren bilden!

4 Zum Einüben der Umsetzungstechnik sind kleine private Arbeitsgemeinschaften besonders geeignet, in denen Sie durch Verbesserungsvorschläge und Anregungen der anderen Teilnehmer mögliche Fehler entdecken oder durch Vorträge und Diskussionen besser formulieren lernen. Suchen Sie sich geeignet erscheinende Kolleginnen oder Kollegen möglichst bald aus! Als ideal haben sich Gruppen von drei oder vier Referendaren erwiesen. Die Privat-AG sollte mindestens einmal pro Woche am gleichen Tag und zur gleichen Stunde stattfinden, damit sich jeder Teilnehmer darauf einstellen kann und keiner eine Ausrede hat.

5. Sie sollten die AG-Stunden gründlich vor- und nachbereiten!

5 Sie profitieren von der Arbeitsgemeinschaft und von der praktischen Ausbildung nur dann optimal, wenn Sie sich darauf vorbereitet haben. Sonst dürfen Sie sich nicht wundern, wenn der AG-Leiter aus Ihrer Ahnungslosigkeit den Schluss zieht, es sei besser, Ihnen aus Lehrbüchern vorzulesen. Drängen Sie auch darauf, dass Ihnen der Stoff der jeweils nächsten AG-Stunden vorher mitgeteilt wird, damit Sie sich mit Hilfe der Lehrbücher und Kommentare einlesen können. Auch hier gilt die Fußballerweisheit analog: »Nach der AG ist vor der AG«.

Nur wenn Sie vorbereitet sind, ziehen Sie optimalen Nutzen aus der Arbeitsgemeinschaft, den Sie durch eine intensive Nachbereitung noch steigern sollten.

6. Sie sollten die Arbeitsgemeinschaft mitgestalten!

Wenn Sie die AG-Stunde nur wie eine Vorlesung über sich ergehen lassen, ist es häufig ver- 6
geudete Zeit. Sie werden dann weit weniger von dem behalten, was Sie hören, als wenn Sie aktiv mitarbeiten. Und wenn Sie meinen, dass Ihnen Ihr AG-Leiter zu wenig Examensrelevantes vermittelt, sprechen Sie ihn darauf an. Es geht um Ihr Examen! Sorgen Sie für eine gute Arbeitsatmosphäre, indem Sie sich beteiligen, Fragen stellen und Anregungen geben.

7. Sie sollten so viele Klausuren wie möglich schreiben!

Das ist auch nicht gerade ein Geheimtipp, sollte man meinen. Unsere Erfahrung hat uns aber 7
gelehrt, darauf besonders hinzuweisen. Es gibt Referendare, die sich auf die Pflichtklausuren beschränken, so als würden sie durch jede weitere Klausur Kraft verlieren, die sie sich lieber für das Examen aufsparen. Nur durch das Schreiben möglichst vieler Übungsklausuren gewöhnen Sie sich aber an den Stress, an die Zeiteinteilung, und Sie lernen, sich fünf Stunden lang zu konzentrieren. Sie können gar nicht früh genug damit anfangen, Übungsklausuren zu schreiben. Auch wenn Sie sich noch nicht fit fühlen, lernen Sie dadurch die neuen Anforderungen und Ihre Defizite kennen. Sollten die Klausuren nicht unter Aufsicht geschrieben werden, müssen Sie sich selbst Examensbedingungen schaffen.

Merke: Keine unerlaubten Hilfsmittel, keine Absprachen, keine Zeitüberschreitung! Es ist sinnlos, nach anderen Regeln zu schreiben als im Examen, nur um eine bessere Note zu bekommen, die Sie nur in trügerischer Sicherheit wiegt. Im Examen ist weder Ihre Teamfähigkeit gefragt noch will man von Ihnen wissen, was Sie in mehr als fünf Stunden zu Papier bringen können, und sei es noch so gut! Wer sich nicht unter Ernstfallbedingungen vorbereitet, ist nicht gut vorbereitet! Dazu gehört auch, dass sich die »Morgenmuffel« daran gewöhnen, ab 8 Uhr morgens eine Klausur zu schreiben. Die körperliche Verfassung und die Kondition sind auch von entscheidender Bedeutung. Deshalb sollten Sie auch einmal an zwei aufeinanderfolgenden Tagen Klausuren aus verschiedenen Rechtsgebieten schreiben. Sie müssen die Erfahrung machen, ob und wie Sie das durchhalten.

Im Examen scheinen die fünf Stunden Zeit, die Ihnen zur Verfügung stehen, besonders schnell zu vergehen. Examenskandidaten klagen nach den Klausuren am häufigsten über die Zeitnot. Sie sollten die Übungsklausuren daher in 4 ½ Stunden schreiben, um sicherzustellen, dass Sie im Examen mit fünf Stunden auskommen. Und lassen Sie sich durch nicht zufriedenstellende Ergebnisse nicht entmutigen. Jede Klausur ist unabhängig vom Ergebnis immer so viel wert, wie Sie daraus lernen. Die Lehren aus einer Klausur mit drei Punkten, deren Fehler Sie analysieren, sind wertvoller als die Freude über eine gelungene Klausur, die Sie selbstzufrieden nicht mehr analysieren.

8. Sie sollten die Klausurbesprechungen vor- und nachbereiten!

Ohne Teilnahme an der Klausurbesprechung und deren Vor- und Nachbereitung können 8
Sie sich die Mühe des Schreibens sparen! Es kommt immer wieder vor, dass Referendare in der Besprechung nicht mehr wissen, was sie in ihren Klausuren geschrieben haben und schon gar nicht, warum. Dann verpufft natürlich auch die Besprechung weitgehend. Sie lernen nur, wenn Sie die Lösungsskizze verstehen und mit Ihrer Lösung abgleichen. Sie müssen nachvollziehen, wie Sie auf Ihr Ergebnis gekommen sind und was daran richtig oder falsch war.

Ein Fehler, den die meisten Referendare machen, liegt bereits darin, die »Schmierzettel« nach Abgabe der Klausur wegzuwerfen. Sie müssen vor allem die Blätter mit Ihrer Lösungsskizze aufbewahren, um die Besprechung vorbereiten zu können. Sie sollten sich vor allem dann, wenn zwischen Abgabe und Besprechung ein längerer Zeitraum liegt, vor der Besprechung den Klausurtext noch einmal durchlesen und sich Ihre Lösung vergegenwärtigen, um wirklich von der Besprechung zu profitieren. Und begnügen Sie sich nicht damit, die Ihnen präsentierte »amtliche« Lösungsskizze zu verstehen! Sie müssen herausfinden, was an Ihrer Lösung falsch ist, und was Sie die Fehler hat machen lassen oder woran es gelegen hat, dass Sie 13 Punkte bekommen haben! Und wieso nicht 16 oder 18 Punkte?

Nach der Klausurbesprechung oder dem Durcharbeiten des Ihnen mitgeteilten Lösungsvorschlages sollten Sie unbedingt versuchen, durch erneutes Abfassen der Entscheidungsgründe innerhalb einer Stunde, maximal 90 Minuten, den Ernstfall zu simulieren. Stellen Sie sich vor, Sie hätten im Examen genau eine Stunde vor Abgabe die richtige Lösung fertig skizziert und müssten diese »nur noch« formulieren. Dabei werden Sie dann feststellen, wie schnell eine Stunde vergeht und an welchen Stellen Sie noch Schwierigkeiten mit dem Aufbau, der Gewichtung und der Formulierung haben. Wer aus einem Fehler nicht lernt, begeht den zweiten. Und wenn nicht genug Klausurtermine angeboten werden, greifen Sie auf die Angebote der Repetitorien, zB auf unsere Klausuren, zurück. Übung macht den Meister!

9. Sie sollten (außer in Bayern) Vorträge üben!

9 Sie sollten früh damit anfangen, Aktenvorträge zu üben, wobei nur für Bayern eine Ausnahme gilt, weil dort in der mündlichen Prüfung keine Aktenvorträge gehalten werden. Ein gelungener Vortrag ist Ihre einzige Chance, sich in der mündlichen Prüfung nennenswert verbessern zu können. Ihr Vortrag, mit dem die mündliche Prüfung beginnt, entscheidet weitgehend darüber, ob Sie den rechnerisch möglichen und im Rahmen Ihrer Leistung erreichbaren Notensprung oder das angestrebte Ergebnis schaffen oder nicht. Wenn der Vortrag nicht gelingt, bleiben Sie voraussichtlich im Bereich des Notendurchschnitts Ihrer Klausuren hängen.

10 **Fazit:** Um alles unter einen Hut zu bekommen, ist es natürlich erforderlich, dass Sie sich Ihre Zeit richtig einteilen. Das bedeutet, dass Sie mindestens einen Tag pro Woche für die Vor- und Nachbereitung der Arbeitsgemeinschaft und einen weiteren – und sei es am Wochenende – dafür reservieren sollten, Übungsklausuren zu schreiben und Ihr Wissen in allen relevanten Rechtsgebieten aufzufrischen. Das ist wichtiger als das meiste andere, mit dem Sie sonst befasst sein könnten. Hoffentlich finden Sie verständige Ausbilder, die Ihnen diese Zeit lassen. Wenn Sie zu sehr mit Arbeit eingedeckt werden, sollten Sie dieses Problem einmal mit Ihrem Ausbilder besprechen. Denn eines werden Sie noch feststellen, wenn Sie es nicht schon längst gemerkt haben: Die praktische Ausbildung hat nicht immer viel mit einer guten Examensvorbereitung zu tun. Dafür müssen Sie ganz entscheidend selbst sorgen!

Alle unsere Ratschläge dienen dem einen großen Ziel, im Examen zu zeigen, dass Sie die angestrebte Note – welche auch immer – verdient haben. Das können Sie am besten dadurch tun, dass Sie in den Klausuren die grundlegenden juristischen Tugenden an den Tag legen, die so häufig in den Arbeiten vermisst werden. Grund dafür ist, dass die Kandidaten in der Regel zu großen Wert auf das Ergebnis legen, statt auf den Weg dorthin. Aber nur letzterer zeigt den guten Juristen …

Unserer Meinung nach zeichnet sich ein guter Jurist im Wesentlichen aus durch:

- Logisches Denken
- Argumentationstalent
- Sprachkompetenz
- Blick für das Wesentliche
- Sorgfalt
- Gründlichkeit
- Problembewusstsein
- Kenntnis der gängigen rechtlichen Probleme
- Kenntnis der obergerichtlichen Rechtsprechung zu grundlegenden Fragen
- Kenntnis der juristischen Verfahrensabläufe und Formalien

Und diese Fähigkeiten müssen Sie in Ihren Klausuren zeigen. Dabei helfen wir Ihnen.

B. Klausurtechnik

I. Zeiteinteilung

Vorweg sei verdeutlicht, dass wir in dieser Darstellung unter einer Zivilgerichtsklausur im Assessorexamen in erster Linie eine **Zivilurteilsklausur** verstehen. Den absoluten Großteil der zivilrichterlichen Klausuren im zweiten Staatsexamen machen nämlich Urteilsklausuren aus. 11

Zivilgerichtliche Beschlussklausuren, zB

- nach § 91a ZPO bei übereinstimmender vollständiger Erledigungserklärung,
- gem. §§ 707, 719 ZPO bei einstweiliger Einstellung der Zwangsvollstreckung,
- nach §§ 916 ff. ZPO im einstweiligen Rechtsschutz
- oder gem. § 766 ZPO bei der Vollstreckungserinnerung

sind demgegenüber deutlich seltener anzutreffen. Soweit für das Verständnis unerlässlich, finden Sie die Hinweise dazu im Verlauf dieses Buchs, insbesondere zur Erledigung und zur Einstellung der Zwangsvollstreckung. Da der einstweilige Rechtsschutz hingegen weitaus häufiger nicht aus Richter-, sondern aus Anwaltssicht abgeprüft wird, können Sie alles Wesentliche zu den §§ 916 ff. ZPO in unserem Buch *Kaiser/Kaiser/Kaiser* Die Anwaltsklausur Zivilrecht nachlesen. Auf die Erinnerungsklausur nach § 766 ZPO wiederum, die übrigens besonders gerne im Gewande der sofortigen Beschwerde gem. §§ 793, 567 ff. ZPO drankommt, gehen wir in unserem Buch *Kaiser/Kaiser/Kaiser* Die Zwangsvollstreckungsklausur im Assessorexamen ein.

Des Weiteren sollten Sie vorab wissen, dass wir bei unseren Ausführungen in diesem Buch das Hauptaugenmerk auf die zivilprozessuale **Klageart der Leistungsklage in der ersten Instanz** legen, also auf die Klage, mit der Ansprüche im Sinne der Legaldefinition des § 194 I BGB vor dem Amts- oder Landgericht erstinstanzlich geltend gemacht werden. Die Prüfungsämter lassen uns hier keine andere Wahl, da die absolute Mehrheit der Zivilgerichtsklausuren solche erstinstanzlichen Leistungsklagen (regelmäßig auf Geldzahlung) betrifft. Die anderen Klagearten, namentlich die Feststellungsklage nach § 256 ZPO und die prozessualen Gestaltungsklagen der Zwangsvollstreckung, spielen in diesem Werk daher nur eine untergeordnete Rolle. Die Berufung nach §§ 511 ff. ZPO, die insbesondere in südlicheren Bundesländern ab und zu im Asssessorexamen auftaucht, wurde komplett ausgespart. Soweit erforderlich, gehen wir auf Feststellungsanträge, die gerne als kumulative Klageanträge in Schadensersatzprozessen neben den Leistungsanträgen auftauchen (Feststellung der Haftung für Zukunftsschäden), in diesem Buch punktuell ein. Weitere nützliche Examenshinweise zu Feststellungsanträgen aus Anwaltssicht, also außerhalb der Zivilgerichtsklausur, erhalten Sie im Buch *Kaiser/Kaiser/Kaiser* Die Anwaltsklausur Zivilrecht. Und die prozessualen Gestaltungsklagen der Zwangsvollstreckung werden umfassend im Buch *Kaiser/Kaiser/Kaiser* Die Zwangsvollstreckungsklausur im Assessorexamen behandelt, wo sie schlichtweg hingehören. Das vorliegende Werk behandelt also nur die »normale« Zivilgerichtsklausur in erster Instanz sowie außerhalb der Zwangsvollstreckung.

Wohlan: Was ist also die größte Hürde, die Sie bei einer Zivilurteilsklausur überwinden müssen? Die meisten Referendare stöhnen nach den Examensklausuren (neben einigen anderen typischen Beschwerdepunkten, wie anspruchsvollen Prüfungsthemen oder unverhältnismäßig langen Sachverhalten) über die Zeitnot. Unseres Erachtens sind dafür neben den verständlicherweise oft fehlenden praxisrelevanten Rechtskenntnissen im Wesentlichen zwei Gründe maßgeblich: Zum einen ist es der unnötige Zeitverlust bei der Umsetzung der materiellen Lösung in die entscheidenden Sätze der Entscheidungsgründe und zum anderen eine falsche Zeiteinteilung. Das führt dazu, dass viele Referendare nicht fertig werden, ohne zum Schluss abkürzen oder oberflächlicher argumentieren zu müssen. Zudem werden in der Hektik Selbstverständlichkeiten vergessen oder unnötige Fehler gemacht. Deshalb ist es von großer Bedeutung, dass Sie bereits bei den Übungsklausuren das Zeitlimit von fünf Stunden einhalten und zudem lernen, die einzelnen Arbeitsabschnitte in der dafür vorgesehenen Zeit zu erledigen. Noch besser wäre es, wenn Sie Übungsklausuren in 4 ½ Stunden schreiben, denn im Examen vergeht die Zeit schneller als sonst. Nur so stellen Sie sicher, dass das Problem Zeiteinteilung bei der Examensklausur nicht noch zu zusätzlicher Nervosität führt. Nach unserer Erfahrung hat sich für eine »volle Zivilurteilsklausur«, also eine solche, bei der Einzelteile wie Rubrum, Tatbestand oder prozessuale Nebenentscheidungen nicht erlassen sind, folgende ungefähre Zeiteinteilung bewährt, die natürlich nur eine Empfehlung ist, die von Ihnen im Klausurtraining erprobt und gegebenenfalls individuell angepasst werden muss:

- Durchsicht und Analyse der Vorlage etwa 20 Minuten
- Erfassen des Sachverhalts etwa 10 Minuten
- Abfassen des Tatbestandes zwischen 30 und 40 Minuten
- Erarbeiten und Skizzieren der Lösung bis max. 2 Stunden
- Niederschreiben des Rubrums, des Tenors und der Nebenentscheidungen etwa 5 Minuten
- Abfassen der Entscheidungsgründe 1 ½ Stunden
- Gegebenenfalls Hilfsgutachten, sofern es verlangt oder erwartet wird (→ Rn. 12a)
- Kongruenzprüfung und Durchsicht in der restlichen Zeit

12 Wenn Sie nach dem ersten Durchlesen oder auch nur Anlesen der Klausur bereits Panik bekommen, sollten Sie zunächst das Rubrum abfassen. Es wirkt beruhigend, wenn man schon etwas zu Papier gebracht hat. S. zur Rettung bei einem Super-GAU die Ratschläge für die »Notfall-Lösung«, → Rn. 483 ff.

Ein ganz wichtiger Tipp: Wenn Ihnen gegen Ende der fünf Stunden die Zeit fehlt, um alles in Ruhe fertig zu schreiben, und Sie die letzte Seite der Entscheidungsgründe nicht schon gleich nach dem Tenor geschrieben haben, müssen Sie die Klausur »von hinten« zu Ende schreiben. Damit ist gemeint, dass Sie spätestens zehn Minuten vor Schluss zunächst die gegebenenfalls erforderliche Zinsentscheidung begründen, die Normen bezüglich der prozessualen Nebenentscheidungen und die Unterschriften der erkennenden Richter anführen und gegebenenfalls über den Streitwert entscheiden. Dann überprüfen Sie noch einmal Ihren Tenor auf Vollständigkeit und fahren dann an der Stelle fort, an der Sie zuvor aufgehört haben. Sprechen Sie alle noch nicht abgehandelten Aspekte zumindest mit einem Satz kurz an, wenn die Zeit knapp wird. So vermeiden Sie zumindest den schwerwiegenden Makel, eine nicht zu Ende geschriebene Klausur abgegeben zu haben

12a **Besonderheiten insbesondere für Bayern/Baden-Württemberg:** Wenn Sie in einem Bundesland Ihr Assessorexamen schreiben, in dem einerseits Teile des vollen Zivilurteils häufiger erlassen sind (zB Rubrum oder Tatbestand, sog. **Rumpfurteil**) und andererseits **Hilfsgutachten** nicht nur vom Bearbeitervermerk salvatorisch zugelassen, sondern vom Prüfungsamt in bestimmten Konstellationen auch erwartet werden (insbes. Bayern und Baden-Württemberg), dann müssen Sie die hier vorgeschlagene Zeiteinteilung entsprechend anpassen:

- Durchsicht und Analyse der Vorlage etwa 20 Minuten
- Erfassen des Sachverhalts etwa 10 Minuten
- Wenn nicht erlassen: Abfassen des Tatbestandes zwischen 30 und 40 Minuten
- Erarbeiten und Skizzieren der Lösung bis max. 2 Stunden
- Soweit nicht erlassen: Niederschreiben des Rubrums, des Tenors und der Nebenentscheidungen etwa 5 Minuten
- Abfassen der Entscheidungsgründe und gegebenenfalls des Hilfsgutachtens 1 ½ Stunden
- Kongruenzprüfung und Durchsicht in der restlichen Zeit

Und was sind typische Inhalte für ein »süddeutsches« Hilfsgutachten?

- Alle weiteren Anspruchsgrundlagen bei voll begründeten Leistungsklagen
- Ausführungen zur Hilfsaufrechnung, wenn bereits die Hauptverteidigung des Beklagten erfolgreich war
- Ausführungen zu nachrangigen Voraussetzungen einer Anspruchsgrundlage, wenn es wegen Fehlens einer vorrangig zu prüfenden Voraussetzung der Anspruchsgrundlage nicht darauf ankommt (im umgekehrten Fall lieber alles ins Urteil schreiben)

- Ausführungen zur Begründetheit eines unzulässigen Antrags
- Ausführungen zur Begründetheit einer unzulässigen Widerklage

Zur Darstellung und Formulierung des Hilfsgutachtens:

- Wenn die Zeit reicht, schreiben Sie Ihr Hilfsgutachten im »gemischten« Gutachtenstil des Assessorexamens, den Sie etwa auch vom anwaltlichen Gutachten kennen. Folglich handeln Sie alle unproblematischen Aspekte im Hilfsgutachten knapp im Urteilsstil ab und weichen nur bei den problematischen und interessanten Punkten in den »echten« Gutachtenstil aus (Obersatz, dann »dürfte, müsste, könnte« sowie »hierfür spricht und dafür spricht«, Ergebnis am Schluss).
- Wenn Sie nur wenige Minuten für das Hilfsgutachten erübrigen können, dann »knallen« Sie es mit »Bulletpoints« und Stichwortsätzen gleich einer Lösungsskizze auf das Papier.
- Wenn Sie in Zeitnot sind und jede Minute für den Entscheidungsentwurf benötigen, dann lassen Sie das Hilfsgutachten schlicht ganz weg. Merke: Im Notfall zunächst am Hilfsgutachten sparen!

Und zwei Hinweise am Schluss: Ihr Hilfsgutachten setzen Sie bitte nie mitten in Ihr Urteil oder Ihren Beschluss, sondern stets ans Ende des Entscheidungsentwurfs. Und auch wenn Hilfsgutachten in Zivilgerichtsklausuren insbesondere in Bayern und Baden-Württemberg anzutreffen sind, gilt doch auch hier die Faustregel: Die 18-Punkte-Lösung kommt meistens ohne Hilfsgutachten aus!

II. Reihenfolge der Arbeitsschritte

Die unter → Rn. 11 bzw. Rn. 12 aufgeführten Arbeitsschritte sollen Sie unbedingt einhalten. **13–14** Ein Streitpunkt ist hierbei immer die Frage: Zuerst den (nicht erlassenen) Tatbestand oder die Entscheidungsgründe schreiben? Die Gründe für unseren Rat werden wir Ihnen im Folgenden erläutern.

Unseres Erachtens sollten Sie den Tatbestand vor dem Erarbeiten der Lösung und vor dem **15** Abfassen der Entscheidungsgründe schreiben. Das sind die maßgeblichen Vorteile dieser Vorgehensweise:

1. Sie verringern die Gefahr, in die »Carpaccio-Falle« zu tappen.
2. Es beruhigt, schon einen Teil der Aufgabe erledigt zu haben.
3. Der erste Eindruck Ihrer Arbeit ist besser, wenn Sie den Tatbestand in Ruhe schreiben.
4. Sie verringern die Gefahr mangelnder Kongruenz von Tatbestand und Entscheidungsgründen.

1. Die »Carpaccio-Falle« oder: Wie vermeide ich es, den Fall nicht richtig zu erfassen?

Das Schlimmste, das Ihnen passieren kann, ist, in die »Carpaccio-Falle« zu tappen. Sie lesen **16** Carpaccio, gefragt war aber nach Gaspacho. Ihr hauchdünn geschnittenes Rinderfilet ist hervorragend, aber gefragt war nach einer kalten Gemüsesuppe auf Tomatenbasis. Totalschaden. Will sagen, wer an der Aufgabe vorbeischreibt, hat schon verloren, und das unabhängig davon, wie gut die abstrakte Leistung war. Anders ausgedrückt: Wenn die Aufgabe war: »Wie viel ist 2 x 2?«, dann gibt es für die Antwort »3 x 3 = 9« nicht einmal vier Punkte!

So berechtigt der Einwand auch ist, die Entscheidungsgründe seien das Wichtigste, so wenig lässt sich aber daraus folgern, die rechtliche Analyse und das Abfassen der Entscheidungsgründe sollten schon vor dem Niederschreiben des Tatbestandes erfolgen. Da der Teufel bekanntlich im Detail steckt, kann es ohne vorheriges Formulieren des Tatbestandes eher passieren, dass man aus Unachtsamkeit oder weil man bereits zu sehr mit der rechtlichen Lösung befasst war, eine relevante Tatsache falsch eingeordnet hat. Damit ist der zu entscheidende »Fall« ein anderer als der, den man seiner Lösung zugrunde gelegt hat, und auch die »besten« Entscheidungsgründe nützen dann nichts.

Merke: Die besten Entscheidungsgründe nützen nichts, wenn sie nicht zum »Fall« passen.

Kennen Sie das »Déjà-vu«-Erlebnis beim ersten Durchlesen? Das ist der »Mülleimerfall«, den kenne ich! Man macht sich übereilt an die Lösung und übersieht dabei vor lauter Freude darüber, dass man die Problemstellungen der Klausur zu kennen glaubt, dass eine Kleinigkeit anders ist, als man meint. Das passiert nicht so leicht, wenn man erst den Tatbestand ausformuliert, weil man dabei gezwungen ist, besser aufzupassen als beim bloßen Lesen oder freudigen Überfliegen.

2. Es beruhigt, schon einen Teil der Aufgabe erledigt zu haben.

17 Wenn Sie bereits den Tatbestand geschrieben haben, werden Sie weitaus beruhigter sein, als wenn Sie noch gar nichts zu Papier gebracht haben. Denn es belastet zusätzlich, bei der rechtlichen Analyse immer im Hinterkopf zu haben, dass man noch den Tatbestand schreiben muss und dass es vielleicht mit der Zeit eng wird. Es gibt kaum etwas Schlimmeres als nach drei Stunden noch vor leeren Blättern zu sitzen! Wenn Sie nach der von uns vorgeschlagenen Zeiteinteilung nach etwa einer ½ Stunde mit dem Abfassen des Tatbestandes fertig sind, bleiben Ihnen 1 ½ Stunden für das Erarbeiten der Lösung und das Formulieren des Rubrums, des Tenors und der Entscheidungsgründe. Das ist eine feste Größe, auf die Sie sich einstellen können, wohingegen Sie andernfalls nicht wissen, wann Sie mit den Entscheidungsgründen fertig sind und wie lange Sie dann noch für das Schreiben des Tatbestandes brauchen.

Die einzige Gefahr besteht darin, dass das Abfassen des Tatbestandes doch länger dauert als vorgesehen und dann zu wenig Zeit für die Entscheidungsgründe verbleibt. Das ist aber kein Grund, von der vorgeschlagenen Reihenfolge abzuweichen. Sie müssen vielmehr durch regelmäßiges Schreiben von Übungsklausuren lernen, die Zeitvorgaben einzuhalten.

Diese Vorgehensweise ist besonders ratsam, wenn Sie nach dem ersten Durchlesen Panik befällt. Es ist auffällig, dass Klausuren mit besonders schwachen Lösungen fast immer auch besonders schwache Tatbestände aufweisen. Grund dafür ist, dass die Furcht vor der »Unlösbarkeit« der Klausur so lähmend wirkt, dass nicht einmal mehr die einfachsten Dinge gelingen. Das darf und muss nicht sein! Je schwieriger die Rechtslage ist oder scheint, desto ruhiger und sorgfältiger müssen Sie an die Teile der Klausur herangehen, die von dem Schwierigkeitsgrad der Lösung nicht abhängen. Die Einhaltung der Formalien und ein guter Tatbestand sind bei einer vielleicht schwachen oder gar falschen Lösung die einzige Chance auf den rettenden vierten Punkt! Andernfalls verhalten Sie sich wie der Koch, der aus Angst vor dem Misslingen des Hauptgerichts bereits die Suppe versalzt.

3. Der erste Eindruck ist von besonderer Bedeutung.

18 Prüfer sind auch »nur« Menschen, und für die ist der erste Eindruck nun einmal besonders wichtig. Wenn Sie diesem Umstand keine Rechnung tragen und Ihr Schwergewicht zu sehr auf die Abfassung der Entscheidungsgründe legen, verkennen Sie einen bedeutenden, die Note maßgeblich beeinflussenden Umstand: Der Prüfer liest Ihre Klausur von vorne nach hinten. Wenn Sie in umgekehrter Reihenfolge vorgegangen sind und wegen des Zeitmangels in der Schlussphase im Tatbestand viele – und seien es kleine – Fehler gemacht haben, werden selbst gute Entscheidungsgründe den ersten Eindruck einer schwachen Arbeit nur unzureichend wettmachen. Der Prüfer ist am Ende eines schwachen Tatbestandes der Überzeugung, eine insgesamt schwache Arbeit vor sich zu haben!

4. Sie verringern die Gefahr mangelnder Kongruenz von Tatbestand und Entscheidungsgründen.

19 Mit dieser Überlegung ist nicht die »Carpaccio-Falle« gemeint, denn wenn die zuschnappt, ist ohnehin nichts zu retten. Es geht vielmehr darum, dass Sie zwar alles richtig erfasst, aber in der Hektik der Schlussphase nicht alles richtig in den Tatbestand geschrieben haben. Der sog. Kongruenz, also der Übereinstimmung von Tatbestand und Entscheidungsgründen, haben Sie nur Rechnung getragen,

- wenn in Ihren Entscheidungsgründen keine Tatsache erwähnt wird, die nicht auch schon in Ihrem Tatbestand steht, und
- wenn Sie die Tatsachen in den Entscheidungsgründen auch so verwerten, wie sie sich aus Ihrem Tatbestand ergeben, vor allem streitige als streitig und unstreitige als unstreitig.

Mit mangelnder Kongruenz ist hier gemeint, dass der Tatbestand nicht zu den Entscheidungsgründen passt. Es ist ein Fehler, der zum Scheitern der Klausur führen kann, wenn die Lösung auf der Grundlage Ihres Tatbestandes rechtlich nicht haltbar ist, selbst wenn sie objektiv richtig ist.

Sie können ausnahmsweise die Entscheidungsgründe vor dem Tatbestand schreiben, wenn die Parteien ausschließlich um Rechtsfragen streiten. Dann liegt der Schwerpunkt der Klausur nicht im Erfassen des Sachverhalts, sondern in seiner rechtlichen Würdigung. In diesen Fällen können Sie den Tatbestand eher vernachlässigen und sich voll auf die Entscheidungsgründe konzentrieren. Bei dem abschließenden Niederschreiben des Tatbestandes können Sie sich dann, wenn die Zeit drängt, mit Verweisungen retten.

Die anderen, oben dargestellten Nachteile und Gefahren dieser Reihenfolge der Arbeitsschritte bleiben aber bestehen. Letztlich müssen Sie ausprobieren, bei welcher Vorgehensweise Sie sich wohler fühlen oder bessere Ergebnisse erzielen.

Merke: Wir werden häufig gefragt, ob unser Vorschlag eines möglichst früh niederzuschreibenden Tatbestands nicht die Einhaltung der Regel erschwere, wonach der Tatbestand gleichsam »der Spiegel der Entscheidungsgründe« zu sein habe (und umgekehrt). Nach dieser nicht auszumerzenden Empfehlung, die viele Referendare in der AG aufschnappen und ungeprüft übernehmen oder missverstehen, darf angeblich nichts im Tatbestand stehen, was nicht auch in den Entscheidungsgründen auftaucht. Es ist also quasi die Umkehr dessen, was wir hier mit dem Stichwort »Kongruenz« von Ihnen fordern, wonach jede in den Entscheidungsgründen verwertete Tatsache auch im Tatbestand nachzulesen sein muss. Dass der oft zitierte Lehrsatz, der die Regel einfach umkehrt, nicht mehr als eine Wunsch- oder Faustformel darstellt, jedoch in der Praxis keinesfalls zwingend ist, sollen Ihnen diese Beispiele erläutern:

- Wenn eine Klage ausnahmsweise zB wegen fehlenden Rechtsschutzbedürfnisses komplett unzulässig ist (was im Assessorexamen nicht, wohl aber in der Praxis vorkommen kann), dann würde das Gericht trotzdem im Tatbestand das Wesentliche zum materiellen Sach- und Streitstand zusammenfassen, obwohl es in den Entscheidungsgründen nur kurz auf das fehlende Rechtsschutzbedürfnis eingeht und keine sachlich-rechtliche Prüfung vornimmt.
- Wenn es wegen Erfolgs des Hauptantrags nicht auf den Hilfsantrag ankommt, muss man den Hilfsantragssachverhalt gleichwohl im Tatbestand darstellen, auch wenn er in den Entscheidungsgründen keine Rolle spielt.
- Verteidigt sich der Beklagte einer Leistungsklage mit einem Haupteinwand (zB Erfüllung gem. § 362 BGB) und einem Hilfseinwand (zB Hilfsaufrechnung gem. §§ 387 ff. BGB), und geht das Gericht von einem durchgreifenden Haupteinwand aus, so müssen die Hilfsaufrechnung und der zugehörige Sach- und Streitstand trotzdem im Tatbestand Niederschlag finden. In den Entscheidungsgründen hingegen würde das Gericht nach der Darlegung der Unbegründetheit der Klage wegen § 362 BGB höchstens noch mit einem Satz erwähnen, dass es wegen des durchschlagenden Erfüllungseinwands auf die Hilfsaufrechnung nicht mehr ankommt.
- Eine mangels Konnexität iSd § 33 ZPO unzulässige Widerklage muss im Tatbestand dargestellt werden, in den Entscheidungsgründen würde man nur wenige Sätze zur fehlenden Zulässigkeit der Widerklage verlieren und sachlich nicht auf sie eingehen.

Alle diese Beispiele öffnen Ihnen hoffentlich die Augen, dass der oben zitierte Merksatz nicht mehr ist als eine nette Zielvorstellung für die Homogenität zwischen Tatbestand und Entscheidungsgründen, jedoch keinesfalls eine zwingende Maxime. Richtig muss der Satz stattdessen lauten: In den Tatbestand gehört alles, was für die Entscheidungsgründe relevant sein kann (und nicht, was für Ihre individuellen Entscheidungsgründe relevant ist)! Der Vorderrichter schreibt seinen Tatbestand nämlich nicht bzw. nicht in erster Linie für seine eigenen Entscheidungsgründe, sondern für die Obergerichte bis hin zum BGH, die sein Urteil im Berufungs- und gegebenenfalls im Revisionsverfahren einer begrenzten Tatsachen- und einer umfassenden Rechtskontrolle unterziehen.

Zur Vermeidung von Missverständnissen: An unser Kongruenz-Regel halten wir fest: Was also in den Entscheidungsgründen an Tatsachen aufgegriffen wird, muss im Tatbestand enthalten sein! Nur andersrum wird eben »kein Schuh draus«.

Und die Referendare aus Bayern und Baden-Württemberg würden die in den vorstehenden Beispielen als für die Entscheidungsgründe irrelevant dargestellten Aspekte natürlich in ihr »süddeutsches« Hilfsgutachten aufnehmen. Dafür ist es da.

III. Die Arbeitsschritte im Einzelnen

1. Durchsicht und Analyse der Vorlage

20 Sie müssen bei dem ersten Arbeitsschritt in dem Bewusstsein an die Zivilurteilsklausur herangehen, dass dort neben dem Sachverhalt Fragen in Form von Sachverhaltskonstellationen versteckt sind. Wenn zB ein Kläger gegen zwei Beklagte vorgeht, ist das die versteckte Frage: Was ist Streitgenossenschaft? Wenn der Kläger Zahlung an einen Dritten verlangt, sollen Sie auf die Frage antworten: Was ist gewillkürte Prozessstandschaft? Ihre Antworten müssen immer fallbezogen sein, Sie dürfen also nur das schreiben, was für die Erläuterung der konkreten Situation erforderlich ist. Gleiches gilt für Darstellungs- und Aufbauprobleme. Hinter einer Beweisaufnahme steckt die Frage: »Was weißt Du von Beweiswürdigung?«, hinter einer Aufrechnung die Frage nach dem besonderen Aufbau. Wenn Sie das alles schon mal richtig machen, haben Sie den Grundstein für eine gelungene Arbeit gelegt.

Merke: Bei dem ersten Durchlesen der Klausur müssen Sie die versteckten Fragen suchen.

Lesen Sie den Bearbeitervermerk sorgfältig durch. Sie finden dort gegebenenfalls Hinweise auf das anzuwendende Recht, auf Prozessgeschichte, auf besondere Arten der Bearbeitung oder wichtige Daten. Bisweilen werden Ihnen auch Aufgaben wie die prozessualen Nebenentscheidungen erlassen.

Das Anlegen von Merkzetteln und Zeittafeln ist ein ganz wichtiger Beitrag zum Gelingen einer Klausur. Die Erfahrung als Korrektor von einigen tausend Referendarklausuren hat gezeigt, dass bei Klausuren mit gehobenem Schwierigkeitsgrad auch die Tatbestände immer besonders schlecht ausfallen und andere Fehler sich auffällig häufen. Grund dafür ist nach unserer sicheren Überzeugung, dass die Referendare an die Klausuren falsch herangehen. Davor möchten wir Sie warnen. Wir stellen im Folgenden eine Vorgehensweise dar, die Ihnen vor allem in kritischen Situationen hilft.

Wenn man nur die Vorlage durchliest und versucht, alles auf einmal zu erfassen, wird einem die bevorstehende Aufgabe zwangsläufig gewaltig vorkommen. Man wird zunehmend aufgeregter, weil einem vielleicht der Sachverhalt verwirrend oder die materielle Rechtslage schwierig erscheint. Die Befürchtung, mit der Fülle der Probleme nicht zurecht zu kommen, wird einen ergreifen und die Kräfte so binden, dass die Leistungsfähigkeit darunter leidet. So weit dürfen Sie es nicht kommen lassen.

Deshalb unser Rat: Beginnen Sie sofort, sich beim Durchlesen der Vorlage Notizen zu machen. Das gibt Ihnen das Gefühl, dass Sie dem Ziel schon etwas näherkommen. Und das ist keine Selbsttäuschung. Gute Merkzettel und Zeittafeln sind ein ganz bedeutender Schritt auf dem Weg zu einer guten Klausur. Die mit dem Beginn des Aufschreibens einkehrende Ruhe wird Sie in die Lage versetzen, Dinge zu sehen, die Ihnen andernfalls vor Aufregung entgehen könnten. Die Konzentration auf das Herausfiltern von Zulässigkeitsaspekten, Fallstricken und Auffälligkeiten verhindert das Aufkommen der Angst vor der materiellen Rechtslage. Um diese Ratschläge richtig umsetzen zu können, müssen Sie sich davon losmachen, die von Ihnen verlangte Aufgabe als eine einheitliche Leistung zu begreifen. Sie müssen die Vorlage in einzelne Abschnitte einteilen und diese mit geschärftem Bewusstsein für Besonderheiten, Fallstricke und anzusprechende Aspekte aufnehmen. Von Ihnen werden nämlich mehrere einzelne Teilleistungen verlangt, von denen Sie ganz sicher einige, und zwar die ersten, fehlerfrei erbringen können. Das sind das Erfassen des Sachverhalts, das Ordnen in streitiges und unstreitiges Vorbringen, das Aussondern von erkennbar Überflüssigem, das Abfassen des Tatbestandes und das Erkennen sowie die Darstellung der Zulässigkeitsaspekte. Das Gelingen dieser Teilleistungen bereiten Sie durch das sorgfältige Anlegen von Merkzetteln vor. Diese Arbeit wird Ihnen im weiteren Verlauf der Bearbeitung Zeit ersparen, weil Sie sich auf Ihre Merkzettel verlassen und die dort angemerkten Stichworte abarbeiten können, ohne immer wieder in die Vorlage schauen und planlos nach Aspekten suchen zu müssen, die Sie übersehen haben könnten. Der sorgfältig erstellte Merkzettel wird alle anzusprechenden Zulässigkeitsaspekte, wichtige Hinweise auf kleine Fallstricke und Lösungsansätze enthalten (vgl.

→ Rn. 84 ff.). Eine Zeittafel wird Ihnen beim Ordnen des Sachverhalts helfen. Wenn Sie diese Aufzeichnungen vor den weiteren Arbeitsschritten, also dem Abfassen des Tatbestandes, dem Erarbeiten der Lösung und der abschließenden Durchsicht, noch einmal durchlesen, können Sie gewährleisten, dass Sie bei der mit Zeitablauf zunehmenden Hektik auch alles bedacht haben, was Ihnen aufgefallen ist. Dadurch verhindern Sie, so wichtige »Kleinigkeiten« wie eine um einen Tag zu hohe Zinsforderung und die daraus resultierende Teilabweisung zu übersehen.

Sie dürfen bei diesem Arbeitsschritt nicht den Fehler machen, schon bewusst über die mögliche Lösung nachzudenken. Das verleitet zu selektiver Wahrnehmung und lohnt sich erst, wenn die Tatsachengrundlage erarbeitet ist. Die Arbeit, die Sie bei der ersten Durchsicht erledigen, erfordert Ihre volle Konzentration. Lassen Sie sich also nicht ablenken durch Überlegungen zu Arbeitsschritten, die erst später an der Reihe sind!

Im Folgenden stellen wir Ihnen eine systematische Vorgehensweise für das Anlegen von Merkzetteln vor, die sich an der ohnehin gebotenen Reihenfolge Ihrer ersten Arbeitsschritte orientiert (→ Rn. 13). Die Fragestellung lautet dabei: Was sagen mir Daten und Auffälligkeiten in dem betreffenden Abschnitt der Vorlage und worauf sollte ich achten?

Bearbeitervermerk

- Zustellungsdatum (Rechtshängigkeit und Beginn einer Verzinsung) **21**
- Andere Daten (Wiedereinsetzung, Verspätung, Präklusion, materiell-rechtliche Fristen)
- Besondere Aufgabenstellungen (zB Streitwertbeschluss)
- Anweisungen (zB bestimmte Vorschriften nicht anzuwenden wie § 313a ZPO)

Rubrum der Klage

- Anwaltliche Vertretung
- Vollständige Anschriften
- Streitgenossenschaften
- Örtliche Zuständigkeit, zB §§ 12, 13 ZPO oder §§ 17, 21 ZPO
- Parteifähigkeit
- Ordnungsgemäße Vertretung von juristischen Personen

Klägerantrag

- Antragsart (Leistungs-, Feststellungs- oder Gestaltungsantrag)
- Unbezifferter Zahlungsantrag
- Haupt- und Hilfsantrag
- Ist der Antrag vollständig, vollstreckungsfähig, auslegungsbedürftig?
- Überflüssige Anträge zu Kosten, Bankbürgschaft und vorläufiger Vollstreckbarkeit?
- Gibt es besondere Vollstreckungsschutzanträge?
- Sachliche Zuständigkeit
- Anfängliche objektive kumulative, echte oder unechte, eventuelle Klagenhäufung
- Prozessstandschaft
- Zinsforderung (auslegungsbedürftig, Prozess- oder Verzugszinsen, Zinsen als Verzugsschaden, Höhe, Zinsbeginn)

Klagebegründung

- Örtliche Zuständigkeit aus der Anspruchsgrundlage, §§ 29, 32 ZPO
- Gerichtsstandsvereinbarung
- Prozessführungsbefugnis
- Keine entgegenstehende Rechtskraft oder anderweitige Rechtshängigkeit
- Feststellungsinteresse gem. §§ 256 I, 255, 259 ZPO
- Allgemeines Rechtsschutzbedürfnis, zB bei Klagen gem. §§ 767, 771, 768, 805 ZPO
- Streitverkündungen

Beklagtenantrag

- Abweisungsantrag oder Besonderheit (Zug um Zug, Teilanerkenntnis, Vorbehalt)

Klageerwiderung
- Rechtzeitigkeit
- Rügen jeglicher Art
- Einreden und Einwendungen
- Aufrechnungserklärungen
- Widerklage und deren Zulässigkeitsvoraussetzungen
- Grobes Einordnen des Sachvortrags in streitig oder unstreitig

Entgegnung des Klägers
- Klageänderungen (Erledigungserklärung, Teilrücknahme, Sachverhalts- oder Antragsänderungen)
- Neuer Vortrag

Erwiderung des Beklagten
- Reaktion auf eventuelle Klageänderungen
- Stellungnahme zu neuem Vortrag des Klägers
- Neuer Vortrag des Beklagten

Terminsprotokoll
- Neuer Vortrag der Parteien
- Reaktion auf neuen Vortrag der anderen Partei im letzten Schriftsatz oder in der mündl. Verhandlung
- Ist rügelos verhandelt worden?
- Angaben zum Streitwert
- Sind die angekündigten Anträge gestellt worden?
- Hat eine Beweisaufnahme stattgefunden?

2. Erfassen des Sachverhalts

22 Die Arbeit am Sachverhalt ist die Basis einer gelungenen Klausur. Fehler, die hierbei gemacht werden, setzen sich fort und führen häufig zum Scheitern.

Dieser Arbeitsschritt wird nach unseren Erfahrungen häufig nicht ernst genug genommen. Leider ist der Irrglaube weit verbreitet, diesen Teil der Klausur schaffe man mit links. Die Folge dieser Einstellung sind die oben geschilderten Fehler, die den ganzen Rest der Klausur überschatten und zum Scheitern führen können. Es ist doch etwas dran an der alten Weisheit:

Merke: »Tue Leichtes, als sei es schwer, und Schweres, als sei es leicht!«

Also höchste Wachsamkeit beim Durchlesen des Klausurtextes! Dazu gehört auch das genaue Lesen des Verhandlungsprotokolls, weil auch dort nicht selten noch Sachvortrag zu finden ist. Es kann etwa das schwierige Problem des »neuen Vortrags« auftauchen (→ Rn. 42 ff.), und es können bislang streitige Punkte unstreitig werden oder umgekehrt.

Und noch einmal der Rat: Zwingen Sie sich dazu, den Sachverhalt zu erfassen, ohne sich schon über die mögliche Lösung Gedanken zu machen. Eine andere Vorgehensweise verleitet zu selektiver Wahrnehmung. Sie verfallen dann möglicherweise einer spontanen Idee oder einem Ihnen bekannten Lösungsansatz, der im Rahmen des tatsächlich zugrunde liegenden Sachverhalts keine Rolle spielt.

Merke: »Materiell-rechtliche Überlegungen sind erst sinnvoll, wenn die Tatsachengrundlage erarbeitet ist.«

3. Abfassen des Tatbestandes

a) Grundsätzliches

Wenn der Tatbestand laut Bearbeitervermerk nicht erlassen ist, geht es bei diesem Arbeitsschritt bereits darum, Ihre juristischen Tugenden zu zeigen, vor allem Sprachkompetenz, den Blick für das Wesentliche, Sorgfalt, Gründlichkeit und die Kenntnis der juristischen Formalien. 23

Sie müssen sich von der Vorlage so lösen, dass Sie die darin enthaltenen sachlichen Informationen unabhängig von ihrem genauen Wortlaut, unabhängig von der Reihenfolge, in der sie Ihnen dargeboten werden, und unabhängig von der Wertung, die Ihnen gegebenenfalls nahegelegt wird, aufnehmen und zu etwas Neuem umarbeiten, dem an § 313 II ZPO orientierten Tatbestand.

Gehen Sie besonders kritisch an alles heran, was Ihnen in der Klausuraufgabe wie auf einem Präsentierteller angeboten wird. Es kann sich dabei nämlich ebenso gut um einen nett gemeinten Hinweis wie um eine böse Falle handeln. Sie sollten über diese Hinweise nachdenken, ihnen aber keinesfalls kritiklos folgen. Sie dürfen nur vorgetragenen Tatsachen trauen! Sie müssen vorgehen wie bei einem eigentlich guten, aber schlecht erzählten Witz, den Sie weitererzählen wollen. Da würden Sie sich ja auch nicht an der schwachen Vorlage orientieren. Sie würden sich das Wichtige merken, die Pointe herausarbeiten, die Fehler und Ungeschicklichkeiten des Erzählers vermeiden und den Witz dann auf Ihre Art präsentieren.

Sie dürfen auch das, was Ihnen Ihr Stationsausbilder zum Abfassen eines Tatbestandes sagt, nicht ungeprüft für Ihre Examensklausuren übernehmen. Es können Welten zwischen dem liegen, was jemand, der seit Jahren seinen eigenen Stil entwickelt hat, für richtig hält und dem, was im Examen von Ihnen erwartet wird.

Was also ist der Tatbestand, der von Ihnen im Examen gefordert wird? Auszugehen ist von § 313 II ZPO. Der Tatbestand ist die geordnete, objektive, seinem wesentlichen Inhalt nach knappe Zusammenstellung des Sach- und Streitstandes per Schluss der mündlichen Verhandlung unter Hervorhebung der Anträge.

Oberstes Gebot ist dabei die Verständlichkeit. Auf § 184 GVG (»Die Gerichtssprache ist deutsch«) sei an dieser Stelle ausdrücklich hingewiesen. Das heißt zum einen, Sie sollten mit »Juristenlatein« sparsam umgehen! Das Urteil ist in erster Linie für die Parteien, denen mit »clausula rebus sic stantibus« und »teleologischer Reduktion« jedenfalls ohne weitere Erläuterung nicht gedient ist. Zum anderen meint § 184 GVG gutes, grammatikalisch richtiges und sprachlich sowie orthographisch einwandfreies Deutsch.

Die Zeitformen des Tatbestandes sind auch grundsätzlich durch die Praxis festgelegt. Sie lauten:

- Einleitungssatz: Präsens
- Unstreitiges: Präteritum
- Streitiger Klägervortrag: Einleitung Präsens, danach indirekte Rede im sog. Reporterstil, meistens Perfekt

  Formulierungsbeispiel: Der Kläger behauptet, das Getriebe des Pkw sei defekt. Der Beklagte habe versichert, …
- Überholte Anträge und antragsbezogene Prozessgeschichte: Perfekt
- Gestellte Anträge: Präsens
- Streitiger Beklagtenvortrag: Einleitung Präsens, danach indirekte Rede im Perfekt
- Prozessgeschichte: Perfekt

Ein sprachlich und stilistisch guter Tatbestand beeinflusst die Note, und sei es durch die Spätwirkungen des ersten Eindrucks. Eine gestelzte Ausdrucksweise, unnötige Wiederholungen, Rechtschreib- und Grammatikfehler werten Ihre Arbeit ab. Dieser Teil der Klausur muss für Sie die »Pflicht« sein, der die »Kür« in Form der Entscheidungsgründe folgt. Da dürfen keine Fehler gemacht werden! Sie müssen die Chance nutzen, den Prüfer bis zum Ende des

Tatbestandes so für sich einzunehmen, dass ihm jeder Ihrer Fehler in den Entscheidungsgründen leidtut, weil er gehofft hatte, endlich eine außergewöhnlich gute Arbeit korrigieren zu dürfen.

Leider erreichen viele Referendare genau das Gegenteil. Sie bringen den gutmütigsten Prüfer schon mit den ersten paar Sätzen des Tatbestandes so auf die Palme, dass er anschließend jede kleine Ungenauigkeit und erst recht jeden Fehler als willkommene Bestätigung seiner Anscheinsvermutung begrüßt, nach der der Bearbeiter keine Ahnung hat. Diesen schlechten Eindruck kann man übrigens noch wesentlich verstärken durch eine nahezu unleserliche Schrift und mindestens zwei Verweisungen pro Seite wie »jetzt weiter Rs. Bl. 4« oder »hier einschieben 3. Abs. Bl. 7«.

24 Zur Verständlichkeit gehört auch ein einleitender Satz. Sinn dieser Einleitung ist es, den Leser in die Lage zu versetzen, sich gedanklich auf das Rechtsgebiet und die voraussichtlichen Rechtsfragen einzustellen. Die Einleitung muss den Streit der Parteien so treffend wie möglich bezeichnen. Je eindimensionaler der Streit ist – ein Klageantrag, ein Streitpunkt – desto präziser ist die Einleitung zu formulieren:

> Die Parteien streiten um eine restliche Werklohnforderung.
> Der Kläger begehrt die Rückzahlung eines Darlehens.

Je komplexer der Streit ist, zB mehrere Anträge, eine Aufrechnung des Beklagten oder eine Widerklage, desto umfassender oder pauschaler sollte der Einleitungssatz sein:

> Die Parteien streiten um Ansprüche aus einem Verkehrsunfall.
>
> Die Parteien streiten um Erfüllung oder Rückabwicklung eines Vertragsverhältnisses.
>
> Der Kläger verlangt vom Beklagten Schadensersatz, der Beklagte begehrt widerklagend die Unterlassung bestimmter Äußerungen des Klägers.

Sie müssen sich jedoch davor hüten,

- **die Anträge vorwegzunehmen,**
- **den Streit zu begrenzt oder völlig nichtssagend darzustellen oder**
- **bereits Tatsachen vorwegzunehmen, die für die Einführung nicht erforderlich sind.**

Bei vollständigen einseitigen Erledigungserklärungen muss Ihr Einleitungssatz erkennen lassen, dass es nicht mehr um den ursprünglichen Streit geht, sondern um die Frage der Erledigung.

> Die Parteien streiten darum, ob sich der Rechtsstreit wegen Schadensersatzes aus einem Verkehrsunfall in der Hauptsache erledigt hat.

Bei einseitigen Teilerledigungserklärungen könnte Ihr Einleitungssatz zB lauten:

> Die Parteien streiten um restlichen Schadensersatz aus einem Verkehrsunfall sowie darum, ob sich der Rechtsstreit in der Hauptsache teilweise erledigt hat.

Nun zu den einzelnen Kriterien des § 313 II ZPO:

b) Geordnete Darstellung

aa) Grundsätzliches

25 Unter »geordnet« versteht man, dass der Sachverhalt sinnvoll und verständlich aufzubauen ist, dh in der Regel historisch, also in der zeitlichen Abfolge, in der sich die Ereignisse zugetragen haben. Zuerst kam das, dann geschah das usw. Wenn Sie in Klausurtexten lesen, »Zuvor hatte bereits …«, oder »Vorangegangen war …«, sind das nichts weiter als Stolpersteine, die eingebaut worden sind, um zu sehen, ob Sie den Sachverhalt sinnvoll ordnen können. Dies ist eine der Aufgaben, die sich Ihnen im Examen stellt, und die von vielen nicht ernst genug genommen wird. Deshalb hüten Sie sich davor, ganze Absätze abzuschreiben, nur weil der Beklagte sagt, »der Vortrag des Klägers bis einschließlich Blatt 3 Mitte wird unstreitig gestellt«. Das bedeutet nicht, dass Sie den gegebenenfalls völlig abartig aufgebauten, sprachlich schwachen oder wertenden klägerischen Vortrag mit all seinen Fehlern in Ihren Tatbestand

übernehmen dürfen. Wer aus Angst, beim Umgestalten etwas falsch zu machen, an der Vorlage klebt, muss damit rechnen, die eingebauten Fehler und Schwächen zu übernehmen.

Nummerierungen der einzelnen Teile des Tatbestandes sind unüblich und sollten unterbleiben.

Das Gebot der »geordneten« Darstellung steht natürlich unter dem obersten aller Grundsätze für das Abfassen eines Tatbestandes, der Verständlichkeit. Aus Gründen der Verständlichkeit kann es deshalb ausnahmsweise geboten sein, die historische Darstellung zugunsten einer verständlicheren zu durchbrechen und Geschehnisse, die zusammengehören, auch zusammenhängend darzustellen.

Zum Thema gehören hier auch sog. Repliken. Dazu sollten Sie den folgenden Rat beachten: Repliken sollten Sie im Normalfall tunlichst vermeiden. Der Umstand allein, dass der Kläger auf die Klageerwiderung seinerseits erwidert, macht diesen Vortrag nicht zur Replik. In der Regel sind derartige Erwiderungen nichts anderes als Ergänzungen des bisherigen Vortrages, die zusammenhängend im streitigen Klägervorbringen aufzuführen sind.

Merke: Behauptungen des Klägers sind nur dann als Replik darzustellen, wenn sie ohne vorherige Kenntnis des Beklagtenvorbringens unverständlich sind!

Der Einsatz von Repliken beschränkt sich im Wesentlichen auf Behauptungen des Klägers zu

- rechtshindernden, -vernichtenden, -hemmenden Einreden und Einwendungen des Beklagten,
- Primär- oder Hilfsaufrechnungen und
- Vortrag des Beklagten bei Werklohnklagen.

Bei Klagen gegen Streitgenossen sollten Sie den Tatbestand grundsätzlich getrennt darstellen. **26**
Nur wenn der Sachverhalt völlig identisch ist, können Sie ihn zusammenfassen. Bei Klageänderungen wegen neuen Vortrags müssen Sie grundsätzlich auch den ursprünglichen Vortrag aufführen.

Der Tatbestand wird im Normalfall wie folgt aufgebaut: **27**

- Einleitungssatz
- Unstreitiges
- Streitiges Klägervorbringen
- Gegebenenfalls antragsbezogene Prozessgeschichte (zB bei einem Einspruch gg. ein VU)
- Anträge (eingerückt)
- Streitiges Beklagtenvorbringen
- Allgemeine Prozessgeschichte (Zustellungsdaten und gegebenenfalls Beweiserhebungen)

Dieses Schema gilt grundsätzlich auch für Klagen mit Haupt- und Hilfsanträgen.

Die Darstellung von Erwiderungen auf den Vortrag des Gegners in Form von Repliken haben wir bewusst weggelassen, weil der Aufbau mit Repliken selten richtig ist (→ Rn. 25).

bb) Tatbestand bei Klageänderungen

27a

- Einleitungssatz
- Unstreitiges
- Streitiges Klägervorbringen
- Der – in der Regel – angekündigte alte Antrag (nicht eingerückt)
- Der Grund der Änderung (als Prozessgeschichte im Perfekt)
- Der geänderte Antrag des Klägers (eingerückt)
- Der Antrag des Beklagten (eingerückt)
- Streitiges Beklagtenvorbringen
- Allgemeine Prozessgeschichte (zB Beweiserhebungen und Zustellungsdaten)

Bei qualitativen Klageänderungen (zB Schadensersatz statt Herausgabe) müssen Sie den Einleitungssatz entsprechend anpassen.

cc) Tatbestand bei Klagenhäufungen

28 Bei Klagenhäufungen hängt der Aufbau des Tatbestandes davon ab, ob den Anträgen derselbe Lebenssachverhalt zugrunde liegt – dann ergeben sich keine Besonderheiten im Aufbau – oder ob die Anträge auf verschiedenen Sachverhalten beruhen.

Bei kumulativen Klagenhäufungen mit verschiedenen Sachverhalten kann es ratsam sein, zu den einzelnen Sachverhalten zunächst das Unstreitige zu Sachverhalt 1, dann das dazugehörende streitige Klägervorbringen, dann das Unstreitige zu Sachverhalt 2 und das dazugehörende streitige Klägervorbringen usw. darzustellen. Nach den Anträgen fahren Sie dann mit dem streitigen Beklagtenvorbringen zu den einzelnen Sachverhalten fort.

- Einleitungssatz
- Unstreitiges zum 1. Antrag
- Streitiges Klägervorbringen zum 1. Antrag
- Unstreitiges zum 2. Antrag
- Streitiges Klägervorbringen zum 2. Antrag
- Anträge (eingerückt)
- Streitiges Beklagtenvorbringen zu beiden Anträgen
- Allgemeine Prozessgeschichte (Zustellungsdaten und gegebenenfalls Beweiserhebungen)

Eventuelle Klagenhäufungen werden in der Regel auf einem einheitlichen Sachverhalt beruhen, bei dem der Kläger zB Vertragserfüllung oder hilfsweise Rückabwicklung verlangt. Dann ergeben sich für den Aufbau des Tatbestandes keine Besonderheiten. Sollte der Hilfsantrag ausnahmsweise auf einem anderen Lebenssachverhalt beruhen, bauen Sie den Tatbestand wie folgt auf:

- Einleitungssatz
- Unstreitiges zum Hauptantrag
- Streitiges Klägervorbringen zum Hauptantrag
- Unstreitiges zum Hilfsantrag
- Streitiges Klägervorbringen zum Hilfsantrag
- Anträge (eingerückt)
- Streitiges Beklagtenvorbringen zu beiden Anträgen
- Allgemeine Prozessgeschichte (Zustellungsdaten und gegebenenfalls Beweiserhebungen)

dd) Tatbestand bei Einspruch gegen ein Versäumnisurteil im schriftlichen Vorverfahren

29

- Einleitungssatz
- Unstreitiges
- Streitiges Klägervorbringen
- Angekündigter Sachantrag des Klägers mit Antrag nach § 331 III ZPO
- Prozessgeschichte zum Zustandekommen des Versäumnisurteils (im Perfekt!)
  - Zustellungsdatum der Klage und Fristen/Belehrung gem. § 276 ZPO
  - Datum des antragsgemäß erlassenen Versäumnisurteils
  - Datum der Zustellung an den Beklagten und an den Kläger, § 310 III ZPO
  - Daten des Einspruchs und des Eingangs bei Gericht
- Neuer Antrag des Klägers (idR Aufrechterhaltung des VU – eingerückt)
- Antrag des Beklagten (idR Aufhebung des VU und Klageabweisung – eingerückt)
- Streitiges Beklagtenvorbringen
- Allgemeine Prozessgeschichte (zB Beweiserhebungen und Zustellungsdaten)

Denken Sie bei Versäumnisurteilen im schriftlichen Vorverfahren daran, auch das Datum der Zustellung des VU an den Kläger mitzuteilen, weil gem. § 310 III ZPO die Einspruchsfrist erst mit der letzten Zustellung zu laufen beginnt.

Nach dem streitigen Klägervorbringen schreiben Sie zB:

> Die Klage ist dem Beklagten am … zugestellt worden mit der Aufforderung, binnen zwei Wochen nach Zustellung seine Verteidigungsbereitschaft anzuzeigen. Nach Ablauf der Frist hat das Amts-

gericht Lübeck den Beklagten mit Versäumnisurteil vom ... antragsgemäß zur Zahlung von ... nebst Zinsen iHv ... verurteilt. Gegen dieses Versäumnisurteil, dem Kläger am ... und dem Beklagten am ... zugestellt, hat der Beklagte mit Schriftsatz vom ..., eingegangen am ..., Einspruch eingelegt.

Der Kläger beantragt nunmehr,
das Versäumnisurteil vom ... aufrecht zu erhalten.

Der Beklagte beantragt,
das Versäumnisurteil vom ... aufzuheben und die Klage abzuweisen.

Bei einem Einspruch gegen einen Vollstreckungsbescheid ist der Aufbau identisch.

ee) Tatbestand bei Einspruch gegen ein Versäumnisurteil im Termin

- Einleitungssatz 29a
- Unstreitiges
- Streitiges Klägervorbringen
- Prozessgeschichte zum Zustandekommen des Versäumnisurteils (im Perfekt!)
  - Ordnungsgemäße Ladung des Beklagten
  - Feststellung des Ausbleibens des Beklagten im Termin
  - Sachantrag des Klägers und Antrag auf Erlass eines Versäumnisurteils
  - Antragsgemäß erlassenes VU
  - Datum der Zustellung des VU an den Beklagten
  - Daten des Einspruchs und des Eingangs bei Gericht
- Neuer Antrag des Klägers (idR Aufrechterhaltung des VU – eingerückt)
- Antrag des Beklagten (idR Aufhebung des VU und Klageabweisung – eingerückt)
- Streitiges Beklagtenvorbringen
- Allgemeine Prozessgeschichte (zB Beweiserhebungen und Zustellungsdaten)

Nach dem streitigen Klägervorbringen schreiben Sie zB:

Das Gericht hat Termin zur mündlichen Verhandlung auf den ... anberaumt und die Parteien mit Verfügung vom ..., dem Beklagten zugestellt am ..., geladen. Der Beklagte ist ohne Angabe von Gründen nicht erschienen.

Der Kläger hat beantragt,
den Beklagten zu verurteilen, ...
und hierüber durch Versäumnisurteil zu entscheiden.

Das Gericht hat den Beklagten mit Versäumnisurteil vom ... antragsgemäß zur Zahlung von ... nebst Zinsen iHv ... verurteilt. Gegen dieses, dem Beklagten am ... zugestellte Versäumnisurteil hat der Beklagte mit Schriftsatz vom ..., eingegangen am ..., Einspruch eingelegt.

Der Kläger beantragt nunmehr,
das Versäumnisurteil aufrecht zu erhalten.

Der Beklagte beantragt,
das Versäumnisurteil aufzuheben und die Klage abzuweisen.

(Es folgt der streitige Beklagtenvortrag und die restliche Prozessgeschichte)

Einen Wiedereinsetzungsantrag des Beklagten bringen Sie mit Begründung im Fließtext (→ Rn. 64) als letzten Punkt im Rahmen der Prozessgeschichte des VU nach den Daten des Einspruchs und des Eingangs bei Gericht.

ff) Tatbestand bei Teilversäumnis- und Endurteil

Zu dieser Konstellation kommt es, wenn einer von mehreren einfachen Streitgenossen auf 29b Beklagtenseite säumig ist.

- Einleitungssatz
- Unstreitiges
- Streitiges Klägervorbringen bezüglich aller Beklagten

- Prozessgeschichte (Ladung des säumigen Beklagten und Feststellung seiner Säumnis im Termin)
- Sachantrag des Klägers und Antrag auf Erlass eines Versäumnisurteils gegen den säumigen Beklagten (eingerückt)
- Antrag des erschienenen Beklagten (eingerückt)
- Streitiges Vorbringen des erschienenen Beklagten (gegebenenfalls abweichender Vortrag des säumigen Beklagten wird nicht erwähnt)
- Allgemeine Prozessgeschichte (zB Beweiserhebungen und Zustellungsdaten)

gg) Tatbestand bei einseitigen Erledigungserklärungen

30

- Einleitungssatz
- Unstreitiges
- Streitiges Klägervorbringen
- Prozessgeschichte zum Verständnis des geänderten Antrags (im Perfekt!)
  - Angekündigter oder zunächst gestellter Antrag des Klägers (nicht eingerückt)
  - Das vom Kläger als »Erledigung« angesehene Ereignis (zB Zahlung/Aufrechnung)
- Geänderter Antrag des Klägers (eingerückt)
  - Bei vollständiger Erledigung stellt der Kläger in der Regel keinen echten Antrag. Es muss dann lauten (eingerückt):

    Der Kläger hat den Rechtsstreit in der Hauptsache für erledigt erklärt.
  - Bei Teilerledigung: Reduzierter Antrag und Teilerledigungserklärung (eingerückt)
- Klageabweisungsantrag des Beklagten (eingerückt)
- Widerspruch gegen die Erledigung und das weitere streitige Beklagtenvorbringen
- Allgemeine Prozessgeschichte (zB Beweiserhebungen und Zustellungsdaten)

hh) Tatbestand bei übereinstimmenden Teilerledigungserklärungen

31

- Einleitungssatz
- Unstreitiges
- Streitiges Klägervorbringen
- Prozessgeschichte zum Verständnis des geänderten Antrags (im Perfekt!)
  - Angekündigter oder zunächst gestellter Antrag des Klägers
  - Das von beiden Parteien als »erledigendes Ereignis« empfundene Ereignis
  - Teilerledigungserklärungen
- Anträge (geänderter Antrag des Klägers und Antrag des Beklagten – eingerückt)
- Streitiges Beklagtenvorbringen
- Allgemeine Prozessgeschichte (zB Beweiserhebungen und Zustellungsdaten)

ii) Tatbestand bei Klagen mit Aufrechnungen

32 Grundsätzlich gilt für alle Klagen mit Aufrechnungen, gleich ob Primär- oder Hilfsaufrechnungen und egal ob mit oder ohne Hilfswiderklage, das Folgende:

Sie sollten bei dem Aufbau des Tatbestandes unterscheiden zwischen Aufrechnungen, die ihren Grund im selben Lebenssachverhalt wie die Klage haben, zB Klage auf restlichen Werklohn, Aufrechnung mit Schadensersatzansprüchen aus demselben Werkvertrag, und solchen, die mit dem vom Kläger geltend gemachten Anspruch nichts zu tun haben, wie Klage auf Kaufpreis und Aufrechnung mit Darlehensforderung. Im ersten Fall sollten Sie das Unstreitige von Klage und Gegenforderung zusammen darstellen, im zweiten Fall getrennt. So mögen es nach unseren Erfahrungen die meisten Prüfer am liebsten haben.

Merke: Bei Aufrechnungen mit eigenem Sachverhalt das Unstreitige trennen, bei Aufrechnungen aus dem gleichen Sachverhalt wie die Klage zusammen darstellen.

Und achten Sie auf die richtigen Begriffe! Die Forderung des Beklagten, mit der er die Aufrechnung erklärt, heißt Gegenforderung, die Forderung des Klägers heißt Klage- oder Hauptforderung.

Der Unterschied zwischen einer Primär- und einer Hilfsaufrechnung, der insbesondere für die Kostenentscheidung bedeutsam sein kann (→ Rn. 201), ist nicht ganz einfach. Bei schlichter Betrachtung könnte man sagen, eine Hilfsaufrechnung liege vor, wenn der Beklagte die Entscheidung über die Aufrechnung unter irgendeiner Bedingung stellt, und sei es die Bedingung der Schlüssigkeit der Klageforderung.

Bei näherer Betrachtung ist diese Bedingung aber jeder Entscheidung über eine Aufrechnung immanent, denn das Gericht muss vor jeder Aufrechnung auch ohne Hinweis des Beklagten das Bestehen der Klageforderung prüfen, weil die Aufrechnung ohne Bestehen der Klageforderung ins Leere läuft. Es ist nämlich einheitliche Meinung, dass eine Primäraufrechnung kein Anerkenntnis der Klageforderung, sondern nur ein Unstreitigstellen der vom Kläger vorgetragenen Tatsachen ist. Die Bedingung des Beklagten »Zuerst bitte das Bestehen der Klageforderung prüfen!« ist also überflüssig. Daraus ergibt sich für uns, dass es sich in den Fällen, in denen der Beklagte keine vom Kläger vorgetragenen Tatsachen bestreitet, sondern ausschließlich die Schlüssigkeit der Klageforderung bezweifelt und seine Aufrechnung unter der Bedingung erklärt, dass die Klageforderung besteht, um eine Primäraufrechnung handelt.

Die Mehrheit der von uns ermittelten Kommentarstellen und Gerichtsentscheidungen teilt die »schlichte« Betrachtung und qualifiziert auch diese Fälle als echte Hilfsaufrechnung, dies mit der ebenso schlichten Begründung »Bedingung ist Bedingung«. Wir sehen auch hier von Zitaten ab, wie in diesem Buch weitgehend üblich, weil es dem Problem zu viel Ehre erweisen würde. Sie müssten in einem Urteil diese Frage ja nur im Rahmen der Kostenentscheidung oder in der Begründung des Streitwertbeschlusses kurz ansprechen (→ Rn. 201). Wir finden es weitaus überzeugender, der Mindermeinung zu folgen und etwa wie folgt zu argumentieren:

> Das Gericht sieht in der »hilfsweise« erklärten Aufrechnung des Beklagten eine Primäraufrechnung, weil er die vom Kläger vorgetragenen Tatsachen nicht bestritten hat und das Gericht die Schlüssigkeit der Klageforderung auch ohne die vorgebrachten Rechtsansichten des Beklagten von Amts wegen prüfen muss.

(1) Tatbestand bei Klagen mit Primäraufrechnungen

Das Aufbauschema ist bei Primär- und Hilfsaufrechnungen grundsätzlich gleich. Der inhaltliche Unterschied besteht lediglich darin, dass es bei Primäraufrechnungen in der Sache kein streitiges Klägervorbringen gibt. Eine Primäraufrechnung liegt nur vor, wenn der Beklagte das tatsächliche Vorbringen des Klägers nicht bestreitet, andernfalls hat er eine Hilfsaufrechnung erklärt. Eine Einschränkung wird nur bei Streit um materielle Nebenforderungen des Klägers gemacht. Eine Primäraufrechnung liegt bei ansonsten unstreitigem Sachverhalt zur Klage auch dann vor, wenn zB die Höhe der eingeklagten Verzugszinsen streitig ist. **32a**

Wenn der Beklagte das tatsächliche Vorbringen des Klägers nicht bestreitet, sondern es nur rechtlich anders wertet, sich mit dieser Ansicht in erster Linie zur Wehr setzt und erklärt, er rechne »hilfsweise« oder »vorsorglich« auf, dürfen Sie darauf nicht hereinfallen! Eine Aufrechnung wird nicht dadurch zur Hilfsaufrechnung, dass der Beklagte sie so bezeichnet. In diesen Fällen handelt es sich um eine »versteckte« Primäraufrechnung, weil rechtliche Wertungen kein Verteidigungsvorbringen in der Sache sind, was für eine Hilfsaufrechnung erforderlich ist.

Der Aufbau für Klagen mit Primäraufrechnungen lautet:

33

- Einleitungssatz
- Unstreitiges zur Klageforderung und zur Gegenforderung, sofern sie auf demselben Sachverhalt beruht wie die Klage
- Gegebenenfalls streitiges Klägervorbringen zu seinen Nebenforderungen
- Anträge (eingerückt)

- Gegebenenfalls streitige Rechtsansichten des Beklagten zur Klageforderung sowie qualifiziert streitiger Vortrag des Beklagten zu den Nebenforderungen des Klägers
- Überleitungssatz zur Aufrechnung, zB:

  > Der Beklagte erklärt die Aufrechnung mit einer Forderung aus ...

- Unstreitiges zur Gegenforderung, sofern sie auf einem anderen Sachverhalt beruht als die Klage
- Streitiges Beklagtenvorbringen zur Gegenforderung
- Streitiges Klägervorbringen zur Gegenforderung
- Allgemeine Prozessgeschichte (zB Beweiserhebungen und Zustellungsdaten)

(2) Tatbestand bei Klagen mit Hilfsaufrechnungen

34 Noch einmal: Wenn Hilfsaufrechnung und Klage aus demselben Lebenssachverhalt resultieren (zB Klage auf Schadensersatz wegen Schlechtleistung im Rahmen eines Werkvertrages, Gegenforderung auf restlichen Werklohn), sollten Sie das Unstreitige zur Hilfsaufrechnung zusammen mit dem Unstreitigen der Klage bringen. Wenn dies nicht der Fall ist, stellen Sie das Unstreitige der Gegenforderung getrennt nach dem Überleitungssatz zur Aufrechnung dar.

Der Tatbestand bei Klagen mit Hilfsaufrechnungen lautet:

- Einleitungssatz
- Unstreitiges zur Klageforderung und zur Gegenforderung, sofern sie auf demselben Sachverhalt beruht wie die Klage
- Streitiges Klägervorbringen zur Klageforderung
- Anträge (eingerückt)
- Streitiges Beklagtenvorbringen zur Klageforderung
- Überleitungssatz zur Hilfsaufrechnung, zB:

  > Hilfsweise erklärt der Beklagte die Aufrechnung mit einer Forderung aus ...

- Unstreitiges zur Gegenforderung, sofern sie auf einem anderen Sachverhalt beruht als die Klage
- Streitiges Beklagtenvorbringen zur Gegenforderung
- Streitiges Klägervorbringen zur Gegenforderung
- Allgemeine Prozessgeschichte (zB Beweiserhebungen und Zustellungsdaten)

jj) Tatbestand bei Klagen mit Hilfsaufrechnung und Hilfswiderklage

35 Das sind Fälle, in denen der Beklagte seine Gegenforderung für den Fall des Scheiterns der Klage aus anderen Gründen, ohne dass seine Aufrechnung zum Zuge kommt, widerklagend geltend macht.

Beachten Sie auch hier, dass Sie das Unstreitige zur Hilfsaufrechnung zusammen mit dem Unstreitigen der Klage bringen, wenn Hilfsaufrechnung und Klage aus demselben Rechtsverhältnis resultieren. Bei eigenem Sachverhalt der Gegenforderung stellen Sie das Unstreitige getrennt dar (→ Rn. 32).

- Einleitungssatz
- Unstreitiges zur Klage und Unstreitiges zur Gegenforderung, sofern sie auf demselben Sachverhalt beruht wie die Klage
- Streitiges Klägervorbringen zur Klage
- Anträge zur Klage (eingerückt)
- Streitiges Beklagtenvorbringen zur Klage
- Überleitungssatz zur Hilfsaufrechnung (→ Rn. 33)
- Unstreitiges zur Gegenforderung, sofern sie auf einem anderen Sachverhalt beruht als die Klage
- Streitiges Beklagtenvorbringen zur Gegenforderung
- Streitiges Klägervorbringen zur Gegenforderung
- Überleitung zur Hilfswiderklage, zB:

  > Die Forderung, mit der der Beklagte hilfsweise die Aufrechnung erklärt hat, macht er zudem hilfsweise widerklagend geltend.

- Anträge zur Hilfswiderklage (eingerückt)
- Sachvortrag zur Hilfswiderklage entfällt, da dieser identisch mit dem Sachverhalt der Hilfsaufrechnung ist. Es reicht die Verweisung nach oben.

  > Die Parteien nehmen insoweit Bezug auf ihren Vortrag zur Hilfsaufrechnung.
- Allgemeine Prozessgeschichte (zB Beweiserhebungen und Zustellungsdaten).

kk) Tatbestand bei Klagen mit Hilfsaufrechnung, Hilfswiderklage und unbedingter Widerklage

Wenn die Gegenforderung höher ist als die Klageforderung, kann der Beklagte seine Forderung in Höhe der Klageforderung im Wege der Hilfswiderklage und den die Klageforderung übersteigenden Betrag zusätzlich mit einer unbedingten Widerklage geltend machen. **36**

Die Bedingung für die Hilfswiderklage ist, dass die Klageforderung bereits scheitert, ohne dass die Aufrechnung zum Zuge kommt. Der Aufbau ist identisch mit dem unter → Rn. 34 dargestellten. Der Überleitungssatz könnte lauten:

> Die Forderung, mit der der Beklagte hilfsweise aufrechnet, macht er zudem in Höhe der Klageforderung hilfsweise, im Übrigen unbedingt widerklagend geltend.

Die Anträge würden dann zB bei einer Klageforderung von 10.000 EUR und einer Gegenforderung von 30.000 EUR wie folgt lauten:

> Der Beklagte beantragt,
>
> den Kläger zu verurteilen, an den Beklagten 20.000 EUR nebst Zinsen ... zu zahlen
>
> hilfsweise
>
> den Kläger zu verurteilen, an den Beklagten weitere 10.000 EUR nebst Zinsen ... zu zahlen.
>
> Der Kläger beantragt,
>
> die Widerklagen abzuweisen.

ll) Tatbestand bei Klagen und Widerklagen

Da Klage und Widerklage zwei Rechtsstreite in einem Verfahren darstellen, sollten Sie grundsätzlich zwei »normale« Tatbestände nacheinander schreiben, verbunden durch einen Überleitungssatz. Bei identischen Sachverhaltsteilen verweisen Sie bei dem Tatbestand der Widerklage auf den Tatbestand der Klage: **37**

- Einleitungssatz zur Klage und Widerklage
- Unstreitiges zur Klage
- Streitiges Klägervorbringen zur Klage
- Anträge zur Klage (eingerückt)
- Streitiges Beklagtenvorbringen zur Klage
- Überleitungssatz zur Widerklage, zB:

  > Widerklagend begehrt der Beklagte ...
- Unstreitiges zur Widerklage
- Streitiges Beklagtenvorbringen zur Widerklage
- Anträge zur Widerklage (eingerückt)
- Streitiges Klägervorbringen zur Widerklage
- Allgemeine Prozessgeschichte (zB Beweiserhebungen und Zustellungsdaten)

In der Praxis werden Sie häufig bei nahezu völlig übereinstimmenden Lebenssachverhalten von Klage und Widerklage, wie zB bei einem Verkehrsunfall, bei dem nur die Ampelstellung streitig ist, einen einheitlichen Tatbestand mit allen Anträgen zur Klage und zur Widerklage zwischen den streitigen Parteivorbringen antreffen. Es ist natürlich nicht möglich vorherzusagen, wie Ihr Prüfer diesen Aufbau in Ihrer Examensklausur bewertet, aber im Lichte des obersten Grundsatzes für einen guten Tatbestand, der Verständlichkeit, dürfte eigentlich nichts gegen diesen Aufbau einzuwenden sein. Der Tatbestand sähe dann so aus: **37a**

- Einleitungssatz zur Klage und Widerklage
- Unstreitiges zur Klage und Widerklage
- Streitiges Klägervorbringen zur Klage und Widerklage
- Anträge zur Klage und Widerklage (eingerückt)
- Streitiges Beklagtenvorbringen zur Klage und Widerklage
- Allgemeine Prozessgeschichte (zB Beweiserhebungen und Zustellungsdaten)

c) Objektive Darstellung

38 Die Darstellung muss objektiv sein. Das bedeutet, Sie müssen jede Wertung vermeiden. Das ist nicht so einfach, wie man meinen sollte, weil in Examensklausuren Rechtsmeinungen und Tatsachenvortrag häufig geschickt vermengt und Fehler durch ein »Kleben« an der Vorlage in den Tatbestand übernommen werden (→ Rn. 23, 25).

Grundsätzlich gilt, dass Rechtsbegriffe im Tatbestand nichts zu suchen haben. Eine Ausnahme bilden allgemein gültige und gebräuchliche Begriffe wie Kaufvertrag, Darlehen oder Mietvertrag. Diese sog. Rechtstatsachen dürfen Sie übernehmen, wenn Ihrer Einschätzung nach der Begriff von den Parteien zutreffend verwandt worden ist. Es versteht sich von selbst, dass Sie im Tatbestand nicht schreiben dürfen, »die Parteien schlossen einen Kaufvertrag«, wenn Sie in den Entscheidungsgründen das Zustandekommen eines Kaufvertrages verneinen.

Sie dürfen sich nicht dadurch verwirren lassen, dass die Parteien einen Rechtsbegriff übereinstimmend verwenden oder dass sich eine Partei zu rechtlichen Ausführungen des Gegners nicht äußert. Sie müssen bedenken, dass die Parteien das Gericht ohnehin nur auf der Tatsachenebene, nicht aber bei der Rechtsanwendung binden können. Deshalb müssen Sie alles, was rechtlicher Natur ist, selbst durchdenken und zutreffend einordnen.

Wenn die Parteien Rechtsbegriffe verwenden, die nur Rückschlüsse aus vorgetragenen Tatsachen sind, dürfen Sie nicht mehr als die behauptete oder unstreitige Tatsache wiedergeben, der rechtliche Schluss daraus gehört in die Entscheidungsgründe. Klassisches Beispiel ist, dass der Kläger bei einem Kaufvertrag mit vereinbartem Eigentumsvorbehalt die Herausgabe der Sache fordert und dies in der Klage als Rücktritt bezeichnet wird. Der Tatbestand soll nur darlegen, was geschehen ist, also dass der Kläger die Herausgabe gefordert hat. Die rechtliche Einordnung dieses Verlangens als Rücktritt gehört nicht in den Tatbestand, sondern, sofern sie zutrifft, in die Entscheidungsgründe. Gleiches gilt für »ernsthafte und endgültige Erfüllungsverweigerung«, »er geriet in Verzug« oder »er focht an«. Es muss heißen *»er erklärte, er trete zurück«*, *»er zahlte auch nach mehreren Aufforderungen nicht«*, *»er wurde am … aufgefordert, zu zahlen«* oder *»er erklärte die Anfechtung«*.

Die Übernahme von rechtlichen Wertungen kann übrigens weit mehr als nur ein Schönheitsfehler im Tatbestand sein. Wenn der Rechtsbegriff falsch verwandt wird, leitet Sie die kritiklose Übernahme in die Irre. Hier drei mahnende Beispiele:

- Wenn der Beklagte gegenüber einem Zahlungsanspruch wegen eines eigenen bezifferten Geldanspruches ein »Zurückbehaltungsrecht« geltend macht, ist das eine konkludent erklärte Aufrechnung.
- Wenn der Beklagte ohne weiteren Vortrag als Kaufmann bezeichnet wird, hat der Kläger nur eine Rechtsansicht geäußert, die Sie nicht bindet. Denn wer Kaufmann ist folgt ausschließlich aus den Vorschriften des HGB auf der Grundlage des Tatsachenvortrages.
- Wenn Parteien über Probleme streiten, die nur bei Annahme eines Werkvertrages relevant sind, kann gleichwohl Kauf- oder Dienstvertragsrecht mit völlig anderen Problemen anwendbar sein.

d) Sach- und Streitstand

aa) Grundsätzliches

39 Mit Sach- und Streitstand ist die Darstellung von Unstreitigem (Sachstand) und Streitigem (Streitstand) gemeint, die grundsätzlich voneinander getrennt zu erfolgen hat.

Der Tatbestand beginnt normalerweise nach dem Einleitungssatz mit dem Unstreitigen, gefolgt von dem streitigen Klägervorbringen, den Anträgen und dem streitigen Beklagtenvorbringen (→ Rn. 27). Sinn und Zweck ist die Verständlichkeit. Der Leser soll schnell erfassen, was feststeht und worum gestritten wird.

Eine Einschränkung von der grundsätzlichen Verpflichtung zur peniblen Trennung von Streitigem und Unstreitigem ist angebracht, wenn es der Verständlichkeit dient. Wenn zB Tatsachen, die eine Vereinbarung der Parteien betreffen, streitig sind, nur das Datum des Zusammentreffens selbst nicht, kann es sich anbieten, dies alles im streitigen Vortrag wie folgt darzustellen:

> Der Kläger behauptet, die Parteien hätten sich bei ihrem unstreitig am 1.1.2021 stattgefundenen Treffen darauf geeinigt, …

Sie sollten aber mit diesem »Stilmittel« sparsam umgehen, um sich nicht dem Vorwurf auszusetzen, Sie hätten Streitiges und Unstreitiges nicht deutlich genug voneinander getrennt.

Auch die Einordnung von Einreden und Einwendungen sollten Sie davon abhängig machen, 40
ob die jeweils dazu gehörenden Tatsachen streitig oder unstreitig sind. Es dient sicher nicht der Verständlichkeit, wenn Sie im Unstreitigen schreiben: »Der Beklagte hat die Einrede der Verjährung erhoben« und Sie die dazu behaupteten Tatsachen erst Seiten später im streitigen Beklagtenvortrag bringen können. In diesen Fällen ist es ratsam, im Unstreitigen die inhaltlich streitige Frage der Verjährung ganz wegzulassen und erst im Beklagtenvortrag zu schreiben:

> Der Beklagte beruft sich auf Verjährung. Dazu behauptet er, …

Die Formulierung »beruft« stellt durch den Modus schon klar, dass das Erheben der Einrede unstreitig ist.

Wenn sich die Parteien hinsichtlich der Einreden oder Einwendungen des Beklagten nur um Rechtsfragen streiten, gehören die Tatsachen zu den Einreden oder Einwendungen ausschließlich ins Unstreitige. Die unterschiedlichen Rechtsansichten sollten Sie grundsätzlich weglassen (s. im Einzelnen → Rn. 38). Nur wenn der Streit auch dic Tatsachengrundlagen betrifft, gehört er in das streitige Vorbringen der Parteien.

Merke: Machen Sie die Einordnung von Einreden und Einwendungen ins Streitige oder Unstreitige davon abhängig, ob die dazu gehörenden Tatsachen streitig oder unstreitig sind!

Sie müssen aus denselben Gründen auch aufpassen, aus der in den Prozess eingeführten Vorkorrespondenz nichts im Unstreitigen darzustellen, was inhaltlich streitig ist. Wenn zB ein Mahnschreiben des Klägers streitige Behauptungen enthält, dürfen Sie im unstreitigen Teil Ihres Tatbestandes, sofern dies von Bedeutung ist, nur erwähnen, dass und unter welchem Datum der Kläger dieses Schreiben an den Beklagten gesandt hat, wann es zugegangen ist und welche Frist der Kläger dem Beklagten gegebenenfalls gesetzt hat. Der übrige in der Sache streitige Inhalt des Schreibens gehört auf jeden Fall in den streitigen Klägervortrag.

Da jeder Prozess eine Vorgeschichte hat und der Kläger deshalb in der Regel schon weiß, wie der Beklagte sich verteidigt, enthalten die meisten Klagen vorweggenommenen Vortrag des Beklagten. Sofern diese Tatsachen im Prozess streitig sind, gehören sie ins streitige Beklagtenvorbringen. Nur wenn der unstreitige Umstand, dass inhaltlich streitige Tatsachen bereits zu einem gewissen Zeitpunkt vor Prozessbeginn geltend gemacht worden sind, von Bedeutung ist, gehört er entweder ins Unstreitige oder als unstreitig gekennzeichnet in den jeweiligen streitigen Teil (zur richtigen Einordnung vgl. → Rn. 47). Häufige Fälle sind vorprozessuale Äußerungen zu Mängelrügen, zu einer Leistungsverweigerung oder als Indiz für die Besorgnis künftiger Nichterfüllung. Hier ein Beispiel:

Fall: Die Parteien streiten um die Mangelhaftigkeit einer gemauerten Wand. Unstreitig erhob der Beklagte mit einem vorprozessualen Schreiben vom … eine Mängelrüge.

Wenn die Tatsache der Existenz und des Zugangs dieses Schreibens nicht erheblich ist, gehören die bestrittenen Mängel ausschließlich in den streitigen Beklagtenvortrag. Die Tatsache, dass es ein Schreiben gibt, bleibt unerwähnt, weil sie irrelevant ist.

Wenn das Schreiben aber zB eine Frist in Gang gesetzt hat oder sein Zugang für die Rechtzeitigkeit der Mängelrüge von Bedeutung war, muss es entweder im unstreitigen Teil erwähnt werden oder wie folgt im streitigen Beklagtenvortrag erscheinen:

> Der Beklagte behauptet, die Wand sei nicht ordentlich verfugt. Dies teilte er – was zwischen den Parteien unstreitig ist – dem Kläger bereits mit Schreiben vom 1.1.2002 mit. Zudem sei ...

bb) Das Unstreitige

41 Zum Unstreitigen gehören gem. § 138 ZPO alle Tatsachen,

- die die Parteien übereinstimmend vortragen,
- die die jeweils andere Partei zugesteht,
- die die jeweils andere Partei nicht bestreitet sowie
- aufgegebenes, zuvor streitiges Vorbringen.

Nach der Durchführung von Beweisaufnahmen müssen Sie stets prüfen, ob bislang streitiges Vorbringen aufrechterhalten wird. Bei Beweisaufnahmen durch Zeugenvernehmungen oder Einholung von Gutachten ist dies im Zweifel anzunehmen. Wenn das Protokoll nach einer Beweisaufnahme nichts über die Reaktion der Parteien sagt, sollten Sie davon ausgehen, dass die bestrittene Tatsache weiterhin streitig geblieben ist. Bei der Vorlage von Urkunden zu einer bis dahin streitigen Behauptung könnte aber eine Aufgabe der bisherigen Position naheliegen. Dies ist vor allem dann anzunehmen, wenn der Inhalt der Urkunde eindeutig ist und keine Partei nach der Vorlage der Urkunde auf der davon abweichenden Behauptung beharrt.

42 Schwierigkeiten bereitet das Vorbringen einer Partei, auf das die Gegenseite nicht oder nicht mehr eingeht. Dabei kann nämlich im Rahmen von § 138 III ZPO die schwierige Frage auftauchen,

- ob das unbeantwortet gebliebene Vorbringen durch Schweigen als zugestanden anzusehen und damit unstreitig ist oder
- ob es streitig ist, weil die Absicht, die Tatsache bestreiten zu wollen, aus den bisherigen Erklärungen hervorgeht.

Das Problem kommt häufig bei Schweigen auf den letzten Schriftsatz des Gegners oder auf Vortrag in der mündlichen Verhandlung vor. Sie müssen in diesen Fällen Folgendes bedenken:

Die Lösung des Problems ist vor allem dann nicht einfach, wenn Sie sich nicht ganz sicher sind und der Rechtsstreit durch die Einordnung der Tatsache als streitig oder unstreitig im Ergebnis beeinflusst wird. Sie sollten im Zweifel vom Grundsatz des § 138 III ZPO ausgehen und sich bei fehlendem Bestreiten von neuem Vortrag des Gegners für unstreitig entscheiden. Überlegungen, bei welcher Fallgestaltung mehr oder »schönere« Probleme auftauchen, sind sehr gefährlich.

43 **Ganz wichtig:** In wirklichen Zweifelsfällen ist die fundierte Begründung dafür, dass Sie eine Tatsache als streitig oder unstreitig eingeordnet haben, wichtiger als die »richtige« Entscheidung ohne Erläuterung. Denn was ist in derartigen Situationen schon richtig oder falsch? Es ist gem. § 313 III ZPO Ihre Aufgabe, den Parteien das Urteil in tatsächlicher Hinsicht, also auch den der Entscheidung zugrunde liegenden Sachverhalt, zu erläutern. Wenn Sie nach Auffassung des Korrektors richtig entschieden haben, ist die Erläuterung schlimmstenfalls überflüssig. Wenn Sie aber von der Lösungsskizze abweichen, kann es Ihre Klausur retten, wenn Sie Ihre Einordnung als streitig oder unstreitig nachvollziehbar begründen. Dann wird Ihnen keiner vorwerfen, Sie hätten den Sachverhalt nicht richtig erfasst.

44 **Nicht ins Unstreitige** gehören diejenigen **Tatsachenbehauptungen,**

- **die mangels substantiierten Bestreitens als unstreitig anzusehen sind,**
- **die entgegen § 138 IV ZPO unzulässigerweise mit Nichtwissen bestritten werden.**

45 In diesen Fällen ist die vom Gegner behauptete Tatsache bestritten; das Bestreiten ist nur aus Rechtsgründen nicht wirksam. Das ist aber erst das Ergebnis einer Subsumtion unter § 138 ZPO und bedeutet, dass Sie die tatsächlich bestrittene Tatsache im Tatbestand auch als streitig darstellen müssen. In den Entscheidungsgründen müssen Sie dann erläutern, dass die tatsäch-

lich streitige Tatsache gem. § 138 ZPO wie eine unstreitige der Entscheidung zugrunde gelegt wird, weil das Bestreiten rechtlich nicht wirksam war.

cc) Das Streitige

Streitige Tatsachenbehauptungen werden ausschließlich mit »behaupten« eingeleitet. Alle anderen Formulierungen, wie »der Kläger sagt, schreibt, trägt vor, bringt vor, führt an oder macht geltend« sind unpräzise und sollten unterbleiben. Mit »behaupten« als terminus technicus wird ausgedrückt, dass die nachfolgende Tatsache einseitig aufgestellt wird, und dass sie vom Gegner bestritten wird. Wenn in einem Tatbestand im streitigen Klägervortrag steht, »Der Kläger behauptet, er habe den Beklagten an einem Montag getroffen«, heißt das zunächst einmal, dass der Beklagte dazu sagt: »Stimmt nicht!« Wenn der Beklagte mehr dazu vorträgt »Es war nicht Montag, sondern Mittwoch«, oder »Der Kläger hat nicht mich, sondern meinen Bruder getroffen«, muss das als sog. substantiiertes oder qualifiziertes Bestreiten auch im streitigen Beklagtenvorbringen auftauchen. Andernfalls darf zu der einfach streitigen Tatsache nichts im Beklagtenvortrag stehen. Die ersten beiden Grundsätze lauten hier: 46

- **Einfach bestrittene Tatsachen dürfen im Tatbestand nur einmal auftauchen!**
- **Qualifiziert bestrittene Tatsachen gehören in den Kläger-/Beklagtenvortrag!**

Daraus ergibt sich die Frage, wo einfach streitige Tatsachen gebracht werden müssen, im streitigen Kläger- oder Beklagtenvortrag? Sie dürfen sie jedenfalls nicht ungeprüft bei der Partei anführen, die sie vorträgt. Der dritte Grundsatz lautet nämlich:

- **Einfach bestrittene Tatsachen müssen im streitigen Vortrag derjenigen Partei angeführt werden, die hinsichtlich der streitigen Tatsache die Darlegungs- und Beweislast trägt.**

Hinweise auf die Beweislast stehen im Palandt bei fast jeder Norm am Ende der Kommentierung.

Sie müssen vor allem darauf achten, beim Kläger nicht schon Verteidigungsvorbringen des Beklagten vorwegzunehmen. Es ist nämlich häufig der Fall, dass der Kläger in seiner Klagebegründung auf vorprozessuales Vorbringen des Beklagten eingeht. Das stellt sich in der Regel nur als einfaches Bestreiten des nachfolgenden Beklagtenvorbringens dar. Es bedeutet für Ihren Tatbestand, dass die dazu vorgetragenen Tatsachen in den streitigen Beklagtenvortrag gehören (s. auch → Rn. 40). Die Teile des klägerischen Vortrages, die in der Regel nicht im streitigen Klägervorbringen auftauchen dürfen, erkennen Sie häufig daran, dass sie negativ formuliert sind. Das signalisiert bereits, dass es sich um vorweggenommenen Vortrag zu nachfolgenden Behauptungen des Beklagten handelt, die im Zweifel zu dessen Darlegungs- und Beweislast gehören, weil sie rechtsvernichtende oder -hemmende Tatsachen betreffen. 47

Beispiele sind:
- Der Anspruch ist nicht erfüllt oder durch Aufrechnung erloschen.
- Der Anspruch ist nicht verjährt.
- Der Vertrag ist nicht sittenwidrig.
- Dem Beklagten steht kein Recht zum Besitz zu.
- Der Kläger meint, ihn treffe kein Mitverschulden.

Es ist Sache des Beklagten, zur Erfüllung, Aufrechnung, Verjährung, Sittenwidrigkeit, zum Besitzrecht, Rücktrittsrecht oder Mitverschulden vorzutragen. Nur in dessen streitigen Vortrag gehören deshalb die dazu behaupteten, einfach streitigen Tatsachen.

Eine Ausnahme kommt aus dem Werkvertragsrecht: Wenn der Besteller eine vereinbarte Vergütung behauptet, kann der Werkunternehmer nicht einfach die – höhere – übliche Vergütung nach § 632 II BGB verlangen. Er hat vielmehr die Beweislast dafür, dass kein bestimmter Werklohn vereinbart worden ist. In seinen streitigen Vortrag gehört dann, es sei kein fester Lohn vereinbart worden. 48

Eine Einschränkung des Grundsatzes, dass einfach Streitiges nur einmal im Tatbestand angeführt werden darf, ist bei dem Bestreiten von relevanten Behauptungen des Gegners mit Nichtwissen zu machen. Weil Sie in den Entscheidungsgründen auf § 138 IV ZPO eingehen 49 müssen, sind Sie aus Gründen der Kongruenz gezwungen, die dazu herangezogene Tatsache, also das Bestreiten mit Nichtwissen, auch im Tatbestand zu erwähnen:

> Die Behauptung des Klägers, der Beklagte habe ..., bestreitet dieser mit Nichtwissen.

50 Sie sollten das streitige Parteivorbringen nur einmal im ersten Satz mit den Worten *»Der Kläger/Beklagte behauptet«* einleiten und dann in indirekter Rede, dem sog. Reporterstil, *»der Beklagte habe zugesagt, man sei übereingekommen ...«*, fortfahren. Es wirkt anfängerhaft, wenn Sie jede Behauptung wieder beginnen mit »Zudem behauptet der Kläger, ...«.

51 Rechtsmeinungen können Sie mit *»der Kläger meint«*, *»er ist der Auffassung«* oder *»er ist der Ansicht«* beginnen. Sie dürfen nur nicht »behaupten« und »meinen« verwechseln! Das ist so als würden Sie »Eigentümer« und »Besitzer« oder »verkaufen« und »übereignen« vertauschen! Sie müssen deshalb darauf achten, ob in der Vorlage nicht als kleine Falle eine streitige Tatsache und eine Rechtsmeinung in einem Satz zusammengefasst sind. Dann bleibt Ihnen nichts anderes übrig, als diesen Satz aus der Vorlage nach Tatsachenvortrag und Rechtsauffassung zu trennen oder ihn ohne Rechtsansicht zu übernehmen.

52 Bei Fällen mit Aufrechnungen seitens des Beklagten dürfen Sie nichts von dem Streit um die Gegenforderung schon im streitigen Klägervorbringen vorwegnehmen. Substantiiert bestrittenes Vorbringen des Klägers zur Gegenforderung stellen Sie nach dem streitigen Vorbringen des Beklagten zu seiner Forderung am Ende des Tatbestandes vor der Prozessgeschichte dar (vgl. zum Aufbau des Tatbestandes bei Klagen mit Aufrechnungen → Rn. 32 ff.).

e) Knappe Darstellung

53 In den letzten Jahren ist dieses Kriterium mehr und mehr in den Fokus gerückt. Die Examensklausuren werden immer umfangreicher. Das heißt für Sie, Sie müssen lernen, bei dem Abfassen des Tatbestandes Zeit zu sparen, indem Sie Sachverhalte zusammenfassen, mit Verweisungen arbeiten und sich kurzfassen. Bei Monstersachverhalten sollten Sie lieber einen unvollständigen Tatbestand schreiben und maximal 5 Punkte Abzug in Kauf nehmen, statt unvollständige oder nicht zu Ende geschriebene Entscheidungsgründe abzuliefern und sichere 10 bis 15 Punkte einzubüßen. Da muss der »Blick für das Wesentliche«, die Entscheidungsgründe, gegenüber Sorgfalt und Gründlichkeit die Oberhand gewinnen.

Das Erarbeiten des Tatbestandes ist schon aus Gründen der Zeitersparnis weit mehr als das Ordnen und Abschreiben der Vorlage. Sie müssen stets bedenken, dass in Ihrer Vorlage mehr steht, als Sie in Ihren Tatbestand aufnehmen dürfen. Der Sinn und Zweck der Vorlage besteht nicht darin, auch das letzte bisschen Information im Tatbestand unterzubringen. Im Gegenteil! Wer die Vorlage als Puzzle auffasst, dessen Teile er bis zum letzten Stück zusammenzufügen hat, vergeudet Zeit und verkennt die Aufgabe, zwischen Vollständigkeit und Beschränkung auf das Wesentliche eine sinnvolle Gewichtung herzustellen.

Die Schwierigkeit dieser Aufgabe liegt mithin in der Beachtung der beiden Grundsätze:

Vollständigkeit und Beschränkung auf das Wesentliche.

54 Fast jede Vorlage enthält irrelevante Tatsachen und Rechtsansichten, die Sie nicht erwähnen dürfen. Sie sollen zeigen, dass Sie den Blick für das Wesentliche haben. Alles zu bringen kostet wertvolle Zeit und deutet auf fehlenden Durchblick hin.

55 Wenn es die Zeit zulässt, sollten Sie nach dem Abfassen der Entscheidungsgründe die Kongruenzprüfung vornehmen. Das heißt, Sie müssen überprüfen, ob Sie auch alle Tatsachen, die Sie in den Entscheidungsgründen zur Subsumtion verwendet haben, in Ihrem Tatbestand aufgeführt haben. Dies gilt besonders, wenn Ihnen erst während des Formulierens Ihrer Entscheidungsgründe ein Argument einfällt, an das Sie vorher nicht gedacht haben. In diesen Fällen passiert es häufig, dass die erst spät als relevant erkannte Tatsache zuvor als unbedeutend eingestuft und deshalb nicht in den Tatbestand aufgenommen worden ist.

Merke: Den Gesichtspunkt der Kongruenz haben Sie dann beachtet, wenn Sie in Ihren Entscheidungsgründen keine Tatsache erwähnen, die nicht in Ihrem Tatbestand steht.

Umgekehrt gilt das Erfordernis der Kongruenz nicht. Es muss nicht alles in Ihren Entscheidungsgründen erwähnt werden, was in Ihrem Tatbestand steht. Grund dafür ist, dass der Tatbestand gem. §§ 314, 529 I ZPO die Entscheidungsgrundlage für den gesamten Rechtsstreit und nicht nur für Ihre Entscheidung ist.

Glauben Sie deshalb nicht denen, die Ihnen sagen, der Tatbestand sei der Spiegel der Entscheidungsgründe und dürfe oder brauche nichts von dem enthalten, auf das Sie Ihre Lösung auch nicht stützen. Diese Ratgeber haben Unrecht.

Die Beschränkung auf das Wesentliche haben Sie beachtet, wenn Sie 56

- **absolut irrelevante Tatsachen unerwähnt gelassen haben,**
- **Sachverhalte zusammengefasst dargestellt und**
- **bei streitigem Sachverhalt alle Rechtsmeinungen weggelassen haben.**

aa) Welche Tatsachen dürfen nicht in den Tatbestand?

Für die Frage, ob eine Tatsache in den Tatbestand aufzunehmen ist, kommt es nicht darauf an, 57 ob sie für Ihre Lösung relevant ist, sondern darauf, ob sie überhaupt relevant sein kann. Wenn Sie zB den Anspruch des Klägers aus Delikt bejahen, müssen Sie trotzdem alle Tatsachen aufnehmen, die einen möglichen vertraglichen Anspruch betreffen. Darauf kann es nämlich ankommen, wenn in der nächsten Instanz die Rechtslage anders beurteilt wird. Gleiches gilt, wenn Ihrer Ansicht nach ein Anspruch am fehlenden Verschulden scheitert. Die zur Schadenshöhe vorgetragenen Tatsachen gehören gleichwohl in den Tatbestand, weil sie bei anderer Beurteilung der Rechtslage von Bedeutung sein können.

Merke: Nur Tatsachen, die unter keinem vernünftigen rechtlichen Gesichtspunkt relevant sein können, gehören nicht in den Tatbestand!

Wenn der Kläger, »ein bekannter Schauspieler«, einen Kaufpreis einklagt, ist es unter keinem rechtlichen Gesichtspunkt denkbar, dass die Tatsache seines Berufes oder Bekanntheitsgrades relevant sein könnte. Ebenso überflüssig ist die Tatsache mehrerer Mahnschreiben, zudem noch mit Daten, wenn der Kläger Zinsen erst ab Rechtshängigkeit geltend macht. Wenn Sie im Zweifel sind, ob eine Tatsache absolut irrelevant ist oder nicht, nehmen Sie sie zur Sicherheit in Ihren Tatbestand auf. Denn der Vorwurf, einen unvollständigen Tatbestand verfasst zu haben, wiegt schwerer als der, etwas Überflüssiges aufgenommen zu haben.

bb) Welche Rechtsmeinungen dürfen nicht, welche müssen in den Tatbestand?

Nach dem Grundsatz »da mihi facta, dabo tibi ius« (aus dem Lateinischen: Gib mir die Tatsa- 58 chen, ich werde Dir das Recht geben) gehören grundsätzlich nur Tatsachen in den Tatbestand. Zudem müssen natürlich alle Einreden und Einwendungen des Beklagten gebracht werden, die nicht von Amts wegen zu berücksichtigen sind, wie das Berufen auf Verjährung oder auf ein Zurückbehaltungsrecht. Die übrigen Rechtsauffassungen dürfen Sie nur bringen, wenn sie bei unstreitigem Sachverhalt für das Verständnis des Streits der Parteien erforderlich sind. Geradezu tödlich sind Rechtsmeinungen wie »Der Kläger meint, er habe Recht« oder »Der Beklagte meint, er müsse nicht bezahlen«. Solche nichtssagenden Ansichten haben im Tatbestand eines Zivilurteils nichts zu suchen.

Der Rat zur Darstellung von Rechtsansichten im Tatbestand lautet deshalb:

Merke: Rechtsmeinungen, die Einreden und Einwendungen darstellen, und solche, die bei unstreitigem Sachverhalt für das Verständnis des Streits der Parteien erforderlich sind, **müssen**, alle anderen Rechtsmeinungen **dürfen nicht** in den Tatbestand!

Sie sollten andererseits Rechtsmeinungen größte Aufmerksamkeit widmen, weil sie Hinweise für Lösungsansätze oder aber Fallstricke sein können. Darüber nachzudenken lohnt sich in jedem Fall.

cc) Verweisungen

59 Sie dürfen und sollten, so § 313 II 2 ZPO, von Verweisungen Gebrauch machen, sofern die Verständlichkeit Ihres Tatbestandes nicht darunter leidet. Sie können wegen der knappen Zeit ohnehin nicht alle möglicherweise relevanten Tatsachen ausbreiten.

Zudem sollten Sie eine gute Gewichtung erkennen lassen. Deshalb ist es ratsam, diejenigen Tatsachen, die bei Ihrer Lösung keine Rolle spielen, die aber bei einem anderen Ergebnis durchaus von Belang sein können, durch Verweisungen in den Tatbestand aufzunehmen. Ein Beispiel dafür sind Schadensaufstellungen, wenn Ihrer Meinung nach die Klage ohnehin scheitert. In derartigen Fällen empfiehlt es sich, auf die Schadensberechnungen zu verweisen:

> Der Kläger beziffert seinen Schaden auf insgesamt 33.827,96 EUR. Wegen der Einzelheiten der Schadensberechnung wird auf Seite 2 der Klageschrift vom 1.5.2021 (Bl. 2 d.A.) verwiesen.

Bei einer Vielzahl von Mängeln, die der Beklagte rügt, sollten Sie die wesentlichen benennen und im Übrigen verweisen:

> Der Beklagte bemängelt insbesondere die ... Wegen der weiteren Rügen wird auf Bl. 2 bis 5 der Klageerwiderung (Bl. 10 bis 13 d.A.) verwiesen.

Im Falle von Klageänderungen durch den Austausch des Lebenssachverhalts sollten Sie den »alten« Sachverhalt knapp darstellen und ihn im Übrigen durch Verweisungen einführen, sofern über ihn nicht mehr entschieden wird.

Bei einem Streit der Parteien um die Auslegung oder die rechtliche Bedeutung eines schriftlichen Vertrages müssen Sie die einzelnen Absätze oder Paragraphen, auf die Sie in den Entscheidungsgründen eingehen, auch im Tatbestand zitieren oder sinngemäß wiedergeben. Zitate sind sicherer, weil Sie anders als bei einer Zusammenfassung nicht Gefahr laufen, eine vorweggenommene und vielleicht sogar falsche Wertung vorzunehmen. Auf den restlichen Vertragsinhalt sollten Sie dann verweisen. Sie sollten dabei stets
- die genaue Fundstelle angeben (Datum, Nummer der Anlage des Schriftsatzes, Blattzahl)
- direkt im Anschluss an die von Ihnen zitierten, zusammengefassten oder nur auszugsweise wiedergegebenen Schriftsätze oder Urkunden und nicht erst am Ende des Tatbestandes.

Hier ein Beispiel:

> In dem Vertrag vom ... ist unter anderem Folgendes geregelt: § 1 ..., § 5 ..., § 9 ... Wegen des weiteren Inhalts des Vertrages wird auf die Anlage 1 zur Klage vom 2.5.2021 (Bl. 4–5 d.A.) verwiesen.

60 Wenn eine Beweisaufnahme durchgeführt worden ist, müssen Sie am Ende des Tatbestandes in der Prozessgeschichte auf das Ergebnis der Beweisaufnahme verweisen:

> Das Gericht hat Beweis erhoben durch Vernehmung der Zeugen ... und Einholen eines Sachverständigengutachtens. Wegen des Ergebnisses der Beweisaufnahme wird auf die Sitzungsniederschrift vom ... (Bl. 25–27 d.A.) sowie auf das Gutachten vom ... (Bl. 35–45 d.A.) Bezug genommen.

61 Eine Generalverweisung am Schluss heilt keinen unvollständigen Tatbestand und ist, nachdem sich der BGH zumindest faktisch von der negativen Beweiskraft des Tatbestandes verabschiedet hat, nicht mehr erforderlich, um die formelle Vollständigkeit des Tatbestandes zu gewährleisten. Wer sie dennoch für erforderlich hält, sollte auf die genaue Fundstelle in der Akte verweisen:

> Im Übrigen wird auf die Schriftsätze des Klägers vom ... nebst Anlagen (Bl. ... bis Bl. ... d.A.), auf die Klageerwiderung vom ... (Bl. ... d.A.) Bezug genommen.

f) Der Schluss der mündlichen Verhandlung

62 Nach dem Grundsatz der Einheitlichkeit der mündlichen Verhandlung gilt dasjenige als Entscheidungsgrundlage, was Sach- und Streitstand am Schluss der letzten mündlichen Verhandlung ist.

Merke: Das bedeutet, dass Sie überholtes Vorbringen grundsätzlich weglassen müssen und nur noch das bringen dürfen, was dem letzten Stand entspricht!

Der neue Vortrag reicht zB aus, wenn der Kläger einen offensichtlichen Irrtum korrigiert oder wenn zuvor Streitiges nach Vorlage einer Urkunde unstreitig wird.

Ob eine Behauptung stillschweigend fallengelassen worden ist, müssen Sie durch Auslegung ermitteln. Schweigen auf ungünstige Beweisaufnahmen ist, wie schon erwähnt (→ Rn. 42), in der Regel nicht als Aufgabe der früheren Behauptung zu werten, zumal Sie dies von der Verpflichtung befreien würde, die Beweisaufnahme zu werten. Anders kann es sein, wenn angesichts des eindeutigen Ergebnisses einer Ortsbesichtigung oder der Verlesung einer Urkunde eine vernünftige Partei die Aussichtslosigkeit weiteren Bestreitens sofort einsähe.

Tatsachen zu Anträgen, die nur angekündigt waren oder die nicht mehr aufrechterhalten werden und die ansonsten ohne Bedeutung für den Rechtsstreit sind, sollten Sie ebenfalls weglassen.

Der Umstand, dass in der mündlichen Verhandlung noch Tatsachen vorgetragen werden, ist kein Grund, auf diesen Zeitpunkt hinzuweisen oder den Vortrag erst am Ende des Tatbestandes darzustellen. Die Tatsache gehört dorthin, wo sie nach den allgemeinen Kriterien ihren Platz hat, also in das Unstreitige oder in einen streitigen Teil.

Überholten Parteivortrag müssen Sie erwähnen, 63

wenn er von Bedeutung ist

- für die Beweiswürdigung als Indiz für die Glaubwürdigkeit einer Partei oder eines Zeugen,
- für die Frage, ob eine Klageänderung vorliegt,
- zur Beurteilung der Zulässigkeit und Begründetheit eines überholten Antrages oder
- für die Kostenentscheidung,

oder weil die zurückgenommene, frühere Behauptung weiter Bestand hat. Das ist der Fall, wenn

- der neue Vortrag wegen Verspätung nach § 296 ZPO zurückzuweisen ist,
- der alte Vortrag ein Geständnis darstellt und ein Widerruf an § 290 ZPO scheitert oder
- die in der Änderung des Sachverhalts liegende Klageänderung unzulässig ist (→ Rn. 404 ff.).

g) Hervorhebung der Anträge

64 Mit »Hervorhebung« ist gemeint, dass Sie die Anträge nicht im Text verstecken dürfen, sondern deutlich durch Leerzeilen und Einrücken kenntlich machen müssen. Diese Anordnung betrifft nur die Sachanträge der Parteien, nicht aber auch andere Anträge wie zB Wiedereinsetzungs- oder besondere Vollstreckungsschutzanträge. Derartige Anträge bringen Sie im Fließtext an geeigneter Stelle mit einer möglichst knappen Begründung, also Wiedereinsetzungsanträge wegen der Versäumens der Einspruchsfrist gegen ein VU am besten am Ende der Prozessgeschichte des VU nach dem Datum des Eingangs des Einspruchs und besondere Vollstreckungsschutzanträge nach dem streitigen Beklagtenvorbringen.

Die Sachanträge werden also durch ein Einrücken hervorgehoben. Sie sind grundsätzlich so wiederzugeben, wie sie gestellt worden sind. Gegen eine rein stilistische Änderung vom Originalwortlaut: »Der Beklagte beantragt: Die Klage wird abgewiesen« in »*Der Beklagte beantragt, die Klage abzuweisen*«, ist nichts einzuwenden. Inhaltliche Korrekturen und Auslegungen sind aber Teil Ihrer Lösung und gehören deshalb in die Entscheidungsgründe. Dort sind Zahlendreher, offensichtlich falsche Bezeichnungen usw. durch analoge Anwendung der §§ 133, 157 BGB vor den Zulässigkeitserwägungen richtig zu stellen. Das gilt auch bei einseitigen Erledigungserklärungen (→ Rn. 427 ff.). Im Tatbestand steht in diesen Fällen nur eingerückt:

> Der Kläger hat den Rechtsstreit in der Hauptsache für erledigt erklärt.

In den Entscheidungsgründen erläutern Sie dann vor der Zulässigkeit der Klage (→ Rn. 308):

> Der Kläger begehrt bei verständiger Auslegung seiner Erledigungserklärung analog §§ 133, 157 BGB die Feststellung, dass der Rechtsstreit in der Hauptsache erledigt ist.

Nur bei einseitigen Teilerledigungserklärungen sollten Sie bei dem Antrag »... *abzüglich heute gezahlter* ...« das Wort »heute« durch das Datum des Verhandlungstages ersetzen.

Überflüssige Teile des Antrages, über die das Gericht ohnehin von Amts wegen zu entscheiden hat oder die im Gesetz geregelt sind, dürfen Sie nicht mit aufführen. Das sind:

- Kostenanträge,
- Anträge zur vorläufigen Vollstreckbarkeit (Ausnahmen: die besonderen Vollstreckungsschutzanträge gem. §§ 710, 712, 714 ZPO, s. → Rn. 229 ff.),
- Anträge, die Sicherheit durch eine Bankbürgschaft stellen zu dürfen, § 108 ZPO.

65 In Fällen, in denen Anträge angekündigt, aber nicht gestellt oder gestellte Anträge geändert werden, müssen Sie stets beide Anträge in den Tatbestand aufnehmen, weil Sie in den Entscheidungsgründen zur Frage einer möglichen Klageänderung Stellung nehmen müssen. Und wenn Sie dann von einem alten und einem neuen Antrag sprechen, ist Ihr Tatbestand nicht vollständig, wenn er nicht beide Anträge enthält. Auf den bedeutsamen Unterschied, ob der frühere Antrag nur schriftsätzlich angekündigt oder auch in der mündlichen Verhandlung gestellt worden ist, müssen Sie natürlich hinweisen.

Sie sollten den ursprünglichen Antrag, sofern Sie über ihn nicht mehr entscheiden, nur in abgekürzter Form, also lediglich als Information, anführen. Wenn der Kläger zunächst die Herausgabe eines Pkw beantragt und im Laufe des Verfahrens seine Klage zulässigerweise nach § 264 Nr. 3 ZPO auf Schadensersatz umstellt (→ Rn. 425), war die Angabe der Fahrgestellnummer wegen der erforderlichen Bestimmtheit des zunächst angestrebten Tenors für die Vollstreckung unerlässlich. Es ist aber nach zulässiger Umstellung des Klageziels auf Schadensersatz unnötig und wirkt anfängerhaft, diesen Antrag in seinem ursprünglichen Wortlaut in den Tatbestand aufzunehmen. Der alte Antrag soll doch nicht mehr vollstreckt werden, sondern nur noch die prozessgeschichtliche Grundlage für die zu erörternde Anwendung von § 264 Nr. 3 ZPO bilden. Diesen Zweck erfüllt er auch in abgekürzter Form:

> Nachdem der Kläger zunächst die Herausgabe seines Pkw beantragt hat, beantragt er nunmehr, den Beklagten zu verurteilen, 5.000 EUR nebst ... % Zinsen seit dem ... zu zahlen.

h) Prozessgeschichte

66 Die Prozessgeschichte beschreibt die für das Urteil relevante Entwicklung des Rechtsstreits. Sie wird stets im Perfekt dargestellt. Von den möglichen prozessgeschichtlichen Ereignissen sind einige mit Sicherheit bedeutungslos und deshalb nicht in den Tatbestand aufzunehmen, einige sind immer wichtig und deshalb stets aufzunehmen und andere sind möglicherweise wichtig. Letztere müssen nur dann erwähnt werden, wenn sie Auswirkungen auf Ihre Entscheidung haben oder in den Entscheidungsgründen erörtert werden.

67 **Stets im Tatbestand zu erwähnen sind:**

- Rücknahme oder Änderung von Anträgen
  - Kostenfolge gem. § 269 III 2 oder 3 ZPO oder § 92 ZPO
  - Zulässigkeitsproblem gem. §§ 263, 264 ZPO
  - Fortdauer der Zuständigkeit gem. § 261 III Nr. 2 ZPO
- Verweisung durch ein anderes Gericht
  - Bindungswirkung gem. § 281 II 4 ZPO
  - Kostenfolge gem. § 281 III 2 ZPO
- Durchführung einer Beweisaufnahme
  - Kostenfolge von § 96 ZPO zum Nachteil des Obsiegenden, wenn die Beweisaufnahme aufgrund seines geänderten Vortrages überflüssig geworden ist
  - Beweisauswertung in den Entscheidungsgründen
- Erlass eines Vollstreckungsbescheides oder eines Versäumnisurteils
  - bedeutsam für das Verständnis der Anträge
  - beeinflusst den Hauptsacheausspruch und gegebenenfalls die Kostenentscheidung gem. § 344 ZPO (VU) bzw. § 700 I iVm § 344 ZPO (VB)

- Erlass eines Teil-, Grund- oder Vorbehaltsurteils
  - bedeutsam für das Verständnis der Anträge
  - beeinflusst die Tenorierung des Schlussurteils
- Unerledigte Beweisanträge
  - bedeutsam wegen §§ 314, 529 ZPO
- Richterliche Hinweise nach § 139 ZPO
  - Beachtung von § 139 III ZPO
  - Bedeutung im Berufungsverfahren gem. § 531 ZPO
  - Kongruenz zwischen Tatbestand und Entscheidungsgründen
- Beitritt eines Nebenintervenienten
  - Kostenfolge gem. § 101 ZPO
  - Wirkung der §§ 67, 68 ZPO
- Unterbrechung des Verfahrens und Aufnahme durch den Rechtsnachfolger
  - Prozessführungs- und Sachbefugnis des Rechtsnachfolgers
- Einverständnis mit Entscheidung im schriftlichen Verfahren
  - Kongruenz, § 128 II ZPO muss in den Entscheidungsgründen erwähnt werden.

Je nach Fall gehören folgende Teile der Prozessgeschichte in den Tatbestand: 68

- **Eingang und Zustellung der Klage** sind gegebenenfalls bedeutsam für
  - die Wahrung von Fristen, zB §§ 121, 124, 1002 BGB
  - die Hemmung der Verjährung § 204 I Nr. 1 BGB
  - den Anspruch auf Prozesszinsen, §§ 291, 288 I 2 BGB
  - die Entscheidung in Fällen von einseitigen Erledigungserklärungen
  - die Veränderung zuständigkeitsbegründender Umstände, § 261 III Nr. 2 ZPO
- **Schriftsatzfristen** können wichtig sein für
  - die Zurückweisung von verspätetem/nicht nachgelassenem Vortrag, §§ 283, 296a ZPO
- **Prozesskostenhilfeanträge** können bedeutsam sein für
  - die Fristwahrung nach § 276 III ZPO
  - die Hemmung der Verjährung, § 204 I Nr. 14 BGB
- **Die Anordnung des schriftlichen Vorverfahrens gem. § 276 ZPO** kann wichtig sein für
  - die Rechtmäßigkeit eines Versäumnisurteils
  - Präklusionsfragen gem. § 296 I ZPO
- **Verspätungs- oder Entschuldigungstatsachen** können wichtig sein für die
  - Zurückweisung von Vorbringen nach §§ 283, 296, 527, 528 ZPO

Nie zu erwähnen sind: 69

ZB Terminsbestimmungen, eine Streitverkündung ohne Beitritt, die Wiedereröffnung der mündlichen Verhandlung nach § 156 ZPO, der fristgerechte Widerruf eines Vergleichs mit Widerrufsvorbehalt oder ein bereits ergangener Streitwertbeschluss.

Die nach dem Vorstehenden relevanten Teile der Prozessgeschichte gehören der Vollständigkeit und der Kongruenz wegen in den Tatbestand. Sie sind an der Stelle anzuführen, an der sie der Verständlichkeit am besten dienen. Das ist entweder 70

- **im Zusammenhang mit den Behauptungen der Parteien,**
- **vor bzw. zwischen den Anträgen oder**
- **am Ende des Tatbestandes.**

Im Zusammenhang mit den jeweiligen Behauptungen der Parteien müssen Sie erwähnen: 71

- unerledigte Beweisangebote,
- richterliche Hinweise zum Sachvortrag,
- Vortrag zu Entschuldigungs- oder Verspätungstatsachen.

Wegen §§ 529 ff. ZPO ist es ratsam, unerledigte Beweisangebote in den Tatbestand aufzunehmen. Das Berufungsgericht muss in der Lage sein, die Voraussetzungen einer Präklusion von neuem Vortrag oder neuen Beweismitteln anhand des Tatbestandes des angefochtenen Urteils festzustellen. Zudem gebietet der Grundsatz der Kongruenz, dass Sie in den Entscheidungsgründen nichts verwerten, was sich nicht aus Ihrem Tatbestand ergibt.

> Der Kläger behauptet unter Berufung auf die Aussage des Zeugen X, …

72 **Vor bzw. zwischen den Anträgen** müssen Sie prozessuale Ereignisse anführen, die für das Verständnis der Anträge von Bedeutung sind. Dies sind insbesondere:

- Einsprüche nach einem ersten Versäumnisurteil mit Tenor und Daten (ohne Az.)
- Einsprüche nach einem Vollstreckungsbescheid mit Aktenzeichen, Tenor und Daten
- Antragsänderungen (zB Erledigungserklärung, Klagebeschränkung, Klageerweiterung)
- Vorangegangene Anerkenntnis- und Vorbehaltsurteile im Urkundenprozess

73 **Am Ende des Tatbestandes** erwähnen Sie die übrige relevante Prozessgeschichte wie

- durchgeführte Beweisaufnahmen,
- Fristen gem. § 276 ZPO und Eingangsdaten von Schriftsätzen bei Fristproblemen,
- Zustellungsdaten, sofern diesen eine Bedeutung zB für den Zinsbeginn, die Verjährung oder die Frage der Erledigung des Rechtsstreits vor oder nach Rechtshängigkeit zukommt,
- Streitverkündungen mit nachfolgendem Beitritt.

74 Wenn eine Beweisaufnahme stattgefunden hat, führen Sie stets nur diese Tatsache an und verweisen wegen des Ergebnisses auf das Protokoll (→ Rn. 60). Die Angabe des Beweisthemas ist nicht erforderlich. Den Inhalt der Zeugenaussagen und des Gutachtens müssen Sie in den Entscheidungsgründen ausführen. Dazu finden Sie Formulierungsbeispiele unter → Rn. 287 ff.

75 Streitverkündungen ohne Beitritt werden weder im Rubrum noch im Tatbestand erwähnt. Nur nach einem erfolgten Beitritt wird der Streitverkündete im Rubrum unter der unterstützenden Partei als Streithelfer aufgeführt und im Rahmen von § 101 ZPO bei der Kostenentscheidung berücksichtigt (→ Rn. 209). Ferner werden die Tatsache der Streitverkündung und des Beitritts mit Daten am Ende des Tatbestandes erwähnt.

76–79 **Aufbau des Tatbestandes**

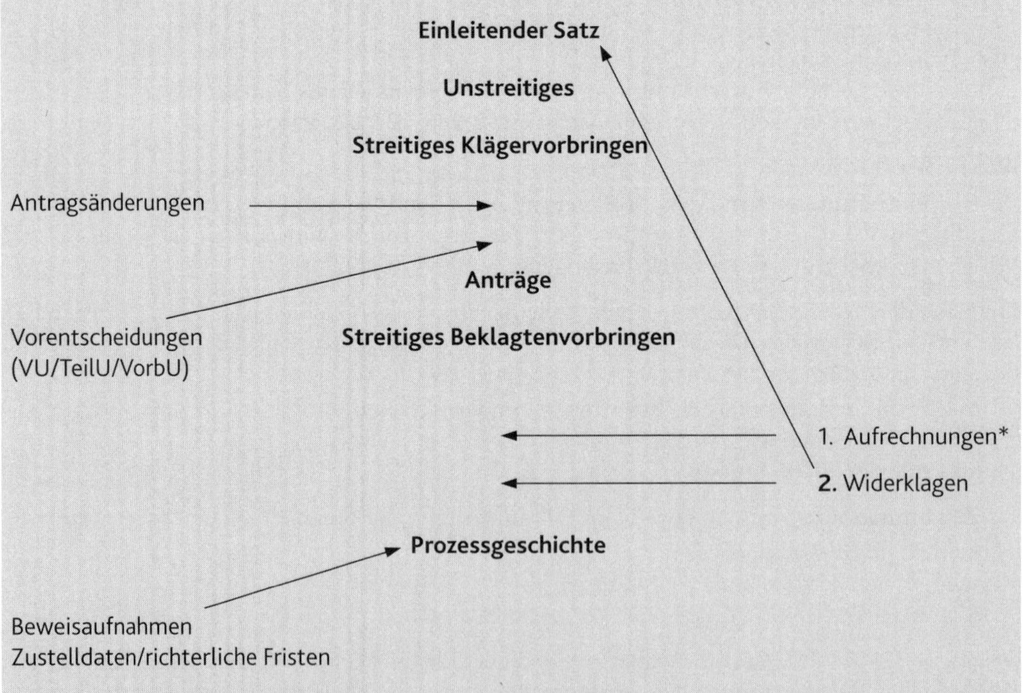

* Wenn die Aufrechnung aus demselben Lebenssachverhalt resultiert wie die Klage, bringen Sie das Unstreitige zur Gegenforderung zusammen mit dem Unstreitigen der Klage.

4. Lösen der Klausur

a) Klausurtaktische Vorüberlegungen

aa) Grundsätzliches

Im Examen sollten Sie sich nach der herrschenden Rechtsprechung richten und Literaturansichten unberücksichtigt lassen. Von Ausnahmen abgesehen, bringt nicht einmal die Darstellung derartiger Ansichten Punkte, weil sie nicht praxisnah ist. Zudem besteht die Gefahr, dass Ihnen die Zeit für weitaus wichtigere Ausführungen fehlen könnte. 80

Bei dem Erarbeiten der Lösung dürfen Sie sich nicht von emotionalen Aspekten leiten lassen.

Beispiele dafür sind:
- Sie streben ein auf den ersten Blick als gerecht empfundenes Ergebnis an.
- Nur eine bestimmte Lösung eröffnet den Weg zu einem »schönen« Problem.
- Der Hauptantrag muss unbegründet sein, weil es einen Hilfsantrag gibt.
- Der Anspruch kann nicht unschlüssig sein, weil sonst die Einreden und Einwendungen des Beklagten nicht erörtert zu werden brauchen.
- Die Klageforderung muss begründet sein, weil man sonst nicht zur Hilfsaufrechnung kommt.
- Die Tatsache, dass die Parteien über einen Aspekt streiten, legt nahe, dass er relevant ist.

Grundsätzlich gilt: Sie müssen streng analytisch vorgehen und dürfen erst am Ende Ihrer Lösung eine »Gerechtigkeitsprüfung« auf der Grundlage Ihres Judizes und im Lichte von Treu und Glauben vornehmen, um Fehler aus Rechtsblindheit zu vermeiden! Diese induktive Vorgehensweise, also der vorurteilsfreie, rein analytische Weg vom Problem zur Lösung, ist für Sie im Examen grundsätzlich die einzig richtige. Die Einschränkung lautet jedoch:

Merke: Sie müssen, bevor Sie sich an die Lösung begeben, zunächst die zwingenden klausurtaktischen Konsequenzen aus der Ihnen vorgegebenen Aktenlage ziehen!

Die sich aus der Durchführung oder dem Fehlen einer Beweisaufnahme, aus fehlendem Vortrag oder nicht erteilten richterlichen Hinweisen ergebenden Schlussfolgerungen sind von größter Bedeutung für Ihre Lösungsüberlegungen. Diese Vorüberlegungen sparen Zeit, verhindern Irrwege und ergeben häufig Hinweise auf das richtige, besser gesagt das »erwünschte« Ergebnis.

Was wir Ihnen im Folgenden vorstellen, haben wir uns nicht ausgedacht, sondern bei der Analyse von hunderten ausgemusterter Examensklausuren mit Lösungsretenten entdeckt. Es ist der Code, nach dem die Klausuren – jedenfalls außerhalb Bayerns – erstellt werden. Das hat sich in allen Klausurdurchgängen seither bestätigt. Wir haben herausgefunden, dass Klausuren auf der Grundlage dreier Grundsätze eine innere Logik haben, die Erkenntnisse ermöglicht bis hin zur kompletten Lösung. 81

Apropos juristische Tugenden: Jetzt ist logisches Denken gefragt!

Die drei Grundsätze lauten:
- **Der Rechtsstreit ist entscheidungsreif.**
- **Die Klausurvorlage ist vollständig.**
- **Die Sachbehandlung war im Wesentlichen richtig.**

Auf der Grundlage dieser drei Annahmen kann es keinen Hinweis- oder Beweisbeschluss und keine Wiederholung einer Beweisaufnahme geben, weil der Rechtsstreit entscheidungsreif ist. Eine durchgeführte Beweisaufnahme war zur Herbeiführung der Entscheidungsreife zwingend erforderlich, weil die Sachbehandlung in Ordnung war und keine sinnlosen Beweisaufnahmen angeordnet worden sind. Und eine vermeintlich notwendige Beweisaufnahme, die ausweislich Ihrer Vorlage nicht durchgeführt worden ist, war für das gewollte Ergebnis definitiv nicht erforderlich, denn die Vorlage ist vollständig und der Rechtsstreit ist entscheidungsreif. 82

bb) Nun zu den drei Grundsätzen im Einzelnen:

83 »Der Rechtsstreit ist entscheidungsreif« bedeutet, Sie sollen zeigen, dass Sie eine anspruchsvolle, praxisnahe, juristisch anspruchsvolle Entscheidung, also ein Urteil oder einen Beschluss nach § 91a, § 269 III 3 oder § 127 I ZPO, verfassen können. Das könnten Sie sicher nicht bei einem Hinweis-, Auflagen- oder Beweisbeschluss mit Hilfsgutachten tun.

Die Bearbeiterhinweise, nach denen Sie, wenn Ihrer Meinung nach etwas fehlen sollte, davon ausgehen sollen, dass das Gericht Hinweise gem. § 139 ZPO erteilt oder ergebnislose Beweisaufnahmen durchgeführt hat, sind nur für »Neunmalkluge« oder für den seltenen Fall, dass ausnahmsweise bei der Gestaltung der Vorlage Fehler unterlaufen sind. Mit der Anweisung, gegebenenfalls eine unergiebige Beweisaufnahme oder einen richterlichen Hinweis, auf den keine Reaktion erfolgt ist, zu unterstellen, soll nur sichergestellt werden, dass jeder Referendar gezwungen ist, den Fall inhaltlich zu bearbeiten und kein »Schlauberger« sich mit einer eher formalen Lösung auf einer oder zwei Seiten 18 Punkte abholen kann.

Merke: Sie sollten grundsätzlich von der Richtigkeit und Vollständigkeit der Vorlage auszugehen.

84 Richtig und vollständig bedeuten, dass der Rechtsstreit von Seiten des Gerichts de lege artis geführt worden und nichts Sinnloses veranlasst und nichts Notwendiges unterlassen worden ist.

Merke: Wenn Ihre Lösung die erfolglose Erteilung eines rechtlichen Hinweises voraussetzt, ist dies in der Regel ein Indiz für einen Fehler Ihrer Lösung.

Wenn Sie zu einem Ergebnis kommen, bei dem ein richterlicher Hinweis nach § 139 ZPO geboten gewesen wäre, sollten Sie Ihre Lösung noch einmal überprüfen und einen Lösungsweg suchen, bei dem Sie ohne den Ihrer Meinung nach fehlenden Hinweis auskommen.

85 Eine Einschränkung von dem Grundsatz, dass das Gericht den Rechtsstreit de lege artis geführt hat, sollten Sie in den Fällen machen, in denen ein möglicher Fehler des Gerichts der Entscheidungsreife nicht entgegensteht oder durch rügeloses Verhandeln gem. § 295 ZPO geheilt worden ist. Zu denken wäre zB an folgenden Fall: Wenn gegen den Beklagten ein Versäumnisurteil erlassen worden ist, könnte es sein, dass es nicht »in gesetzlicher Weise« iSv § 344 ZPO ergangen ist, weil die Klage zB nicht schlüssig war oder ein Fall der Säumnis mangels ordnungsgemäßer Ladung des Beklagten nicht vorlag. Dies hätte zur Folge, dass Sie dann davon absehen müssten, dem Beklagten die Kosten des Versäumnisurteils aufzuerlegen (→ Rn. 177). Der »Fehler« war also nichts anderes als eine Falle.

Die Grundsätze Entscheidungsreife, richtige Sachbehandlung und Vollständigkeit der Vorlage veranlassen deshalb zur Annahme folgender Prämissen für Ihre Lösung:

86
- **Fehlende Angaben ohne richterlichen Hinweis legen nahe, dass es darauf nicht ankommt!**
- **Eine durchgeführte Beweisaufnahme besagt, dass das Beweisthema erheblich ist!**
- **Eine nicht durchgeführte Beweisaufnahme war auch nicht erforderlich!**

87 Wenn Sie diese Grundsätze nicht beachten, laufen Sie Gefahr, zu einem Ergebnis zu gelangen, das im Widerspruch zu der dem Korrektor vorliegenden Lösungsskizze steht. Und das geht meist böse aus.

Merke: Ein Verstoß gegen die innere Logik einer Klausur führt in der Regel zum Scheitern.

Nun zu diesen Schlussfolgerungen im Einzelnen:

(1) Die Bedeutung »fehlender« Angaben in der Vorlage

88–92 Ihre Vorlage ist vollständig, es fehlt also nichts für die gewollte Lösung. Angaben, die nicht in Ihrer Vorlage stehen, geben aber Hinweise auf die gewollte Lösung:

- Fehlender Vortrag zu einer Abnahme spricht gegen einen Werkvertrag, weil der Werklohnanspruch nicht fällig wäre und die Entscheidungsgründe nur sehr kurz ausfallen würden.

- Angaben zum Wert einer Sache, aber nicht zum Verkaufserlös nach der Verfügung eines Nichtberechtigten sprechen gegen § 816 I BGB als Anspruchsgrundlage. Näher liegt ein Schadensersatzanspruch aus GoA, §§ 989, 990 I BGB oder §§ 823 ff. BGB.
- Ein fehlendes Datum ist in der Regel ein deutlicher Hinweis darauf, dass es nicht relevant ist.

Fall: Der Kläger hat zunächst die Herausgabe seiner Sache verlangt und ist im Termin umgeschwenkt auf Schadensersatz mit Zinsen »seit Klagezustellung«. Das Zustellungsdatum ergibt sich nicht aus der Akte, das Terminsprotokoll ist hingegen mit Datum in der Vorlage abgelichtet.

Das Fehlen des Zustellungsdatums ist ein Hinweis darauf, dass es nicht entscheidungserheblich ist. Entweder scheitert die Klage insgesamt oder dem Kläger stehen keine Prozesszinsen zu (zB wegen einer Zug-um-Zug-Verurteilung oder weil der Zinsanspruch erst an dem Tag nach der Antragsumstellung beginnt [§ 261 II ZPO iVm § 187 I BGB analog]).
Wenn wichtige Angaben zu einem Vortrag fehlen und das Gericht nach § 139 ZPO darauf hinweisen müsste, deutet dies darauf hin, dass der Anspruch oder die Einwendung bereits aus anderen Gründen scheitert.
Das vermeintliche »Fehlen« des Hinweises ist darauf zurückzuführen, dass er nicht erforderlich ist, so zB gem. § 139 II ZPO bezüglich Nebenforderungen und unwesentlichen Teilen der Hauptforderung, oder dass er sinnlos wäre, weil eine Ergänzung der Angaben am Ergebnis nichts ändern würde. Es wird in der Regel eine Situation vorliegen, die unabhängig von dem fehlenden Vortrag zum Scheitern des Anspruchs oder der Einwendung führt. Eine Ergänzung des Vortrags würde an diesem Ergebnis nichts ändern. Danach müssen Sie zunächst suchen.

Hier sind einige **Beispiele**:
- Wenn Vortrag zur Höhe eines Anspruchs fehlt und eine Schätzung gem. § 287 ZPO nicht möglich ist, kann dies ein Hinweis darauf sein, dass der Anspruch schon dem Grunde nach scheitert.
- Fehlende Angaben zum Hilfsantrag sind unbeachtlich, weil der Hauptantrag begründet ist.
- Fehlende Angaben zum Hauptantrag sind unbeachtlich, weil er ohnehin scheitert.
- Der unvollständige Vortrag ist unbeachtlich, weil er aus einem nicht nachgelassenen oder einem nachgelassenen, aber verspätet eingereichten Schriftsatz stammt.
- Fehlender Vortrag zur Aufrechnung ist bedeutungslos, weil die Klageforderung nicht besteht.

(2) Die Klausur mit »fehlender« Beweisaufnahme

Es gibt diesen Klausurtyp nicht, es gibt nur Klausuren ohne Beweisaufnahme. Aber bei diesen 93
Klausuren fehlt die Beweisaufnahme nicht, sie war für die gewollte Lösung nicht erforderlich.

Wenn Sie nun aber meinen, dass eine Beweisaufnahme erforderlich gewesen wäre, die nicht in Ihrer Klausur enthalten ist, kann dies drei Gründe haben:

1. Die Klausuraufgabe ist falsch gestellt, der Fall ist nicht entscheidungsreif.
2. Ihre Lösung ist richtig, aber eine Beweisaufnahme ist nicht erforderlich.
3. Ihre Lösung ist ganz oder teilweise falsch.

Die erste Möglichkeit ist so fernliegend, dass Sie den Gedanken nicht weiterverfolgen sollten. 94
Auf keinen Fall dürfen Sie auf der Grundlage des üblichen Bearbeitervermerks, etwaige weitere Hinweise und Sachverhaltsermittlungen seien erfolglos geblieben, ungeprüft die ergebnislose Durchführung einer Beweisaufnahme unterstellen. Dies ist in aller Regel ein schwerer Fehler, weil das Fehlen einer Beweisaufnahme in der Examensklausur ein sicheres Indiz dafür ist, dass der Rechtsstreit ohne Beweisaufnahme entscheidungsreif ist.

Bei Punkt 2 ist der erste Gedanke zwar meistens: Meine Lösung ist falsch. Aber Vorsicht! Es 95
kann nämlich sein, dass Ihre Lösung stimmt und nur Ihre Annahme, eine Beweisaufnahme sei erforderlich, nicht zutrifft. Deshalb sollten Sie zunächst Ihre Lösung nur summarisch auf eine falsche Weichenstellung oder einen anderen offensichtlichen Fehler durchsehen und, wenn Sie nichts finden, sodann zunächst nach Gründen suchen, die auch bei Ihrer Lösung eine Beweisaufnahme überflüssig machen. Das ist besser, als eine vielleicht doch richtige Lösung zu ver-

werfen und mit zeitraubenden Überlegungen noch einmal von vorn anzufangen. Wie voreilig es ist, sogleich am eigenen Ergebnis zu zweifeln, zeigt das folgende Beispiel:

96 Bei klärungsbedürftigem Sachverhalt wegen einer zur Aufrechnung gestellten Gegenforderung des Beklagten, der eine Beweiserhebung erfordert, die ausweislich Ihrer Vorlage nicht stattgefunden hat, müssen Sie zB an die Möglichkeit eines Vorbehaltsurteils gem. § 302 ZPO denken.

97 Die zweite Möglichkeit, dh, Ihre Lösung ist richtig, aber Ihre Annahme, eine Beweisaufnahme sei erforderlich, ist falsch, kann viele verschiedene Ursachen haben.

98 Im Folgenden finden Sie eine Übersicht der wichtigsten Gründe, die Sie vor einem »Umstoßen« Ihrer Lösung unbedingt durchchecken sollten.

- **Es liegt kein Beweisantrag vor.**
- **Es liegt zwar ein Beweisantrag vor, aber nicht von der beweisbelasteten Partei.**
- **Der Beweisantritt der beweisbelasteten Partei ist nicht ordnungsgemäß.**
  - Der Zeuge wird als »N.N.« oder als »ein noch zu benennender Mitarbeiter« benannt.
  - Die beweisbelastete Partei reagiert auch nicht nach Fristsetzung, § 356 ZPO.
  - Sie hat den Gebührenvorschuss entweder nicht oder zu spät gezahlt, § 379 ZPO.
  - Für das Gutachten eines Sachverständigen fehlt es an Anknüpfungstatsachen.
  - Der angebotene »Zeuge« ist Partei.
  - Der einfache Streitgenosse wird zu einer »gemeinsamen« Tatsache als Zeuge benannt.
  - Der streitgenössische Nebenintervenient wird als Zeuge benannt.
- **Die Beweisaufnahme ist unzulässig.**
  - Die Beweiserhebung wäre ein unzulässiger Ausforschungsbeweis.
  - Die eigene Parteivernehmung ist ohne Zustimmung des Gegners unzulässig, § 447 ZPO.
  - Der »heimliche« Zeuge hat ohne Wissen des Gegners am Telefon mitgehört.
  - Die Partei ist gem. § 296 ZPO mit ihrem Vorbringen präkludiert.
- **Die Beweisaufnahme ist überflüssig (sog. fehlende Beweisbedürftigkeit).**
  - Der Gegner des Beweispflichtigen hat die einfachere Beweisführung vereitelt.
  - Es liegt ein Fall von § 287 ZPO vor (richterliche Schätzung).
  - Die behauptete Tatsache ist schon bewiesen.
  - Die streitige Tatsache ist offenkundig, § 291 ZPO.
  - Es greifen gesetzliche (§ 292 ZPO) oder tatsächliche Vermutungen ein.
  - Es greifen die Grundsätze der sog. Hilfstatsachen.

Da grundsätzlich ein richterlicher Hinweis gem. § 139 ZPO erforderlich ist, wenn die beweispflichtige Partei keinen Beweis angeboten hat, der Antritt nicht ordnungsgemäß war oder die Beweiserhebung unzulässig ist, wird dem Ihnen vorliegenden Sachverhalt zu entnehmen sein, dass der Hinweis in diesem Fall nicht geboten war, etwa weil sich der Beweispflichtige seiner Beweislast bewusst war oder weil erkennbar keine Beweismittel zur Verfügung stehen.

In Zivilurteilen müssen Sie bekanntlich keine Begründungen dafür angeben, warum Sie eine beantragte Beweisaufnahme nicht durchgeführt haben. Deshalb brauchen Sie sich auch in Ihrer Examensklausur nicht dazu zu äußern. Sollte einer der seltenen Ausnahmefälle vorliegen, in denen die Durchführung der Beweisaufnahme ein maßgeblicher Streitpunkt der Parteien ist, reicht ein mit einem Satz begründeter Hinweis darauf, dass es keiner Beweiserhebung bedurfte.

(3) Die Klausur mit Beweisaufnahme

99 Wenn in Ihrer Klausur eine Beweisaufnahme enthalten ist, die nach Ihrem Ergebnis nicht erforderlich ist, sollten Sie Ihre Lösung überdenken. Überprüfen Sie Ihre entscheidenden Weichenstellungen darauf, ob Sie sich nicht mit ebenso guten Gründen anders entscheiden könnten und dann zu einem Ergebnis kommen, bei dem die durchgeführte Beweisaufnahme erforderlich war. Dies ist im Zweifel der sicherere und damit vorzuziehende Lösungsweg.

Die unumstößlichen Arbeitshypothesen im Examen lauten nämlich in diesem Punkt:

1. **Eine durchgeführte Beweisaufnahme war für die Entscheidungsreife erforderlich.**
2. **Die Tatsache, über die Beweis erhoben worden ist, ist erheblich.**
3. **Eine Lösung ohne Berücksichtigung der Beweisaufnahme entspricht nicht der dem Prüfer vorliegenden Lösungsskizze.**

Daraus folgt, dass Sie aus der Tatsache, dass eine Beweisaufnahme durchgeführt worden ist, entscheidende Rückschlüsse für die richtige Lösung ziehen können und sollten, zB:

- Eine Beweisaufnahme zur Höhe einer Forderung besagt,
  - dass der Anspruch dem Grunde nach gegeben ist.
- Eine Beweisaufnahme zur Frage einer Abnahme
  - deutet auf einen Werkvertrag hin.
- Eine Beweisaufnahme nur zu rechtsvernichtenden Einwendungen des Beklagten besagt,
  - dass die Klage ansonsten ganz oder zum Teil begründet wäre.
- Eine Beweisaufnahme zu Behauptungen im Rahmen einer Widerklage
  - lässt auf deren Zulässigkeit schließen.
- Eine Beweisaufnahme, die nur Behauptungen eines Hilfsantrags betrifft, besagt,
  - dass der Hauptantrag nicht begründet ist.
- Wenn eine Beweisaufnahme nur auf Antrag einer Partei erfolgt ist,
  - trägt diese Partei auch die Beweislast.
- Eine unergiebige Beweisaufnahme
  - führt zur Beweisfälligkeit der beweisbelasteten Partei.

Die besondere Bedeutung der klausurtaktischen Analyse soll an dem folgenden Fall demonstriert werden. Sie werden sehen, wie sinnvoll und hilfreich diese Vorgehensweise ist.

Fall: Der hilfsbereite Freund 100

Die Klägerin verlangt vom Beklagten Schadensersatz wegen der Beschädigung ihres Pkw.

Der Beklagte erwies der Klägerin auf deren Bitte unentgeltlich den Gefallen, ihren Pkw in Hamburg abzuholen und ihn über eine Strecke von 70 km zu ihr nach Hause zu fahren. Auf dieser Fahrt legte er einen mit der Klägerin nicht abgesprochenen Zwischenstopp auf einem an der Fahrstrecke gelegenen Ponyhof ein. Beim Verlassen des Parkplatzes kam es zu einem Zusammenstoß mit einer Mofafahrerin, die den parallel zur Straße verlaufenden bevorrechtigten Radweg befuhr. Der unstreitige Schaden ist nicht von einer Versicherung gedeckt.

Die Klägerin behauptet, der Beklagte sei in rasanter Fahrt ohne Beachtung der Vorfahrt vom Parkplatz gefahren.

Die Klägerin beantragt,

> den Beklagten zu verurteilen, an sie 4.000 EUR nebst Zinsen iHv 5 Prozentpunkten über dem Basiszinssatz seit Klagezustellung zu zahlen.

Der Beklagte beantragt,

> die Klage abzuweisen.

Der Beklagte behauptet, er habe auf dem Radweg anhalten müssen, um den Verkehr auf der Straße zu beachten. Zu diesem Zeitpunkt sei auf dem Radweg kein anderes Fahrzeug zu sehen gewesen. Dann sei der Motor ausgegangen und habe sich während der nächsten ein bis zwei Minuten nicht wieder starten lassen. Er habe während dieser Zeit nur auf die Armaturen geschaut und erfolglos den Anlasser betätigt. Die Mofafahrerin müsse ihn übersehen haben.

Der Beklagte meint, ihn treffe keine Schuld an dem Zusammenstoß. Zudem sei die Haftung für einfache Fahrlässigkeit auch ohne ausdrückliche Vereinbarung ausgeschlossen, weil er ohne jedes Eigeninteresse nur der Klägerin habe helfen wollen.

Das Gericht hat die nur von der Klägerin benannte Mofafahrerin als Zeugin zum Unfallhergang gehört. Der Beklagte hat keinen Beweis angeboten. Die Beweisaufnahme war unergiebig. Die Zeugin hat bekundet, sie könne sich wegen einer Gehirnerschütterung an nichts erinnern.

Sie lernen mehr, wenn Sie zunächst einmal den obigen Fall lösen, bevor Sie weiterlesen. Erstellen Sie in nicht mehr als 30 Minuten eine Lösungsskizze mit Stichworten unter Hervorhebung der Schwerpunkte Ihrer Argumentation. Sie werden sich vermutlich wundern.

- Wenn Sie ohne klausurtaktische Vorüberlegungen an den Fall herangegangen sind, werden Sie zunächst nach einer Anspruchsgrundlage gesucht haben und auf eine vertragliche in Form eines Auftrags oder Gefälligkeitsvertrages sowie auf § 823 I BGB gekommen sein. Ansprüche aus EBV scheitern am Besitzrecht des Beklagten.

- Sie werden weiter erkannt haben, dass bei einer vertraglichen Anspruchsgrundlage der Rechtsbindungswille problematisch ist und mit dem deliktischen Anspruch fortfahren.
- Eigentumsverletzung und Rechtswidrigkeit werden Sie problemlos annehmen und sodann bei der Frage des Verschuldens auf die nächste Schwierigkeit stoßen. Die Beweisaufnahme war unergiebig. Fehlt also der Nachweis des Verschuldens durch die für deliktische Ansprüche beweispflichtige Klägerin? Sie haben dann sicher gesehen, dass der Beklagte entweder nach seinem eigenen Vortrag wegen der Verletzung von Sicherungspflichten – Hupen und Blinken – gem. § 15 StVO oder nach den Grundsätzen des Anscheinsbeweises einfach fahrlässig gehandelt hat. Bei einem streitigen, unbewiesenen Unfall im Straßenverkehr trägt in einer derartigen Situation derjenige prima facie die Schuld, der nicht vorfahrtberechtigt war, also der Beklagte.
- Dank der vom Beklagten geäußerten Rechtsauffassung werden Sie sodann auf die Frage einer stillschweigenden Haftungsbeschränkung gestoßen sein. Sie werden feststellen, dass man eine derartige Vereinbarung mit gleich guten Argumenten annehmen oder ablehnen kann. Wahrscheinlich wird Sie die Tatsache, dass der Beklagte den Abstecher, der letztlich zu dem Unfall geführt hat, lediglich im eigenen Interesse gemacht hat, dazu veranlassen, die Frage einer Haftungsbeschränkung offen zu lassen, weil sie den Abstecher nicht erfasst.
- Sie werden der Klage stattgeben. Das wird dazu führen, dass Sie sich – insoweit konsequent – mit der Frage einer weiteren, vertraglichen Anspruchsgrundlage nicht mehr zu befassen haben und damit die nicht einfachen Fragen des Rechtsbindungswillens, des genauen Vertragstyps und der Beweislast umgangen haben.

Diese Lösung wird vermutlich zum Scheitern führen. Wenn im Folgenden die Gründe für diese Annahme erläutert werden, geht es bezüglich der zu entscheidenden Rechtsfragen nicht um richtig oder falsch, sondern nur um klausurtaktisch schlau oder dumm. Sie sind im Examen und da gelten besondere Regeln!

Die vorstehenden Lösungsüberlegungen waren klausurtaktisch mehr als töricht. Sie haben die Vorgaben der Vorlage unbeachtet gelassen und damit zu einem Ergebnis geführt, das den Überlegungen des Klausurverfassers nicht Rechnung trägt. Damit steht diese Lösung im Widerspruch zu der den Prüfern vorliegenden Lösungsskizze und verspricht wenig Aussicht auf Erfolg. Jedenfalls hat eine Lösung gegen die »Logik der Vorlage« einen schweren Stand.

Wie gesagt, es geht nicht um richtig, falsch oder vertretbar, sondern um taktisch schlau oder dumm. Die Analyse der Vorlage hätte Ihnen die Anspruchsnorm, den Lösungsweg und sämtliche Weichenstellungen aufgezeigt. Sie hätten Zeit gespart und Unsicherheit bei »engen« Entscheidungen vermieden, weil Ihnen das Ergebnis und der Lösungsweg so, wie der Aufgabensteller es sich überlegt, die Klausur danach »geschnitten« und in der Lösungsskizze entsprechend vermerkt hat, durch eine klausurtaktische Analyse der Vorlage logisch zwingend serviert wird.

Klausurtaktische Vorüberlegungen:

101
- Das Gericht hat eine Beweisaufnahme durchgeführt. Beweisthema war die Behauptung der Klägerin, der Beklagte sei in rasanter Fahrt ohne Beachtung der Vorfahrt auf den Radweg gefahren. Diese Behauptung war mithin erheblich.
- Damit greift der Grundsatz: Die Beweisaufnahme war erforderlich!
- Folglich war der Rechtsstreit ohne die Beweisaufnahme nicht entscheidungsreif.
- Was folgt daraus?
  - Das Vorliegen einfacher Fahrlässigkeit kann nicht ausreichen, weil dies auch ohne Beweisaufnahme schon feststeht. Das folgt entweder aus dem eigenen Vortrag des Beklagten wegen Verletzung der Sicherungspflichten wie Hupen und Betätigen des Warnblinkers gem. § 15 StVO oder nach den Grundsätzen des Anscheinsbeweises. Danach ist davon auszugehen, dass der Beklagte, der nicht zur Vorfahrt berechtigt war, bei einem ansonsten streitigen Unfall mit einem Vorfahrtberechtigten den Unfall verursacht und auch verschuldet hat.
  - Bei der Beweisfrage, ob der Beklagte den Parkplatz in rasanter Fahrt verlassen habe, muss es um grobe Fahrlässigkeit gegangen sein (Vorsatz scheidet erkennbar aus).

- Die Haftung des Beklagten hängt mithin vom Vorliegen grober Fahrlässigkeit ab.
- Daraus folgt, dass aus einer im Wege des Anscheinsbeweises gefolgerten Vorfahrtsverletzung nur auf einfache, nicht aber auf grobe Fahrlässigkeit geschlossen werden kann. Ansonsten wäre die Beweisaufnahme wieder überflüssig gewesen.
- Auch der Verstoß gegen § 15 StVO kann deshalb nur leichte Fahrlässigkeit begründen.
- Die Klägerin trägt die Beweislast, weil über ihre Behauptung Beweis erhoben worden ist.
- Hätte der Beklagte die Beweislast, hätte die Beweisaufnahme gar nicht durchgeführt werden dürfen, weil er keinen Beweisantrag gestellt hat. Darauf hätte ihn das Gericht nach § 139 ZPO aber hinweisen müssen. Das ist aber ausweislich der Vorlage, von deren Vollständigkeit und Richtigkeit auszugehen ist, nicht geschehen. Also hat er nicht die Beweislast, jedenfalls nicht nach der »Logik« der Vorlage.

Zwingende Konsequenzen für den Lösungsweg:

1. Da die Klägerin für eine anspruchsbegründende Tatsache beweispflichtig und die Beweisaufnahme unergiebig war, muss die Klage abgewiesen werden. 102
2. Mögliche andere Anspruchsgrundlagen scheitern auch, andernfalls wäre die Beweisaufnahme überflüssig gewesen.
3. Vertragliche Anspruchsgrundlagen scheiden zudem aus, weil der Beklagte als vertraglicher Schuldner nach § 280 I 2 BGB für sein fehlendes Verschulden beweispflichtig wäre. Dies gilt nach hRspr auch bei Haftungsbeschränkungen, hier also für das Vorliegen grober Fahrlässigkeit. Die Vorlage geht aber von der Beweislast der Klägerin aus.
4. Die einzige verbleibende Anspruchsgrundlage ist § 823 I BGB. Denn nur bei einem deliktischen Anspruch hat die Klägerin die Beweislast.
5. Deliktsrecht wird hier nicht von den §§ 989, 990 ff. BGB verdrängt. Deren grundsätzlicher Vorrang scheitert am Besitzrecht des Beklagten. Der eigenmächtige Abstecher ändert daran nichts.
6. Vorschriften des StVG greifen nicht, weil keine Rechtsgüter Dritter iSv §§ 18, 7 StVG verletzt worden sind.
7. Die stillschweigende Haftungsbeschränkung auf Vorsatz und grobe Fahrlässigkeit ist anzunehmen. Andernfalls wäre die Beweisaufnahme überflüssig gewesen.
8. Der Abstecher muss aus demselben Grund unbeachtlich sein, weil es bei dem reduzierten Haftungsmaßstab bleiben muss. Sonst hätte es auch keiner Beweisaufnahme bedurft.

Nach diesen zwingenden Rückschlüssen können Sie sich eingehend mit den entscheidenden Fragen befassen, deren Ergebnisse Sie bereits kennen:

- Woran scheitern vertragliche Anspruchsgrundlagen?
  Es liegt auf der Hand, dass der Rechtsbindungswille fehlt.
- Was genau ist der Rechtsbindungswille und woran scheitert er hier?
  Maßstab ist unter anderem der Wille, Primärleistungspflichten zu begründen, für die Erfüllung einstehen zu wollen und bei Leistungsstörungen Sekundäransprüche befürchten zu müssen.
  Das ist bei Gefälligkeiten des täglichen Lebens unter Bekannten nach hM grundsätzlich nicht der Fall.
- Müssen alle in Betracht kommenden vertraglichen Anspruchsgrundlagen dargestellt und voneinander abgegrenzt werden?
  Nein. Da das Fehlen des Rechtsbindungswillens bei jedem vertraglichen Anspruch zum Scheitern führt, sind Ausführungen zum genauen Vertragstyp überflüssig. Sinnvoll ist es allerdings, die in Betracht kommenden Anspruchsgrundlagen zu erwähnen.
- Wie begründet man eine stillschweigende Haftungsbeschränkung?
  Wenn lückenhafte Absprachen vorliegen, sind diese nach Treu und Glauben so auszufüllen, wie sie verständige Parteien bei Kenntnis der auftretenden Schwierigkeiten geregelt hätten. Ohne Versicherungsschutz ist die Klägerin weniger schutzwürdig als der »gefällige« Beklagte.
- Warum schadet der Abstecher nicht?
  Wenn die Parteien auch das besprochen hätten, wäre die Klägerin sicherlich damit einverstanden gewesen, weil der Beklagte ihr ja den weitaus größeren Gefallen erweisen wollte.

Diese Überlegungen sind nach einer klausurtaktischen Analyse weitaus einfacher, weil Sie nur noch nach guten Argumenten für das Ihnen bekannte Ergebnis suchen müssen. Wenn Sie anders vorgehen, werden Sie Überlegungen in alle möglichen Richtungen anstellen, die Zeit kosten und die, wie die obige Analyse zeigt, völlig überflüssig sind. Die Lösungsskizze zu diesem Fall ist unter → Rn. 150 dargestellt; die Entscheidungsgründe finden Sie unter → Rn. 300.

Dieses Beispiel sollte Ihnen verdeutlichen, wie wichtig es ist, erst nach einer klausurtaktischen Analyse mit der Lösung zu beginnen, auch wenn die Vorlage nicht immer so viel verrät wie im obigen Fall.

Abschließend einige Beispiele aus Examensklausuren jüngerer Zeit, die die extrem hohe Relevanz der klausurtaktischen Analyse verdeutlichen:

Fall: Die Parteien streiten um die Wirksamkeit zweier Testamente, von denen das erste ein notarielles, das zweite – spätere – ein handschriftliches ist, bei dem die Unterschrift des Erblassers nur auf dem Umschlag steht.

Der Kläger, nach dem 1. Testament Erbe, klagt gegen die »Erbin« gem. dem 2. Testament auf Herausgabe diverser Sachen aus dem Nachlass.

Das Gericht erhebt Beweis über die streitige Frage, ob der Erblasser der Beklagten eine der herausverlangten Sachen zu Lebzeiten geschenkt hat.

Was folgt daraus klausurtaktisch zwingend?

Das 2. Testament kann nicht wirksam sein, denn dann wäre die Beklagte Erbin geworden und die Schenkung wäre unbeachtlich. Darüber Beweis zu erheben wäre Unfug.

Fall: Der Beklagte wehrt sich gegen einen Anspruch des Klägers aus Schuldbeitritt mit Sittenwidrigkeit wegen Überforderung, Verbraucherwiderruf nach §§ 491 ff. BGB und Anfechtung wegen arglistiger Täuschung gem. § 123 BGB.

Zu der Behauptung, arglistig getäuscht worden zu sein, gab es auf Antrag des Beklagten eine unergiebige Beweisaufnahme.

Frage: Was folgt aus einer Beweisaufnahme zu einem von drei Lösungswegen, wenn die anderen beiden keine Beweisaufnahme erfordern?

Antwort: Die anderen beiden Lösungswege müssen scheitern, sonst wäre die Beweisaufnahme überflüssig gewesen.

Und was folgt aus der unergiebigen Beweisaufnahme?

Der beweispflichtige Beklagte verliert den Prozess.

Fall: Der Kläger begehrt Schadensersatz wegen der Beschädigung seines Pkw durch Steinschlag, verursacht durch einen Motormäher. Kausalität und Verschulden sind streitig.

Es gibt eine Beweisaufnahme nur zur streitigen Schuldfrage.

Was sagt uns das?

- Die Kausalität muss feststehen, sonst wäre die Beweisaufnahme sinnlos.
- Es kommt nur eine verschuldensabhängige Anspruchsgrundlage in Betracht.
- Das Ergebnis der Beweisaufnahme entscheidet den Prozess.

Fall: Die Beklagte erklärt die Aufrechnung gegen die Klageforderung mit Forderungen aus einer streitigen Vereinbarung mit dem Kläger.

Es gibt eine Beweisaufnahme nur zum Zustandekommen dieser streitigen Vereinbarung.

Was sagt uns das?

- Die in erster Linie vorgebrachten Einreden und Einwendungen des Beklagten gegen die Klageforderung greifen entweder nicht voll oder gar nicht, anders ausgedrückt: Die Klageforderung muss ganz oder teilweise begründet sein, denn ohne Klageforderung entfällt eine Entscheidung über die Aufrechnung. Die Beweisaufnahme wäre sinnlos.

- Die Höhe der Klageforderung muss sich errechnen lassen, denn entweder muss der Klage ganz oder teilweise stattgegeben werden oder man kommt zur Aufrechnung. In beiden Fällen muss die genaue Höhe der Klageforderung feststehen.
- Wenn die Beweisaufnahme das Zustandekommen der »Vereinbarung« belegt, hat die Beklagte eine zur Aufrechnung geeignete Gegenforderung. Dann muss auch deren Höhe feststehen, denn der Rechtsstreit muss entscheidungsreif sein, und man kann nur feststehende Beträge gegeneinander aufrechnen.
- Andere gegebenenfalls streitige Tatsachen sind nicht entscheidungserheblich.

Mit diesen Erkenntnissen lässt sich diese Klausur doch schon besser händeln.

Merke: Wenn die Klausurtaktik ein Ergebnis vorgibt, sollten Sie sich danach richten. Wenn die Klausurtaktik kein Ergebnis vorgibt, zählt Ihr Argumentationstalent mehr als das »richtige« Ergebnis.

b) Erarbeiten des »Falles«

Wenn die Klausurtaktik Ihnen keine vollständige Lösung der Klausur vorgibt, müssen Sie der Klausur durch eigene Überlegungen zu Leibe rücken. Das muss kein wesentlicher Nachteil sein, denn häufig geht es bei dieser Art von Klausur nur darum, ein vertretbares Ergebnis gut zu begründen und damit zu zeigen, dass man Argumentationstalent besitzt, eine weitere wesentliche Eigenschaft eines guten Juristen, wie Sie ja wissen. 103

Sie müssen sich dann als erstes die Klausur »zurechtlegen«, dh den in der Klausur enthaltenen »Fall«, Ihre Entscheidungsgrundlage, herausarbeiten. Die beiden entscheidenden Vorteile dieser Vorgehensweise sind Zeitersparnis und das Vermeiden von Irrwegen. In den Klausuren steht nämlich meistens mehr, als Sie für Ihre Lösung brauchen. Zudem umfassen Klausuren in der Regel auch zwei Fälle, den des Klägers und den des Beklagten. Dann müssen Sie zwei Fälle erst einmal auf einen reduzieren. Das Folgende passiert nämlich, wenn man das nicht macht:

Zum Dorfältesten kommt der Kläger und trägt seinen Fall vor. Der Dorfälteste sagt: »Du hast Recht!« Kurze Zeit später kommt der Beklagte und schildert den Fall inhaltlich abweichend. Der Dorfälteste sagt ihm auch: »Du hast Recht!« Beides hat die Frau des Dorfältesten gehört. Sie fragt ihren Mann: »Wie kannst du sagen, beide hätten Recht, wenn sie Dir etwas Unterschiedliches vortragen?« Der Dorfälteste überlegt kurz und sagt: »Da hast Du auch wieder Recht!«

Diese kleine Geschichte soll Ihnen verdeutlichen, dass man erst entscheiden kann, wenn man bei unterschiedlichen Tatsachenvorträgen den »Fall«, dh die Entscheidungsgrundlage, herausgearbeitet hat. Ohne diese Vorarbeit gibt es nur »schlüssig« und »erheblich«.

Eine der grundlegenden Erfahrungen zu Beginn der Zivilstation ist es, dass es verschiedene 104
Typen von Klausuren gibt.

Typ 1: Die Parteien streiten auf der Grundlage eines übereinstimmenden Tatsachenvortrages nur über Rechtsmeinungen.
Typ 2: Die Parteien tragen teilweise unterschiedliche Tatsachen vor, aber keine relevante Tatsache ist streitig.
Typ 3: Die Parteien behaupten unterschiedliche, relevante Tatsachen.

Klausuren vom Typ 1, bei denen es nur um Rechtsfragen geht, werfen zumindest nicht die Schwierigkeit auf, sich den »Fall« erst heraussuchen zu müssen. Hier ist es nur wichtig, die Grundsätze zum Abfassen eines Tatbestandes zu beachten, vor allem Überflüssiges wegzulassen und das Wesentliche nach den Grundsätzen der Verständlichkeit darzustellen.

Bei den Klausurtypen 2 und 3 ist das oberste Gebot, zunächst den »Fall« zu erarbeiten. Fehler, die dabei gemacht werden und zur Folge haben, dass der Fall, den der Bearbeiter entscheidet, nicht mit dem eigentlich zu entscheidenden identisch ist, führen zum Scheitern der Klausur.

Bei Klausuren mit streitigen Tatsachen müssen Sie erst einmal herausfinden, ob es sich letztlich um verkappte Klausuren vom Typ 1 handelt, bei denen nichts Relevantes streitig ist, oder doch um solche vom Typ 3. Sie dürfen sich in diesem Stadium der Arbeit nicht in Feinheiten rechtlicher Art verlieren, bevor Sie sich der Relevanz Ihrer Überlegungen sicher sind. Eine rechtliche Analyse ist erst dann angebracht, wenn der letztlich zu beurteilende Sachverhalt feststeht. Dazu folgendes Beispiel:

105 **Fall:** Der Kläger macht Ansprüche aus einem schriftlichen Vertrag geltend. Der Beklagte wehrt sich mit Rechtsauffassungen und behauptet, die Parteien hätten eine mündliche Zusatzvereinbarung getroffen, die alles auf den Kopf stellt und Probleme aufwirft.

Es macht keinen Sinn, Probleme der Zusatzvereinbarung zu klären, bevor Sie wissen, ob die Zusatzvereinbarung überhaupt Teil des »Falles« wird. Die vermeintlichen Schwierigkeiten lösen sich zB in Luft auf, wenn dem beweispflichtigen Beklagten der Beweis für die behauptete mündliche Vereinbarung nicht gelingt oder er keinen Beweis anbietet. Dann ist für die rechtliche Beurteilung nur der schriftliche Vertrag maßgeblich. Die Probleme, die sich aus den unbewiesenen Behauptungen des Beklagten ergeben, sind nicht relevant, mehr noch, sie dürfen nicht einmal erörtert werden, weil das Urteil nicht auf ihnen beruht. Sie müssen dem Beklagten nur erklären, warum er mit seinem Sachvortrag nicht durchdringt (→ Rn. 280).

106 Während Sie bei Klausurtyp 1 die Entscheidungsgrundlage »geliefert« bekommen, lautet bei den Klausuren vom Typ 2 und 3 die entscheidende Frage: Was ist der »Fall«, der zu entscheiden ist?

Der zu entscheidende »Fall« besteht aus

- **dem Unstreitigen,**
- **dem Bewiesenen,**
- **dem Vermuteten.**

Unstreitig sind gem. § 138 ZPO übereinstimmend vorgetragene, zugestandene, unbestrittene und unsubstantiiert oder unzulässigerweise mit Nichtwissen bestrittene Tatsachen.

Bewiesenes, also das, von dem das Gericht nach einer Beweisaufnahme überzeugt ist, wird ebenfalls Entscheidungsgrundlage (s. im Einzelnen → Rn. 281 ff.).

Hinzu kommen streitige Tatsachen, für die eine gesetzliche Vermutung (zB §§ 280 I 2, 1006 BGB) oder eine tatsächliche Vermutung, der sog. Anscheinsbeweis, streitet und die deshalb ohne Beweisführung des Beweispflichtigen der Entscheidung zugrunde gelegt werden. Sie sollten sich die Ausführungen dazu im Thomas/Putzo ZPO unter § 286 Rn. 12 ff. einmal durchlesen, um ein Gespür für diese Problematik zu bekommen.

Das restliche streitige Vorbringen der Parteien wird nicht »Fall« und spielt deshalb bei der Analyse der Rechtslage keine Rolle. In den Entscheidungsgründen müssen Sie nur erläutern, warum Teile des Tatsachenvortrags für Ihre Lösung ohne Bedeutung sind. Dies geschieht immer mit einer dieser Begründungen:

> Der Kläger/Beklagte konnte mit seinem Vortrag, …, nicht gehört werden,
> - weil er dafür keinen Beweis angeboten hat.
> - weil er mit seiner Beweisführung gescheitert ist.
> - weil er die gegen ihn sprechende Vermutung … nicht hat erschüttern können.

Ausführungen dazu, welche Konsequenzen sich andernfalls ergeben hätten, gehören nicht in die Entscheidungsgründe, weil das Urteil nicht darauf beruht.

Wie gefährlich es sein kann, Lösungsüberlegungen ohne vorheriges Erarbeiten des »Falles« anzustellen, möchten wir im Folgenden demonstrieren.

107–138 **Fall:** Der Kläger begehrt vom Beklagten Schadensersatz, weil dieser einen defekten Fernseher des Klägers veräußert hat, statt ihn zu reparieren. Der Beklagte bestreitet den Reparaturauftrag und behauptet, er habe den Fernseher auf Weisung des Klägers unrepariert veräußert. Der Schaden des Klägers besteht in der Wertdifferenz zwischen dem ausgekehrten Verkaufserlös und dem höheren Zeitwert.

Der Kläger hat Ansprüche aus Unmöglichkeit eines Werkvertrages, angemaßter GoA und unerlaubter Handlung schlüssig vorgetragen. Bereicherungsrechtliche Ansprüche entfallen, weil das Erlangte ausgekehrt worden ist. Der Beklagte hat erheblich erwidert: Ohne Werkvertrag besteht kein vertraglicher Anspruch, bei Vorliegen eines Auftrages entfallen Ansprüche aus GoA und § 823 I BGB. Es ist sodann zu prüfen, wer im Rahmen welcher Anspruchsgrundlage die Beweislast trägt. Für die Ansprüche aus Werkvertrag und GoA ist der Kläger beweispflichtig, iRv § 823 I BGB muss der Beklagte beweisen, dass er den Eigentumsverlust des Klägers nicht rechtswidrig herbeigeführt hat, also einen Verkaufsauftrag hatte. Da kein Beweis angeboten ist, wäre nach Beweislast der Klage aus § 823 I BGB stattzugeben.

Sollten Sie dies bis hierher überzeugend finden, werden Sie sich gleich wundern. Eine Lösung über § 823 I BGB ist falsch. Die obigen Überlegungen haben unberücksichtigt gelassen, dass eine Klausur vom Typ 3 vorliegt und zunächst aus zwei unterschiedlichen Sachvorträgen der »Fall« erarbeitet werden muss. »Fall« wird hier nur das Unstreitige, da keine Beweisaufnahme durchgeführt worden ist. Unstreitig und damit »Fall« ist nur, dass der Kläger dem Beklagten seinen Fernseher gegeben hat, dass der Beklagte das Gerät veräußert und den Erlös, der unter dem Wert des Gerätes lag, ausgekehrt hat. Eine vertragliche Vereinbarung ist nicht »Fall« geworden, da beide Parteien unterschiedliche Abmachungen behaupten und die Möglichkeit eines Dissenses besteht. Es besteht mithin eine Vindikationslage, dh, der Kläger war Eigentümer, der Beklagte Besitzer ohne ein Recht zum Besitz. Ein Besitzrecht ist hier auch nicht durch sog. übereinstimmende Willenseinigung begründet worden, weil im Falle des Scheiterns schuldrechtlicher Beziehungen wegen Dissenses keine wirksame Willenseinigung über das Recht zum Besitz zustande gekommen ist. Damit kann sich der geltend gemachte Anspruch aufgrund des Vorrangs des EBV gegenüber §§ 823 ff. BGB nur aus §§ 989, 990 I 1 BGB ergeben. Hier spielt dann unter anderem für eine Haftung des Beklagten die Frage seiner Gutgläubigkeit im Zeitpunkt des Besitzerwerbs die entscheidende Rolle. Ein Anspruch des Klägers ist anders als bei § 823 I BGB gar nicht selbstverständlich.

Hoffentlich sind Sie jetzt von der Notwendigkeit überzeugt, zunächst den »Fall« herauszuarbeiten.

c) Grundsätzliche Vorgehensweise bei der Lösung

Nach der Auswertung der Textvorlage unter klausurtaktischen Aspekten (→ Rn. 80 ff.) und dem Erarbeiten des »Falles« (→ Rn. 103 ff.) können Sie mit der eigentlichen Lösung beginnen. 139

Eingangsüberlegungen:
- Was verlangt der Kläger? (Geld, Herausgabe einer Sache, Unterlassung usw.)
- Was ist das für eine Art von Anspruch? (Erfüllung, Schadensersatz, das Erlangte usw.)
- Welche Normen kommen für diese Art von Anspruch in Betracht?
- Welche Normen fallen bei näherem Hinsehen weg?
- Welche Normen bleiben übrig?

Wenn mehrere Normen als Anspruchsgrundlage in Betracht kommen:
- Sind bei den verbleibenden Normen solche, die gegenüber anderen Vorrang haben?
- Wenn es mehrere Anspruchsgrundlagen gibt, welche möchte ich darstellen?
- Auflisten der Voraussetzung der Norm, für die ich mich entschieden habe.
- Gewichten der einzelnen Voraussetzungen.

Wenn keine Norm den Anspruch stützt:
- Sie müssen alle in Betracht kommenden Vorschriften auflisten und notieren, woran die Anwendbarkeit jeweils scheitert. Hier sind Mehrfachbegründungen nicht nur erlaubt, sondern erforderlich, um sicher zu stellen, die Begründung der Lösungsskizze getroffen zu haben.
- Bei mehreren Anspruchsgrundlagen, die letztlich alle scheitern, müssen Sie wie bei der Analyse der Rechtslage das Schema »Vertrag, Vertrauen, Gesetz« beachten.
- Wenn keine vertraglichen Ansprüche in Betracht kommen, sollten Sie unter Beachtung etwaiger Vorrangverhältnisse (zB EBV vor §§ 823 ff. BGB) mit der Norm beginnen, die am ehesten in Betracht gekommen wäre und bei der Norm enden, die offensichtlich scheitert.

Im Einzelnen:

- **Was verlangt der Kläger?** 140

Es geht bei Ihren Klausuren nicht um die abstrakte Rechtslage, sondern nur darum, ob Sie dem Kläger unter Beachtung von § 308 I ZPO das zuerkennen können, was er beantragt hat. Sie müssen den Antrag nicht nur vom Wortlaut her, sondern auch seiner Natur nach erfassen, ihn also auch gegebenenfalls auslegen, um keine der in Betracht kommenden Anspruchsgrundlagen zu übersehen. Bei zusammengesetzten Forderungen und anderen Klagenhäufungen müssen Sie diese und die folgenden Überlegungen für jeden Antrag bzw. jede Position getrennt anstellen.

141 • **Was ist das für eine Art von Anspruch?**

Erst durch die Einordnung des Antrags in eine Kategorie, eine Art von Anträgen wie zB Vertragserfüllung, Sekundäransprüche, Schadensersatz oder Herausgabe des ungerechtfertigt Erlangten, kommen Sie der richtigen Lösung näher.

142 • **Welche Anspruchsgrundlagen kommen für diese Art von Anspruch in Betracht?**

Nur bei einer umfassenden Betrachtung aller in Betracht kommenden Anspruchsgrundlagen können Sie einigermaßen sicher sein, keine übersehen zu haben. Wer sich nur ohne System fragt, welche Anspruchsgrundlage greifen könnte, läuft Gefahr, bei der erstbesten Idee hängen zu bleiben und damit vielleicht einen entscheidenden Fehler zu machen. Sie müssen sich ferner davor hüten, auf die übereinstimmend vorgetragenen Rechtsauffassungen der Parteien hereinzufallen. Das kann eine böse Falle sein. Ein Vertrag wird doch nicht dadurch zu einem Werkvertrag, dass die Parteien ihn so bezeichnen. Deshalb dürfen Sie nur vom Sachverhalt ausgehen und müssen Rechtsauffassungen der Parteien nur als Denkanstoß ohne Präjudiz für die tatsächliche Rechtslage ansehen.

143 Das bedeutet für Ihre grundsätzliche Vorgehensweise:

- Bei Ansprüchen auf Vertragserfüllung sind die in Betracht kommenden Anspruchsgrundlagen zB:
  - neben Miete auch Pacht, Leihe oder Leasing,
  - neben Kaufvertrag auch Werklieferungsvertrag oder Werkvertrag,
  - neben Werkvertrag auch Dienstvertrag oder Geschäftsbesorgungsvertrag,
  - neben Geschäftsbesorgungsvertrag auch Auftrag oder Dienstvertrag.
- Bei Ansprüchen auf Vertragserfüllung müssen Sie dann weiter bedenken:
  - Ist der Anspruch entstanden, nicht erloschen und durchsetzbar?

Dabei geht es um Fragen wie »Wer ist vorleistungspflichtig?«, »Ist der Anspruch fällig?«, »Ist der Beklagte der Verpflichtete?«, »Welche Einreden und Einwendungen sind erhoben?«.

- Bei vertraglichen Sekundäransprüchen:
  - Welcher Vertragstyp kommt in Betracht?
  - Welcher davon liegt vor?
  - Will der Kläger Verzugsschaden, Schadensersatz neben oder statt der Leistung, Rückzahlung, Ersatz vergeblicher Aufwendungen?
  - Welche Art von Vertragsverletzung gibt es und welche könnte hier vorliegen?
  - Greifen Sonderregelungen oder gelten die allgemeinen Vorschriften?
  - Hat sich der Kläger selbst vertragstreu verhalten?
- Bei nicht vertraglichen Schadensersatzansprüchen:
  - §§ 678, 677, 241 II, 280 BGB (PVV der berechtigten GoA)
  - §§ 989, 990 I 1 BGB
  - §§ 823 I, 823 II BGB iVm einem Schutzgesetz, § 826 BGB
  - § 122 BGB
- Bei bereicherungsrechtlichen Ansprüchen:
  - Sind die §§ 812 ff. BGB durch Vorschriften des EBV ausgeschlossen?
  - Welche Kondiktionsansprüche könnten vorliegen?
  - Ist der Kläger der Leistende oder hat ein Dritter geleistet?
  - Wenn der Kläger nicht der Leistende ist, liegt gegebenenfalls eine Durchgriffskondiktion vor?
- Bei Ansprüchen auf Herausgabe:
  - Welcher Rechtsgrund könnte vorliegen?

- Stützt sich der Kläger auf Eigentum, Besitzentziehung, ungerechtfertigte Bereicherung?
- Will er Rückgabe oder Rückübereignung?
- Greifen neben dinglichen auch vertragliche Ansprüche nach Rücktritt, Anfechtung oder wegen sonstiger Unwirksamkeit des Grundgeschäftes?

- Bei Anträgen auf Zustimmung zur Berichtigung des Grundbuchs:
  - § 894 BGB
  - §§ 823 II, 249 BGB iVm § 263 StGB, §§ 826, 249 BGB bei arglistiger Täuschung.

Merke: »Klausurblindheit« kann man nur durch ein Stöbern in den Normengefügen, die in Betracht kommen können, bekämpfen.

Wenn dem Kläger der geltend gemachte Anspruch nicht zusteht, dürfen Sie nicht einfach mit Ihren Überlegungen Schluss machen und die Klage abweisen. Sie sind noch nicht ganz fertig! Ein kleiner, aber wichtiger Schritt fehlt noch: Sie müssen noch klären, ob dem Kläger vielleicht etwas anderes als das Beantragte zusteht, was als »Minus« von seinem Antrag umfasst und ihm zuzusprechen ist. **144**

Merke: Wenn Sie zu einer Klageabweisung kommen, immer noch an das »Minus« denken!

Das Gericht darf gem. § 308 I ZPO grundsätzlich nichts zusprechen, was nicht beantragt worden ist. Ohne Antrag ist nur gem. § 308 II ZPO über die Kosten des Rechtsstreits, über die »normale« vorläufige Vollstreckbarkeit nach §§ 708, 709, 711 ZPO, gem. § 308a ZPO über die Fortsetzung eines Mietverhältnisses und gem. § 721 ZPO über die Gewährung einer Räumungsfrist zu entscheiden. Der in § 308 I ZPO enthaltene Grundsatz »ne ultra petita« bedeutet aber nur, dass das Gericht qualitativ nichts anderes und quantitativ nicht mehr als beantragt zusprechen darf, andererseits aber alles zusprechen muss, was von dem Antrag mit umfasst ist. Was für jeden Referendar bei Geldforderungen eine Selbstverständlichkeit ist, statt der beantragten 10.000 EUR zB nur 6.000 EUR zuzusprechen, wird bei anderen Ansprüchen häufig übersehen.

Beispiele: für ein »Minus« sind: **145**
- Verurteilung mehrerer Beklagter als Teilschuldner statt als Gesamtschuldner
- Künftige statt sofortige Leistung
- Feststellung statt Leistung
- Zug um Zug statt unbedingte Verurteilung
- Herausgabe an einen Sequester statt an den Kläger
- Zustimmung zur Löschung der Hypothek statt zur Eintragung einer Eigentümergrundschuld
- Hinterlegung oder Freistellung statt Zahlung
- Duldung der Zwangsvollstreckung statt Leistung oder Zahlung.

Sie erkennen ein »Minus« daran, dass es stets einen Teil des Begehrens darstellt. Unterteilen Sie den gestellten Antrag in einzelne Teilbegehren, und Sie werden sehen, was er als »Minus« umfasst.

- Wer eine Leistung mit dem Urteil begehrt, will die Leistung, und zwar sofort.
  Bei Verurteilung zu künftiger Leistung bekommt er den ersten Teil, die Leistung, aber erst später.
- Wer unbedingte Verurteilung begehrt, will Verurteilung ohne Einschränkung.
  Bei einer Verurteilung Zug um Zug bekommt er den ersten Teil, aber mit Einschränkung.
- Bei Herausgabe will der Kläger, dass der Beklagte den Besitz verliert und er selbst ihn erhält.
  Bei Herausgabe an einen Sequester erreicht er zumindest den ersten Teil.

Ein Formulierungsbeispiel finden Sie unter → Rn. 251. **146**

Und hier noch ein wichtiger Hinweis im Zusammenhang mit der Herangehensweise an die Klausur, die Bedeutung scheinbar belangloser Angaben in der Vorlage.

- **Daten** **147**
  Sie sollten alle in der Vorlage erwähnten Daten, auch wenn sie deren Relevanz nicht sogleich erkennen, auf ihre mögliche Bedeutung in materieller und formeller Hinsicht hin

überprüfen. Dabei müssen Sie vor allem bedenken, dass Fristen versäumt worden sein können oder nicht angemessen waren. Beispiele für besonders examensrelevante Fristen sind:
- § 276 ZPO: Klageerwiderungsfrist (wichtig wegen der möglichen Präklusion, vgl. Rn. 469 ff.)
- § 255 ZPO: bei Klagen auf künftige Leistung
- § 217 ZPO: Ladungsfrist
- § 132 I ZPO: Schriftsatzfrist (gilt analog auch bei Antragsänderungen)
- §§ 121, 124, 2082 BGB: Anfechtungsfristen
- §§ 455 ff., 438, 634a, 651g II BGB: Verjährungsfristen
- § 281 I 1 BGB: Nacherfüllungsfrist
- §§ 355, 495 BGB: Widerrufsfrist bei Verbraucherverträgen
- §§ 573c, 574b BGB: Kündigungs- und Widerspruchsfrist im Mietrecht
- § 651g I BGB: Ausschlussfrist bei Reisemängeln
- § 1002 BGB: Erlöschen des Verwendungsersatzanspruchs

148 • **Wertangaben**
Diese Angaben können zB Bedeutung haben für
- die Ermittlung des Gebührenstreitwerts gem. § 45 GKG,
- die Unterliegensquote, zB bei Haupt- und Hilfsanträgen,
- die sachliche Zuständigkeit des Gerichts.

149 • **Auf den ersten Blick Nebensächliches**
Sie tun gut daran, wenn Sie davon ausgehen, dass nichts zufällig in einer Klausurvorlage steht. Jedes Detail kann eine Bedeutung haben. Entweder handelt es sich um Überflüssiges, das Sie weglassen sollen, um so Ihren Durchblick zu zeigen, oder die Angabe hat eine versteckte Bedeutung, die man erst auf den zweiten Blick erkennt.
Sie sollten Rechtsmeinungen der Parteien Aufmerksamkeit schenken, ihnen aber auf keinen Fall blind folgen. Sie können konkludente Einreden und andere Erklärungen oder Hinweise für Lösungsansätze enthalten aber auch böse Fallen sein, die Sie in die Irre leiten können. Also Vorsicht!

d) Skizzieren der Lösung

150 Das Skizzieren der Lösung ist eine wichtige Aufgabe zur Vorbereitung der anschließenden Formulierung der Entscheidungsgründe. Damit Sie sich voll und ganz auf diese Arbeit konzentrieren können, muss Ihre Skizze so gut gegliedert und so ausführlich sein, dass Sie formulieren können, ohne noch über den Aufbau, möglicherweise fehlende Aspekte der Lösung oder Fragen der Gewichtung nachdenken zu müssen.

Wenn Sie in Ihrer Skizze den Gang der Argumentation mit den entsprechenden Stichwörtern in der richtigen Reihenfolge bereits vorzeichnen, die Stellen hervorheben, die besonders gut zu begründen sind und die Argumente dafür schon auflisten, brauchen Sie anschließend »nur noch« zu formulieren. Das ist zwar schwer genug, es wird aber schwerer und dauert umso länger, je mehr Sie bei dieser Arbeit noch an andere Dinge als an das Formulieren im Urteilsstil denken müssen. Ohne gute Skizze bleiben oft der sinnvolle Aufbau, der gute Urteilsstil und die Gewichtung auf der Strecke.

Die Skizze der Entscheidungsgründe des unter → Rn. 90 vorgestellten Falles »Der hilfsbereite Freund« könnte bei einer Klage vor dem örtlich zuständigen Amtsgericht etwa so aussehen:

(**+++** = Kernproblem, besonders gut begründen, **++** = mittleres, **+** = kleines Problem)

Zulässigkeit:

Örtliche Zuständigkeit gem. §§ 12, 13 ZPO, sachliche Zuständigkeit gem. § 23 I Nr. 1 GVG

Begründetheit:

- Vertragliche Ansprüche wie Auftrag, Geschäftsbesorgung, Gefälligkeitsvertrag scheitern **+++**

  - Differenzierung der denkbaren Vertragstypen irrelevant, weil der für jeden vertraglichen Anspruch erforderliche Rechtsbindungswille fehlt. +
  - Definition »Rechtsbindungswille« (rechtliche Bindung, Eingehen von Leistungspflichten mit Sekundäransprüchen bei Leistungsstörungen gewollt, objektive Indizien wie Bedeutung und wirtschaftlicher Wert der versprochenen Leistung)
  - RBW – alltägliche Gefälligkeit unter Bekannten. Keine rechtliche Bindung gewollt. Auch wirtschaftlicher Wert gering, weil nicht Wert des Pkw maßgeblich, sondern die ersparten Aufwendungen (Taxikosten)
- Aus diesen Gründen scheitern auch Ansprüche aus § 311 I, II BGB.
- StVG nicht einschlägig, weil kein Rechtsgut eines Dritten verletzt worden ist.
- EBV greift nicht, weil Beklagter berechtigter Besitzer ist. Dafür ist kein Schuldverhältnis erforderlich, es reicht eine sog. übereinstimmende Willenseinigung.
- § 823 I BGB scheitert am Fehlen des erforderlichen Grades des Verschuldens +++
  - Definition § 823 BGB = schuldhafte, rechtswidrige Eigentumsverletzung
  - Hier »schuldhaft« nur bei grober Fahrlässigkeit
  - Parteien haben Haftung für einfache Fahrlässigkeit stillschweigend ausgeschlossen. +++
  - Erläuterung der Rechtsfigur »stillschweigende Haftungsbeschränkung«.
  - Wie wäre Haftung geregelt worden, wenn die Parteien darüber gesprochen hätten? +++
  - Sichtweise eines vernünftigen Außenstehenden, Billigkeitserwägungen
  - Reine Gefälligkeit des Beklagten, deshalb ist er schutzwürdiger als Klägerin
  - Kein Versicherungsschutz bei erheblichem Risiko des Beklagten
  - Rechtsprechung zu sog. Gefälligkeitsfahrten betrifft nur unentgeltliche Mitnahme Dritter
  - Rechtsprechung zu Haftungsbegrenzung im Straßenverkehr betrifft nur das Verhältnis von Verkehrsteilnehmern untereinander.
  - Abstecher auf Haftungsbeschränkung ohne Einfluss, da keine wesentliche Gefahrerhöhung, vergleichbar mit einer »Pinkelpause« +++
  - Beklagter hat nicht grob fahrlässig gehandelt
  - Definition »grobe Fahrlässigkeit« = Sorgfalt besonders schwer verletzt
  - Beweisaufnahme unergiebig (Vorsicht! Keine Beweiswürdigung bei Unergiebigkeit) ++
  - Inhalt der Aussage Bl. … d.A.
  - Darlegung der Unergiebigkeit
  - Auch keine grobe Fahrlässigkeit nach eigener Darstellung des Beklagten
  - Auch keine grobe Fahrlässigkeit nach Grundsätzen des Anscheinsbeweises, da Anscheinsbeweis grundsätzlich nur Schluss auf einfache Fahrlässigkeit zulässt. +
  - Klägerin hat Beweislast, daher geht Unergiebigkeit der BA zu ihren Lasten
- Kosten § 91 I 1 ZPO, vorl. Vollstr. §§ 708 Nr. 11 Alt. 2, 711 iVm § 709 S. 2 ZPO (Vorsicht! Abwendungsbefugnis der Klägerin sind 110% des »aufgrund des Urteils vollstreckbaren Betrages«, für Beklagten »des jeweils zu vollstreckenden Betrages«)

An einer derartigen Skizze können Sie sich orientieren und Punkt für Punkt ausformulieren, ohne über andere Dinge als die Beachtung des Urteilsstils und die Prägnanz Ihrer Formulierungen nachdenken zu müssen.

e) Gewichtung

151 Richtige Gewichtung bedeutet, Überflüssiges wegzulassen, Nebensächliches kurz anzusprechen und Wichtiges gut und intensiv zu begründen. Eine falsche oder fehlende Gewichtung führt zu einer allenfalls durchschnittlichen Note. Nur wer richtig gewichtet, zeigt dem Korrektor, dass er die Klausur mit ihren relevanten Problemstellungen erfasst hat. Eine gute Gewichtung der Entscheidungsgründe hat deshalb einen wesentlichen Anteil am Gelingen der Klausur.

Wir haben die Erfahrung gemacht, dass Referendare dazu neigen, aus Angst davor, das »richtige« Ergebnis nicht getroffen zu haben, ihr Ergebnis ganz schwach zu begründen, als müssten sie befürchten, den Prüfer mit Begründungen für das gegebenenfalls »falsche« Ergebnis gegen sich aufzubringen. Das Gegenteil ist der Fall. Oftmals gibt es gar kein falsches Ergebnis, aber es gibt immer gute und schlechte Argumentationen.

Merke: Wenn Sie sich zu einem Ergebnis durchgerungen haben, müssen Sie es begründen, dass es »kracht«.

Schauen Sie mal Ihre Übungsklausuren durch und achten Sie darauf, ob Sie zu denen gehören, die dazu neigen, Überflüssiges auszubreiten. Sie erkennen diese Unart an dem abschließenden, entlarvenden Satz »Dies kann letztlich dahinstehen, denn ...«. Was dahinstehen kann, gehört nicht in eine gute Examensklausur, nachzulesen in § 313 III ZPO: »Die Entscheidungsgründe enthalten eine kurze Zusammenfassung der Erwägungen, auf denen die Entscheidung in tatsächlicher und rechtlicher Hinsicht beruht.«

Das sind hier die grundlegenden essentialia:
- Bei einer Norm, die scheitert, dürfen Sie nur die fehlende/n Voraussetzung/en darlegen.
- Bei einer Norm, die greift, müssen Sie jede Voraussetzung darlegen.
- Sie müssen herausfinden, wo der »Knackpunkt« der Klausur liegt und an dieser Stelle den besonderen Schwerpunkt Ihrer Argumentation setzen.
- Die für das Ergebnis wichtigen Aspekte müssen Sie besonders gut begründen.
- Sie müssen umso gründlicher argumentieren, je vertretbarer auch eine andere Lösung ist.
- Wenn die Entscheidung zwischen mehreren tatsächlichen oder rechtlichen Wegen ohne Bedeutung für das Ergebnis ist, brauchen Sie sich nicht festzulegen.

Der Umfang bzw. die Intensität der Subsumtion und Argumentation hinsichtlich der einzelnen Voraussetzungen der Norm richtet sich nach der objektiven Notwendigkeit. Das bedeutet, dass Ihre Argumentation umso intensiver sein muss, je entscheidender der Punkt für die Lösung und je »enger« Ihre Entscheidung ist. In diesen Fällen ist die gute Begründung wichtiger als das Ergebnis. Wer wollte Ihnen vorwerfen, dass Sie sich für eine von zwei vertretbaren Lösungen entschieden haben? Was Ihnen aber vorgeworfen wird, ist, Ihre Entscheidung nicht fundiert begründet zu haben.

Gleiches gilt für die Ausfüllung von normativen Tatbestandsmerkmalen wie »sittenwidrig« oder »unzulässig«. Da ist es mit der Definition des Begriffes und der Feststellung, diese Voraussetzungen lägen vor, nicht getan. Die bloße Einordnung eines Verhaltens als sittenwidrig auf dem Niveau »so etwas geht doch nicht« reicht jedenfalls nicht aus. Argumentationshilfen finden Sie in der Regel in den Schriftsätzen, sicher aber in den Kommentierungen der entsprechenden Normen im *Palandt*. Sie sollten dort nachlesen, was im Zusammenhang mit dem betreffenden Begriff diskutiert wird und das, was in Ihrem Fall passt, erörtern. Dabei ist es schlauer, die Argumente aus den Kommentaren als eigene darzustellen, anstatt die Fundstelle zu zitieren. Zitate ersetzen keine fehlende eigene Argumentation (→ Rn. 301).

Des Weiteren ist für den Umfang Ihrer Ausführungen von Bedeutung, ob die Parteien deutlich gemacht haben, dass Ihnen ein Aspekt besonders wichtig erscheint. Wenn der Aspekt von Belang ist, sollten Sie ihm auch den gebührenden Raum widmen. Wenn die Parteien allerdings auf einem Gesichtspunkt »herumreiten«, auf dem das Ergebnis nicht beruht, ist das für Sie kein Anlass, genauso ausführlich darauf einzugehen. Sie sollten den Aspekt nicht völlig übergehen, sondern wegen § 313 III ZPO kurz erläutern, warum er die Entscheidung nicht beeinflusst.

5. Das Rubrum

152 Als »Visitenkarte« Ihres Urteils sollte auch das Rubrum keinen Grund zu Beanstandungen geben. Sie wissen ja, dass der erste Eindruck entscheidend ist. Die kleinen Besonderheiten, die sich im Bereich mancher Oberlandesgerichte eingeschlichen haben, wird Ihnen Ihr AG-Leiter erläutert haben. Der Aufbau und der Inhalt eines Rubrums sind ja gesetzlich nicht festgelegt, das Rubrum Ihrer Examensklausur sollte aber entsprechend den Gepflogenheiten der Praxis folgende Angaben enthalten:
- **Aktenzeichen,**
- **Bezeichnung des Gerichts,**
- **Überschrift »Im Namen des Volkes«,**
- **Bezeichnung der Entscheidung,**

- **Nennung der Parteien, ihrer gesetzlichen Vertreter, Streithelfer und Prozessbevollmächtigten, jeweils mit voller Anschrift,**
- **Bezeichnung des Spruchkörpers unter Nennung der erkennenden Richter und**
- **Datum des Schlusses der mündlichen Verhandlung.**

- **Aktenzeichen**

Oben links auf Ihr Rubrum kommt das Aktenzeichen. Ein Verkündungsvermerk gehört nicht auf Ihre Arbeit, da dieser erst nach der Verkündung durch den Urkundsbeamten auf dem Urteil angebracht wird, dies also nicht Ihre Aufgabe in der Rolle des erkennenden Gerichts ist. 153

- **Bezeichnung des Gerichts** 154

Als erstes kommt zentriert das erkennende Gericht ohne weitere Zusätze, also zB »Landgericht Lübeck« ohne Angabe der Kammer oder »Amtsgericht Bochum« ohne Angabe der Abteilung.

- **Überschrift und Bezeichnung der Entscheidung** 155

Darunter schreiben Sie »Im Namen des Volkes«, gefolgt von der Bezeichnung der Entscheidung. Bei »normalen« Endurteilen schreiben Sie nur »Urteil«. Bei »besonderen« Entscheidungen wie Versäumnis-, Teil-, Schluss-, Vorbehalts-, Grundurteilen oder Kombinationen wie Teilanerkenntnis-/Teilversäumnis- und Schlussurteilen müssen Sie die konkrete Bezeichnung wählen.

Der beliebteste Fehler ist hierbei die falsche Bezeichnung eines Urteils, das zum einen aus einem VU gegen einen nicht erschienenen Beklagten und zum anderen aus einem streitigen Teil gegen den anderen Beklagten besteht (→ Rn 464). Es ist ein Teilversäumnis- und Endurteil. Sie dürfen nicht »Schlussurteil« schreiben, weil das nur die Bezeichnung für Urteile nach einem Teil- oder Vorbehaltsurteil ist.

- **Bezeichnung der Parteien, ihrer gesetzlichen Vertreter, Streithelfer und Prozessbevollmächtigten, jeweils mit voller Anschrift** 156

Nach der Überschrift folgt: »In dem Rechtsstreit«, gefolgt von den Angaben zu den Parteien. Natürliche Personen sollten Sie mit Vor- und Nachnamen, gegebenenfalls Geburtsnamen, und genauer Adresse angeben. Falls Sie den Beruf der Partei angeben wollen, was nicht erforderlich ist, sollten Sie darauf achten, sog. belegte Begriffe nicht ungeprüft zu übernehmen. Bei dem Begriff Kaufmann zB handelt es sich um einen Rechtsbegriff, den Sie nur dann verwenden dürfen, wenn die betreffende Partei tatsächlich Kaufmann ist. Ob dies der Fall ist, folgt allein aus §§ 1 ff. HGB. Bei mehreren Klägern oder Beklagten nummerieren Sie die Streitgenossen mit aufsteigenden arabischen Ziffern (zB Beklagter zu 1, zu 2 usw).

Die gesetzlichen Vertreter von juristischen Personen, Minderjährigen, einer OHG oder KG sind mit vollem Namen und Adresse wie die Partei selbst zu bezeichnen. Die Parteistellung müssen Sie im Rubrum genau angeben, zB Kläger und Widerbeklagter.

Parteien kraft Amtes (zB Insolvenzverwalter, Testamentsvollstrecker,) führen Rechtsstreite als gesetzliche Prozessstandschafter und sind damit selbst Partei. Im Rubrum sind ihre vollen Personalien mit Anschrift und ihre Funktion anzugeben, also zB:

> … als Insolvenzverwalter über das Vermögen des …

Nebenintervenienten (Streithelfer) sind im Anschluss an die Partei, der sie beigetreten sind, mit vollen Personalien und Anschrift anzuführen. **Streitverkündungsempfänger** sind nur aufzunehmen, wenn Sie beigetreten sind. Andernfalls wird die Streitverkündung weder im Rubrum noch im Tatbestand erwähnt.

Bei **Parteiänderungen** während des Prozesses ist für die Aufnahme ins Rubrum die Parteistellung am Schluss der mündlichen Verhandlung entscheidend. Bei **Parteierweiterung** wird die neue Partei im Rubrum ohne den Zeitpunkt ihres Eintritts aufgeführt. Bei **Ausscheiden einer Partei** durch Klagerücknahme gegenüber einzelnen Streitgenossen oder durch Parteiwechsel hängt die Frage, ob die ausgeschiedene Partei im Rubrum aufzuführen ist, davon ab, ob sie noch von dem abschließenden Urteil, zB von der Kostenentscheidung, betroffen ist.

Wenn zB ein ausgeschiedener Beklagter aufzuführen ist, wird er nur als »Beklagter zu ...« bezeichnet und nicht als »früherer« oder »ausgeschiedener« Beklagter.

In Fällen von **Klagerücknahme gegenüber einzelnen Streitgenossen** hängt die Aufnahme in das Rubrum davon ab, ob es bereits einen Beschluss gem. § 269 III ZPO gibt, durch den das Gericht schon über die außergerichtlichen Kosten des Ausgeschiedenen entschieden hat. Sollte ein solcher Beschluss in der Akte sein, ist der ausgeschiedene Streitgenosse nicht im Rubrum aufzunehmen, andernfalls doch.

Entsprechendes gilt bei **gewillkürtem Parteiwechsel**. Wenn hier ein Kostenbeschluss nicht vorliegt, muss über die außergerichtlichen Kosten des Ausscheidenden im Endurteil entschieden werden. Deshalb ist er auch noch als Partei im Rubrum aufzuführen.

In Fällen **gesetzlichen Parteiwechsels** (zB durch Tod einer Partei gem. § 239 ZPO) ist nur noch die neue Partei im Rubrum aufzunehmen.

In Fällen **gesetzlicher Prozessstandschaft** gem. § 265 ZPO muss der Rechtsstreit grundsätzlich unter den bisherigen Parteien fortgeführt werden. Für das Rubrum ergeben sich keine Besonderheiten.

Die Prozessbevollmächtigten sind nach den jeweiligen Parteien aufzuführen. Im Falle eines Wechsels reicht die Angabe des Prozessbevollmächtigten, der in der letzten mündlichen Verhandlung die Partei vertreten hat. Die Prozessbevollmächtigten sind auch mit voller Anschrift aufzuführen, weil die Zustellung des Urteils gem. § 172 ZPO an sie zu erfolgen hat. Bei Sozietäten reicht es, wenn Sie den im Briefkopf zuerst genannten oder den in der Sitzung aufgetretenen Anwalt namentlich nennen und auf die übrigen durch *»und Partner«* hinweisen. Unterbevollmächtigte Anwälte werden nicht ins Rubrum aufgenommen.

157 • **Bezeichnung des Spruchkörpers unter Nennung der erkennenden Richter**

Nach § 313 I Nr. 2 ZPO ist die Bezeichnung des Spruchkörpers und der Richter, die bei der Entscheidung mitgewirkt haben, geboten. Gemäß § 313 I Nr. 3 ZPO muss ebenfalls der Schluss der mündlichen Verhandlung vermerkt werden. Dies ist bei mündlicher Verhandlung der Tag, an dem zum letzten Mal verhandelt worden ist, also nicht der gegebenenfalls spätere Verkündungstermin:

> 14 O 123/20
>
> Landgericht Lübeck
> Im Namen des Volkes
> Urteil
>
> In dem Rechtsstreit ...
>
> **hat** die 14. Zivilkammer des Landgerichts Lübeck
> **durch** den Richter am Landgericht Kullerich als Einzelrichter
> **auf** die mündliche Verhandlung vom 25.1.2021
> **für** Recht erkannt: ...

Als Gedächtnisstütze für die richtige Reihenfolge sollten Sie sich merken:

> **hat ... durch ... auf ... für...**

158 Bei Urteilen im schriftlichen Verfahren ist anstelle des Tages der letzten mündlichen Verhandlung der letzte Tag für den Eingang von Schriftsätzen anzugeben, § 128 II ZPO:

> **hat** die 14. Zivilkammer des Landgerichts Lübeck
> **durch** die Richterin am Landgericht Lucke als Einzelrichterin
> **im** schriftlichen Verfahren
> **mit** einer Erklärungsfrist bis zum ...
> **für** Recht erkannt: ...

158a Bei Urteilen nach Lage der Akten gem. § 251a ZPO ist anstelle des Tages der letzten mündlichen Verhandlung das Datum des versäumten Termins anzugeben:

hat die 14. Zivilkammer des Landgerichts Lübeck
durch die Richterin am Landgericht Lucke als Einzelrichterin
nach Lage der Akten
am (Datum des versäumten Termins)
für Recht erkannt: …

Merke: Sie dürfen auf keinem Urteil das Verkündungsdatum angeben.

6. Der Tenor

Der Tenor besteht in der Regel aus drei einzelnen Entscheidungen, und zwar: 159

- **Hauptsacheentscheidung,**
- **Entscheidung über die Kosten und**
- **Entscheidung über die vorläufige Vollstreckbarkeit.**

Zudem können noch Entscheidungen über einen Vorbehalt, die Zulassung der Berufung (§ 511 II Nr. 2 ZPO) und die Zulassung der Revision (§ 543 ZPO) erforderlich sein.

a) Die Hauptsacheentscheidung

Die Fassung des Tenors muss knapp, eindeutig, vollstreckungsfähig und erschöpfend sein.

- **knapp** 160

Die Formel hat so knapp wie möglich zu sein, muss aber aus sich selbst heraus verständlich sein. Die Bezugnahme auf Anlagen oder die Entscheidungsgründe ist nur ausnahmsweise zulässig, wenn dies in der Sache unvermeidbar ist. Dies kann vorkommen, wenn zB eine Zeichnung, ein Film, eine CD oder ein Computerprogramm Teil des Tenors ist. In keinem Fall gehören Begründungsteile in den Tenor wie »als Schadensersatz« oder »aus Kaufvertrag«.

- **eindeutig** 161

Bei Leistungsurteilen ist es besonders wichtig, darauf zu achten, dass der Tenor eindeutig ist. Deshalb lautet die Einleitung auch immer »… wird verurteilt«, und nicht »… hat zu zahlen« oder so ähnlich, um eine Abgrenzung gegenüber Feststellungsurteilen zu ermöglichen.

- **vollstreckungsfähig** 162

Für Leistungsurteile gilt insbesondere, dass der Tenor einen vollstreckungsfähigen Inhalt haben muss. Der Gerichtsvollzieher muss ohne Zuhilfenahme des Tatbestandes und der Entscheidungsgründe vollstrecken können. Bei Geldforderungen sind neben dem Betrag die Höhe des Zinssatzes in % bzw. bei Prozess- oder Verzugszinsen in %-Punkten und der Zinsbeginn mit Angabe des Datums erforderlich, also nicht »ab Klagezustellung« oder »ab Rechtshängigkeit«. Bei der Verurteilung zur Herausgabe einer Sache ist diese so genau zu bezeichnen, dass eine Verwechslung ausgeschlossen ist. So ist zB bei Urteilen auf Übereignung oder Herausgabe eines Pkw die Angabe der Fahrgestellnummer, bei Möbeln die Angabe der Holzart, der Abmessungen und gegebenenfalls der Besonderheiten erforderlich.

Bei Urteilen auf Übereignung eines Grundstücks muss der Tenor lauten:

> Der Beklagte wird verurteilt, das im Grundbuch von …, Band …, Blatt …, Abteilung … eingetragene Grundstück, Flurstück …, an den Kläger aufzulassen und dessen Eintragung als Eigentümer im Grundbuch zu bewilligen.

- **erschöpfend** 163

Urteile müssen die gestellten Anträge ausschöpfen. Auch bei minimalen Abweisungen der Zinsforderung oder einem Teilerfolg durch Zuerkennen des Hilfsantrags muss der letzte Satz der Entscheidung zur Hauptsache lauten:

> Im Übrigen wird die Klage abgewiesen.

Eine weitere Differenzierung wie zB »gegen den Beklagten zu 2)« oder »hinsichtlich der Anträge zu 4. Und 5.« ist unüblich und gefährlich, weil andere nicht zuerkannte Teile wie minimale Zinsforderungen vergessen werden könnten.

Fälle, in denen häufig übersehen wird, dass das Urteil der Klage nicht in vollem Umfang stattgibt, und in denen die Teilabweisung vergessen wird, sind:
- Verurteilungen nur Zug um Zug statt der beantragten uneingeschränkten Verurteilung,
- Verurteilungen nur nach dem Hilfsantrag, selbst wenn dieser höherwertig ist,
- Zuerkennen eines niedrigeren Zinssatzes oder eines späteren Zinsbeginns als beantragt,
- Verurteilung von mehreren Beklagten nur zu Teilschuldnern statt zu Gesamtschuldnern,
- Verurteilungen nur zu einer künftigen statt zu der beantragten sofortigen Leistung oder
- Verurteilungen nur durch ein Vorbehaltsurteil oder unter Vorbehalt der beschränkten Erbenhaftung, wenn der Klageantrag ohne Vorbehalt gestellt worden ist.

164 • **klageabweisende Urteile**

Bei klageabweisenden Urteilen lautet der Tenor grundsätzlich:

> Die Klage wird abgewiesen.

Der Grund der Abweisung »als unzulässig« oder »als unbegründet« oder »als derzeit unbegründet« wird im Tenor nicht angegeben. Ausnahme § 597 II ZPO:

> Die Klage wird als im Urkundenprozess unstatthaft abgewiesen.

Zwischenzeitlich ergangene vollstreckbare Entscheidungen wie stattgebende Versäumnisurteile oder Vollstreckungsbescheide müssen Sie im Fall einer Klageabweisung aufheben.

165 • **Feststellungsurteile**

Bei erfolgreichen Feststellungsklagen beginnt die Urteilsformel mit den Worten:

> Es wird festgestellt, dass …

Beachten Sie, dass auch Urteile nach einseitigen Erledigungserklärungen des Klägers Feststellungsurteile sind. Im Erfolgsfall sollten Sie wie folgt tenorieren:

> Es wird festgestellt, dass der Rechtsstreit in der Hauptsache erledigt ist.

Andernfalls lautet der Tenor wie bei jedem anderen klageabweisenden Urteil auch:

> Die Klage wird abgewiesen.

(Vgl. im Einzelnen zu Feststellungsklagen → Rn. 447 ff.)

166 • **Gestaltungsurteile**

Gestaltungsklagen kommen vor in Fällen von §§ 133, 140 HGB (Auflösung einer OHG bzw. Ausschluss eines Gesellschafters), §§ 1564, 1313 und 2342 BGB (Ehescheidung, Aufhebung einer Ehe und Erbunwürdigkeitsklage) sowie in § 767 ZPO (Vollstreckungsgegenklage) und § 771 ZPO (Drittwiderspruchsklage).

Bei Gestaltungsurteilen ist das, was durch das Urteil gestaltet wird, im Tenor auszuführen. Der Tenor eines stattgebenden Urteils über eine Vollstreckungsgegenklage lautet zB:

> Die Zwangsvollstreckung aus dem Urteil des Amtsgerichts … vom … – Az.: … – wird für unzulässig erklärt.

167 • **Besonderheiten nach Versäumnisurteilen/Vollstreckungsbescheiden gegen Beklagte**

Der Hauptsachetenor lautet:

> Das Versäumnisurteil des AG … /Der Vollstreckungsbescheid des AG … – Az.: … – vom … wird aufgehoben. Die Klage wird abgewiesen.

Der bestätigende Hauptsachetenor nach einem zulässigen Einspruch lautet:

> Das Versäumnisurteil des Amtsgerichts … vom … wird aufrechterhalten.

Bei Teilerfolg nach einem zusprechenden Versäumnisurteil muss es heißen:

> Das Versäumnisurteil des Amtsgerichts … vom … wird mit der Maßgabe aufrechterhalten, dass der Beklagte verurteilt wird, an den Kläger … zu zahlen. Im Übrigen wird das Versäumnisurteil aufgehoben und die Klage abgewiesen.

Wenn der Kläger seine Klage nach einem Versäumnisurteil mit Erfolg erweitert, lautet der Tenor:

> Das Versäumnisurteil des Amtsgerichts … vom … wird aufrechterhalten.
> Der Beklagte wird darüber hinaus verurteilt, an den Kläger weitere … EUR zu zahlen.

Wenn der Kläger seine Klage nach dem Erlass eines Versäumnisurteils erfolgreich umstellt, zB von Herausgabe auf Schadensersatz, lautet der Tenor:

> Das Versäumnisurteil des Amtsgerichts … vom … wird mit der Maßgabe aufrechterhalten, dass der Beklagte verurteilt wird, an den Kläger … zu zahlen.

Hinsichtlich der Besonderheiten bei der Kostenentscheidung (§ 344 ZPO) und der Entscheidung über die vorläufige Vollstreckbarkeit (§ 709 S. 3 ZPO) vgl. → Rn. 177 bzw. 226 f.

- **Urteile im Nachverfahren** 168

Eine naheliegende Klausurkonstellation ist es, dass Sie das Nachverfahren entscheiden müssen, nachdem der Beklagte die im Urkundenprozess gegen ihn eingeklagte Forderung unter Vorbehalt der Geltendmachung seiner Rechte im Nachverfahren anerkannt hat.

Die möglichen Tenöre in der Hauptsache lauten:

> Das Anerkenntnis- und Vorbehaltsurteil vom … wird für vorbehaltlos erklärt.

> Das Anerkenntnis- und Vorbehaltsurteil vom … wird aufgehoben. Die Klage wird abgewiesen.

> Das Anerkenntnis- und Vorbehaltsurteil vom … wird insoweit für vorbehaltlos erklärt, als der Beklage verurteilt worden ist, an den Kläger … EUR zu zahlen. Im Übrigen wird das Vorbehaltsurteil aufgehoben und die Klage abgewiesen.

Bei Klausuren mit Klagen und Widerklagen müssen Sie die Anträge beider Parteien erschöpfend tenorieren. Dabei wird der Ausspruch zur Klage wie gewohnt formuliert:

> Der Beklagte wird verurteilt, an den Kläger …

- **Den Ausspruch einer erfolgreichen Widerklage beginnen Sie mit der in der Praxis üblichen Einleitung »Auf die Widerklage«.** 168a

> Auf die Widerklage wird der Kläger verurteilt, an den Beklagten …

- **Nebenforderungen** 169

Die Entscheidung in der Hauptsache umfasst auch den Ausspruch über die Nebenforderungen, also Zinsen und andere Nebenforderungen wie vorprozessuale Mahn- oder Rechtsanwaltskosten (s. dazu *Kaiser/Kaiser/Kaiser* Materielles Zivilrecht Rn. 21, 33), Inkasso- oder Gutachterkosten zur Vorbereitung der Klage, die gegebenenfalls getrennt von dem Hauptanspruch zusätzlich geltend gemacht worden sind. Über diese Kosten ist gesondert vor den prozessualen Nebenentscheidungen zu befinden.

Für Zinsansprüche kommen sog. **Prozesszinsen** gem. §§ 291, 288 I 2 BGB oder **Verzugszinsen** gem. §§ 286 I 1, 288 I BGB in Betracht. Bedenken Sie, dass bei einem Zug-um-Zug-Urteil keine Zinsen zuzusprechen sind, weil Verzug Einredefreiheit voraussetzt. 170

Wenn der Kläger 5% statt 5%-Punkte beantragt, liegt ein offensichtliches Versehen vor, das Sie im Rahmen der Entscheidung über die Nebenforderungen analog §§ 133, 157 BGB auslegen und die gewollten 5%-Punkte zusprechen (zur Auslegung von Anträgen → Rn. 232). Es sollte *»über dem jeweiligen Basiszinssatz«* lauten, weil sich der Basiszinssatz ändern kann.

171 Für Forderungen wegen Entziehung oder Beschädigung einer Sache bestimmt § 849 BGB den Tag des Schadenseintritts als Beginn der Verzinsung. Es gilt der sog. gesetzliche Zinssatz von 4% gem. § 246 BGB bis zu Verzugsbeginn oder dem Eintritt der Rechtshängigkeit. Dann gelten die unter → Rn. 170 aufgeführten Zinsen.

172 Wenn der Kläger höhere als die gesetzlichen **Zinsen als Verzugsschaden** geltend macht, müssen Sie prüfen, ob er seinen Anspruch schlüssig dargelegt hat. Er muss grundsätzlich vortragen, dass ein rückführbarer Kredit zu einem bestimmten Zinssatz zumindest in Höhe der Klageforderung seit dem beantragten Zeitpunkt in Anspruch genommen worden ist. Bei Kaufleuten wird dies ohne weiteres vermutet, weil sie in der Regel mit Kontokorrentkrediten arbeiten. Bei Nichtkaufleuten bedarf es eines etwas detaillierteren Vortrages. Hüten Sie sich davor, allein aufgrund des Umstandes, dass der Beklagte zu dem Zinsanspruch nichts sagt, diesen im beantragten Umfang zuzusprechen. Dann würden Sie unstreitig und schlüssig verwechseln. Der Beklagte ist doch nicht verpflichtet, zu unschlüssigem Vorbringen des Klägers überhaupt etwas zu sagen.

173 Die Vorlage einer Bankbescheinigung ist qualifizierter Vortrag, dem der Beklagte nicht mit einfachem Bestreiten erfolgreich entgegentreten kann. Wenn der Verzugsschaden aus einem entgangenen Anlagevorteil besteht, spricht eine Anscheinsvermutung dafür, dass vernünftige, wirtschaftlich denkende Menschen Beträge etwa ab 1.000 EUR bei rechtzeitigem Eingang zinsträchtig angelegt hätten. Wenn der Kläger eine übliche Anlageform vorträgt, mit der er mehr erzielt hätte als 5%-Punkte über dem jeweiligen Basiszinssatz, reicht das einfache Bestreiten des Beklagten, der Kläger hätte nicht angelegt, grundsätzlich nicht aus.

174 Bei der Entscheidung über Zinsforderungen sind häufig Fallen in Bezug auf den Zinsbeginn und die Zinshöhe eingebaut, die leicht übersehen werden. Der Kläger beantragt oft zu Unrecht Zinsen ab dem letzten Tag der Zahlungsfrist. In derartigen Fällen dürfen Sie die Zinsen analog § 187 I BGB erst ab dem folgenden Tag zuerkennen. Und denken Sie in diesem Fall daran, die Klage im Übrigen abzuweisen.

Wenn der Kläger Zinsen »ab Rechtshängigkeit« beantragt, müssen Sie gem. § 187 I BGB den Tag nach der Zustellung der Klage als Zinsbeginn nehmen und dies im Rahmen der Begründung der Zinsentscheidung darlegen. Eine Teilabweisung ist hier allerdings nicht ratsam, weil dies auch in der Praxis nicht gemacht wird. Vorzuziehen ist in diesen Fällen eine Auslegung, dass als Zinsbeginn unter Berücksichtigung von § 187 I BGB analog der Tag nach der Zustellung der Klage gemeint ist.

175 Bedenken Sie, dass bei unbegründeten Verzugszinsen der beantragte Zinssatz die Obergrenze für die zuzuerkennenden Zinsen bildet. Grund dafür ist, dass Sie gem. § 308 I ZPO nicht mehr zusprechen dürfen als beantragt worden ist. Das würden Sie aber gegebenenfalls tun, wenn Sie den gesetzlichen Zinssatz ohne Beschränkung nach oben zuerkennen, weil der Basiszinssatz schwankt.

Wenn der Kläger zB Verzugszinsen iHv 10% beantragt hat, Sie aber nur die gesetzlichen Zinsen zusprechen, muss es also heißen:

> … nebst Zinsen iHv 5 Prozentpunkten über dem jeweiligen Basiszinssatz, höchstens aber 10%.

Zu guter Letzt: Denken Sie daran, dass bei Verurteilungen Zug um Zug keine Zinsen auf Geldforderungen zuzusprechen sind, weil der Anspruch nicht fällig ist.

b) Die Kostenentscheidung

aa) Grundsätzliches

176 Als zweiten Teil des Tenors haben Sie gem. § 308 II ZPO von Amts wegen, also auch ohne Antrag, über die Kosten des Rechtsstreits zu entscheiden. Diese Entscheidung ist die Kostengrundentscheidung, dh, es wird nur ausgesprochen, wer die Prozesskosten, also die Gerichtskosten und die außergerichtlichen Kosten, ganz oder zu welchem Teil zu tragen hat, nicht aber, wie hoch diese im Einzelnen sind.

Die Examensklausuren der letzten Jahre haben gezeigt, dass von Ihnen nur noch Grundkenntnisse verlangt werden und deshalb kompliziertere Kostenentscheidungen laut Bearbeitervermerk in der Regel erlassen sind.

Deshalb hier kurz das Wichtigste zum Thema Kosten:

Gerichtskosten fallen nur einmal an. Gemäß § 12 iVm Nr. 1210 Anlage 1 GKG muss der Kläger einen Vorschuss iHv drei Gebühren nach dem Streitwert im Zeitpunkt der Einreichung der Klage einzahlen. Eine spätere Reduzierung des Streitwerts wirkt sich auf die Gerichtskosten nicht aus.

Außergerichtliche Kosten, also die Rechtsanwaltsgebühren, fallen nach dem Rechtsanwaltsvergütungsgesetz (RVG) in Form der **Verfahrensgebühr** iHd 1,3-fachen (§ 13 iVm Nr. 3100 Anlage 1 RVG) und der **Terminsgebühr** iHd 1,2-fachen Satzes (§ 13 iVm Nr. 3104 Anlage 1 RVG) an. Die Höhe des Satzes entnehmen Sie der Gebührentabelle Anlage 2 zu § 13 I GVG bzw. dem ausführlicheren Anhang zum KostÄndG (Schönfelder Nr. 124).

Zum rechten Verständnis des Kostenrechts müssen Sie die maßgeblichen Streitwertarten beachten:

Der **Zuständigkeitsstreitwert** gem. §§ 1–9 ZPO regelt die Abgrenzung der sachlichen Zuständigkeit der Amtsgerichte von der Zuständigkeit der Landgerichte, §§ 23 und 71 GVG.

Der **Gebührenstreitwert** (auch Kostenstreitwert genannt), für den vorrangig die §§ 39 ff. GKG und nur subsidiär die §§ 3 bis 9 ZPO gelten, regelt die Höhe der Gerichts- und Rechtsanwaltsgebühren. Er ist von Bedeutung für die Kostenentscheidung unter anderem bei Haupt- und Hilfsanträgen, Widerklagen und Hilfsaufrechnungen. Das ist der Streitwert, den Sie in Ihrem Streitwertbeschluss angeben.

Die **Prozesskosten** bestehen aus den **Gerichtskosten** (Gerichtsgebühren und Auslagen) und den **außergerichtlichen Kosten** (Anwalts- und Parteikosten).

Bis auf Teilurteile (§ 301 ZPO), Grundurteile (§ 304 ZPO) und Zwischenurteile zwischen den Parteien (§§ 280, 303 ZPO) müssen alle Urteile eine Kostenentscheidung enthalten. Es gilt der Grundsatz der Einheitlichkeit der Kostenentscheidung. Das bedeutet, die gesamten Kosten werden grundsätzlich nach dem Maß des Obsiegens und Unterliegens verteilt. Vereinfacht lautet der Grundsatz: **Wer verliert, bezahlt.** Bei relevantem Teilunterliegen (ab 10%, gemessen am Gebührenstreitwert) wird in Prozenten oder Bruchteilen gequotelt (→ Rn. 183 ff.).

Eine Ausnahme von dem Grundsatz, dass über die gesamten angefallenen Kosten des Rechtsstreits einheitlich nach Bruchteilen oder prozentualen Quoten zu entscheiden ist, wird in den gesetzlich geregelten Fällen der Kostentrennung gemacht. Diese sind in §§ 75, 94–97, 100 III, 101, 238 IV, 281 III 2 und 344 ZPO geregelt. Dies sind Fälle, in denen Kosten, die einen bestimmten Teil des Rechtsstreits betreffen, von der Gesamtentscheidung über die Kosten ausgenommen und einer Partei isoliert auferlegt werden. Die genaue Berechnung ist wiederum Sache des Kostenbeamten.

Die am häufigsten vorkommenden Fälle von Kostentrennung sind:

- **§ 344 ZPO:** 177

Wenn gegen den Beklagten zunächst in gesetzlicher Weise ein Versäumnisurteil ergangen ist und er nach Einspruch in vollem Umfang gewinnt, folgt die Kostenentscheidung aus § 91 I 1 iVm § 344 ZPO. Sie lautet dann:

> Der Kläger trägt die Kosten des Rechtsstreits mit Ausnahme der durch die Säumnis des Beklagten im Termin vom … entstandenen Kosten. Diese trägt der Beklagte.

Wenn die säumige Partei auch nach Einspruch verliert, ist keine Differenzierung erforderlich. Es muss lauten:

> Der Kläger/Beklagte trägt **auch die weiteren** Kosten des Rechtsstreits.

Wenn das Versäumnisurteil nicht in gesetzlicher Weise ergangen ist (zB trotz fehlender Schlüssigkeit oder nicht ordnungsgemäßer Ladung des Beklagten), unterbleibt die Auferlegung der Säumniskosten auf den säumigen Beklagten. Es wird wie sonst auch über die gesamten Kosten des Rechtsstreits nach Obsiegen und Unterliegen entschieden.

178 • **§ 281 III 2 ZPO:**

Wenn der Kläger zunächst ein örtlich unzuständiges Gericht angerufen hat und nach Verweisung an das zuständige Gericht obsiegt, folgt die Kostenentscheidung aus § 91 I 1 iVm § 281 III 2 ZPO. Sie lautet dann:

> Der Beklagte trägt die Kosten des Rechtsstreits mit Ausnahme der Kosten, die durch die Anrufung des örtlich unzuständigen Gerichts entstanden sind. Diese trägt der Kläger.

179 • **§ 100 II und III ZPO:**

Wenn zB zwei Beklagte voll verurteilt werden, B 1) durch Versäumnisurteil und B 2) ohne ein zuvor ergangenes Versäumnisurteil nach streitiger Verhandlung, lautet die Kostenentscheidung gem. § 100 II ZPO:

> Die Kosten des Rechtsstreits tragen die Beklagten mit Ausnahme der durch die streitige Verhandlung verursachten Mehrkosten. Diese trägt der Beklagte zu 2).

Wenn in dem vorstehenden Fall gegen B 1) durch Versäumnisurteil und gegen B 2) nach Einspruch gegen das Versäumnisurteil und nachfolgender streitiger Verhandlung entschieden wird, folgt dieselbe Kostenentscheidung aus § 100 III ZPO.

Achten Sie darauf, dass Sie die Kosten, die Sie »ausnehmen«, der jeweils anderen Partei ausdrücklich auferlegen müssen (*»Diese trägt der …«*). Andernfalls ist Ihre Kostenentscheidung unvollständig. Das wird gerne vergessen …

bb) Die Kostenentscheidung bei vollem Unterliegen einer Partei

180 Unterliegt eine Partei voll, so hat sie gem. § 91 I 1 ZPO sämtliche Kosten zu tragen. Die Formel lautet:

> Der Beklagte/Der Kläger trägt die Kosten des Rechtsstreits.

Es muss gem. § 91 I 1 ZPO heißen: *»Kosten des* ***Rechtsstreits****«*. *»Kosten des Verfahrens«* heißt es im einstweiligen Rechtsschutz.

181 **Mehrere unterlegene Beklagte** haften für die Kosten nach § 100 IV ZPO als Gesamtschuldner, wenn sie in der Hauptsache als Gesamtschuldner verurteilt worden sind, andernfalls nach § 100 I ZPO als Teilschuldner. Die Art der Haftung (als Gesamtschulden oder zB je zur Hälfte) braucht in der Kostenentscheidung grundsätzlich nicht noch einmal ausgesprochen zu werden, weil sie aus dem Gesetz folgt. Wenn Sie es trotzdem machen, wird es auch nicht schaden.

182 **Mehrere unterlegene Kläger** haften gem. § 100 I ZPO immer nur als Teilschuldner. Das gilt also auch, wenn sie als Gesamtgläubiger auftreten. § 100 IV ZPO regelt nur die gesamtschuldnerische Haftung von unterlegenen Beklagten und ist mangels Regelungslücke auch nicht analog auf Kläger anzuwenden. Dies sollten Sie kurz ansprechen, wenn der Beklagte ausdrücklich eine gesamtschuldnerische Haftung der unterlegenen Kläger beantragt.

cc) Die Kostenentscheidung bei teilweisem Obsiegen und Unterliegen

183 Bei Teilerfolgen gibt es nach § 92 ZPO drei mögliche Kostenentscheidungen:

- **§ 92 I 1 Alt. 1 ZPO: Kostenaufhebung,**
- **§ 92 I 1 Alt. 2 ZPO: Kostenteilung,**
- **§ 92 II ZPO: Volle Auferlegung der Kosten auf eine Partei.**

184 Eine **Kostenaufhebung** nach § 92 I 1 Alt. 1 ZPO kommt in Betracht, wenn beide Parteien »ungefähr« zur Hälfte obsiegen und unterliegen. »Ungefähr« ist in der Praxis eine Abweichung von der Hälfte um bis zu 5% nach oben oder unten. Kostenaufhebung besagt, dass jede

Partei ihre außergerichtlichen Kosten selbst trägt und die Hälfte der Gerichtskosten. Bei Kostenaufhebung hat der Beklagte keinen Erstattungsanspruch, nur der Kläger kann – neben der Hauptsache – die Hälfte der verauslagten Gerichtskosten vollstrecken.

Die **Kostenteilung** nach § 92 I 1 Alt. 2 ZPO können Sie in Form von Brüchen oder Prozenten vornehmen. Wenn Sie zB von 10.000 EUR nur 8.000 EUR zuerkennen, lautet die Kostenentscheidung: 185

> Von den Kosten des Rechtsstreits trägt der Beklagte 4/5, der Kläger 1/5.

Oder:

> Von den Kosten des Rechtsstreits trägt der Beklagte 80%, der Kläger 20%.

Bei der Kostenteilung hat jede Partei gegenüber der anderen einen Anspruch auf Erstattung der außergerichtlichen Kosten in Höhe der Quote. Der Kläger hat zusätzlich einen Anspruch auf Erstattung des entsprechenden Teils der verauslagten Gerichtskosten.

Die Entscheidung, ob Sie die Kosten gegeneinander aufheben oder quoteln, hat Einfluss auf die vorläufige Vollstreckbarkeit. Im Falle der Kostenaufhebung hat der Beklagte nämlich keinen Kostenerstattungsanspruch gegen den Kläger, weil er seine außergerichtlichen Kosten selbst trägt. Sie brauchen also für den Beklagten keine vorläufige Vollstreckbarkeit zu tenorieren. Im Falle der Kostenquote hat aber jede Partei einen Ausgleichsanspruch in Höhe der Quote, sodass dann eine doppelte vorläufige Vollstreckbarkeit ausgesprochen werden muss.

Gemäß § 92 II Nr. 1 ZPO können Sie dem Beklagten die **Kosten voll auferlegen**, wenn die Zuvielforderung des Klägers lediglich geringfügig war und dadurch keine oder nur geringfügige Mehrkosten entstanden sind. »Geringfügig« iSv § 92 II ZPO sind Zuvielforderungen oder durch einen Gebührensprung verursachte Mehrkosten von weniger als 10%. Dies ist bei einem Streitwert von 9.000 EUR oder mehr der Fall, bei geringeren Streitwerten liegen die Mehrkosten über 10%, sodass Sie quoteln müssen. 186

Dem Kläger können Sie gem. § 92 II Nr. 1 ZPO die gesamten Kosten auferlegen, wenn er mit weniger als 10% seiner Forderung durchgedrungen ist.

Eine Besonderheit besteht bei teilweisem Obsiegen und Unterliegen in Fällen, in denen der Kläger einer Leistungsklage den geforderten Betrag offenlassen darf, weil dessen Höhe im Ermessen des Gerichts steht (→ Rn. 316). Am häufigsten sind dies Fälle des § 287 ZPO, insbesondere Schmerzensgeldklagen. Der Gebührenstreitwert ergibt sich aus dem vom Kläger angegebenen oder vermuteten Betrag. Nach hRspr ist der Kläger hier bis zu einem Verlustanteil von 20% gem. § 92 II Nr. 2 ZPO nicht mit anteiligen Kosten zu belasten, bei einer höheren Zuvielforderung soll hingegen nach § 92 I 1 Alt. 2 ZPO anteilig gequotelt werden. Diese Praxis stößt bei vielen, auch bei uns, auf Unverständnis. Nehmen wir an, der Kläger geht von einem Schmerzensgeldanspruch von 10.000 EUR aus, bekommt aber nur 8.000 EUR zuerkannt. Einhellige Meinung: Der Beklagte muss nach § 92 II Nr. 2 ZPO alle Kosten des Rechtsstreits tragen. Wenn der Kläger aber lediglich 6.000 EUR zuerkannt bekommt, müsste er nach hRspr 40% der Kosten tragen. In diesen Fällen macht die für uns vorzugswürdige Mindermeinung folgende Gegenrechnung auf: 10.000 EUR – 20% = 8.000 EUR. Von diesen 8.000 EUR hat der Kläger 2.000 EUR verloren, also beträgt die Verlust- und Kostenquote für ihn nur 25%. Wir finden, dass sich diese Kostenentscheidung viel besser begründen lässt, da sie weiterhin den »Bonus« von 20% berücksichtigt, den der Kläger gem. § 92 II Nr. 2 ZPO ohne Kostennachteil zu viel fordern darf. 186a

dd) Die Kostenentscheidung unter Berücksichtigung von § 45 GKG.

Bei Rechtsstreitigkeiten mit Widerklagen, Hilfsanträgen und Hilfsaufrechnungen bestimmt sich der Gebührenstreitwert nach § 45 I GKG. Dies kann die Kostenentscheidung und die vorläufige Vollstreckbarkeit beeinflussen (→ Rn. 215 ff.). Deshalb sollten Sie sich in Fällen mit Widerklagen, Hilfsanträgen und Aufrechnungen stets vor der Kostenentscheidung fragen: 187

1. **Was ist im Topf? (Anders ausgedrückt: Wie hoch ist der Gebührenstreitwert?)**
2. **Wer hat davon wie viel verloren?**

(1) Die Kostenentscheidung bei Klage und Widerklage

188 Bei Rechtsstreiten mit Klage und Widerklage müssen Sie bedenken, dass der Gebührenstreitwert nach § 45 I 1 GKG in der Regel die Summe der Einzelstreitwerte von Klage und Widerklage ist. Eine Addition findet nach § 45 I 3 GKG nur dann nicht statt, wenn Klage und Widerklage denselben Gegenstand betreffen. Das ist zB der Fall bei einer Klage nach § 771 ZPO, wenn der Kläger behauptet, Inhaber einer gepfändeten Forderung zu sein und der beklagte Pfändungsgläubiger widerklagend die Freigabe des hinterlegten Betrages fordert. Ansonsten dürfte dies nur selten der Fall sein.

Die grundsätzliche Regel lautet deshalb:

> Die beiden Einzelstreitwerte von Klage und Widerklage werden zur Ermittlung des Gebührenstreitwerts grundsätzlich addiert.

Dies betrifft nur den Gebührenstreitwert gem. § 45 I 1 GKG, nicht den Zuständigkeitsstreitwert gem. § 5 ZPO. Das Amtsgericht bleibt also bei zwei Streitwerten von Klage und Widerklage iHv je 5.000 EUR gem. § 5 ZPO sachlich zuständig, weil der Zuständigkeitsstreitwert nur 5.000 EUR beträgt. Der für die Berechnung der Gebühren und der Unterliegensquote maßgebliche Gebührenstreitwert beträgt aber gem. § 45 I 1 GKG 10.000 EUR.

Wenn Sie bei dem Ausspruch über die vorläufige Vollstreckbarkeit die Sicherheitsleistung ausrechnen, müssen Sie darauf achten, bei den außergerichtlichen Kosten der Parteien den nach § 45 I 1 GKG höheren Gebührenstreitwert zugrunde zu legen. Das kann für die richtige Einordnung unter § 709 ZPO oder §§ 708 Nr. 11, 711 ZPO von Bedeutung sein, wenn die Kosten im Bereich von 1.500 EUR liegen (s. → Rn. 215 ff.).

Wenn der Kläger mit der Klage durchdringt und die Widerklage abgewiesen wird, hat der Beklagte beides verloren:

> Der Beklagte trägt die Kosten des Rechtsstreits.

Wenn Kläger und Beklagter jeweils gewinnen, ist nach den unterschiedlichen Einzelstreitwerten von Klage und Widerklage im Verhältnis zum Gesamtstreitwert zu quoteln.

189 **1. Fall:** Der Streitwert der Klage beträgt 10.000 EUR, der Streitwert der Widerklage 5.000 EUR. Der Kläger dringt mit seiner Klage durch und wird auf die Widerklage hin voll verurteilt.

Der Gebührenstreitwert beträgt gem. § 45 I 1 GKG 15.000 EUR. Davon hat der Kläger 5.000 EUR und der Beklagte 10.000 EUR verloren:

> Von den Kosten des Rechtsstreits trägt der Kläger 1/3, der Beklagte 2/3.

190 **2. Fall:** Der Streitwert der Klage beträgt 10.000 EUR, der Streitwert der Widerklage 5.000 EUR. Der Kläger dringt mit seiner Klage nur iHv 5.000 EUR durch, auf die Widerklage wird er zur Zahlung von 2.500 EUR verurteilt. Im Übrigen werden Klage und Widerklage abgewiesen.

Der Gebührenstreitwert beträgt gem. § 45 I 1 GKG 15.000 EUR. Der Kläger verliert seine eigene Klage iHv 5.000 EUR und die Widerklage iHv 2.500 EUR. Der Beklagte verliert im gleichen Umfang.

> Die Kosten des Rechtsstreits werden gegeneinander aufgehoben.

Oder:

> Von den Kosten des Rechtsstreits tragen Kläger und Beklagte jeweils die Hälfte.

Die Aufhebung der Kosten ist im Examen sinnvoller, weil Sie andernfalls eine doppelte vorläufige Vollstreckbarkeit aussprechen müssen.

(2) Die Kostenentscheidung bei Haupt- und Hilfsanträgen

191–200 Nach § 45 I 2 und 3 GKG ist der Gebührenstreitwert von Haupt- und Hilfsanträgen grundsätzlich der höhere Streitwert. Das wird in der Regel der Wert des Hauptantrages sein.

Eine Addition findet nur dann statt, wenn beide Anträge wirtschaftlich verschiedene Gegenstände betreffen. Das ist höchst selten der Fall. In der Regel wird Erfüllung oder Rückabwicklung, Herausgabe oder Wertersatz, also etwas wirtschaftlich Zusammenhängendes, verlangt, bei dem das eine die Kehrseite des jeweils anderen ist. In diesen Fällen findet keine Addition der Einzelstreitwerte statt.

Merke: Bei Haupt- und Hilfsanträgen gilt grundsätzlich nur der höhere der beiden Einzelstreitwerte.

Wenn der Kläger schon mit dem Hauptantrag durchdringt und folglich über den Hilfsantrag gar nicht entschieden wird, ist der maßgebliche Streitwert allein der des Hauptantrages. Wenn der Hauptantrag abgewiesen und nur dem Hilfsantrag stattgegeben wird, hängt die Unterliegensquote des Klägers davon ab, ob und in welchem Umfang der Streitwert des Hilfsantrages unter dem des Hauptantrages liegt.

Merke: Die Frage des Unterliegens bei Haupt- und Hilfsanträgen ist grundsätzlich daran zu messen, ob sich eine Verlustquote in Ansehung des maßgeblichen Gebührenstreitwerts ergibt. Dies ist der in der Regel höherwertige Hauptantrag.

Fall: Der Kläger begehrt mit dem Hauptantrag die Vertragserfüllung iHv 10.000 EUR und hilfsweise die Rückgabe der bereits gelieferten Ware im Wert von 8.000 EUR. Er hat nur mit dem Hilfsantrag Erfolg.

Der Streitwert beträgt 10.000 EUR, weil die Anträge nicht wirtschaftlich verschiedene Gegenstände betreffen. Der Kläger unterliegt zu 20%, der Beklagte zu 80%.

Von den Kosten des Rechtsstreits trägt der Kläger 20% und der Beklagte 80%.

Wenn der Kläger mit dem Hilfsantrag nur teilweise Erfolg hat, müssen Sie wie bei normalem Teilunterliegen nach Maßgabe der drei Möglichkeiten des § 92 ZPO entscheiden (→ Rn. 183 ff.). Die Verlustquote ist die Differenz zwischen dem zuerkannten Teil des Hilfsantrages und dem höheren Einzelstreitwert von Haupt- oder Hilfsantrag, also in der Regel dem Wert des Hauptantrages.

Wenn der Kläger mit einem gleichwertigen Hilfsantrag Erfolg hat und nach dem Vorstehenden keine Addition stattfindet, ist nach § 45 I 3 GKG nur der einfache Streitwert maßgeblich. In diesen Fällen verliert der Beklagte »kostenmäßig« voll. Anders ist es nur, wenn die Streitwerte gem. § 45 I 2 GKG ausnahmsweise zu addieren sind. Dann wäre zu quoteln.

Wenn der Hilfsantrag einen höheren Streitwert hat als der Hauptantrag und der Kläger »nur« mit dem Hilfsantrag Erfolg hat, ist nach § 45 I 3 GKG nur der höhere Wert des Hilfsantrages maßgeblich. In diesen Fällen verliert der Beklagte »kostenmäßig« auch voll. Anders ist es auch hier wieder, wenn die Streitwerte gem. § 45 I 2 GKG ausnahmsweise zu addieren sein sollten (→ Rn. 191).

Obwohl der Kläger in diesen beiden letztgenannten Fällen in Bezug auf die Kosten des Rechtsstreits nicht unterliegt, müssen Sie gleichwohl die Klage im Übrigen abweisen, weil der Kläger mit seinem vorrangigen Begehren, dem Hauptantrag, nicht durchgedrungen ist.

Merke: Denken Sie an die Teilabweisung im Tenor, wenn Sie nur dem Hilfsantrag stattgeben!

Im Übrigen wird die Klage abgewiesen.

(3) Die Kostenentscheidung bei Rechtsstreiten mit Aufrechnung

Die Unterscheidung zwischen Primär- und Hilfsaufrechnung ist vor allem für die Kostenentscheidung von Bedeutung. § 45 III GKG regelt nämlich, dass sich bei Klagen mit Hilfsaufrechnungen, also nicht bei Primäraufrechnungen, der Streitwert um den Teil der Gegenforderung erhöht, über den – der Rechtskraft fähig – entschieden worden ist (→ Rn. 203 ff.). Die Unterscheidung hat aber auch Einfluss auf die Höhe der vollstreckbaren Kosten und damit bei nicht sehr hohen Streitwerten auch auf die anzuwendenden Normen der vorläufigen Vollstreckbarkeit (→ Rn. 215 ff.) und auf den gegebenenfalls geforderten Streitwertbeschluss. 201

Normalerweise sieht man auf einen Blick, welche der beiden Arten von Aufrechnungen vorliegt. Nicht ganz eindeutig ist es aber, wenn der Beklagte nicht die vom Kläger behaupteten Tatsachen bestreitet, sondern wenn er nur die daraus resultierenden rechtlichen Konsequenzen anders wertet als der Kläger und dann »hilfsweise« oder »vorsorglich« aufrechnet.

Fall: Der Kläger klagt den Kaufpreis iHv 100.000 EUR aus einem privatschriftlichen Grundstückskaufvertrag ein. Der Beklagte wendet unter Berufung auf § 311b BGB die Nichtigkeit des Vertrages und die daraus resultierende Unschlüssigkeit der Klage ein und erklärt zudem, falls das Gericht die Rechtslage anders beurteile, rechne er hilfsweise mit einer eigenen Forderung in gleicher Höhe auf.

Wenn es sich um eine Hilfsaufrechnung handelt, beträgt der Gebührenstreitwert gem. § 45 III GKG 200.000 EUR. Wenn es eine Primäraufrechnung ist, beträgt er nur 100.000 EUR, weil die Vorschrift für Primäraufrechnungen nicht gilt.

Bei schlichter Betrachtung liegt eine Hilfsaufrechnung vor, weil der Beklagte die Entscheidung über die Aufrechnung unter die Bedingung der Schlüssigkeit der Klageforderung stellt.

Bei näherer Betrachtung ist diese Bedingung aber jeder Entscheidung über eine Aufrechnung immanent, denn das Gericht muss vor jeder Aufrechnung auch ohne Hinweis einer Partei das Bestehen der Klageforderung prüfen. Es ist nämlich einheitliche Meinung, dass eine Primäraufrechnung kein Anerkenntnis der Klageforderung, sondern nur ein Unstreitigstellen der vom Kläger vorgetragenen Tatsachen ist. Die Bedingung des Beklagten »Zuerst bitte das Bestehen der Klageforderung prüfen!« ist also überflüssig. Daraus ergibt sich für uns, dass es sich in den Fällen, in denen der Beklagte keine vom Kläger vorgetragenen Tatsachen bestreitet, sondern ausschließlich dessen Rechtsansichten anders wertet, um eine Primäraufrechnung handelt.

Die Mehrheit der von uns ermittelten Kommentarstellen und Gerichtsentscheidungen teilt die »schlichte« Betrachtung und qualifiziert auch diese Fälle als echte Hilfsaufrechnung, dies mit der ebenso schlichten Begründung »Bedingung ist Bedingung«. Wir sehen auch hier von Zitaten ab, wie in diesem Buch weitgehend üblich, weil es dem Problem zu viel Ehre erweisen würde. Sie müssten in einem Urteil diese Frage ja nur im Rahmen der prozessualen Nebenentscheidungen oder in der Begründung des Streitwertbeschlusses kurz ansprechen. Wir finden es weitaus überzeugender, der Mindermeinung zu folgen und etwa wie folgt zu argumentieren:

Eine Erhöhung des Streitwerts gem. § 45 III GKG kommt nicht in Betracht. Das Gericht sieht in der »hilfsweise« erklärten Aufrechnung des Beklagten eine Primäraufrechnung, weil er die vom Kläger vorgetragenen Tatsachen nicht bestritten hat und das Gericht die Schlüssigkeit der Klageforderung auch ohne die vorgebrachten Rechtsansichten des Beklagten von Amts wegen prüfen muss.

(a) Primäraufrechnungen

202 In Fällen mit Primäraufrechnungen treten bezüglich der Kostenentscheidung keine Besonderheiten auf, weil sie von § 45 GKG nicht erfasst werden. Da die Parteien nur darüber streiten, ob die unstreitige Forderung des Klägers durch die Aufrechnung des Beklagten erloschen ist, bleibt es beim Streitwert der klägerischen Forderung. Die Kostenentscheidung richtet sich gem. §§ 91 ff. ZPO nur nach dem Ausgang des Rechtsstreits. Nur bei gestaffelten Aufrechnungen muss man darauf achten, dass alle nachrangigen Forderungen, die nicht erforderlich sind, um die Klageabweisung zu erreichen, wenn eine vorrangige Forderung betragsmäßig bereits ausreichen könnte, Hilfsaufrechnungen sind. Für diese gilt das Folgende.

(b) Hilfsaufrechnungen

203 Wenn die Klage bereits scheitert, weil sie unschlüssig ist oder der Beklagte mit seinen in erster Linie vorgebrachten Einreden oder Einwendungen durchdringt, greift § 45 III GKG nicht. Es bleibt bei dem Streitwert der Klage. Das gleiche gilt, wenn die Gegenforderung unstreitig ist

oder die Hilfsaufrechnung aus prozessualen Gründen scheitert, zB wegen Verstoßes gegen § 253 II Nr. 2 ZPO, wegen fehlender Rechtswegzuständigkeit oder wenn der Aufrechnungseinwand als verspätet zurückgewiesen wird (→ Rn. 389). § 45 III GKG findet nur Anwendung, wenn das Gericht entscheidet,

- dass die streitige Gegenforderung (= Forderung des Beklagten) nicht besteht,
- dass die Aufrechnung daran scheitert, dass die der Gegenforderung zugrunde liegenden Tatsachen verspätet sind,
- dass die Gegenforderung bestand und die Klageforderung zum Erlöschen gebracht hat.

Merke: Hilfsaufrechnungen erhöhen den für die Kostentscheidung maßgeblichen Gebührenstreitwert nur, soweit über sie eine inhaltliche, der Rechtskraft fähige Entscheidung ergeht.

In diesen Fällen ist immer nur über den Teil der Gegenforderung rechtskräftig entschieden, den das Gericht als nicht bestehend oder als durch die Aufrechnung erloschen angesehen hat. Das bedeutet, dass die Forderung des Beklagten maximal in Höhe der Klageforderung erloschen sein kann. Selbst wenn es sich bei der Gegenforderung um eine einheitliche Forderung in einer die Klageforderung übersteigenden Höhe handelt, ist immer nur über den Teil rechtskräftig entschieden, der der Höhe nach der ansonsten begründeten Klageforderung entspricht. Nur bei einer die Klageforderung übersteigenden Gegenforderung, die sich aus unterschiedlichen Teilbeträgen zusammensetzt, kann es zu einer Vervielfachung des Streitwerts kommen. Wenn also einer begründeten Klageforderung von 10.000 EUR eine Forderung von 20.000 EUR gegenübergestellt wird und das Gericht über die Gegenforderung entscheidet, ist der Gebührenstreitwert der doppelte Streitwert der Klage, also nur 20.000 EUR. Wird gegen eine begründete Forderung von 10.000 EUR mit einer Forderung von 7.500 EUR hilfsweise aufgerechnet, beträgt der Streitwert 17.500 EUR. Ist die Forderung von 10.000 EUR isoliert betrachtet schon nur iHv 5.000 EUR begründet, beträgt der Streitwert nur 15.000 EUR, bestehend aus dem Streitwert der Klage iHv 10.000 EUR plus 5.000 EUR von der Gegenforderung, weil über mehr nicht entschieden wird.

Bei mehreren zur Aufrechnung gestellten Forderungen erhöht sich der Gebührenstreitwert 204
mit jeder Forderung, über die das Gericht entscheidet. Wenn der Beklagte gegen eine begründete Klageforderung von 10.000 EUR mit drei gleich hohen Forderungen von ebenfalls 10.000 EUR oder mehr hilfsweise die Aufrechnung erklärt und das Gericht erkennt, dass die ersten beiden Forderungen nicht bestehen, sondern nur die dritte zur Klageabweisung geführt hat, beträgt der Gebührenstreitwert 40.000 EUR, weil über die Klageforderung und drei Gegenforderungen iHv jeweils 10.000 EUR entschieden worden ist. Von diesen insgesamt 40.000 EUR hat der Beklagte 30.000 EUR und der Kläger 10.000 EUR eingebüßt. Die Kostenentscheidung lautet:

Von den Kosten des Rechtsstreits trägt der Kläger 1/4, der Beklagte 3/4.

Bei der Ermittlung der Kostenquote in Fällen mit Hilfsaufrechnungen müssen Sie also zunächst entscheiden, von welchem Gebührenstreitwert auszugehen ist, also ob § 45 III GKG Anwendung findet. Dann ermitteln Sie, welche Partei in Ansehung dieses Streitwertes in welchem Umfang unterlegen ist.

Denken Sie daran, in den Entscheidungsgründen kurz auszuführen, dass die Bedingung der 205
Zulässigkeit der Aufrechnung weder im Hinblick auf § 253 II Nr. 2 ZPO noch auf § 388 S. 2 BGB entgegensteht, weil sie ein innerprozessuales Ereignis ist.

1. Fall: Der Kläger klagt 10.000 EUR ein, der Beklagte rechnet hilfsweise mit einer streitigen Forderung über 15.000 EUR auf. Der Klage wird stattgegeben, weil die Klage begründet ist und die Gegenforderung nicht besteht.

Der Gebührenstreitwert beträgt gem. § 45 III GKG 20.000 EUR, weil über die Klage und über die Gegenforderung entschieden worden ist. Davon hat der Beklagte 10.000 EUR verloren, weil der Klage stattgegeben worden ist, und weitere 10.000 EUR, weil seine Forderung in dieser Höhe rechtskräftig als nicht begründet angesehen worden ist.

Die Kosten des Rechtsstreits trägt der Beklagte.

206 **2. Fall:** Die obige Klage wird abgewiesen. Das Gericht hat die Klageforderung zwar als entstanden und ursprünglich begründet angesehen, die Forderung ist aber durch die Aufrechnung erloschen.

Der Gebührenstreitwert beträgt 20.000 EUR, weil über die Gegenforderung entschieden worden ist. Beide Parteien haben 10.000 EUR verloren, weil sie ihre jeweiligen Forderungen eingebüßt haben.

Die Kosten des Rechtsstreits werden gegeneinander aufgehoben.

207 **3. Fall:** Der Kläger erstreitet im obigen Fall folgendes Urteil: »Der Beklagte wird verurteilt, an den Kläger 5.000 EUR zu zahlen. Im Übrigen wird die Klage abgewiesen.« Aus den Entscheidungsgründen folgt, dass die Klage in voller Höhe, die zur Aufrechnung gestellte Forderung jedoch nur iHv 5.000 EUR begründet war.

Auch hier beträgt der Gebührenstreitwert wieder 20.000 EUR, weil das Gericht über die gesamte Gegenforderung rechtskräftig entschieden hat, und zwar iHv zweimal 5.000 EUR durch Aufrechnung und »Abweisung«. Von diesem Streitwert hat der Kläger 5.000 EUR verloren, weil die Gegenforderung in dieser Höhe seine Forderung zum Erlöschen gebracht hat. Der Beklagte hat iHv 15.000 EUR verloren, weil die gesamte Klageforderung als begründet und von seiner Gegenforderung 5.000 EUR für unbegründet erachtet wurden.

Von den Kosten des Rechtsstreits trägt der Kläger 1/4, der Beklagte 3/4.

ee) Die Kostenentscheidung unter Anwendung der Baumbach'schen Formel

208 Wenn mehrere Beklagte oder Kläger **im gleichen Umfang** unterliegen, erfolgt die Kostenentscheidung nach § 91 I 1 ZPO oder § 92 iVm § 100 ZPO ohne Besonderheiten.

Bei **unterschiedlichem Verfahrensausgang** gegenüber mehreren Beklagten oder mehreren Klägern müssen Sie nach gefestigter Rechtsprechung die Verteilung der Kosten auf der Grundlage der sog. Baumbach'schen Formel vornehmen. Dieser völlig unberechtigte Schrecken aller Referendare ist am Standardfall ein Kläger/zwei Beklagte schnell entzaubert. Sie können die folgenden Erläuterungen auch überschlagen und im Examen auf Ihren Kommentar vertrauen. Im Thomas/Putzo steht die korrekte Formulierung der Baumbach'schen Formel unter § 100 Rn. 15.

Fall: Der Kläger begehrt 10.000 EUR von zwei Beklagten, er obsiegt jedoch nur gegenüber B 1), gegen B 2) wird die Klage abgewiesen.

1. **Die Kostentragungspflicht bezüglich der außergerichtlichen Kosten von unterlegenen Beklagten richtet sich stets nach dem bekannten Grundsatz: Wer verliert, bezahlt.**
2. **Zur Ermittlung der Verlustquote bezüglich der außergerichtlichen Kosten des Klägers und der Gerichtskosten multiplizieren Sie den Streitwert mit der Zahl der Angriffe (= fiktiver Streitwert).**
3. **Addieren Sie die Verlustbeträge der Einzelangriffe und setzen Sie diesen Betrag zu dem fiktiven Streitwert ins Verhältnis.**
4. **Die so ermittelte Verlustquote gilt gleichermaßen für die außergerichtlichen Kosten des Klägers und die Gerichtskosten.**

Ausgehend von dem Grundsatz, dass derjenige, der verliert, bezahlt, und der Umkehrung, dass derjenige, der nicht verliert, auch nichts bezahlen muss, steht Folgendes fest:

- Die außergerichtlichen Kosten des B 2) hat der Kläger zu tragen, weil er diesem gegenüber den Rechtsstreit verloren hat.
- Die außergerichtlichen Kosten des B 1) hat dieser selbst zu tragen, weil er unterlegen ist.
- Übrig bleiben nur die außergerichtlichen Kosten des Klägers und die Gerichtskosten. Erst hier greift die Überlegung ein, dass es ungerecht ist, diese Kosten dem Beklagten voll aufzuerlegen. Das trägt nicht dem Umstand Rechnung, dass der Kläger ja nur gegenüber einem von zwei Beklagten gewinnt, also »so gesehen« zur Hälfte verloren hat. Daraus resultiert der folgende Kunstgriff:

Zur Ermittlung der sachgerechten Aufteilung dieses Teils der Kosten müssen Sie nun einen fiktiven Streitwert als Berechnungsmaßstab bilden, indem Sie den tatsächlichen Gebührenstreitwert mit der Zahl der Angriffe multiplizieren. Auf den obigen Fall angewandt ergibt sich damit Folgendes:

Der Kläger will 10.000 EUR von zwei Beklagten, also ist der Berechnungsmaßstab 20.000 EUR. Davon hat der Kläger nur 10.000 EUR zugesprochen bekommen. In Höhe des zweiten Angriffs über 10.000 EUR gegenüber B 2), ist er unterlegen. Daraus folgt, dass der Kläger die Hälfte der Gerichtskosten und die Hälfte seiner außergerichtlichen Kosten zu tragen hat. B 1), der ja bezüglich des fiktiven Wertes von 20.000 EUR auch die Hälfte verloren hat, muss danach die zweite Hälfte der außergerichtlichen Kosten des Klägers und der Gerichtskosten tragen. Die Kostenentscheidung im obigen Fall lautet mithin:

> Der Kläger trägt die außergerichtlichen Kosten des Beklagten zu 2) sowie die Hälfte der Gerichtskosten. Der Beklagte zu 1) trägt die andere Hälfte der Gerichtskosten und die Hälfte der dem Kläger entstandenen außergerichtlichen Kosten.

Der in der Praxis verbreitete Satz *»Im Übrigen tragen die Parteien ihre Kosten selbst«* schadet zwar nicht, hat aber in der Examensklausur grundsätzlich nichts zu suchen.

Merke: In die Kostenentscheidung gehört nur das hinein, was auch vollstreckbar ist.

ff) Die Kostenentscheidung bei Nebenintervention

§ 101 ZPO regelt, dass der Gegner des Streithelfers (→ Rn. 385) dessen Kosten im Umfang seines Unterliegens zu tragen hat. Wenn die unterstützte Partei unterliegt, trägt der Streithelfer seine Kosten selbst. Dies ist gesondert auszusprechen. Die »unterstützte« Partei trägt nie die Kosten der Streithilfe. 209

Fall: Einem Rechtsstreit zwischen K und B tritt S auf Seiten des B als Streithelfer bei.

- **K verliert:**

  > Die Kosten des Rechtsstreits und die außergerichtlichen Kosten des Nebenintervenienten trägt der Kläger.

- **B verliert:**

  > Der Beklagte trägt die Kosten des Rechtsstreits. Der Nebenintervenient trägt seine außergerichtlichen Kosten selbst.

- **B verliert zu 25%:**

  > Von den Kosten des Rechtsstreits trägt der Beklagte 25%, der Kläger 75%. In diesem Umfang trägt der Kläger auch die außergerichtlichen Kosten des Nebenintervenienten. Im Übrigen trägt der Nebenintervenient seine außergerichtlichen Kosten selbst.

Auch wenn der Ausspruch *»Der Nebenintervenient trägt seine Kosten selbst«* nur deklaratorisch ist, ist er angesichts des eindeutigen Wortlauts von § 101 ZPO geboten. Dort steht nämlich im letzten Halbsatz: »... soweit dies nicht der Fall ist, sind sie dem Nebenintervenienten aufzuerlegen«.

gg) Die Verlustquote bei einer Verurteilung Zug um Zug

Wenn ein Kläger einen Zug-um-Zug-Antrag gestellt hat und damit durchdringt, verliert der Beklagte voll und hat alle Kosten nach § 91 I 1 ZPO zu tragen. In den Fällen, in denen sich der Beklagte aber bei einem unbedingten Antrag des Klägers mit Erfolg auf ein Zurückbehaltungsrecht beruft und nur Zug um Zug verurteilt wird, unterliegt der Kläger zum Teil. Die Verlustquote ist durch Bildung eines fiktiven Streitwerts zu ermitteln. Dieser besteht aus dem Streitwert der Klage und der Hälfte des Wertes der Zug-um-Zug-Leistung. Deren wirtschaftlicher Wert fließt nur zur Hälfte ein, weil nur der Kläger aus dem Urteil vollstrecken kann. 210

Fall: Der Kläger erstreitet ein Urteil, in dem ihm 10.000 EUR nur Zug um Zug gegen Übereignung einer Ware, deren Wert ebenfalls 10.000 EUR beträgt, zuerkannt werden.

Bei der Berechnung der Verlustquote ist also zu berücksichtigen, dass es insgesamt um 15.000 EUR geht, nämlich um 10.000 EUR der Klageforderung und um die Hälfte des Wertes des Zurückbehaltungsrechts des Beklagten, also 5.000 EUR. Deshalb würde die Kostenentscheidung 1/3 zu 2/3 zugunsten des Klägers ausgehen, weil der Kläger von dem fiktiven Wert von 15.000 EUR einen Teil iHv 5.000 EUR und der Beklagte 10.000 EUR verloren hat.

Wird einer Werklohnklage nur Zug um Zug gegen Mängelbeseitigung stattgegeben und dabei der dreifache Wert der Mängelbeseitigungskosten angesetzt, ist bei der Kostenentscheidung das teilweise Unterliegen des Werklohnklägers mit dem anderthalbfachen Wert der Mängelbeseitigungskosten zu berücksichtigen.

Die Begründung der Kostenentscheidung am Ende der Entscheidungsgründe lautet wie stets bei einem relevanten Teilunterliegen:

> Die Kostenentscheidung folgt aus § 92 I 1 Alt. 2 ZPO.

Das Zurückbehaltungsrecht hat keinen Einfluss auf den Zuständigkeits- oder Gebührenstreitwert und auch nicht auf die Höhe der Sicherheitsleistung bei der vorläufigen Vollstreckbarkeit.

211 **Zu guter Letzt noch etwas ganz Wichtiges:**

Es ist grundsätzlich unüblich, die Kostenentscheidung eines Urteils anders zu begründen als durch die Angabe der Normen, auf denen sie beruht. Entsprechendes gilt für Normalfälle der vorläufigen Vollstreckbarkeit (→ Rn. 231, 300).

212 Hingegen muss der Teil der Kostenentscheidung, der gem. § 99 II ZPO isoliert anfechtbar ist, gesondert begründet werden. Es handelt sich dabei um Fälle mit Teilanerkenntnissen, mit übereinstimmenden Teilerledigungserklärungen und teilweisen Klagerücknahmen nach Wegfall des Klageanlasses vor Rechtshängigkeit.

Bei Teilanerkenntnissen müssen Sie darlegen, ob ein »sofortiges« Anerkenntnis vorlag mit der Kostenfolge aus § 93 ZPO, oder ob sich die Kostenlast nach §§ 91 I 1, 92 ZPO richtet.

213 Wenn die Parteien einen Teil eines einheitlichen Anspruchs des Klägers übereinstimmend für erledigt erklärt haben, wird ein Hinweis auf die vorstehenden Ausführungen reichen.

1. Fall: Der Kläger erhebt Klage über 10.000 EUR, der Beklagte zahlt während des Rechtsstreits 5.000 EUR. Der Kläger erklärt den Rechtsstreit in dieser Höhe für erledigt und verlangt nur noch den Rest. Der Beklagte schließt sich der Erledigungserklärung an.

> **Formulierungsvorschlag:**
>
> Die Klage ist zulässig und begründet …
> Dem Kläger steht der nach der übereinstimmenden Teilerledigungserklärung noch geltend gemachte restliche Anspruch zu …
> Die Kostenentscheidung folgt aus §§ 91 I, 91a ZPO.
> Soweit die Parteien den Rechtsstreit in der Hauptsache übereinstimmend für erledigt erklärt haben, war über den darauf entfallenden Teil der Kosten gem. § 91a ZPO auf der Grundlage des bisherigen Sach- und Streitstandes unter Berücksichtigung billigen Ermessens zu entscheiden. Diese Entscheidung fällt zulasten des Beklagten aus, da er, wie aus den obigen Entscheidungsgründen folgt, ohne die Teilzahlung in vollem Umfang unterlegen gewesen wäre.
> Die vorläufige Vollstreckbarkeit folgt aus § 709 iVm § 794 I Nr. 3 ZPO.

Wenn bei einer kumulativen Klagenhäufung ein isolierter Teil des Klageanspruchs übereinstimmend für erledigt erklärt worden ist, müssen Sie den hypothetischen Ausgang des Rechtsstreits bezüglich des für erledigt erklärten Teils an dieser Stelle detailliert darlegen.

2. Fall: Der Kläger erhebt Klage mit zwei Anträgen über je 5.000 EUR. Der Beklagte zahlt während des Rechtsstreits 5.000 EUR auf den 1. Antrag. Die Parteien erklären insoweit den Rechtsstreit übereinstimmend in der Hauptsache für erledigt. Der Kläger verlangt nur noch Zahlung auf den 2. Antrag.

Formulierungsvorschlag:

Die Klage ist zulässig und begründet ...
Dem Kläger steht der nach der übereinstimmenden Erledigungserklärung nur noch geltend gemachte Anspruch zu 2. zu ...
Die Kostenentscheidung folgt aus §§ 91 I, 91a ZPO.
Soweit die Parteien den Rechtsstreit in der Hauptsache übereinstimmend für erledigt erklärt haben, war über den darauf entfallenden Teil der Kosten gem. § 91a ZPO auf der Grundlage des bisherigen Sach- und Streitstandes unter Berücksichtigung billigen Ermessens zu entscheiden. Diese Entscheidung fällt zulasten des Beklagten aus.
Dem Kläger stand auch der unter Ziffer 1. zunächst geltend gemachte Anspruch zu. Auch insoweit war die Klage zulässig und begründet ...
Der Anspruch zu 1. folgte aus § ...
Nach dieser Vorschrift ...
Diese Voraussetzungen lagen vor ...

Die vorläufige Vollstreckbarkeit folgt aus § 709 iVm § 794 I Nr. 3 ZPO.

Denken Sie daran, den Teil der Kosten, der auf den erledigten Teil entfällt, ohne Sicherheit für vorläufig vollstreckbar zu erklären (→ Rn. 227). Das folgt aus §§ 794 I Nr. 3, 91a II ZPO. **214**

Entsprechendes gilt für Klagerücknahmen nach § 269 III 3 ZPO.

Die Besonderheiten von Kostenentscheidungen nach einseitigen und übereinstimmenden Erledigungserklärungen finden Sie zusammen mit Formulierungsbeispielen ab → Rn. 425. **214a**

c) Die vorläufige Vollstreckbarkeit

aa) Grundsätzliches

Die Entscheidung über die vorläufige Vollstreckbarkeit ist in **§§ 704 ff. ZPO** geregelt. Besonders wichtig ist die richtige Einordnung unter die Normen **§ 708 Nr. 11** oder **§ 709 S. 1 ZPO.** **215**

Nach **§ 708 Nr. 11 ZPO** müssen Urteile **ohne Sicherheitsleistung** für vorläufig vollstreckbar erklärt werden, bei denen der Gegenstand der Verurteilung in der Hauptsache ohne Zinsen 1.250 EUR nicht übersteigt oder, wenn nur wegen der Kosten vollstreckt werden kann, dies nicht mehr als 1.500 EUR ausmacht. Sie müssen grundsätzlich § 708 Nr. 11 ZPO mit **§ 711 ZPO** kombinieren, also bei einer vorläufigen Vollstreckbarkeit ohne Sicherheit dem Schuldner die Abwendungsbefugnis einräumen.

Die Abwendungsbefugnis des Schuldners entfällt gem. **§ 713 ZPO nicht schon**, wenn für eine Partei kein Rechtsmittel gegen das Urteil möglich ist, **sondern nur, wenn die Beschwer für keine Partei 600 EUR übersteigt**. Sofern eine Partei das Urteil anfechten kann, greift § 713 ZPO wegen der Möglichkeit einer Anschlussberufung nicht. Der Schuldnerschutz soll immer dann greifen, wenn eine Abänderung des Urteils möglich ist. Und das ist der Fall, wenn eine Partei über eine Anschlussberufung eine Abänderung erreichen kann. Deshalb besteht dann auch das Bedürfnis für ihren Schutz mit der Folge, dass § 713 ZPO nicht greift.

Wenn § 713 ZPO greift, lautet die vorläufige Vollstreckbarkeit nur:

Das Urteil ist vorläufig vollstreckbar.

§ 709 S. 1 ZPO regelt die vorläufige Vollstreckbarkeit **gegen Sicherheitsleistung.** § 709 S. 1 ZPO betrifft die nicht von § 708 Nr. 1–11 ZPO erfassten Fälle, in denen entweder in der Hauptsache mehr als 1.250 EUR oder wegen der Kosten mehr als 1.500 EUR vollstreckt werden können. **216**

Wenn nur Kosten vollstreckt werden können, folgt die vorläufige Vollstreckbarkeit für den Kläger bei Streitwerten über 5.000 EUR aus § 709 ZPO, für den Beklagten bei Streitwerten über 8.000 EUR.

Die Höhe der Sicherheit muss den Schaden abdecken, der durch die Zwangsvollstreckung entstehen kann, wenn das Urteil in der Berufung keinen Bestand haben sollte, vgl. § 717 II ZPO. Deshalb umfasst die Sicherheit bei stattgebenden Urteilen die Hauptsache mit Zinsen und den Kostenerstattungsanspruch. Bei klageabweisenden Urteilen entspricht sie dem Kostenerstattungsanspruch des Beklagten. Wenn Sie die Sicherheitsleistung ausrechnen, sollten Sie die Beträge jeweils »großzügig« aufrunden.

217 **Wenn nur wegen einer Geldforderung vollstreckt werden kann**, haben Sie in Fällen von § 709 S. 1 ZPO gem. **§ 709 S. 2 ZPO** die Möglichkeit, so zu formulieren:

> Das Urteil ist gegen Sicherheitsleistung iHv 110% des jeweils zu vollstreckenden Betrages vorläufig vollstreckbar.

218 Wenn wegen einer Geldforderung und einer »Nichtgeldforderung« vollstreckt werden kann, können Sie entweder alles nach § 709 S. 1 ZPO, also insgesamt gegen eine bezifferte Sicherheitsleistung, für vorläufig vollstreckbar erklären, oder Sie tenorieren bezüglich der Geldforderung nach § 709 S. 2 ZPO und bezüglich der »Nichtgeldforderung« nach § 709 S. 1 ZPO:

> Das Urteil ist bzgl. des Tenors zu 1) und der Kostenentscheidung gegen Sicherheitsleistung iHv 110% des jeweils zu vollstreckenden Betrages, bzgl. des Tenors zu 2) gegen Sicherheitsleistung iHv ... EUR vorläufig vollstreckbar.

219 Wenn sich die vorläufige Vollstreckbarkeit nach § 708 Nr. 11 ZPO richtet, heißt es gem. § 711 S. 2 ZPO iVm § 709 S. 2 ZPO:

> Der Beklagte kann die Vollstreckung durch Sicherheitsleistung iHv von 110% des aufgrund des Urteils vollstreckbaren Betrages abwenden, wenn der Kläger nicht vor der Vollstreckung Sicherheit iHv 110% des jeweils zu vollstreckenden Betrages leistet.

Bei dieser Formulierung müssen Sie darauf achten, dass die Abwendungsbefugnis immer 110% des gesamten vollstreckbaren Betrages beträgt, während der Vollstreckende nur 110% des Betrages als Sicherheit zu leisten hat, den er vollstrecken lassen will, also »des jeweils zu vollstreckenden Betrages«. Sie dürfen also bei Tenorierungen nach § 711 S. 2 iVm § 709 S. 2 ZPO nicht »Sicherheit in gleicher Höhe« schreiben, weil die Höhe der Sicherheiten unterschiedlich ist.

Vorläufige Vollstreckbarkeit

§§ 708 Nr. 11, 711 ZPO	§ 709 ZPO
Hauptsache: nicht mehr als **1.250** EUR nur Kosten: nicht mehr als **1.500** EUR	mehr als **1.250** EUR mehr als **1.500** EUR
mit Abwendungsbefugnis iHv 110% des **gesamten vollstreckbaren** Betrages	**keine** Abwendungsbefugnis **aber immer** Sicherheitsleistung iHv 110% des **jeweils zu vollstreckenden** Betrages

Wenn der Beklagte nur Kosten vollstreckt, liegt nach RVG/GKG die Grenze, ab der Sie gem. § 709 ZPO tenorieren müssen, bei einem Streitwert von mehr als 8.000 EUR. Wenn der Kläger nur Kosten vollstrecken kann, ist die Grenze bereits bei einem Streitwert von mehr als 5.000 EUR erreicht, weil der Kläger ja neben seinen außergerichtlichen Kosten auch die verauslagten Gerichtskosten vollstreckt.

bb) Die häufigsten Konstellationen

Sie müssen vor der Entscheidung über die vorläufige Vollstreckbarkeit stets klären: 220

1. **Wer kann was gegen wen vollstrecken?**
2. **Greift § 708 Nr. 11 oder § 709 S. 1 ZPO?**
3. **Schließt § 713 ZPO die Anwendung von § 711 ZPO aus?**
4. **Wie hoch ist die Sicherheitsleistung oder kann ich gem. § 709 S. 2 ZPO tenorieren?**

Anwendung von §§ 708 Nr. 11, 711 ZPO 221

Der Beklagte wird verurteilt, an den Kläger 800 EUR zu zahlen und die Kosten des Rechtsstreits zu tragen.

1. Nur der Kläger kann gegen den Beklagten 800 EUR und seine Kosten vollstrecken.
2. §§ 708 Nr. 11 Alt. 1, 711 ZPO greifen, weil die Verurteilung unterhalb von 1.250 EUR liegt.
3. § 713 ZPO greift nicht, da die Beschwer für den Beklagten 600 EUR übersteigt.
4. Die Sicherheitsleistung kann gem. § 709 S. 2 ZPO tenoriert werden.

> Der Beklagte kann die Vollstreckung durch Sicherheitsleistung iHv 110% des aufgrund des Urteils vollstreckbaren Betrages abwenden, wenn der Kläger nicht vor der Vollstreckung Sicherheit iHv 110% des jeweils zu vollstreckenden Betrages leistet.

Doppelte Anwendung von §§ 708 Nr. 11, 711 ZPO 222

Der Kläger klagt 1.000 EUR ein. Er kann aus dem Urteil 800 EUR in der Hauptsache vollstrecken und 80% der Kosten. Der Beklagte kann 20% seiner außergerichtlichen Kosten vollstrecken.

In Fällen von teilweisem Obsiegen und Unterliegen ist für jede Partei gesondert auszurechnen, was sie vollstrecken kann und dann je nach Höhe des Betrages nach § 708 Nr. 11 ZPO oder nach § 709 ZPO zu tenorieren.

1. Beide Parteien können vollstrecken.
2. §§ 708 Nr. 11 Alt. 1, 711 ZPO greifen, weil die Grenzen von 1.250 EUR bzw. 1.500 EUR nicht erreicht sind.
3. § 713 ZPO greift nicht, wenn **eine** Partei das Urteil mit Rechtsmitteln anfechten kann. Das ist hier der Beklagte, dessen Beschwer 600 EUR übersteigt. Das blockiert § 713 ZPO.
4. Die Sicherheitsleistung kann gem. § 709 S. 2 ZPO tenoriert werden. Es wäre überflüssige Schreibarbeit, die identischen Anordnungen für beide Parteien gesondert auszusprechen. Hier können Sie die Regelungen für beide Parteien zusammenfassen.

> Das Urteil ist vorläufig vollstreckbar. Der jeweilige Vollstreckungsschuldner kann die Vollstreckung durch Sicherheitsleistung iHv 110% des aufgrund des Urteils vollstreckbaren Betrages abwenden, wenn der jeweilige Vollstreckungsgläubiger nicht vor der Vollstreckung Sicherheit iHv 110% des jeweils zu vollstreckenden Betrages leistet.

Oder noch einfacher:

> Das Urteil ist vorläufig vollstreckbar. Jede Partei kann die Vollstreckung durch Sicherheitsleistung iHv 110% des aufgrund des Urteils vollstreckbaren Betrages abwenden, wenn die jeweils andere nicht vor der Vollstreckung Sicherheit iHv 110% des jeweils zu vollstreckenden Betrages leistet.

Merke: Denken Sie daran, dass es bei Fällen von §§ 708 Nr. 11, 711 ZPO immer »vor der Vollstreckung« und nicht »zuvor« heißen muss, weil damit eine Reihenfolge gemeint sein könnte, was nicht der Fall ist. Es kommt nicht darauf an, wer schneller ist.

Anwendung von § 709 S. 1 ZPO 223

Das Urteil lautet: »Der Beklagte wird verurteilt, an den Kläger 10.000 EUR nebst 10% Zinsen seit dem 1.1.2021 zu zahlen. Die Kosten des Rechtsstreits trägt der Beklagte.«

1. Nur der Kläger kann vollstrecken.
2. § 709 S. 1 ZPO greift, weil die Verurteilung oberhalb von 1.250 EUR liegt.

3. § 713 ZPO greift nicht, da die Beschwer für den Beklagten 600 EUR übersteigt.
4. Die Sicherheitsleistung kann gem. § 709 S. 2 ZPO tenoriert werden.

> Das Urteil ist gegen Sicherheitsleistung iHv 110% des jeweils zu vollstreckenden Betrages vorläufig vollstreckbar.

224 **Kombinierte Anwendung von §§ 708 Nr. 11, 711 und § 709 S. 1 ZPO**

Fall: Der Kläger verlangt vom Beklagten 10.000 EUR. Das Urteil lautet: »Der Beklagte wird verurteilt, an den Kläger 8.000 EUR nebst Zinsen iHv 5 Prozentpunkten über dem jeweiligen Basiszinssatz seit dem 1.1.2021 zu zahlen. Im Übrigen wird die Klage abgewiesen. Von den Kosten des Rechtsstreits trägt der Kläger 20%, der Beklagte 80%.«

1. Beide Parteien können vollstrecken.
2. Der Kläger vollstreckt gegen den Beklagten 8.000 EUR zzgl. der Zinsen und 80% der verauslagten Gerichtskosten und seiner außergerichtlichen Kosten, also mehr als 1.250 EUR, sodass § 709 S. 1 ZPO greift.
   Der Beklagte kann gegen den Kläger 20% seiner außergerichtlichen Kosten vollstrecken, also rund 400 EUR. Mithin greifen für den Beklagten §§ 708 Nr. 11, 711 ZPO, weil sein Kostenerstattungsanspruch unterhalb der Grenze von 1.500 EUR liegt.
3. § 713 ZPO greift nicht, da die Beschwer für beide Parteien 600 EUR übersteigt.
4. Die Sicherheitsleistung kann gem. § 709 S. 2 ZPO tenoriert werden.

> Das Urteil ist vorläufig vollstreckbar, für den Kläger jedoch nur gegen Sicherheitsleistung iHv 110% des jeweils zu vollstreckenden Betrages. Der Kläger darf die Vollstreckung seitens des Beklagten durch Sicherheitsleistung iHv 110% des aufgrund des Urteils vollstreckbaren Betrages abwenden, wenn der Beklagte nicht vor der Vollstreckung Sicherheit iHv 110% des jeweils zu vollstreckenden Betrages leistet.

225 **Die vorläufige Vollstreckbarkeit bei einer Kostenentscheidung nach »Baumbach«**

Fall: Der Kläger klagt 8.000 EUR gegen B 1) und B 2) ein. Gegen B 1) obsiegt er voll, gegen B 2) wird die Klage abgewiesen. Der Tenor lautet: »B 1) wird verurteilt, an den Kläger 8.000 EUR zu zahlen. Im Übrigen wird die Klage abgewiesen. Die außergerichtlichen Kosten des B 2) und die Hälfte der Gerichtskosten trägt der Kläger. B 1) trägt die andere Hälfte der Gerichtskosten sowie die Hälfte der dem Kläger entstandenen außergerichtlichen Kosten.«

1. Der Kläger und B 2) können vollstrecken.
2. Der Kläger kann gegen B 1) 8.000 EUR sowie die Hälfte der verauslagten Gerichtskosten und die Hälfte seiner außergerichtlichen Kosten vollstrecken. Damit greift bezüglich dieses Teils der vorläufigen Vollstreckbarkeit § 709 S. 1 ZPO ein. B 1) kann gar nichts vollstrecken. B 2) kann seine gesamten außergerichtlichen Kosten gegenüber dem Kläger vollstrecken. Diese liegen unter 1.500 EUR, sodass §§ 708 Nr. 11, 711 ZPO greifen.
3. § 713 ZPO greift nicht, da die Beschwer für alle 600 EUR übersteigt.
4. Die Sicherheitsleistung kann gem. § 709 S. 2 ZPO tenoriert werden.

> Das Urteil ist vorläufig vollstreckbar, für den Kläger jedoch nur gegen Sicherheitsleistung iHv 110% des jeweils zu vollstreckenden Betrages. Der Kläger darf die Vollstreckung durch Sicherheitsleistung iHv 110% des aufgrund des Urteils vollstreckbaren Betrages abwenden, wenn nicht B 2) vor der Vollstreckung Sicherheit iHv 110% des jeweils zu vollstreckenden Betrages leistet.

226 **Die vorläufige Vollstreckbarkeit nach einem vorangegangenen Versäumnisurteil**

§ 709 S. 3 ZPO regelt eine Besonderheit für die Fortsetzung der Vollstreckung aus Urteil, wenn zuvor bereits ein Versäumnisurteil ergangen ist. Diese Vorschrift gilt aber nur für Urteile, die nach § 709 ZPO für vorläufig vollstreckbar zu erklären sind. Wenn sich die vorläufige Vollstreckbarkeit nach § 708 Nr. 11 ZPO richtet, ergeben sich für die Tenorierung der vorläufigen Vollstreckbarkeit keine Besonderheiten.

1. Fall: Die vorläufige Vollstreckbarkeit bei Bestätigung eines stattgebenden Versäumnisurteils über mehr als 1.250 EUR.

> Das Versäumnisurteil vom … wird aufrechterhalten.
> Der Beklagte trägt auch die weiteren Kosten des Rechtsstreits.
> Das Urteil ist gegen Sicherheitsleistung iHv 110% des jeweils zu vollstreckenden Betrages vorläufig vollstreckbar.
> **Die Vollstreckung aus dem Versäumnisurteil darf nur gegen Leistung dieser Sicherheit fortgesetzt werden.**

2. Fall: Die vorläufige Vollstreckbarkeit bei Bestätigung eines stattgebenden Versäumnisurteils über höchstens 1.250 EUR.

> Das Versäumnisurteil vom … wird aufrechterhalten.
> Der Beklagte trägt auch die weiteren Kosten des Rechtsstreits.
> Das Urteil ist vorläufig vollstreckbar. Der Beklagte darf die Zwangsvollstreckung durch Sicherheitsleistung iHv 110% des aufgrund des Urteils vollstreckbaren Betrages abwenden, sofern der Kläger nicht vor der Vollstreckung Sicherheit in Höhe von 110% des jeweils zu vollstreckenden Betrages leistet.

3. Fall: Der Kläger erstreitet zunächst ein Versäumnisurteil gegen den Beklagten über die Zahlung von 3.000 EUR. Nach Einspruch wird die Klage aber abgewiesen.

> Das Versäumnisurteil vom … wird aufgehoben, die Klage wird abgewiesen.
> Die Kosten des Rechtsstreits trägt der Kläger mit Ausnahme der durch die Säumnis des Beklagten im Termin vom … entstandenen Kosten, diese trägt der Beklagte.
> Das Urteil ist vorläufig vollstreckbar. Der jeweilige Vollstreckungsschuldner darf die Zwangsvollstreckung durch Sicherheitsleistung in Höhe von 110% des aufgrund des Urteils vollstreckbaren Betrages abwenden, wenn der jeweilige Vollstreckungsgläubiger nicht vor der Vollstreckung Sicherheit in Höhe von 110% des jeweils zu vollstreckenden Betrages leistet.

Nach Teilanerkenntnissen, übereinstimmenden Teilerledigungserklärungen und teilweisen Klagerücknahmen müssen Sie den Teil der Kosten, der auf das Teilanerkenntnis, die Teilerledigung oder die Teilrücknahme entfällt, ohne Sicherheitsleistungen für vorläufig vollstreckbar erklären und bei geringeren Beträgen auch von der Abwendungsbefugnis ausnehmen. Dies folgt aus § 794 I Nr. 3 ZPO. Da Sie keine Taschenrechner benutzen dürfen, müssen Sie diesen Teil der Kosten nicht ausrechnen, es reicht, ihn zu benennen. **227**

Fall: Der Kläger klagt 10.000 EUR ein. Die Parteien erklären im Rechtsstreit in der mündlichen Verhandlung in Höhe von 5.000 EUR übereinstimmend für erledigt. Der Beklagte wird zur Zahlung weiterer 5.000 EUR verurteilt. Hinsichtlich des für erledigt erklärten Teils hätte der Kläger ebenfalls gewonnen.

Die Hälfte der dem Kläger entstandenen Kosten entfällt auf den für erledigt erklärten Teil und ist somit von der Sicherheitsleistung auszunehmen. Im Übrigen greift § 709 S. 1 ZPO.

> Das Urteil ist vorläufig vollstreckbar, in Höhe der Hälfte der für den Kläger vollstreckbaren Kosten ohne Sicherheitsleistung, im Übrigen gegen Sicherheitsleistung in Höhe von 110% des jeweils zu vollstreckenden Betrages.

Fall: Der Kläger klagt 2.000 EUR ein. Die Parteien erklären im Rechtsstreit in der mündlichen Verhandlung in Höhe von 1.000 EUR übereinstimmend für erledigt. Der Beklagte wird zur Zahlung weiterer 1.000 EUR verurteilt. Hinsichtlich des für erledigt erklärten Teils hätte der Kläger ebenfalls gewonnen.

Die Hälfte der dem Kläger entstandenen Kosten entfällt auf den für erledigt erklärten Teil und ist somit von der Abwendungsbefugnis auszunehmen, im Übrigen greifen §§ 708 Nr. 11, 711 ZPO.

> Das Urteil ist vorläufig vollstreckbar, hinsichtlich der Hälfte der für den Kläger vollstreckbaren Kosten ohne Abwendungsbefugnis. Im Übrigen wird dem Beklagten nachgelassen, die Zwangsvollstreckung durch Sicherheitsleistung iHv 110% des restlichen, aufgrund des Urteils vollstreckbaren Betrages abzuwenden, sofern der Kläger nicht vor der Vollstreckung Sicherheit in Höhe von 110% des jeweils zu vollstreckenden Betrages leistet.

228 Entscheidungen über die **Art der Sicherheitsleistung** brauchen Sie nicht mehr zu treffen. In § 108 ZPO ist geregelt, dass die Sicherheit in Form einer Bankbürgschaft erbracht werden darf. Deshalb dürfen Sie einen dahin gehenden Antrag auch nicht im Tatbestand anführen.

cc) Vollstreckungsschutzanträge

229 Der **Schuldner** kann nach §§ 712, 714 ZPO bei Glaubhaftmachung eines nicht zu ersetzenden Nachteils auf Antrag erreichen, dass er die Vollstreckung durch Sicherheitsleistung abwenden kann. In Fällen von §§ 708 Nr. 11, 711 ZPO entfällt dann die Befugnis des Klägers, seinerseits nach eigener Sicherheitsleistung vollstrecken zu können.

Die vorläufige Vollstreckbarkeit lautet dann gem. §§ 708 Nr. 11, 712, 714 ZPO:

> Das Urteil ist vorläufig vollstreckbar. Der Beklagte kann die Vollstreckung durch Sicherheitsleistung iHv ... EUR abwenden.

In Fällen von §§ 709 S. 1, 712, 714 ZPO lautet die vorläufige Vollstreckbarkeit:

> Das Urteil ist gegen Sicherheitsleistung iHv 110% des jeweils zu vollstreckenden Betrages vorläufig vollstreckbar. Der Beklagte kann die Vollstreckung durch Sicherheitsleistung iHv 110% des aufgrund des Urteils vollstreckbaren Betrages abwenden.

Wenn der Schuldner zusätzlich glaubhaft macht, dass er auch nicht in der Lage ist, die Sicherheit aufzubringen, wird das Urteil gem. § 712 I 2 ZPO nicht für vorläufig vollstreckbar erklärt.

230 Der **Gläubiger** kann nach § 710 oder § 711 S. 3 ZPO, jeweils iVm § 714 ZPO, auf Antrag erreichen, dass er ohne Sicherheitsleistung vollstrecken darf, wenn er glaubhaft macht, dass er die Sicherheit nicht oder nur unter erheblichen Schwierigkeiten aufbringen kann. Es heißt dann:

> Das Urteil ist vorläufig vollstreckbar.

231 Die **besonderen Vollstreckungsschutzanträge** gem. § 710 ZPO müssen Sie – anders als die überflüssigen normalen Anträge zu § 708 Nr. 11 oder § 709 ZPO – in Ihrem Tatbestand bei den Anträgen anführen und die Angaben zur Glaubhaftmachung wiedergeben. In den Entscheidungsgründen müssen Sie im Anschluss an die Angabe der Normen betr. die prozessualen Nebenentscheidungen darlegen, warum Sie dem Antrag stattgegeben haben oder warum nicht. Häufig wird es in den Klausuren an der erforderlichen Glaubhaftmachung gem. § 714 II ZPO fehlen, der Antrag also abzuweisen sein. Die Entscheidung über die »normale« vorläufige Vollstreckbarkeit eines Urteils gem. § 708 Nr. 11 oder § 709 ZPO wird üblicherweise nicht begründet. Es reicht die Angabe der Normen, auf denen die Entscheidung beruht.

C. Aufbau der Entscheidungsgründe

I. Grundsätzliches

Die Entscheidungsgründe beginnen im Normalfall mit dem Voranstellen des Ergebnisses. Sie 232
müssen in diesem Satz das Gesamtergebnis anführen, wozu gegebenenfalls auch die Entscheidung über eine Widerklage gehört. Achten Sie ferner darauf, dass sich Ihr Einleitungssatz, mit dem Sie das Ergebnis zusammenfassen, mit Ihrem Tenor deckt. So ist zB selbst bei minimalen Abweisungen der Zinsforderung die Klage nicht »begründet«, was voll begründet bedeutet, sondern *»bis auf einen geringen Teil der Zinsforderung begründet«*.

Nach dem Voranstellen des Ergebnisses folgen gegebenenfalls erforderliche Ausführungen zur Auslegung des Antrages, zur Zulässigkeit und zur Begründetheit der Klage einschließlich der Nebenforderungen. Den Schluss bilden die prozessualen Nebenentscheidungen über die Kostentragungspflicht und die vorläufige Vollstreckbarkeit. Diese brauchen grundsätzlich nur durch die Angabe der Norm, auf der sie beruhen, begründet zu werden, also zB:

> Die prozessualen Nebenentscheidungen beruhen auf §§ 91 I 1, 709 S. 1 ZPO.

Zu den Ausnahmen s. → Rn. 211 ff.

Bei einfacher Streitgenossenschaft auf Beklagtenseite sollten Sie im Zweifel die Entscheidungsgründe für jeden Beklagten getrennt darstellen, schon um sicher zu gehen, dass Sie gegebenenfalls auftauchende Unterschiede in der rechtlichen Bewertung nicht übersehen. Auf Teile der Begründung, die identisch sind, können Sie dann verweisen. Nur wenn Sie ganz sicher sind, dass die rechtliche Bewertung allen einfachen Streitgenossen gegenüber gleich ist, können Sie sie gemeinsam abhandeln.

Es ist außer bei kumulativen Klagenhäufungen und Punktesachen, zB bei einem Streit um mehrere Mängel in einem Werkvertragsprozess, in den meisten Bundesländern nicht üblich, die einzelnen Teile oder gar sämtliche angesprochenen Aspekte der Entscheidungsgründe zu nummerieren oder mit Überschriften zu versehen. In Bayern und Baden-Württemberg wird teilweise eine dezidiertere Gliederung der Entscheidungsgründe akzeptiert. Gegen die zurückhaltende Unterteilung in

I.
II.
III.

ist hingegen wohl auch in den nord-, west- und ostdeutschen Bundesländern nichts einzuwenden, wobei nach I. die Zulässigkeitserwägungen folgen, nach II. die Ausführungen zur Begründetheit und nach III. die prozessualen Nebenentscheidungen. Bei mehreren Anträgen können Sie die Ausführungen zur Begründetheit auch noch weiter unterteilen in II. 1., II. 2. usw. entsprechend der Nummerierung in Ihrem Tatbestand. Eine weitere Detailgliederung wie bei Hausarbeiten wirkt übertrieben und soll in der Regel nur eine nicht vorhandene Ordnung vortäuschen.

Bei auslegungsbedürftigen Anträgen beginnen Sie die Entscheidungsgründe mit der Auslegung des klägerischen Begehrens analog §§ 133, 157 BGB, gefolgt von dem Gesamtergebnis:

> Die Klage mit dem in diesem Sinne zu verstehenden Antrag des Klägers ist zulässig und …

Auslegungsbedürftige Zinsanträge (5% statt 5%-Punkte, → Rn. 170) sollten Sie erst im Rahmen der Begründung der Nebenforderungen richtigstellen.

Denken Sie daran, dass anfechtbare Entscheidungen in Prozessen ohne Anwaltszwang gem. § 232 ZPO eine Rechtsbehelfsbelehrung im Urteil enthalten müssen. Sie brauchen diese ohne weitere Anweisung im Bearbeitervermerk nicht auszuformulieren, sie sollten aber das oder die konkrete/n Rechtsmittel/Rechtsbehelfe gegen Ihre Entscheidung anführen, also zB »Rechtsbehelfsbelehrung: Berufung gem. §§ 511 ff. ZPO« nach den prozessualen Nebenentscheidungen und vor dem Vermerk »Unterschrift des erkennenden Richters«. Nur wenn der Bearbeitervermerk etwa vorsieht, die Entscheidung des Gerichts sei »vollständig« zu entwerfen, müssen Sie die Rechtsbehelfsbelehrung ausnahmsweise komplett ausformulieren, wobei Sie dann im Thomas/Putzo bei § 232 ZPO die notwendigen Bestandteile der Belehrung finden.

Unter »anfechtbare Entscheidungen« iSv § 232 ZPO fallen nicht nur amtsrichterliche Endurteile mit einer Beschwer von mehr als 600 EUR (§ 511 II 1 ZPO), sondern unter anderem auch Teilversäumnisurteile, isoliert anfechtbare Beschlüsse gem. § 91a ZPO und § 269 III 3 ZPO sowie Teile der Kostenentscheidung von Urteilen nach teilweisen Klagerücknahmen oder teilweise übereinstimmenden Erledigungserklärungen. Näheres bei *Fölsch* NJW 2013, 970 ff.

II. Aufbau der Entscheidungsgründe bei voll zusprechenden Urteilen

233 **Das Schema lautet:**

- Pauschales Voranstellen des Ergebnisses
- Ausführungen zur Zulässigkeit der Klage
- Ausführungen zur Begründetheit der Klage aus einer Anspruchsgrundlage je Antrag
- Ausführungen zu Nebenforderungen wie Zinsen oder vorprozessualen Mahnkosten
- Prozessuale Nebenentscheidungen und gegebenenfalls Rechtsbehelfsbelehrung
- Gegebenenfalls Hilfsgutachten (→ Rn. 12a)

234 **Anmerkungen:**

Zur Zulässigkeit der Klage sollten Sie grundsätzlich nur dann längere Ausführungen machen, wenn die Parteien über Zulässigkeitsaspekte streiten oder einer der in Kapitel F dargestellten Fälle vorliegt. Wenn mangels Rügen des Beklagten oder von Amts wegen zu berücksichtigender Zulässigkeitsfragen sonst nichts zur Zulässigkeit zu sagen ist, sollten Sie bei Leistungsklagen grundsätzlich kurz die örtliche und sachliche Zuständigkeit ansprechen. Bei Feststellungsklagen sind außerdem neben der stets kurz zu prüfenden allgemeinen Zulässigkeit, auch wenn unproblematisch, ein, zwei Sätze zur Statthaftigkeit (Bestehen/Nichtbestehen eines Rechtsverhältnisses?) und zum Feststellungsinteresse iSd § 256 I ZPO empfehlenswert. Bei den prozessualen Gestaltungsklagen der Zwangsvollstreckung wiederum will der Korrektor stets etwas zur Statthaftigkeit, zur Zuständigkeit und zum Rechtsschutzbedürfnis lesen. Über diese »Pflichtpunkte« hinaus gilt jedoch für alle Klagearten, dass nur das in der Zulässigkeit angesprochen wird, was im Einzelfall gerügt wurde oder problematisch ist.

Merke: Wie lauten also die »Zulässigkeits-Pflichtpunkte« der wichtigsten Klagearten in der Zivilurteilsklausur?

- Leistungsklage: Örtliche und sachliche Zuständigkeit immer kurz ansprechen, sonst nur das Gerügte/Problematische.
- Feststellungsklage: Statthaftigkeit, Feststellungsinteresse und Zuständigkeit immer kurz ansprechen, sonst nur das Gerügte/Problematische.
- Prozessuale Gestaltungsklagen der Zwangsvollstreckung: Statthaftigkeit, Zuständigkeit und Rechtsschutzbedürfnis immer kurz ansprechen, sonst nur das Gerügte/Problematische.

235 Zur Begründetheit einer Leistungsklage, die in vollem Umfang Erfolg hat, dürfen Sie in den Entscheidungsgründen nur darlegen, dass eine Anspruchsgrundlage je Antrag greift. Alle anderen, den Antrag gegebenenfalls auch stützenden Anspruchsgrundlagen gehören (zB in Bayern und Baden-Württemberg) in ein etwaiges Hilfsgutachten.

Merke: Es ist ein Verstoß gegen § 313 III ZPO, bei voll zusprechenden Urteilen über eine Leistungsklage mehr als eine Anspruchsgrundlage darzulegen, weil das Urteil nicht darauf beruht!

Wenn mehrere Anspruchsgrundlagen greifen und nebeneinander anwendbar sind (wichtig: beachte etwa den Vorrang des EBV nach § 993 I Hs. 2 BGB oder die Verdrängung der Deliktsansprüche durch den Vorrang der Amtshaftung), müssen Sie sich eine aussuchen. Ihre Auswahl kann von dem Ihnen genehmeren Aufbau der Anspruchsgrundlage, dem vermeintlich einfacheren Weg zum Ziel oder von der Lösung mit den am besten darzustellenden Problemen bestimmt sein. Gleich für welchen Weg Sie sich auch entscheiden, der Satz am Ende der Darstellung, »*Im Übrigen steht dem Kläger der Anspruch auch aus § … zu*«, ist ein Verstoß gegen § 313 III ZPO, weil das Urteil nicht darauf beruht. So etwas kostet Punkte.

Darstellung und Formulierung der Entscheidungsgründe finden Sie unter → Rn. 271 ff.

Das Grundschema des Aufbaus der Ausführungen zur Begründetheit lautet: 236

- Gesamtergebnis mit Norm
- Definition der Norm
- Zwischenergebnis
- Subsumtion

Bei der Darlegung der Anspruchsgrundlage sollten Sie sich an die Reihenfolge halten: 237

- entstanden
- nicht erloschen
- durchsetzbar

Ausführungen zu den letzten beiden Aspekten sind aber nur angebracht, wenn der Sachverhalt dazu Anlass gibt. Sätze wie »Der Anspruch ist auch nicht erloschen und durchsetzbar«, ohne dass zB Erfüllung oder Einreden überhaupt in Betracht kommen, sollten Sie weglassen.

Nach einseitigen Teilerledigungserklärungen sollten Sie mit dem verbliebenen Zahlungsanspruch beginnen, weil sich die Begründetheit des für erledigt erklärten Teils in der Regel dann aus den Ausführungen zum verbliebenen Anspruch ergibt. Zum Aufbau der Entscheidungsgründe bei vollständigen einseitigen Erledigungserklärungen → Rn. 265. 238

Nach den Ausführungen zu dem Hauptanspruch folgen Ausführungen zu den Nebenforderungen, die aus vorprozessualen Kosten wie der anwaltlichen Geschäftsgebühr (vgl. → Rn. 169), Inkasso- oder Mahnkosten und Zinsen bestehen können. Wenn Sie die Nebenforderungen nicht voll zuerkennen, ändert sich am obigen Schema nichts. Sie stellen lediglich klar, dass dem Kläger der geltend gemachte Anspruch nicht in der verlangten Höhe und/oder nicht ab dem beantragten Zeitpunkt zusteht. Denken Sie in diesem Zusammenhang an § 187 I BGB, der auf den Verzugsbeginn und auf die Rechtshängigkeit analog angewandt wird. 239

Das Urteil endet mit der Auflistung der Normen, auf denen die prozessualen Nebenentscheidungen über die Kosten des Rechtsstreits und die vorläufige Vollstreckbarkeit beruhen. Üblich sind Formulierungen wie: 240

> Die prozessualen Nebenentscheidungen beruhen auf §§ 91 I 1, 709 S. 1 ZPO.

Oder:

> Die Kostenentscheidung beruht auf § 91 I 1 ZPO, die Entscheidung über die vorläufige Vollstreckbarkeit auf §§ 708 Nr. 11, 711 ZPO.

Neben den reinen Kostenvorschriften der §§ 91 ff. ZPO sind gegebenenfalls noch §§ 269, 281, 344 ZPO oder § 45 GKG – jeweils mit dem genauen Absatz/Satz/Halbsatz/Alternative – anzuführen.

Denken Sie daran, dass Sie gegebenenfalls einen Teil der Kostenentscheidung begründen müssen. Dies ist bei übereinstimmenden Teilerledigungserklärungen, teilweisen Klagerücknahmen oder Teilanerkenntnissen der Fall (→ Rn. 211 ff.).

Achten Sie darauf, ob von Ihnen auch ein Streitwertbeschluss verlangt wird. Dies ist jedenfalls immer dann der Fall, wenn Sie laut Bearbeiterhinweis »die Entscheidungen des Gerichts« entwerfen sollen. Es ist ohnehin ratsam, grundsätzlich einen Streitwertbeschluss zu machen, es sei denn, das Gericht hat ausweislich Ihrer Vorlage bereits darüber entschieden. Sie sollten den Streitwertbeschluss stets in der korrekten Form als gesonderten Beschluss abfassen und ihn nicht im Urteil zwischen den prozessualen Nebenentscheidungen und den Unterschriften der Richter verstecken. Nach den Unterschriften der erkennenden Richter schreiben Sie: 241

> Beschluss (volles Rubrum wie Bl. 1)
> Der Streitwert wird gem. § … ZPO auf … EUR festgesetzt.
> Unterschriften der erkennenden Richter

Sie entscheiden über den Gebührenstreitwert (→ Rn. 188 f.), und beachten Sie § 45 GKG in Fällen mit Hilfsaufrechnungen, Widerklagen oder Haupt- und Hilfsanträgen. In diesen Fällen können Sie dann eine knappe Begründung Ihrer Streitwertberechnung einfügen.

III. Aufbau der Entscheidungsgründe bei voll abweisenden Urteilen

242 **Das Schema lautet:**

- Pauschales Voranstellen des Ergebnisses
- Ausführungen zur Zulässigkeit der Klage
- Ausführungen zur Unbegründetheit der Klage aus allen in Betracht kommenden Anspruchsgrundlagen je Antrag
- Gegebenenfalls Ausführungen, dass dem Kläger auch kein »Minus« iSv § 308 ZPO zusteht
- Prozessuale Nebenentscheidungen und gegebenenfalls Rechtsbehelfsbelehrung
- Gegebenenfalls Hilfsgutachten

243 **Anmerkungen:**

Der grundlegende Unterschied beim Abfassen der Entscheidungsgründe zwischen begründeten und unbegründeten Leistungsklagen ist, dass Sie bei begründeten Klagen nur eine Anspruchsgrundlage erörtern dürfen (→ Rn. 235), diese jedoch mit allen Anspruchsvoraussetzungen, bei unbegründeten hingegen alle in Betracht kommenden Anspruchsgrundlagen abhandeln müssen, dabei jedoch grundsätzlich nur die jeweils fehlenden Anspruchsvoraussetzungen ansprechen dürfen. Das klageabweisende Urteil beruht ja darauf, dass dem Kläger der Anspruch gar nicht, also aus keiner der denkbaren Anspruchsgrundlagen, zusteht.

Wenn Ihrer Ansicht nach eine Anspruchsgrundlage an mehreren Stellen scheitert, kann es – auch wenn streng dies genommen im Lichte des § 313 III ZPO nicht ganz sauber ist – ratsam sein, alle diese »Schwachstellen« aufzuzeigen, um sicher zu gehen, zumindest auch den Aspekt angesprochen zu haben, der in der Lösungsskizze steht. Dies gilt umso mehr, wenn Sie sich nicht ganz sicher sind, ob die eine Voraussetzung, an der Sie den Anspruch scheitern lassen wollen, wirklich nicht erfüllt ist, und woran gegebenenfalls die Lösungsskizze des Korrektors den Anspruch scheitern lassen will. Während die süddeutschen Referendare aus Bayern und Baden-Württemberg exakt hierfür ihr Hilfsgutachten haben, in dem die weiteren Anspruchsvoraussetzungen diskutiert und gegebenenfalls auch verneint werden, müssen die Referendare der anderen Bundesländer, in denen die Korrektoren in der Regel kein Hilfsgutachten lesen wollen, eine Gratwanderung zwischen § 313 III ZPO und einer möglichst umfassenden Darstellung der fehlenden Anspruchsvoraussetzungen wagen. Hier ein Formulierungsbeispiel:

> Der Anspruch des Klägers scheitert daran, dass … Selbst wenn man dieser Auffassung nicht folgen sollte, ist das Erfordernis der … nicht erfüllt. Und selbst bei großzügigerer Betrachtungsweise zugunsten des Klägers fehlt es jedenfalls am Merkmal des ….

Entsprechendes gilt natürlich auch für Einreden, Einwendungen und Aufrechnungserklärungen des Beklagten, die scheitern.

244 Wenn vertragliche und gesetzliche Anspruchsgrundlagen zu erörtern sind, empfiehlt sich die Darstellung in der bekannten Reihenfolge des analytischen Vorgehens bei der Lösung des Falles, dh Ansprüche aus

Vertrag, Vertrauen und Gesetz.

245 Eine Ausnahme von dieser grundsätzlichen Vorgehensweise bei Klageabweisungen, dh dem Eingehen auf alle in Betracht kommenden Anspruchsgrundlagen der Reihe nach, sollten Sie machen, wenn

- die konkrete Anwendbarkeit problematisch ist,
- letztlich aber alle Anspruchsgrundlagen aus demselben Grund scheitern.

Wenn die Darstellung oder Abgrenzung der in Betracht kommenden Anspruchsgrundlagen mühsam ist und im Ergebnis alle an demselben Punkt scheitern, ist es ein Verstoß gegen § 313 III ZPO, auf mehreren Seiten eine im Ergebnis doch nicht greifende Anspruchsgrundlage gegenüber anderen herauszuarbeiten. Ein Musterbeispiel ist der unter → Rn. 90 vorgestellte Fall »Der hilfsbereite Freund«. Wer hier mühevoll eine der vertraglichen Anspruchsgrundlagen herausarbeitet, obwohl alle am fehlenden Rechtsbindungswillen scheitern, vergeudet Zeit und Punkte (s. → Rn. 300). 246

Hüten Sie sich daher davor, zunächst zeitraubende Erörterungen zu letztlich doch nicht greifenden Anspruchsgrundlagen anzustellen und dann noch zu schreiben:

»Dies kann aber dahinstehen, denn alle anderen Anspruchsgrundlagen scheitern ebenfalls daran, dass …« Das heißt nichts anderes, als dass das Erarbeiten der Anspruchsgrundlage rein akademischer Natur und damit für die Begründung Ihres Urteils überflüssig war.

Sie sollten aber zur Sicherheit in dem einleitenden Satz *»Es kann dahinstehen, ob …«* die in Betracht kommenden Anspruchsgrundlagen anführen, damit der Prüfer sieht, dass Sie alle erkannt haben (s. → Rn. 300). Etwas anderes gilt nur, wenn die Parteien (und dahinterstehend das Prüfungsamt) erkennbar auch ein paar Sätze mehr zu dieser letztendlich nicht entscheidungserheblichen Frage lesen wollen. Dies erkennen Sie daran, dass im Sachverhalt die diesbezüglichen Ausführungen der Parteien breiteren Raum einnehmen. Dann befinden Sie sich in einer Situation, die wir weiter unten bei → Rn. 279a beschreiben. In diesen Fällen sollte der dahingestellte Aspekt knapp erörtert, jedoch nicht entschieden werden. Alternativ können sie ihn elegant in das Hilfsgutachten verlagern, wenn dies in Ihrem Bundesland laut Bearbeitervermerk erlaubt und gewünscht ist.

Der erste Satz der Entscheidungsgründe eines voll abweisenden Urteils muss lauten: 247

> Die zulässige Klage ist unbegründet.

Oder:

> Die Klage ist zulässig, aber unbegründet.

»Die Klage ist zulässig, aber …« signalisiert, dass Sie zu den beiden angesprochenen Aspekten »Zulässigkeit« und »Begründetheit« etwas zu sagen haben. Deshalb sollten Sie diese Einleitung nur wählen, wenn Sie auch Ausführungen zur Zulässigkeit machen.

Wenn Sie die Formulierung *»Die zulässige Klage ist …«* wählen, machen Sie bereits deutlich, dass die Zulässigkeit Ihrer Ansicht nach völlig unproblematisch ist.

Der zweite Satz hängt davon ab, ob eine oder mehrere Anspruchsgrundlagen in Betracht kommen. 248

- Wenn es nur eine Anspruchsgrundlage gibt, zB bei einer Klage auf Zahlung des Kaufpreises, lautet unser Vorschlag:

  > Dem Kläger steht der geltend gemachte Anspruch aus § 433 II BGB, der allein in Betracht kommenden Anspruchsgrundlage, nicht zu.

- Wenn mehrere Anspruchsgrundlagen in Betracht gekommen wären, sollten Sie so formulieren:

  > Dem Kläger steht der geltend gemachte Anspruch nicht zu. Er folgt weder aus § … noch aus § … noch aus § …

In diesem Satz sollten Sie alle im Folgenden von Ihnen dargestellten Anspruchsgrundlagen anführen. Dies empfiehlt sich, weil Sie so den Aufbau und die Gliederung der Entscheidungsgründe verdeutlichen und übersichtlicher machen, und der Prüfer auf einen Blick sieht, ob Sie alle anzusprechenden Anspruchsgrundlagen gesehen haben.

Ausführungen zu den Nebenforderungen wie Zinsen oder vorprozessualen Kosten erübrigen sich in der Regel, weil ohne Erfolg in der Hauptsache für Nebenforderungen kein 249

Raum ist. Nur bei erfolgreichen Primäraufrechnungen kann es vorkommen, dass Sie Zinsen für den Zeitraum zwischen Verzugsbeginn und zeitlich späterem Erlöschen der klägerischen Forderung infolge der Aufrechnung zuerkennen müssen. Denken Sie in diesem Zusammenhang an § 215 BGB, der die Möglichkeit der Aufrechnung mit verjährten Forderungen regelt.

Bedenken Sie bei klageabweisenden Urteilen als letzten gedanklichen Schritt zu prüfen, ob dem Kläger nicht etwas anderes als das Beantragte zusteht. Es wird sich dabei aus klausurtaktischen Überlegungen in der Regel um ein »Minus« iSv § 308 I ZPO handeln, weil das Gericht den Kläger auf ein ihm zustehendes, aber nicht geltend gemachtes »Aliud« grundsätzlich gem. § 139 I 2 ZPO hätte hinweisen müssen (s. → Rn. 145 f., 251).

IV. Aufbau der Entscheidungsgründe bei Teilerfolg

1. Normalfall

250 **Vorbemerkungen:**

Mit Teilerfolg ist gemeint, dass Sie dem Kläger, der einen Antrag stellt, quantitativ nicht alles zusprechen. Es sind die üblichen Fälle, in denen der Kläger zB 10.000 EUR zugesprochen bekommen möchte, ihm aber nur 8.000 EUR zustehen, oder er von beantragten 200 Kisten Wein nur 100 bekommt.

Das Schema für den Normalfall eines Teilerfolges lautet:

- Pauschales Voranstellen des Ergebnisses
- Ausführungen zur Zulässigkeit der Klage
- Ausführungen zur teilweisen Begründetheit der Klage aus einer Anspruchsgrundlage
- Ausführungen zur Unbegründetheit im Übrigen aus allen Anspruchsgrundlagen
- Ausführungen zu Nebenforderungen
- Prozessuale Nebenentscheidungen und gegebenenfalls Rechtsbehelfsbelehrung
- Gegebenenfalls Hilfsgutachten

2. Zuerkennen eines »versteckten Minus«

251 **Vorbemerkungen:**

Mit »verstecktem Minus« sind hier Fälle gemeint, in denen sich dasjenige, was dem Kläger zuzusprechen ist, nicht quantitativ, sondern qualitativ als Minus darstellt. Denken Sie an den Anspruch auf Freistellung statt des beantragten Schadensersatzes in Geld oder die Zustimmung zur Löschung einer Hypothek statt der beantragten Zustimmung zur Eintragung einer Eigentümergrundschuld (s. → Rn. 145 f.). »Versteckt« haben wir dieses Minus deshalb genannt, weil man es nicht auf den ersten Blick erkennt.

Als Schema für diese Fälle eines Teilerfolges schlagen wir vor:

- Pauschales Voranstellen des Ergebnisses
- Ausführungen zur Zulässigkeit der Klage
- Ausführungen zur Unbegründetheit des Beantragten aus allen Anspruchsgrundlagen
- Ausführungen zur Begründetheit des versteckten Minus aus einer Anspruchsgrundlage
- Ausführungen zu Nebenforderungen
- Prozessuale Nebenentscheidungen und gegebenenfalls Rechtsbehelfsbelehrung
- Gegebenenfalls Hilfsgutachten

Es ist sicherlich ebenso vertretbar, zunächst das zuzuerkennende »Minus« darzustellen und dann erst zu begründen, warum nicht antragsgemäß entschieden werden konnte. Die von uns favorisierte Reihenfolge erscheint aber bei einem »versteckten Minus« anschaulicher.

Fall: Der Kläger begehrt Zustimmung zur Eintragung einer Eigentümergrundschuld, er hat aber nur einen Anspruch auf Zustimmung zur Löschung der eingetragenen Hypothek.

Formulierungsvorschlag:

Die Klage ist zulässig, aber nur zum Teil begründet …
Dem Kläger steht der geltend gemachte Anspruch auf Zustimmung des Beklagten zur Eintragung einer Eigentümergrundschuld nicht zu …
Der Kläger hat indes einen Anspruch auf Zustimmung des Beklagten zur Löschung der Hypothek …
Dies konnte das Gericht dem Kläger auch zusprechen, obwohl er es nicht ausdrücklich beantragt hat. Nach dem Wortlaut von § 308 I ZPO darf das Gericht einer Partei zwar nichts zusprechen, was nicht beantragt worden ist. Das bedeutet aber nur, dass es qualitativ nichts anderes und quantitativ nicht mehr als das Beantragte zusprechen darf, andererseits aber das zusprechen muss, was vom Antrag mit umfasst ist. Dies ist hier der Fall.
Der Kläger begehrt mit der Zustimmung des Beklagten zur Eintragung einer Eigentümergrundschuld bei genauer Betrachtung zweierlei, nämlich das Weichen des Beklagten als Hypothekengläubiger aus dem Grundbuch und seine eigene Eintragung. Von diesen zwei Teilzielen erreicht er das erste, das vom gestellten Antrag mit umfasst war.

Zu der Besonderheit eines »Minus« bei Hilfswiderklagen → Rn. 460c.

3. Kumulative Klagenhäufungen

Vorbemerkungen: 252

Nach möglichen echten Zulässigkeitsaspekten stellen Sie die Zulässigkeit der Klagenhäufung gem. § 260 ZPO dar (s. dazu → Rn. 320). Wenn der Kläger nicht mit allen Anträgen voll obsiegt, sollten Sie mit dem zuerkannten Teil eines Anspruchs beginnen und anschließend begründen, warum dem Kläger der Rest dieses Antrages nicht zusteht. So gehen Sie alle Ansprüche durch.

Fall: Der Kläger dringt mit dem ersten Antrag nicht durch, mit dem zweiten und dritten aber teilweise. 253

- Pauschales Voranstellen des Ergebnisses
- Ausführungen zur Zulässigkeit der Klage
- Ausführungen zur Zulässigkeit der Klagenhäufung
- Ausführungen zur teilweisen Begründetheit des 2. Antrags aus einer Anspruchsgrundlage
- Ausführungen zur Unbegründetheit des 2. Antrags im Übrigen aus allen Anspruchsgrundlagen
- Ausführungen zur teilweisen Begründetheit des 3. Antrags aus einer Anspruchsgrundlage
- Ausführungen zur Unbegründetheit des 3. Antrags im Übrigen aus allen Anspruchsgrundlagen
- Ausführungen zur Unbegründetheit des 1. Antrags aus allen Anspruchsgrundlagen
- Ausführungen zu Nebenforderungen
- Prozessuale Nebenentscheidungen und gegebenenfalls Rechtsbehelfsbelehrung
- Gegebenenfalls Hilfsgutachten

4. Eventuelle Klagenhäufungen

a) Ursprüngliche, echte, eventuelle Klagenhäufungen

Vorbemerkungen: 254

Echte, eventuelle Klagenhäufungen werden Konstellationen mit Haupt- und Hilfsantrag genannt, wenn der Hilfsantrag für den Fall des Scheiterns des Hauptantrages gestellt wird. Wenn Sie dem Hauptantrag voll stattgeben, tritt die Bedingung für die Entscheidungsbefugnis des Gerichts über den Hilfsantrag nicht ein. Die Klage ist dann ja in vollem Umfang begründet, für den Aufbau gilt das oben unter → Rn. 243 Gesagte. In diesen Fällen dürfen Sie den Hilfsantrag in den Entscheidungsgründen mit keinem Wort erwähnen, er gehört allein in ein etwaiges Hilfsgutachten (zB in Bayern und Baden-Württemberg). Es ist auch unangebrachter Lehrbuchstil, dann in den Entscheidungsgründen noch zu schreiben, die Bedingung für die Entscheidungsbefugnis über den Hilfsantrag sei nicht eingetreten. Das kostet – auch wenn es von anderen mitunter empfohlen wird – Zeit und Punkte, weil es ein Verstoß gegen § 313 III ZPO ist, da die Entscheidung nicht auf dieser Erkenntnis beruht.

Das Gleiche gilt auch, wenn der auf eine Geldleistung lautende Hauptantrag zwar isoliert betrachtet begründet ist, aber durch eine erfolgreiche Aufrechnung des Beklagten letztlich doch scheitert. Dann wird die Klage abgewiesen, ohne dass der Hilfsantrag zum Zuge kommt.

> **Beispiel**: Der Kläger klagt den Kaufpreis ein und verlangt hilfsweise für den Fall, dass das Gericht einen wirksamen Vertragsabschluss verneinen sollte, aus ungerechtfertigter Bereicherung die bereits gelieferte Kaufsache zurück. Wenn das Gericht den Kaufpreisanspruch bejaht und allein aufgrund einer vom Beklagten erklärten Aufrechnung mit einem Darlehensrückzahlungsanspruch gegen den Kläger als untergegangen ansieht, so würde es die Klage abweisen, ohne den Hilfsantrag zu prüfen. Denn der Hauptantrag wäre – ohne die Aufrechnung – begründet gewesen.

Wenn der Kläger mit dem Hauptantrag nicht durchdringt, sollten Sie zunächst die Unzulässigkeit oder Unbegründetheit des Hauptantrages darlegen und dann zum Hilfsantrag übergehen, wobei Sie im Rahmen der Zulässigkeit des Hilfsantrages die Zulässigkeit der eventuellen Klagenhäufung darlegen (→ Rn. 322). Wenn der Beklagte sich allerdings gegen einen auf Zahlung gerichteten Hauptantrag mit einer erfolgreichen Aufrechnung zur Wehr setzt, kommen Sie (außer im gegebenenfalls geforderten Hilfsgutachten) nicht mehr zum Hilfsantrag, weil die Klage dann unbegründet und abzuweisen ist.

255 Die Zulässigkeit der eventuellen Klagenhäufung sollten Sie nicht gleich zu Beginn der Entscheidungsgründe darstellen, sondern grundsätzlich erst im Anschluss an die Unbegründetheit des Hauptantrages vor den Ausführungen zur Begründetheit des Hilfsantrages. Wenn Sie nämlich dem Hauptantrag stattgeben und folglich nicht zur Entscheidung über den Hilfsantrag kommen, sind Ausführungen zur Zulässigkeit des Hilfsantrages überflüssig.

256 Wenn der Kläger den der Klage zugrunde liegenden Sachverhalt auswechselt und den zunächst vorgetragenen Sachverhalt hilfsweise aufrecht erhält, stellt dies nach der Rechtsprechung einen Unterfall der eventuellen Klagenhäufung dar, bei der der Antrag auf der Grundlage des ursprünglichen Sachverhalts wie ein Hilfsantrag angesehen wird. Die Zulässigkeit dieses Vorgehens sollten Sie gleich am Anfang darstellen.

Die verschiedenen Aufbauschemata bei echten, eventuellen Klagenhäufungen lauten wie folgt:

257 Wenn Sie die Klage insgesamt, also Haupt- und Hilfsantrag, abweisen:

- Pauschales Voranstellen des Ergebnisses
- Ausführungen zur Zulässigkeit der Klage hinsichtlich des Hauptantrages
- Ausführungen zur Unbegründetheit des Hauptantrages aus allen Anspruchsgrundlagen
- Ausführungen zur Zulässigkeit der eventuellen Klagenhäufung
- Gegebenenfalls Ausführungen zu anderen Fragen der Zulässigkeit des Hilfsantrages
- Ausführungen zur Unbegründetheit des Hilfsantrages aus allen Anspruchsgrundlagen
- Prozessuale Nebenentscheidungen und gegebenenfalls Rechtsbehelfsbelehrung
- Gegebenenfalls Hilfsgutachten

258 Wenn Sie den Hauptantrag abweisen und dem Hilfsantrag ganz stattgeben:

- Pauschales Voranstellen des Ergebnisses
- Ausführungen zur Zulässigkeit der Klage hinsichtlich des Hauptantrages
- Ausführungen zur Unbegründetheit des Hauptantrages aus allen Anspruchsgrundlagen
- Ausführungen zur Zulässigkeit der eventuellen Klagenhäufung
- Gegebenenfalls Ausführungen zu anderen Fragen der Zulässigkeit des Hilfsantrages
- Ausführungen zur Begründetheit des Hilfsantrages aus einer Anspruchsgrundlage
- Ausführungen zu Nebenforderungen

- Prozessuale Nebenentscheidungen und gegebenenfalls Rechtsbehelfsbelehrung
- Gegebenenfalls Hilfsgutachten

b) Ursprüngliche, unechte, eventuelle Klagenhäufung

Das sind die selteneren Fälle von eventueller Klagenhäufung, bei denen der Hilfsantrag für den Fall des Erfolges des Hauptantrages gestellt wird (→ Rn. 323). 259

Bei Erfolg des Hauptantrages schreiben Sie:

- Pauschales Voranstellen des Ergebnisses
- Ausführungen zur Zulässigkeit der Klage hinsichtlich des Hauptantrages
- Ausführungen zur Begründetheit des Hauptantrages aus einer Anspruchsgrundlage
- Ausführungen zur Zulässigkeit der unechten, eventuellen Klagenhäufung
- Gegebenenfalls Ausführungen zu anderen Fragen der Zulässigkeit des Hilfsantrages
- Ausführungen zur Begründetheit des Hilfsantrages aus einer Anspruchsgrundlage
- Prozessuale Nebenentscheidungen und gegebenenfalls Rechtsbehelfsbelehrung
- Gegebenenfalls Hilfsgutachten

Bei einem Scheitern des Hauptantrages dürfen Sie den unechten Hilfsantrag (außer in einem etwaigen Hilfsgutachten) wieder nicht erwähnen. 260

- Pauschales Voranstellen des Ergebnisses
- Ausführungen zur Zulässigkeit der Klage hinsichtlich des Hauptantrages
- Ausführungen zur Unbegründetheit des Hauptantrages aus allen Anspruchsgrundlagen
- Prozessuale Nebenentscheidungen und gegebenenfalls Rechtsbehelfsbelehrung
- Gegebenenfalls Hilfsgutachten zum unechten Hilfsantrag

c) Ursprüngliche, uneigentliche, eventuelle Klagenhäufung

Das sind Klagen, bei denen der Kläger zusätzlich zu seinem Herausgabeverlangen einen Antrag auf Fristsetzung für die Herausgabe und einen weiteren Antrag auf Zahlung von Schadensersatz nach fruchtlosem Fristablauf stellt, zulässig unter den Voraussetzungen der §§ 255, 259 ZPO (→ Rn. 323a, 402), sog. Ersatzverurteilung. Der Aufbau der Entscheidungsgründe ist wie bei anderen Klagen mit kumulativer Klagenhäufung (→ Rn. 253). 261

d) Alternative Häufung des Klagegrundes

Bei alternativer Häufung des Klagegrundes stützt der Kläger seinen Anspruch auf zwei unterschiedliche Lebenssachverhalte, zB 10.000 EUR auf Vertrag A oder auf Vertrag B. Es handelt sich dabei um Klagen mit versteckten Hilfsanträgen, denn der zweite Sachverhalt kommt erst zum Zuge, wenn der erste Sachverhalt den Anspruch nicht stützt. Wenn die Klage schon aufgrund des ersten Sachverhalts begründet ist, erwähnen Sie den zweiten Sachverhalt im Rahmen der Begründetheit nicht. Wenn sich aber der Anspruch nicht aus dem ersten Sachverhalt ergibt, gehen Sie wie bei Haupt- und Hilfsanträgen vor. Dann stellen Sie aus allen in Betracht kommenden Anspruchsgrundlagen dar, warum sich der Anspruch nicht aus dem ersten Sachverhalt ergibt und äußern sich dann zu dem zweiten. Dass die Zulässigkeit dieses Vorgehens kein Verstoß gegen § 253 II Nr. 2 ZPO ist, stellen Sie im Rahmen der Zulässigkeitserwägungen dar (→ Rn. 325). 262

V. Aufbau der Entscheidungsgründe bei Aufrechnungen

1. Primäraufrechnungen

Bei Primäraufrechnungen ergeben sich keine großen Besonderheiten im Verhältnis zu Klagen ohne Aufrechnungen. Der Streit geht auch nur um einen Anspruch, und zwar um die Gegenforderung des Beklagten. Bei einer Primäraufrechnung sind die Tatsachenbehauptungen 263 des Klägers unstreitig (→ Rn. 32). Der Streit betrifft in der Regel nur die Frage, ob die Aufrechnung den klägerischen Anspruch zu Fall bringt. Fälle, in denen der klägerische Anspruch nicht schlüssig und die Klage ohne Erörterung der Aufrechnung abzuweisen ist, werden im Examen selten sein. Ein kurzer Check der Schlüssigkeit schadet trotzdem nicht. Im Zweifel sollten Sie sich für die Schlüssigkeit entscheiden, damit Sie zur Aufrechnung kommen.

Hinsichtlich der Entscheidung über die Zinsen müssen Sie bei Primär- und bei Hilfsaufrechnungen Folgendes bedenken:

- Wenn sich die beiden Forderungen von Anfang an aufrechenbar gegenüberstanden und die Gegenforderung mindestens so hoch ist wie die Klageforderung, entfällt bei einer wirksamen Aufrechnung der Zinsanspruch des Klägers ex tunc.
- Wenn sich die Forderungen erst nach dem Zeitpunkt der Geltendmachung seitens des Klägers erstmals aufrechenbar gegenüberstanden, müssen Sie auch bei einem vollen Erfolg der Aufrechnung dem Kläger Zinsen vom Zeitpunkt der berechtigten Geltendmachung der Klageforderung (Verzug oder Rechtshängigkeit) bis zur Fälligkeit der Gegenforderung zusprechen.
- Wenn die Gegenforderung niedriger als die Klageforderung ist, müssen Sie dem Kläger auch bei einem vollen Erfolg der Aufrechnung den verbleibenden Teil der Klageforderung nebst Zinsen zusprechen.

Die Aufbauschemata bei Primäraufrechnungen lauten:

Wenn die Aufrechnung Erfolg hat:

- Pauschales Voranstellen des Ergebnisses
- Ausführungen zur Zulässigkeit der Klage
- Knappe Ausführungen zur Begründetheit der Klage aus einer Anspruchsgrundlage
- Ausführungen zur Begründetheit der Gegenforderung aus einer Anspruchsgrundlage
- Gegebenenfalls bei geringerer Höhe der Gegenforderung: Berechnen der nicht erloschenen Differenz und Ausführungen zu den Nebenforderungen des Klägers
- Prozessuale Nebenentscheidungen und gegebenenfalls Rechtsbehelfsbelehrung
- Gegebenenfalls Hilfsgutachten

Wenn die Aufrechnung keinen Erfolg hat:

- Pauschales Voranstellen des Ergebnisses
- Ausführungen zur Zulässigkeit der Klage
- Knappe Ausführungen zur Begründetheit der Klage aus einer Anspruchsgrundlage
- Ausführungen zur Unbegründetheit der Gegenforderung aus allen Anspruchsgrundlagen
- Ausführungen zu den Nebenforderungen des Klägers
- Prozessuale Nebenentscheidungen und gegebenenfalls Rechtsbehelfsbelehrung
- Gegebenenfalls Hilfsgutachten

Wenn die Aufrechnung nur teilweise Erfolg hat:

- Pauschales Voranstellen des Ergebnisses
- Ausführungen zur Zulässigkeit der Klage
- Knappe Ausführungen zur Begründetheit der Klage aus einer Anspruchsgrundlage
- Ausführungen zur teilweisen Begründetheit der Gegenforderung aus einer Anspruchsgrundlage
- Ausführungen zur weiteren Unbegründetheit der Gegenforderung aus allen Anspruchsgrundlagen
- Ausführungen zu den Nebenforderungen des Klägers
- Prozessuale Nebenentscheidungen und gegebenenfalls Rechtsbehelfsbelehrung
- Gegebenenfalls Hilfsgutachten

2. Hilfsaufrechnungen

Sie beginnen wie stets mit dem pauschalen Voranstellen des Ergebnisses. Wenn die Klage schon unbegründet ist, bleibt die Hilfsaufrechnung in den Entscheidungsgründen unerwähnt und wird komplett in ein etwaiges Hilfsgutachten verlagert (insbesondere in Bayern und Baden-Württemberg). Der Aufbau ist derselbe wie bei anderen unbegründeten Klagen auch. Wenn die Klageforderung ganz oder teilweise besteht, sollten Sie zunächst in einem Satz die grundsätzliche Zulässigkeit einer Hilfsaufrechnung trotz der Bedingung erwähnen. Die Argumentation entspricht der bei Hilfsanträgen (kein Verstoß gegen § 253 II Nr. 2 ZPO und § 388 S. 2 BGB, da innerprozessuale Bedingung, → Rn. 322a). 264

Hier die wichtigsten Konstellationen:

Die Klage ist voll begründet, die Hilfsaufrechnung ist unbegründet:

- Ausführungen zur Zulässigkeit der Klage
- Ausführungen zur Begründetheit der Klage aus einer Anspruchsgrundlage
- Ausführungen zur grundsätzlichen Zulässigkeit von Hilfsaufrechnungen
- Ausführungen zur Unbegründetheit der Gegenforderung aus allen Anspruchsgrundlagen
- Ausführungen zu den Nebenforderungen des Klägers
- Prozessuale Nebenentscheidungen und gegebenenfalls Rechtsbehelfsbelehrung
- Gegebenenfalls Hilfsgutachten

Die Klage ist voll begründet, die Hilfsaufrechnung auch:

- Ausführungen zur Zulässigkeit der Klage
- Ausführungen zur Begründetheit der Klage aus einer Anspruchsgrundlage
- Ausführungen zur grundsätzlichen Zulässigkeit von Hilfsaufrechnungen
- Ausführungen zur Begründetheit der Gegenforderung aus einer Anspruchsgrundlage
- Ausführungen zu den Nebenforderungen des Klägers, falls die Aufrechnung nicht zum völligen Erlöschen der Klageforderung geführt hat
- Prozessuale Nebenentscheidungen und gegebenenfalls Rechtsbehelfsbelehrung
- Gegebenenfalls Hilfsgutachten

Die Klage ist voll begründet, die Hilfsaufrechnung ist teilweise begründet:

- Ausführungen zur Zulässigkeit der Klage
- Ausführungen zur Begründetheit der Klage aus einer Anspruchsgrundlage
- Ausführungen zur grundsätzlichen Zulässigkeit von Hilfsaufrechnungen
- Ausführungen zur teilweisen Begründetheit der Gegenforderung aus einer Anspruchsgrundlage
- Ausführungen zur Unbegründetheit der Gegenforderung im Übrigen aus allen Anspruchsgrundlagen
- Ausführungen zu den Nebenforderungen des Klägers
- Prozessuale Nebenentscheidungen und gegebenenfalls Rechtsbehelfsbelehrung
- Gegebenenfalls Hilfsgutachten

VI. Aufbau der Entscheidungsgründe bei Erledigungserklärungen

1. Vollständige einseitige Erledigungserklärung

265

- Auslegung des Antrags
- Gesamtergebnis
- Zulässigkeit der Antragsumstellung nach § 264 Nr. 2 ZPO
- Im Erfolgsfall rechtliches Interesse für die Klage gem. § 256 I ZPO
- »Perpetuatio fori« bei Klagen vor dem Landgericht und einer Reduzierung des Streitwertes durch die Erledigungserklärung auf einen Wert unter 5.000,01 EUR, § 261 III Nr. 2 ZPO

- Obersatz für die Begründetheit, dh Definition von erfolgreicher »Erledigung« (→ Rn. 427)
  - Zulässigkeit der ursprünglichen Klage
  - Begründetheit der ursprünglichen Klage
  - Erledigung des Klageanspruchs
  - Eintritt der Erledigung nach Rechtshängigkeit
- Prozessuale Nebenentscheidungen und gegebenenfalls Rechtsbehelfsbelehrung
- Hilfsgutachten

2. Einseitige Teilerledigungserklärungen

266
- Auslegung des Antrags
- Gesamtergebnis
- Andere Zulässigkeitsaspekte der Klage
- Zulässigkeit der Antragsumstellung nach § 264 Nr. 2 ZPO
- Zulässigkeit der nachträglichen, objektiven, kumulativen Klagenhäufung, §§ 260, 261 II, 263 Alt. 2 ZPO
- Im Erfolgsfall rechtliches Interesse für die Klage gem. § 256 I ZPO anführen.
- »Perpetuatio fori« bei Klagen vor dem LG und einer Reduzierung des Streitwertes durch die Teilerledigungserklärung auf einen Wert unter 5.000,01 EUR, § 261 III Nr. 2 ZPO
- Begründetheit des aufrechterhaltenen Teils der ursprünglichen Klage
- Obersatz für die Begründetheit des für erledigt erklärten Teils der Klage, dh Definition von erfolgreicher »Erledigung« (→ Rn. 427)
- Gegebenenfalls Zulässigkeit des für erledigt erklärten Teils der ursprünglichen Klage
- Begründetheit des für erledigt erklärten Teils der ursprünglichen Klage
- Erledigung des Teils
- Eintritt der Erledigung nach Rechtshängigkeit
- Prozessuale Nebenentscheidungen und gegebenenfalls Rechtsbehelfsbelehrung
- Gegebenenfalls Hilfsgutachten

3. Übereinstimmende Teilerledigung

267
- Gesamtergebnis
- Zulässigkeit der Klage
- Zulässigkeit der Antragsbeschränkung
- »Perpetuatio fori« bei Klagen vor dem Landgericht und einer Reduzierung des Streitwertes durch die Teilerledigung auf einen Wert unter 5.000.01 EUR, § 261 III Nr. 2 ZPO
- Begründetheit des aufrechterhaltenen Teils der ursprünglichen Klage
- Prozessuale Nebenentscheidungen und gegebenenfalls Rechtsbehelfsbelehrung
- Gegebenenfalls Hilfsgutachten

Denken Sie bei dieser Konstellation immer daran, dass im Rahmen der Kostenentscheidung der gem. § 91a ZPO auf den übereinstimmend für erledigt erklärten Teil der Klage entfallende Kostenanteil zu begründen ist (→ Rn. 211 ff.).

VII. Aufbau der Entscheidungsgründe bei Teilrücknahmen

268
- Gesamtergebnis
- Zulässigkeit der Klage
- Zulässigkeit der teilweisen Klagerücknahme nach § 269 II 1 ZPO oder § 269 III 3 ZPO, gegebenenfalls auch gegen den Widerspruch des Beklagten
- »Perpetuatio fori« bei Klagen vor dem Landgericht und einer Reduzierung des Streitwertes durch die Teilrücknahme auf einen Wert unter 5.000,01 EUR, § 261 III Nr. 2 ZPO

- Begründetheit des aufrechterhaltenen Teils der ursprünglichen Klage
- Prozessuale Nebenentscheidungen und gegebenenfalls Rechtsbehelfsbelehrung
- Gegebenenfalls Hilfsgutachten

Im Rahmen der Kostenentscheidung ist – wie bei übereinstimmenden Teilerledigungserklärungen – der gem. § 269 III 3 ZPO auf den zurückgenommenen Teil der Klage entfallende Kostenanteil zu begründen (→ Rn. 211 ff.).

VIII. Aufbau der Entscheidungsgründe bei Widerklagen

Bei Klausuren mit Klage und Widerklage handeln Sie zunächst die Klage und dann die Widerklage ab. Dabei gelten die ab → Rn. 232 dargestellten Ratschläge und Aufbauschemata gleichermaßen für die Klage und die Widerklage. Einzige Ausnahme sind Klagen mit petitorischen Widerklagen. Dazu mehr unter → Rn. 269a. Hier das Grundschema: **269**

- Pauschales Voranstellen des Ergebnisses von Klage und Widerklage
- Ausführungen zur Zulässigkeit der Klage
- Ausführungen zur Begründetheit der Klage
- Ausführungen zur Zulässigkeit der Widerklage
  - örtliche und sachliche Zuständigkeit
  - Konnexität, Parteiidentität, gegebenenfalls allgemeines Rechtsschutzbedürfnis
  - bei Drittwiderklagen die besonderen Zulässigkeitsvoraussetzungen
- Ausführungen zur Begründetheit der Widerklage
- Prozessuale Nebenentscheidungen und gegebenenfalls Rechtsbehelfsbelehrung
- Gegebenenfalls Hilfsgutachten

Einen besonderen Aufbau erfordern erfolgreiche petitorische Widerklagen. Das sind Widerklagen, mit denen der wegen verbotener Eigenmacht verklagte Beklagte die Feststellung seines Eigentums und das fehlende Besitzrecht des Klägers begehrt. Wenn die Widerklage erfolgreich ist, beginnen Sie nach dem Voranstellen des Ergebnisses und der Erläuterung der ungewöhnlichen Reihenfolge mit der Begründetheit der Widerklage, weil Sie bei dem »normalen« Aufbau die Begründetheit der Widerklage im Rahmen der Begründetheit der Klage darlegen müssten. Eine – isoliert betrachtet – begründete, auf verbotene Eigenmacht gem. § 861 II BGB gestützte Klage wird nämlich analog § 864 II BGB durch den Erfolg einer petitorischen Widerklage unbegründet. Einen Formulierungsvorschlag finden Sie unter → Rn. 462. **269a**

Aufbau der Entscheidungsgründe bei erfolgreichen petitorischen Widerklagen

- Pauschales Voranstellen des Ergebnisses von Klage und Widerklage
- Ausführungen zur Zulässigkeit der Klage
- Erläuterung des Einflusses von § 864 II BGB analog auf die Begründetheit der Klage (bei Begründetheit der Widerklage erlischt der Klageanspruch)
- Ausführungen zur Zulässigkeit der Widerklage (s. oben, zusätzlich § 863 BGB ansprechen)
- Ausführungen zur Begründetheit der Widerklage
- Konsequenz: Aus der Begründetheit der Widerklage folgt die Unbegründetheit der Klage (ein Satz reicht!)
- Prozessuale Nebenentscheidungen und gegebenenfalls Rechtsbehelfsbelehrung
- Gegebenenfalls Hilfsgutachten

Wenn die petitorische Widerklage scheitert, bleibt es bei dem normalen Aufbau, dh zuerst Zulässigkeit und Begründetheit der Klage, dann Zulässigkeit und Unbegründetheit der Widerklage.

Aufbau der Entscheidungsgründe bei Hilfswiderklagen **269b**
(Zur Konstellation vgl. → Rn. 34)

Wenn über die Gegenforderung bereits im Rahmen der Hilfsaufrechnung entschieden worden ist, entfallen Ausführungen zur Hilfswiderklage, weil die Bedingung nicht eingetreten ist. Andernfalls machen Sie Ausführungen zur Hilfswiderklage:

- Pauschales Voranstellen des Ergebnisses von Klage und Hilfswiderklage
- Ausführungen zur Zulässigkeit der Klage
- Ausführungen zur fehlenden Begründetheit der Klage
  (Dann kein Wort zur Hilfsaufrechnung, sondern sofort:)
- Ausführungen zur Zulässigkeit der Hilfswiderklage
- Ausführungen zur Begründetheit der Hilfswiderklage
- Prozessuale Nebenentscheidungen und gegebenenfalls Rechtsbehelfsbelehrung
- Gegebenenfalls Hilfsgutachten

269c **Aufbau der Entscheidungsgründe bei Hilfswiderklagen und unbedingten Widerklagen**
(Zur Konstellation vgl. → Rn. 34)

Wenn im Rahmen der Klage nicht über die Hilfsaufrechnung entschieden worden ist, weil die Klage schon unbegründet ist, machen Sie nach Darlegung der Zulässigkeit und Unbegründetheit der Klage gemeinsame Ausführungen zu beiden Widerklagen, die ja Teile derselben Forderung sind.

- Pauschales Voranstellen des Ergebnisses von Klage und Widerklage
- Ausführungen zur Zulässigkeit der Klage
- Ausführungen zur fehlenden Begründetheit der Klage
  (Dann kein Wort zur Hilfsaufrechnung, sondern sofort:)
- Ausführungen zur Zulässigkeit der beiden Widerklagen
  - Ausführungen zur grundsätzlichen Zulässigkeit von Hilfswiderklagen
  - Gerichtsstand
  - Konnexität, Parteiidentität
- Einheitliche Ausführungen zur Begründetheit der gesamten Widerklageforderung
- Prozessuale Nebenentscheidungen und gegebenenfalls Rechtsbehelfsbelehrung
- Gegebenenfalls Hilfsgutachten

Wenn über die Gegenforderung in Höhe der Klageforderung bereits im Rahmen der Hilfsaufrechnung entschieden worden ist, gehen Sie nach den Ausführungen zur Hilfsaufrechnung nur noch auf die unbedingte Widerklage ein, mit der der Beklagte den die Klageforderung übersteigenden Betrag einklagt. Hier reicht in der Begründetheit der unbedingten Widerklage eine Verweisung auf die Ausführungen zur Hilfsaufrechnung, da es sich ja um dieselbe Forderung des Beklagten handelt. Wenn die Gegenforderung besteht, greifen Hilfsaufrechnung und überschießende Widerklage, wenn sie nicht besteht, scheitern beide. Wenn sie nur zum Teil besteht, sind natürlich auch andere Ergebnisse denkbar.

- Ausführungen zur Zulässigkeit der Klage
- Ausführungen zur Begründetheit der Klage
- Ausführungen zur grundsätzlichen Zulässigkeit von Hilfsaufrechnungen
- Ausführungen zur Begründetheit der Gegenforderung
- Ausführungen zur Zulässigkeit der unbedingten Widerklage
  - Gerichtsstand
  - Konnexität, Parteiidentität
- Ausführungen zur Begründetheit der Widerklage = Verweis auf die Hilfsaufrechnung
- Prozessuale Nebenentscheidungen und gegebenenfalls Rechtsbehelfsbelehrung
- Gegebenenfalls Hilfsgutachten

IX. Aufbau der Entscheidungsgründe nach einem Einspruch gegen ein Versäumnisurteil/Vollstreckungsbescheid

Die Entscheidungsgründe nach einem Einspruch gegen ein Versäumnisurteil müssen Sie um die Darlegung der Statthaftigkeit und der Zulässigkeit des Einspruchs, §§ 338 ff. ZPO, erweitern. Diese Aspekte sprechen Sie am besten nach dem Obersatz zum Gesamtergebnis an. 270

- Pauschales Voranstellen des Ergebnisses
- Zulässigkeit des Einspruchs
  - Statthaftigkeit, § 338 ZPO
  - Frist, § 339 ZPO (hier gegebenenfalls inzident eine Wiedereinsetzung einbauen, → Rn. 270a)
  - Form, § 340 ZPO
  - Folge, § 342 ZPO
- Eventuelle Sonderprobleme, zB
  - Auslegung eines Widerspruchs gegen einen Mahnbescheid als Einspruch gegen Vollstreckungsbescheid (→ Rn. 463)
  - Zeitlich unterschiedliche Zustellung eines Versäumnisurteils im schriftlichen Vorverfahren (→ Rn. 464)
  - Wiedereinsetzung in den vorigen Stand nach Versäumung der Einspruchsfrist (→ Rn. 465)
- Erfolg der Klage
  - Zulässigkeit der Klage
  - Begründetheit der Klage
- Ausführungen zu Nebenforderungen
- Prozessuale Nebenentscheidungen und gegebenenfalls Rechtsbehelfsbelehrung
- Gegebenenfalls Hilfsgutachten

Wenn Sie über ein Wiedereinsetzungsgesuch entscheiden, fügen Sie im vorstehenden Schema unter »Frist« die folgenden Punkte ein: 270a

- Zulässigkeit des Antrags auf Wiedereinsetzung in den vorigen Stand
  - Statthaftigkeit, § 233 S. 1 ZPO
  - Frist, § 234 ZPO
  - Form, § 236 ZPO
  - Zuständigkeit des Gerichts, § 237 ZPO
- Begründetheit des Antrags, § 233 S. 1 ZPO
  - Versäumung ohne Verschulden
  - Ursächlichkeit
  - Glaubhaftmachung

Der weitere Aufbau der Begründetheit ist vom Ergebnis (zB Teilerfolg) bzw. den besonderen Konstellationen wie Klagen mit Haupt- und Hilfsanträgen oder mit Widerklage abhängig.

270b

Aufbauschema der Entscheidungsgründe

Auslegung »schiefer« Sachanträge →

Ergebnis

← **Statthaftigkeit und Zulässigkeit eines Einspruchs**

Zulässigkeit der Klage

Begründetheit der Klage

1. Klage
2. Aufrechnung ← **Aufrechnung**
3. Widerklage ← **Widerklage**

Auslegung »schiefer« Zinsanträge →

Nebenforderungen

Kostenentscheidung

Mit Begründung des erledigten oder zurückgenommenen Teils bei übereinstimmenden Teilerledigungserklärungen und teilweisen Klagerücknahmen

Vorläufige Vollstreckbarkeit

Ohne Sicherheitsleistung oder Abwendungsbefugnis bezüglich der Kosten des anerkannten, erledigten oder zurückgenommenen Teils bei Teilanerkenntnissen, übereinstimmenden Teilerledigungserklärungen und teilweisen Klagerücknahmen

Gegebenenfalls Rechtsbehelfsbelehrung gem. § 232 ZPO

Unterschrift/en

D. Abfassen der Entscheidungsgründe

I. Grundsätzliches

So richtig Ihre Lösung auch sein mag, sie erreicht nicht die Punktzahl, die sie verdient hätte, wenn sie nicht richtig »verpackt« ist. Der Korrektor muss den Eindruck gewinnen, er könne Ihren Entwurf so, wie er ist, unterschreiben. Ist der Stil beim Abfassen des Tatbestandes schon nicht unwichtig, guter Urteilsstil ist noch bedeutend wichtiger. Wir lesen immer wieder in Examensklausuren, die uns im Rahmen von Prüfungsanfechtungen vorliegen, dass die Korrektoren »fehlende Sprachkompetenz« und »schwachen Urteilsstil« monieren. So leicht sollten Sie die Punkte nicht verschenken! 271

Guter Urteilsstil ist zunächst einmal guter Stil, also grammatikalisch richtiges, gut formuliertes, verständliches Deutsch. Eine gestelzte Ausdrucksweise, unnötige Wiederholungen und Fehler bei Interpunktion, Rechtschreibung oder Grammatik werten Ihre Arbeit ab.

Auch wenn es Ihnen ungerecht erscheinen mag, der Unterschied zwischen gut und schwach formulierten Entscheidungsgründen, die sich in der rechtlichen Lösung nicht unterscheiden, kann zwei Notensprünge ausmachen. Insbesondere die Wertung bei zwei benachbarten Noten hängt von dem Gesamteindruck des Prüfers ab, der maßgeblich von einem praxisgerechten Urteilsstil beeinflusst wird. Arbeiten, die sich nicht gut lesen, landen am unteren Rand der Skala. Andererseits werden gut formulierte schwächere Lösungen häufig höher bewertet als inhaltlich bessere, die sich nicht gut präsentieren.

Merke: Kleider machen Leute. Guter Urteilsstil macht bessere Klausuren!

Es ist ein böser Fehler, beim Abfassen der Entscheidungsgründe in den an der Universität mit Mühe erlernten Gutachtenstil zu verfallen. Das neue Zauberwort heißt »Urteilsstil«. Kurz gesagt: Sie müssen das Ergebnis voranstellen und die Begründung folgen lassen.

Ausgangspunkt ist § 313 III ZPO, in dem es heißt: »Die Entscheidungsgründe enthalten eine kurze Zusammenfassung der Erwägungen, auf denen die Entscheidung in tatsächlicher und rechtlicher Hinsicht beruht.« Die Entscheidungsgründe haben nur die Aufgabe, den Tenor zu stützen. Sie sollen den Leser nicht zu einer Entscheidung führen, sondern das bereits vorangestellte Ergebnis begründen. Deshalb sollten in den Entscheidungsgründen auch die »Unwörter« »somit«, »deshalb«, »daher«, »demzufolge«, »mithin« oder »folglich« grundsätzlich nicht vorkommen. Diese Formulierungen stammen noch aus der Zeit vor dem Referendarexamen, in der Sie Klausuren im Gutachtenstil schreiben mussten. Diese Art der Darstellung kostet aber in Zivilgerichtsklausuren im Assessorexamen Punkte.

Das Schema für den Aufbau der Prüfung im Urteilsstil lautet:

1. Gesamtergebnis mit Norm oder ungeschriebenem Rechtssatz
2. Definition der Norm oder des ungeschriebenen Rechtssatzes
3. Zwischenergebnis
4. Subsumtion

Fall: Der Kläger verlangt vom Beklagten die Zustimmung zur Berichtigung des Grundbuchs.

1. Dem Kläger steht der geltend gemachte Anspruch aus § 894 BGB zu.
2. Nach dieser Vorschrift kann unter anderem derjenige, der durch eine nicht bestehende Belastung im Grundbuch beeinträchtigt ist, im Falle der Unrichtigkeit des Grundbuchs von demjenigen die Zustimmung zur Berichtigung verlangen, dessen Recht dadurch betroffen ist.
3. Diese Voraussetzungen liegen vor.
4. Das Grundbuch ist unrichtig … Der Kläger ist dadurch beeinträchtigt, dass … Der Beklagte ist von der Berichtigung betroffen, … usw.

Es folgt sodann die Subsumtion für jede anspruchsbegründende Voraussetzung unter Berücksichtigung des Verteidigungsvorbringens des Beklagten.

Bei Klausurtyp 1 (die Parteien streiten nur um Rechtsansichten) werden fast ausschließlich die rechtlichen Erwägungen den Umfang und die Intensität der Argumentation bestimmen.

Bei Klausurtyp 2 (die Parteien streiten zwar um Tatsachen, aber nicht um relevante) müssen Sie erläutern, dass die tatsächlichen Streitpunkte der Parteien nicht von Belang sind und wie bei Typ 1 die rechtlichen Erwägungen darlegen.

Bei Klausurtyp 3 (die Parteien stellen entscheidungserhebliche Tatsachen unterschiedlich dar) spielt neben der Rechtslage die Tatsachengrundlage, von der Sie ausgehen, eine ganz entscheidende Rolle. Dies ist vor allem in Klausuren der Fall, in denen Beweislastfragen von Bedeutung sind oder eine Beweisaufnahme stattgefunden hat. In derartigen Fällen geht es im Wesentlichen darum, wer mit seinem Tatsachenvortrag durchdringt. Die rechtlichen Konsequenzen liegen häufig auf der Hand, nachdem der »Fall« nach Beweislastregeln oder durch Beweisauswertung ermittelt wurde (→ Rn. 281 ff.).

Und noch ein Hinweis zum Zwischenergebnis: Wenn Sie gefühlt hundert Mal in Ihrem Urteilsentwurf »Diese Voraussetzungen liegen vor« oder die verneinende Variante »Diese Voraussetzungen liegen nicht vor« schreiben, verhalten Sie sich zwar formal sauber, beweisen aber wenig Gespür für guten Stil und ein flüssig und abwechslungsreich lesbares Urteil. Also versuchen Sie es gerne an dieser Stelle auch mal mit den Alternativen wie »Diese Voraussetzungen sind hier gegeben« oder »So liegen die Dinge hier« oder »Dies ist hier der Fall«. Oder (kurz und knackig): »So auch hier.«

II. Acht goldene Regeln für guten Urteilsstil

272

1. Halten Sie grundsätzlich das Schema »Ergebnis mit Norm oder ungeschriebenem Rechtssatz, Definition, Zwischenergebnis, Subsumtion« durch!
2. Nach jedem Satz muss das bisher Geschriebene Ihren Tenor stützen!
3. Jeder Satz oder jede Subsumtion muss die Antwort auf die ungeschriebene Frage nach dem Grund der vorangehenden Aussage sein!
4. Ihre Entscheidungsgründe sind erst fertig, wenn es auf die verständliche Frage »Warum?« oder »Warum denn nicht?« keine vernünftige Antwort mehr gibt!
5. In den Entscheidungsgründen darf kein Satz vorkommen, der genauso formuliert auch im Tatbestand stehen könnte!
6. Vermeiden Sie weitgehend »Zwar-Aber-Sätze«!
7. Kommen Sie direkt auf den Punkt!
8. Erläutern Sie das Urteil auch in tatsächlicher Hinsicht!

1. Halten Sie grundsätzlich das Schema »Ergebnis mit Norm oder ungeschriebenem Rechtssatz, Definition, Zwischenergebnis, Subsumtion« durch!

273 Gedanklich müssen Sie immer in dem Schema »Ergebnis mit Norm oder ungeschriebenem Rechtssatz – Definition der Norm oder des Rechtssatzes – Zwischenergebnis – Subsumtion« bleiben, sonst gleiten Sie ab ins »Schwafeln«. Wenn Sie zB zur Begründung der Höhe eines Schmerzensgeldanspruchs die üblichen Kriterien Schwere der Verletzung, Dauer eines Krankenhausaufenthaltes und die Gefahr von Folgeschäden darlegen, ohne den Obersatz »Die Höhe des zuzuerkennenden Betrages bemisst sich nach stRspr im Wege der gerichtlichen Schätzung nach § 287 I 1 ZPO an den beiden Aufgaben des Schmerzensgeldes, der Ausgleichs- und der Genugtuungsfunktion« voranzustellen, dann argumentieren Sie ins Blaue hinein. Ohne den Obersatz fehlt die Subsumtionsgrundlage. Das ist ein schwerer Fehler, und er ist so leicht zu vermeiden …

Wenn Sie wie bei der Zuerkennung von Zinsen unter bloßer Nennung der Norm ohne Subsumtion die Rechtslage darlegen, lautet die Formulierung zB:

> Die geltend gemachten Zinsen stehen dem Kläger aus §§ 291, 288 I 2 BGB iVm § 261 I ZPO, § 187 I BGB analog ab dem Tag nach Eintritt der Rechtshängigkeit, dem …, zu.

Gewöhnen Sie sich also an das eigentlich ganz naheliegende Denkmuster »Ergebnis vorweg – Begründung hinterher«, das sich im Zivilurteil in die vier Schritte »Ergebnis mit Norm oder Rechtssatz – Definition von Norm oder Rechtssatz – Zwischenergebnis – Subsumtion« aufteilt. Und widerstehen Sie stets der Versuchung, in den alten Gutachtenstil aus Studienzeiten zurückzufallen, der sich vor allem in den unsäglichen zusammenfassenden Endergebnissen ausdrückt. Formulierungen wie »Nach alledem …« oder »Somit ist abschließend festzuhalten …« haben in einem Zivilurteil nichts zu suchen!

Merke: In den Entscheidungsgründen sollten grundsätzlich die »Unwörter« »somit«, »deshalb«, »daher«, »demzufolge«, »mithin« oder »folglich« nicht vorkommen.

2. Nach jedem Satz muss das bisher Geschriebene Ihren Tenor stützen!

Ihre Argumentation muss stets die vorangegangene Aussage und letztlich den Tenor stützen. 274
Wenn die Klage in vollem Umfang Erfolg hat, muss der erste Satz lauten:

> Die zulässige Klage ist begründet.

Oder:

> Die Klage ist zulässig und begründet.

Die vorangegangene Aussage, der Tenor, ist voll gestützt.

Für die weiteren Formulierungen bedeutet dieser Grundsatz, dass Sie nicht der Versuchung erliegen dürfen, von dem strengen Begründungsschema »Warum denn?« abzuweichen. Musterbeispiel dafür, wie man es auf keinen Fall machen darf, ist ein klageabweisendes Urteil, bei dem die Verjährungseinrede nicht greift, dafür aber die Verwirkung. Da liest man:

»Die Klage ist unbegründet. Der Anspruch des Klägers ist entstanden. Er ist auch nicht durch die Einrede der Verjährung in seiner Durchsetzbarkeit dauernd gehemmt.« Und weiter geht es über Seiten, warum die Verjährung nicht greift. Wer so formuliert, verstößt zunächst einmal gegen Grundsatz Nr. 2, weil seine Begründungen die vorangehende Feststellung nicht tragen und bei einer gedanklichen Zäsur nach Abhandlung der Verjährung der Tenor nicht gestützt wäre. Auch ist der Bearbeiter nicht sogleich auf den Punkt gekommen und hat damit Grundsatz Nr. 7 missachtet.

Richtig muss es lauten:

> Die zulässige Klage ist unbegründet. Es kann dahinstehen, ob dem geltend gemachten Anspruch die Einrede der Verjährung entgegensteht, er ist jedenfalls verwirkt. Verwirkung ist …

3. Jeder Satz oder jede Subsumtion muss die Antwort auf die ungeschriebene Frage nach dem Grund der vorangehenden Aussage sein!

Versuchen Sie, Ihre Entscheidungsgründe so abzufassen, wie der Prozessbevollmächtigte seiner unterlegenen Partei erläutern würde, warum der sicher geglaubte Sieg ausgeblieben ist. 275
Diese Partei müssen Sie sich als durchschnittlich gebildeten Menschen ohne spezielle juristische Kenntnisse vorstellen, der nicht querulatorisch, aber doch sehr interessiert nachfragt und genau wissen will, wie das denn passieren konnte. Gehen Sie dabei so vor, dass Sie dessen fortwährend gestellten, naheliegenden Fragen beantworten. Die Fragen bleiben ungeschrieben, bilden aber das gedankliche Bindeglied. Sie werden feststellen, dass diese Fragen auf der Hand liegen, ja sich fast zwingend aus der vorangehenden Aussage ergeben. Fragen Sie sich selbst, was Sie als unterlegene Partei gerne gewusst hätten.

- Sobald eine Norm genannt wird, will der Unterlegene doch wissen:
  »Was steht da denn drin?«
- Wenn ihm die Norm erläutert worden ist, fragt er doch:
  »Und das soll so gewesen sein?«
- Sobald ein nicht alltäglicher Rechtsbegriff bemüht wird, will er wissen:
  »Was ist das denn?«

- Sobald Sie eine von seinem Vortrag abweichende Tatsachengrundlage nennen, fragt er: **»Wie kommt das Gericht denn darauf?«**
- Wenn er liest: »Das steht nach der Beweisaufnahme fest«, fragt er: **»Was hat die denn ergeben?«**
- »Das Gericht folgt den Aussagen des Zeugen A« führt zu der Frage: **»Wieso glaubt es dem denn?«**
- »Die Vorschrift wird teleologisch reduziert angewendet.« **»Was ist das denn, und wieso geht so was?«**
- »Ihrem Wortlaut nach greift die Vorschrift nicht, sie ist aber analog anzuwenden!« **»Was bedeutet denn analog? Das wird ja immer schlimmer! Hilfe! Rechtsbeugung!«**

Hier ein Beispiel für richtiges Frage- und Antwortspiel bei einem vollen Erfolg des Klägers:

Die zulässige Klage ist begründet.
Warum das denn?

Dem Kläger steht der geltend gemachte Anspruch aus § 985 BGB zu.
Was steht da drin?

Nach dieser Vorschrift kann der Eigentümer vom Besitzer die Herausgabe seiner Sache verlangen, sofern der Besitzer kein Recht zum Besitz hat.
Und das soll alles so sein?

Diese Voraussetzungen liegen vor.
Warum denn?

Der Kläger ist Eigentümer der Sache.
Weiß ich, weiter! (So bei unstreitigen Punkten)

Der Beklagte ist auch Besitzer.
Komm zur Sache! (s. oben)

Der Beklagte hat auch kein Recht zum Besitz.
Was verstehen Juristen denn darunter?

Ein Recht zum Besitz ist …
Und das habe ich nicht, oder was? Und mein Mietvertrag?

Der zwischen den Parteien geschlossene Mietvertrag ist unwirksam.
Wieso das denn?

Der Kläger hat den Vertrag wirksam angefochten.
Wie will er das denn gemacht haben?

Gemäß § …
Was steht da denn drin? Und so weiter und so weiter.

Lassen Sie bei diesem Frage- und Antwortspiel die fett gedruckten Fragen weg und Sie haben den perfekten Anfang Ihrer Entscheidungsgründe. Üben Sie dies an kleinen Fällen, und Sie werden sehen, wie einfach und selbstverständlich Ihnen dieser Stil nach einiger Zeit vorkommt.

4. Ihre Entscheidungsgründe sind erst fertig, wenn es auf die verständliche Frage »Warum?« oder »Warum denn nicht?« keine vernünftige Antwort mehr gibt!

276 Das bedeutet, dass Sie so elementare Aussagen wie »Verträge kommen durch übereinstimmende Willenserklärungen zustande« oder »die Spezialregelungen der §§ 651c ff. BGB gehen den allgemeinen Regeln vor«, nicht weiter begründen müssen.

Die Begründung der prozessualen Nebenentscheidungen bildet den Schluss Ihrer Entscheidungsgründe. Anders als bei materiell-rechtlichen Entscheidungen brauchen Sie zur Begründung der prozessualen Nebenentscheidungen grundsätzlich nur die Vorschrift, auf die sie gestützt sind, anzuführen. Zur Wiederholung: Die Ausnahmen bilden Fälle mit besonderen

Vollstreckungsschutzanträgen, übereinstimmenden Teilerledigungserklärungen, Teilanerkenntnissen und teilweisem Wegfall des Klagegrundes nach § 269 III 3 ZPO, → Rn. 211 ff.

5. In den Entscheidungsgründen darf kein Satz vorkommen, der genauso formuliert auch im Tatbestand stehen könnte!

Aus der Trennung von Tatbestand und Entscheidungsgründen folgt, dass im Tatbestand die Tatsachen stehen müssen, aber nichts Rechtliches vorkommen darf, und in den Entscheidungsgründen im Wesentlichen das Rechtliche dargelegt werden muss. Da es Referendaren erfahrungsgemäß schwerfällt, diesen Grundsatz zu befolgen, sollten Sie zur Vermeidung von »Tatbestandssätzen« in den Entscheidungsgründen jeden Subsumtionssatz daraufhin überprüfen, ob er – isoliert betrachtet – dem Tatbestand entnommen sein könnte. Wenn das der Fall ist, wissen Sie, dass der Satz so, wie Sie ihn formuliert haben, nicht in die Entscheidungsgründe gehört. 277

»Der Kläger hat den Beklagten mit Schreiben vom … zur Zahlung aufgefordert« soll als Beispiel dienen. Solche Sätze stehen oft in den Entscheidungsgründen, gehören aber so da nicht hin, weil sie nur eine Tatsache wiedergeben. Im nächsten Satz steht dann meistens die daraus resultierende rechtliche Konsequenz, etwa so: »Dadurch ist der Beklagte mit Wirkung vom … in Verzug geraten.« Aus diesen beiden Sätzen müssen Sie einen einzigen machen, und schon haben Sie die Tatbestandswiederholung vermieden:

> Durch die Aufforderung des Klägers im Schreiben vom …, den Kaufpreis bis zum … zu zahlen, ist der Beklagte in Verzug geraten.

6. Vermeiden Sie weitgehend »Zwar-Aber-Sätze«!

Es bietet sich zwar häufig an, auf die Argumentation des Unterlegenen einzugehen und ihn zunächst einmal in dem »Zwar-Satz« zu »streicheln« und dann später erst im »Aber-Satz« zu »verprügeln«. Das ist und bleibt aber ein Verstoß gegen die reine Lehre des § 313 III ZPO, weil auf dem, was in dem »Zwar-Satz« steht, das Urteil nicht beruhen kann. 278

Jeder weiß, dass derartige Formulierungen sehr verlockend sind und sich manchmal kaum vermeiden lassen, zum Beispiel beim Eingehen auf unzutreffende Argumentationen einer Partei, bei der Gegenüberstellung von Zeugenaussagen oder der Einleitung der Begründung für die analoge Anwendung einer Norm. Es ist schon viel erreicht, wenn Sie die Ausführungen in dem »Zwar-Satz« nicht zu lang werden lassen. Das Wichtige ist und bleibt jedoch der »Aber-Teil« der Argumentation, weil nur darauf das Urteil beruht. Diesem Gesichtspunkt müssen Sie durch deutlich längere Ausführungen und intensivere Argumentationen Rechnung tragen. Andernfalls stimmt die Gewichtung nicht. Sie sollten sich jedenfalls davor hüten, zu häufig und ausgiebig von diesem Stilmittel Gebrauch zu machen. Sie werden bei den Formulierungsvorschlägen zwar auch einige derartige Sätze finden, aber eben nicht zu viele. Mehr zu derartigen Formulierungstricks, die im Lichte des § 313 III ZPO nicht de lege artis sind, sich in der zivilgerichtlichen Assessorklausur aber manchmal nicht vermeiden lassen oder sogar anbieten, finden Sie nachstehend unter → Rn. 279a.

7. Kommen Sie direkt auf den Punkt!

Sie müssen sich davor in Acht nehmen, die Entscheidungsgründe als eine Spielwiese für die Ausbreitung Ihres Wissens zu betrachten. 279

> **Merke:** Was nach § 313 III ZPO nicht in die Entscheidungsgründe gehört, sollte dort auch nicht vorkommen!

§ 313 III ZPO besagt, dass Sie eine kurze Zusammenfassung der Erwägungen schreiben sollen, auf denen Ihre Entscheidung beruht, und nicht mehr. Ein häufig zu beobachtender Fehler ist es zB, eine begründete Klage damit zu beginnen, dass man Vorschriften, die nicht greifen, zunächst abhandelt, um danach erst zur Sache zu kommen. Ihr Tenor ist zeitweise nicht gestützt – s. Grundsatz Nr. 2 – und das Urteil beruht nicht auf dem, was Sie da ausführen. Beispiel: »*Die Klage ist begründet. Dem Kläger steht der geltend gemachte Anspruch zwar nicht aus … und auch nicht aus … zu.*«

Es folgen seitenlange Ausführungen, warum der Kläger fast verloren hätte. Es ist zwar verständlich, dass man sein Wissen ausbreiten will, zumal, wenn man zu anderen Punkten nicht so viel zu Papier bringen kann. Aber das fällt auf! Neben der Sache liegende Ausführungen erwecken im Korrektor den fatalen Eindruck, dass der Verfasser aus purer Not das schreibt, was er weiß, aber nicht das, was er zur sachgerechten Begründung der Lösung schreiben müsste.

Sie müssen sich mit § 313 III ZPO anfreunden, um die Segnungen dieser Vorschrift zu erkennen. Hat es Sie während des Studiums nicht auch gestört, bereits zu Beginn eines Gutachtens zu sehen, dass die siebte Voraussetzung einer Norm fehlt, die Voraussetzungen eins bis sechs aber trotzdem darlegen zu müssen? Genau das ist nicht mehr erforderlich, sondern sogar falsch.

Eine gute, an § 313 III ZPO orientierte Darstellung würde etwa wie folgt lauten:

> Die zulässige Klage ist unbegründet.

(Warum denn?)

> Dem Kläger steht der geltend gemachte Anspruch nicht zu.

(Warum denn nicht?)

> Es kann dahinstehen, ob ein möglicher Anspruch des Klägers aus … oder … oder … herzuleiten ist.

(Warum das denn?)

> Dem Kläger ist kein ersatzfähiger Schaden entstanden, was Voraussetzung aller in Betracht kommender Anspruchsgrundlagen ist.

(Ach so! Und warum nicht?)

Damit sind Sie dann bei dem wirklich Wichtigen. Sie haben zum einen gezeigt, dass Sie die in Betracht kommenden Normen gesehen, aber auch den Grundsatz beachtet haben, nichts darzustellen, worauf das Urteil nicht beruht. Denn wenn eine Schadensersatzklage mangels Schadens abgewiesen wird, beruht dies nicht darauf, welche Anspruchsgrundlage die richtige gewesen wäre, sondern ausschließlich darauf, dass kein Schaden entstanden ist.

Diese Vorgehensweise sollten Sie aber auf Fälle beschränken, in denen das Ergebnis nicht mit einem oder zwei Sätzen zu begründen ist. Die Formulierung *»Es kann dahinstehen, ob …«* ist nur dann angebracht, wenn die Ausführungen zu der Frage, die Sie offenlassen, einen gewissen Raum einnähmen. Abgrenzungen, die kurz darzustellen sind, sind durchaus sinnvoll, längere hingegen nicht, sofern das Urteil nicht darauf beruht.

279a **Klausurtipp:** Und jetzt kommen Hinweise zu zwei »Luxusproblemen«, die allerdings voraussetzen, dass Sie Ihre Zeit richtig eingeteilt haben und etwas davon erübrigen können für die Darstellung von eigentlich nicht entscheidungserheblichen Aspekten, die die Bewertung Ihrer Klausur deutlich anheben können:

Zwischen der reinen Lehre des § 313 III ZPO in der zivilrichterlichen Praxis und den tatsächlichen Anforderungen der Prüfungsämter klafft eine nicht ganz leicht zu schließende Lücke. Dies zeigt ein Blick in die amtlichen Musterlösungen zu Examensklausuren, die als Übungsklausuren in den Arbeitsgemeinschaften ausgegeben werden, oder Korrekturanmerkungen, die im Rahmen von Prüfungsanfechtungen bekannt werden. Es geht um die Frage, wie in einem Zivilurteil im Assessorexamen mit tatsächlichen oder rechtlichen Klausurproblemen zu verfahren ist, die für das Ergebnis nicht tragend sind. Auch in unseren Repetitoriumskursen sprechen uns Referendare immer wieder darauf an, dass sie von ihren AG-Leitern oder in Klausurbesprechungen dazu angehalten worden seien, entgegen § 313 III ZPO auch zu nicht tragenden Problemen in den Urteilen Stellung zu nehmen.

Es geht hier nicht um neben der Sache liegende Aspekte, die für die Lösung keinerlei Rolle spielen und die auch im Sachverhalt nur am Rande erwähnt werden. Diese sollen und müssen sie stets unerwähnt weglassen. Unser hier angesprochenes Darstellungsproblem tritt nur auf, wenn sich im Sachverhalt Ihrer Klausur Aspekte finden, die für Ihre Lösung nicht relevant sind, die aber wegen der Breite der Darstellung die Annahme begründen, dass der Verfasser der Klausur offenbar Ausführungen dazu erwartet. Insoweit gilt zur Unterscheidung die Faustregel: Je mehr die Parteien zu einem Punkt schreiben, desto eher wird von Ihnen erwartet, dass Sie sich dazu äußern!

Hier ein **Beispiel:** Der Kläger verlangt Schadensersatz wegen vertraglicher Nebenpflichtpflichtverletzung im Zuge der Lieferung und Montage einer Photovoltaikanlage seitens des Beklagten. Die Parteien streiten lang und breit über die Frage, ob der geschlossene Vertrag als Kaufvertrag mit werkvertraglicher Nebenpflicht, als Werkvertrag oder als Werklieferungsvertrag zu qualifizieren ist. Auch in der mündlichen Verhandlung wird dieser Aspekt noch einmal erörtert. Nach Ihrer Lösungsskizze scheitert der Anspruch aus §§ 280 I, 241 II BGB aber nach dem Ergebnis der Beweisaufnahme jedenfalls am fehlenden Vertretenmüssen des Beklagten iSd § 280 I 2 BGB. Weitere Anspruchsgrundlagen sind nicht ersichtlich.

In diesem Falle würde der erfahrene Amts- und Landrichter die Frage nach dem Vertragscharakter mit maximal einem Satz dahinstehen lassen und sogleich auf das fehlende Vertretenmüssen eingehen. Was jedoch ist dem Prüfling zu raten, der zeigen muss, dass er einerseits alle angelegten Klausurprobleme gesehen hat, andererseits auch § 313 III ZPO kennt und den Urteilsstil beherrscht? Es ist ein schmaler Grat, den Sie hier beschreiten müssen, zwischen § 313 III ZPO einerseits und der Dienstleistungs- und Befriedungsfunktion des Gerichts andererseits, das den Parteien zeigen soll, dass es alle diskutierten Aspekte zur Kenntnis genommen und den Fall komplett durchdacht hat. Zudem wollen Sie ja in der Prüfung auch Ihr Wissen zeigen.

Unser Rat ist nun folgender: Wenn der Bearbeitervermerk Ihrer Klausur ein Hilfsgutachten zulässt, wie zB regelmäßig in Bayern und Baden-Württemberg, dann sind die Erörterungen zu diesen nicht tragenden Aspekten komplett ins Hilfsgutachten zu verlagern. In unserem Beispielsfall würden Sie also im Urteilsentwurf die Frage nach dem Vertragscharakter mit maximal einem Satz dahingestellt sein lassen und sofort zum (fehlenden) Vertretenmüssen springen. Die Ausführungen zum Vertragscharakter schreiben Sie dann ins Hilfsgutachten.

Für Referendare aus Bundesländern, in denen kein Hilfsgutachten verlangt und auch nicht gewünscht wird, ist die Situation etwas schwieriger. Hier unser Vorschlag: Sie sollten nicht tragende, von Ihnen aber als vom Prüfer wichtig eingeschätzte, weil lang und breit im Sachverhalt ausgebreitete Aspekte, etwas ausführlicher anreißen als nur mit einem Satz. Dabei müssen Sie zwingend den Eindruck vermeiden, Sie könnten Wesentliches nicht von Unwesentlichem unterscheiden. Das erreichen Sie dadurch, dass Sie irrelevante Rechtsfragen nur erläutern, aber nicht mit entscheiden und durch ein deutliches Übergewicht der tragenden Gründe gegenüber den nicht tragenden, in Zahlen etwa eine Seite nicht tragende und vier oder mehr Seiten tragende Gründe.

So etwa könnte dieser Spagat in unserem Beispiel aussehen:

> … Die Klage ist jedoch unbegründet.
>
> Der geltend gemachte Anspruch auf Zahlung von … EUR steht dem Kläger aus §§ 280 I, 241 II BGB – der einzig in Betracht kommenden Anspruchsgrundlage – nicht zu. Nach diesen Vorschriften kann der eine Vertragspartner vom anderen Vertragspartner, der eine vertragliche Nebenpflicht verletzt hat, Ersatz des kausalen Schadens verlangen, es sei denn, der andere Vertragspartner hat die Pflichtverletzung nicht zu vertreten.
>
> Daran fehlt es hier.
>
> Die zwischen den Parteien ausführlich diskutierte Rechtsfrage, wie der Vertrag vom … über die Lieferung und Montage der Photovoltaikanlage von dem Beklagten an den Kläger, der das wirksame Schuldverhältnis iSd § 280 I 1 BGB darstellt, rechtlich einzuordnen ist, kann hierbei dahinstehen. Insbesondere bedarf es keiner Entscheidung, ob dieser Vertrag als Kaufvertrag nach §§ 433 ff. BGB mit Montagenebenpflicht iSd § 434 II 1 BGB, als reiner Werkvertrag gem. §§ 631 ff. BGB oder als Werklieferungsvertrag nach § 650 BGB anzusehen ist. Allerdings weist die Kammer insoweit darauf hin, dass nach ständiger Rechtsprechung des BGH bei dieser Abgrenzung eine Gesamtbetrachtung des jeweiligen Einzelfalles anzustellen ist, bei der es maßgebend auf den Schwerpunkt und das Wertverhältnis der vereinbarten Leistungen ankommt. Hiernach werden Verträge über die Lieferung und Montage einer Photovoltaikanlage in der Regel als Kaufverträge mit Montagenebenpflicht angesehen, da die mit dem Warenumsatz verbundene Übergabe und Übereignung der Anlage zumeist im Vordergrund steht und der Lieferant/Verkäufer, hier also der Beklagte, schwerpunktmäßig nur die Beschaffung der fertigen Sache mit kleineren, untergeordneten Anpassungs- und Montagearbeiten schuldet. Eine zusätzliche Herstellungspflicht und ein damit verbundener körperlicher Arbeitserfolg, wie etwa bei Verträgen über der Herstellung, Lieferung und Montage von individuellen Türen, Fensterrahmen oder

Markisen, die als Werklieferungsvertrag nach § 650 BGB anzusehen wären, ist hingegen regelmäßig nicht vereinbart.

Diese zwischen den Parteien bis hinein in die mündliche Verhandlung diskutierte Rechtsfrage bedarf hier aber letztlich aus dem Grunde keiner abschließenden Beantwortung, da der Beklagte die zwischen den Parteien unstreitige Pflichtverletzung in Gestalt der ... jedenfalls nicht iSd § 280 I 2 BGB zu vertreten hat. Im Einzelnen: ...

Und damit wären wir beim »Kern der Klausur«.

Wer stattdessen mit der »Zwar-aber-Technik« operiert, erliegt leicht der Versuchung, den »Zwar-Teil«, auf dem das Urteil ja nicht beruht, gleich mit zu entscheiden. Das würde man Ihnen ankreiden.

Ein **(Negativ-)Beispiel:** »... Zwar haben die Parteien in Gestalt des Vertrags vom ... über die Lieferung und der Montage der Photovoltaikanlage einen wirksamen Vertrag und damit ein Schuldverhältnis iSd § 280 I 1 BGB abgeschlossen, wobei es sich insoweit in Übereinstimmung mit der Rechtsansicht des Klägers um einen Kaufvertrag mit Montagenebenpflicht nach Maßgabe der §§ 434 ff. BGB handelt. Soweit der Beklagte demgegenüber die Rechtsansicht vertritt, der Vertrag sei als reiner Werkvertrag nach §§ 631 ff. BGB oder allenfalls als Werklieferungsvertrag iSd § 650 BGB einzustufen, so irrt er. Hiergegen spricht ... Aber der Schadensersatzanspruch des Klägers scheitert gleichwohl, es fehlt nämlich an dem gem. § 280 I 2 BGB erforderlichen Vertretenmüssen auf Beklagtenseite ...«

Wer so formuliert, hat die Rechtsfrage nach der Vertragsart unter Verstoß gegen § 313 III ZPO gleich mitentschieden und nicht, wie im Formulierungsvorschlag davor, nur mit wenigen Sätzen Hinweise zur Befriedung der Parteien erteilt und die Rechtsfrage letztlich elegant dahinstehen lassen.

Und zu Ihrer Beruhigung ein letzter Hinweis zum ersten »Luxusproblem«: Kein Prüfer wird Ihnen Punkte abziehen, wenn Sie den Parteien kurz und bündig die Irrelevanz ihres Streits aufzeigen. Es gibt aber Prüfer, die dies tun, wenn Sie breit dargestellte Probleme wegen fehlender Auswirkung auf Ihre Entscheidung gänzlich übergehen, auch wenn es der reinen Lehre des § 313 III ZPO entsprechen mag.

279b Hier das zweite »Luxusproblem«:

Wir werden in unseren Seminaren oft gefragt, ob und wenn ja, wie man Meinungsstreitigkeiten innerhalb eines Zivilurteils darstellt. Vorweg ein genereller Hinweis zu Meinungsstreitigkeiten im Assessorexamen: Juristische Streitfragen spielen im zweiten Staatsexamen eine weitaus geringere Rolle als im »Ersten«. Von zehn Meinungsstreitigkeiten sind neun in der Zivilgerichtsklausur irrelevant, weil sie keinerlei Auswirkungen auf das praktische Ergebnis haben. Meinungsstreitigkeiten dieser Art sollten Sie in Ihrem Entscheidungsentwurf übergehen oder mit einem Satz dahingestellt sein lassen. Sollte es in Ihrer Klausur hingegen ausnahmsweise mal auf einen Meinungsstreit ankommen, insbesondere auf eine Frage, bei deren Beantwortung sich Wissenschaft und Praxis unvereinbar gegenüberstehen und zu unterschiedlichen Ergebnissen kommen, gehört es zu einer guten Arbeit, diesen Streit auch anzusprechen. Die Kunst dabei ist, dies unter Beachtung des § 313 III ZPO zu tun, und gerade das macht vielen Referendaren Mühe, weil sie bei der Diskussion von Meinungsstreitigkeiten besonders gerne in den Gutachtenstil zurückverfallen, den Sie von der Universität kennen. Dass auch hier der Urteilsstil und das Denkschema »Ergebnis vorweg, Begründung hinterher« umsetzbar sind, zeigen wir Ihnen in dem unten angegebenen Formulierungsbeispiel.

Hierbei empfehlen wir Ihnen, dass Sie sich für die Ansicht, der Sie folgen wollen, mehr taugliche Argumente als für die Gegenansicht zurechtlegen. Das allein wird sie nicht überraschen. Sie müssen den Streit sodann an der Anspruchsvoraussetzung bzw. an dem Merkmal des Rechtssatzes verorten, wo er relevant wird und sogleich »mit der Tür ins Haus fallen«, dh Ihr Ergebnis voranstellen. Sodann begründen Sie Ihr Ergebnis mit mindestens einem oder mehreren Argumenten, behalten aber ein gewichtiges Argument in der Hinterhand. Anschließend stellen Sie die Gegenansicht dar und bringen die Argumente, die in der Tat für diese Ansicht sprechen, um dann sogleich hinterher zu schieben, dass sie letztlich doch nicht zu überzeugen vermag. Dies untermauern sie dann mit dem »aufgesparten« Argument für die von Ihnen vertretene Ansicht. Am Ende dürfen Sie Ihr aufgebautes »Kartenhaus« nicht selbst zum Einsturz bringen, indem Sie ein zusammenfassendes Endergebnis festhalten, wie Sie es aus dem Gutachten des ersten Staatsexamens kennen. Das verbietet Ihnen der Urteilsstil, denn Ihr Ergebnis steht ja schon ganz oben am Beginn der Darstellung. Ihre Diskussion endet stattdessen ganz schnörkellos mit dem letzten Argument für die von Ihnen vertretene Ansicht.

Hier ein abstraktes Formulierungsmuster:

> Die in diesem Zusammenhang umstrittene Frage, ob unter den Begriff des ... iSd § ... auch ... fallen, bejaht das Gericht. Hierfür spricht insbesondere die wörtliche Auslegung der Vorschrift, in der es ausdrücklich ... heißt. Auch der Gesetzeszweck, der darin liegt, die ... zu schützen, gebietet es, die ... unter diesen Begriff zu fassen. Dies gilt erst recht bei einer europarechtskonformen Auslegung der Vorschrift im Lichte der EU-Richtlinie ..., die alle Mitgliedsstaaten verpflichtet, ... Bei alledem verkennt das Gericht nicht, dass nach anderer Ansicht die Anwendung des § ... auf ... ausscheidet. Hierfür wird insbesondere ein systematischer Vergleich mit § ... herangeführt, wonach ... Diese Betrachtungsweise vermag jedoch nicht zu überzeugen. Sie verkennt nicht zuletzt den anerkannten Grundsatz des ..., der als allgemeines Wertungsprinzip auch hier Geltung beansprucht.

Zu guter Letzt: Unsere Erfahrung hat uns gelehrt, dass Sie in der Regel besser beraten sind, wenn Sie bei Meinungsstreiten der herrschenden Rechtsprechung und nicht einer Literaturansicht folgen, die Sie zu einem Ergebnis führt, das komplett praxisfern ist. Und die Befolgung unseres Rates an dieser Stelle setzt natürlich voraus, dass Sie mit Ihrer Zeit so gut zurechtkommen, dass Sie sich den Luxus leisten können, auf Meinungsstreitigkeiten einzugehen.

8. Erläutern Sie das Urteil auch in tatsächlicher Hinsicht!

Neben der »kurzen Zusammenfassung und der Darstellung der Erwägungen, auf denen das Urteil beruht«, müssen Sie das Urteil in tatsächlicher wie in rechtlicher Hinsicht erläutern. Mit »rechtlich« ist gemeint, dass Sie die einschlägigen Normen, das Vorliegen ihrer Voraussetzungen und die sich daraus ergebenden Konsequenzen darlegen. Das wird der Schwerpunkt Ihrer Arbeit bei Klausuren vom Typ 1 sein. In »tatsächlicher« Hinsicht besagt, dass Sie den Parteien erläutern müssen, warum bestimmte Tatsachen der Entscheidung zugrunde gelegt worden sind, andere hingegen nicht. **280**

Bei Klausuren vom Typ 2 und 3 ist neben der Erläuterung der rechtlichen Aspekte die Darlegung der Entscheidungsgrundlage von besonderer Bedeutung. Der jeweils Unterlegene ist hier weitaus weniger an der Rechtslage interessiert als an der Frage, warum sein Tatsachenvortrag nicht berücksichtigt worden ist. Wenn sich der wegen eines Auffahrunfalls in Anspruch genommene Beklagte mit dem Vortrag verteidigt, nicht er sei aufgefahren, sondern der Kläger habe zurückgesetzt, wird es ihn nicht interessieren, dass derjenige, der auffährt, Schadensersatz leisten muss. Das weiß er auch ohne Ihre Erläuterungen. Ihn interessiert nahezu ausschließlich, warum er mit seinem Vortrag, der Kläger sei rückwärtsgefahren, nicht gehört worden ist, und warum der Kläger mit seinem ebenfalls unbewiesenen Vortrag durchgedrungen ist. (Antwort: prima facie!)

III. Grundzüge der Beweisauswertung und Beweiswürdigung

Klausuren mit Beweisaufnahmen scheinen einfach, sie sind es sogar in einer Hinsicht, weil die Klausurtaktik hilft oder das Ergebnis für jeden erkennbar auf der Hand liegt: Der Sieger der Beweisaufnahme gewinnt den Rechtsstreit. Gerade deshalb sind diese Klausuren andererseits aber undankbar, weil es bisweilen für das richtige Ergebnis nicht einmal den rettenden vierten Punkt gibt. Deshalb ist es von großer Bedeutung zu wissen, wie und wo man auch bei diesem Klausurtyp die Punkte sammeln kann. **281**

Grundlegend ist wieder die Erkenntnis, dass in Klausuren Fragen versteckt sind, die Sie fallbezogen beantworten müssen (→ Rn. 20). Eine Klausur mit Beweisaufnahme beinhaltet die versteckte Frage: Was weißt Du von der Darstellung von Beweisaufnahmen? Und da das Ergebnis einer Beweisaufnahme das Ergebnis der Klausur beeinflusst oder sogar den Rechtsstreit entscheidet, verlangt die richtige Gewichtung breite Ausführungen an dieser Stelle. Schon wegen des Zeitmangels im Examen müssen Sie diese Formulierungen vorher üben und die »Schlüsselwörter« und Standardargumente im Schlaf aufsagen können!

Die drei maßgeblichen Schritte der Beweisauswertung lauten:
- **Ermittlung des Inhalts des Beweismittels**
- **Prüfung der Ergiebigkeit des Beweismittels**
- **Prüfung der Überzeugungskraft des Beweismittels**

Im Einzelnen:

1. Ermittlung des Inhalts des Beweismittels

282 Die Grundlage einer zutreffenden Beweiswürdigung ist zunächst die präzise Auswertung des Ergebnisses der Beweisaufnahme. Was genau hat der Zeuge gesagt, der Sachverständige festgestellt oder der Urkundenbeweis ergeben?

2. Prüfung der Ergiebigkeit des Beweismittels

283 Nach der Ermittlung des Inhalts eines Beweismittels müssen Sie seine Ergiebigkeit prüfen.

- **Positive Ergiebigkeit** ist anzunehmen, wenn das Beweismittel die Beweistatsache bestätigt.
- **Fehlende Ergiebigkeit** liegt vor, wenn das Beweismittel die Beweisfrage nicht beantwortet, etwa so: Ich war nicht dabei, ich kann mich nicht erinnern, ich habe nur vom Kläger gehört.
- **Negative Ergiebigkeit** bedeutet, das Beweismittel ergibt das Gegenteil der Beweisbehauptung.

3. Prüfung der Überzeugungskraft des Beweismittels

a) Die Würdigung von Zeugenaussagen

aa) Die Beweisaufnahme ist insgesamt unergiebig

284 Bei gänzlich unergiebigen Beweisaufnahmen – damit sind im Folgenden unergiebige und negativ ergiebige Beweisaufnahmen gemeint – kommen Sie nicht zur Beweiswürdigung, weil die Beweisführung bereits gescheitert ist.

Es ist ein besonders schwerwiegender Fehler, bei gänzlich unergiebigen Beweisaufnahmen Ausführungen zur Glaubwürdigkeit von Zeugen zu machen. Daran kann eine Klausur scheitern. Denn wer diesen Fehler begeht, zeigt, dass er gar nicht verstanden hat, was er da gerade macht.

Die Frage, ob man einem Zeugen glaubt, stellt sich doch erst, wenn er die Beweisbehauptung bestätigt hat. Welchen Sinn soll es denn machen, sich zu fragen, ob man einem Zeugen glaubt, der ausgesagt hat, sich nicht erinnern zu können, wenn die streitige Frage war, wer von links oder von rechts gekommen ist.

Fazit: Es ist völlig unbedeutend, ob ein unergiebiger Zeuge die Wahrheit gesagt hat oder nicht, denn so oder so kommen Sie nicht dazu, dass die beweisbelastete Partei mit diesem Zeugen den Beweis geführt hat. Hat der Zeuge die Wahrheit gesagt, ist die Beweisführung gescheitert. Hat der Zeuge nicht die Wahrheit gesagt, ist der Beweis auch nicht geführt, weil Sie ja nicht wissen, was er bei wahrheitsgemäßer Aussage gesagt hätte.

Deshalb müssen Sie auch Formulierungen wie »Der Zeuge konnte sich nicht erinnern, ob ...« oder »Der Zeuge wusste nicht mehr, wann ...« vermeiden. Sie können doch nur schreiben, was er gesagt hat, aber nicht, was der Zeuge gekonnt oder gewusst hätte. Das wissen Sie doch gar nicht! Es muss also lauten:

> Der Zeuge hat bekundet, er könne ..., er wisse nicht mehr, wann ...
> oder
> Der Zeuge hat ausgesagt, er habe ...

Merke: Ohne ein positives Beweismittel kommen Sie nicht zur Beweiswürdigung.
Nur mindestens ein positiv ergiebiges Beweismittel öffnet die Tür zur Beweiswürdigung.

Bei gänzlich unergiebigen Beweisaufnahmen dürfen Sie also nur die fehlende Ergiebigkeit darlegen und müssen sich jedes weitere Wort zur Beweiswürdigung verkneifen. Die Darstellung der fehlenden Ergiebigkeit kann etwas Raum einnehmen, s. die Musterlösung unter → Rn. 300, aber darin erschöpfen sich dann auch Ihre Ausführungen bei dieser Konstellation. 285

Merke: Sie dürfen bei insgesamt unergiebigen oder negativ ergiebigen Beweisaufnahmen nur die Unergiebigkeit darlegen, aber nicht die Beweismittel würdigen.

Fall: Der einzige, vom Beklagten benannte Zeuge zu einer relevanten Behauptung in einem Verkehrsunfallprozess hat bekundet, er könne sich an den Hergang des Unfalls nicht mehr erinnern.

Formulierungsvorschlag:

... Der Beklagte ist beweisfällig geblieben. Als derjenige, der sich auf eine ihm günstige Behauptung beruft, trägt der Beklagte nach den allgemeinen Regeln die Beweislast. Die Beweisführung ist dem Beklagten aber nicht gelungen. Der von ihm benannte Zeuge hat seine Behauptungen nicht bestätigt. Der Zeuge hat bekundet, er könne sich an den Hergang des Unfalls nicht mehr erinnern. (Kein Wort mehr!)

bb) Die Beweisaufnahme ist ergiebig

Jetzt kommen wir zur Beweiswürdigung. Nach der Feststellung der positiven Ergiebigkeit zumindest eines Beweismittels kommt die entscheidende Frage, ob dem Beweisbelasteten damit die Beweisführung gelungen ist. Und das ist nur dann der Fall, wenn das Gericht ihm glaubt.

(1) Grundsätzliches

Bei diesem Teil der Auswertung einer Beweisaufnahme dürfen Sie sich das Ergebnis natürlich nicht aussuchen. Es gibt klassische Konstellationen, bei deren Vorliegen das Ergebnis der Beweisaufnahme erkennbar feststehen soll. Wer in diesen eindeutigen Fällen anders entscheidet, als es »mit Händen zu greifen« ist, endet bei maximal drei Punkten. Beispiele: 286

- Der Notar bestätigt die Behauptung einer Vertragspartei im Rahmen einer Vertragsauslegung.
- Ein unbeteiligter Zeuge bestätigt den Vortrag einer Partei.

Hier sollen Sie, wenn keine Besonderheiten vorliegen, die Beweisführung als gelungen darstellen.

- In einem Verkehrsunfallprozess widersprechen sich die Aussagen der jeweiligen Mitfahrer.
- In einem Mietprozess bestätigen zwei Zeugen den jeweiligen Sachvortrag der Parteien.

In derartigen Fällen wird erwartet, dass Sie zu einem »non liquet« kommen sollen, dies gut darstellen, und dass Sie dann nach Beweislast entscheiden.

Wenn in Ihrer Klausur bei Beweisnot die beweispflichtige Partei gem. § 141 ZPO angehört worden ist, wiegt deren Aussage nach der Rechtsprechung zu sog. Vieraugengesprächen (zwischen einer Partei und einem Zeugen der Gegenseite) grundsätzlich genauso schwer wie die des Zeugen. Ihre Darstellung sollte dann nach der Darlegung dieser Rechtsprechung – gestützt auf Art. 103 I, 20 III GG und Art. 6 I EMRK – genauso lauten wie die Darstellung zweier sich widersprechender Zeugenaussagen.

Gleiches gilt für Sechsaugengespräche, also wenn neben beiden Parteien bei einem Gespräch oder Ereignis nur ein Zeuge zugegen war.

Wenn Parteien gem. § 141 ZPO angehört worden sind, binden Sie das Ergebnis der Anhörung in Ihre Gesamtwürdigung ein und sprechen dann von »Verhandlungswürdigung«, § 286 I ZPO.

(2) Die Beweiswürdigung bei ergiebigen Zeugenaussagen

- **Grundsätzliches**

287 Folgende Kriterien sollten Sie bei der Würdigung einer Aussage im Examen anführen:
- Plausibilität
- Lebensnähe
- Detailwissen
- Eigene Interessen ja/nein
- Belastungstendenzen ja/nein
- Nähe zu einer Partei/Neutralität
- Übereinstimmung mit anderen Beweismitteln oder früheren Aussagen
- Freimütig eingeräumte Erinnerungslücken
- Wahrnehmungsmöglichkeit/-fähigkeit/-bereitschaft

Unter **Wahrnehmungsmöglichkeit** fallen die äußeren Umstände der Situation, in der sich der Zeuge befand. Wie weit war er vom Ort des Geschehens entfernt, wie gut war die Sicht, war es laut?

Unter **Wahrnehmungsfähigkeit** versteht man die persönlichen Gegebenheiten, die eine Zeugenaussage beeinflussen können, wie Beruf, Alter, körperliche Verfassung oder Gemütslage.

Unter dem Stichwort **Wahrnehmungsbereitschaft** müssen Sie sich damit auseinandersetzen, ob der Zeuge seine Wahrnehmungen in Kenntnis des Umstandes gemacht hat, später darüber zu berichten, oder ob dies nur beiläufig geschehen ist.

Sie sollten diese Kriterien bei Ihrer Beweiswürdigung vor allem bei den häufig vorkommenden Fällen anführen, in denen zwei Zeugen unterschiedlich ausgesagt haben. Ein Formulierungsbeispiel finden Sie unter → Rn. 288.

Allein durch die Wahl der richtigen Begriffe vermitteln Sie den Eindruck, dass Sie sich im Beweisrecht auskennen. Zum Stichwort »richtige Begriffe«: Eine Verwechslung von »glaubhaft« und »glaubwürdig« sollten Sie tunlichst vermeiden.

Merke: Glaubhaft bezieht sich nur auf Aussagen, glaubwürdig nur auf Menschen, hier also auf Zeugen!

Weitere Kriterien betreffen in der Praxis das Auftreten des Zeugen vor Gericht. Es ist selbstverständlich, dass Sie im Examen die Würdigung von Zeugenaussagen grundsätzlich nur auf Kriterien stützen können, die sich aus Ihrer Vorlage ergeben. Dazu werden der persönliche Eindruck oder das Aussageverhalten eines Zeugen sicher nicht gehören.

- **Die Darstellung einer Zeugenvernehmung in der Klausur**

287a Die Reihenfolge der Darstellung ist grundsätzlich:
- **Ergebnis**
- **Inhalt**
- **Würdigung der Aussage/n, wenn mindestens eine Aussage ergiebig ist.**

Bei mehreren Beweismitteln sollten Sie folgende Reihenfolge wählen:

Bei Bestätigung der Beweistatsache:
- Positiv ergiebiges Beweismittel mit Argumenten für die Überzeugungskraft
- Unergiebiges Beweismittel ohne Würdigung
- Negativ ergiebiges Beweismittel mit Argumenten gegen die Überzeugungskraft

Bei Nichtbestätigung der Beweistatsache:
- Unergiebiges Beweismittel ohne Würdigung
- Positiv ergiebiges Beweismittel mit Argumenten gegen die Überzeugungskraft
- Negativ ergiebiges Beweismittel mit Argumenten für die Überzeugungskraft

288 In letzter Zeit sind vermehrt Klausuren ausgegeben worden, in denen Beweisverwertungsfragen zu erörtern waren wie Verwertungsverbot der Aussage eines Zeugen, der ein Gespräch aus dem Nebenzimmer zufällig mitangehört hatte, Verwertungsverbot der Aussage eines

Zeugen, der nach seiner Vernehmung Partei geworden ist, Verwertungsverbot von Beweisaufnahmen ohne Antrag der Partei. Die Beweiserhebungen waren stets ordnungsgemäß, das Problem Verwertbarkeit war aber natürlich anzusprechen. Lesen Sie dazu *J. Kaiser* NJW 2016, 2790 f.

In diesen Fällen geht es darum darzulegen, warum die ergiebige Aussage das Gericht überzeugt hat oder warum nicht. Ganz wichtig ist dabei, dass sie daran denken, mit dem richtigen Obersatz anzufangen, weil – wie in der Juristerei grundsätzlich – jede Argumentation ohne Obersatz einfach nur Gerede ist. Sie finden die Anforderungen des BGH zur Überzeugungsbildung bei Thomas/Putzo ZPO unter Rn. 2 zu § 286 ZPO. Der Obersatz, unter den Sie subsumieren sollten, könnte zB so lauten:

Formulierungsbeispiel:

... Ein Beweis ist erbracht, wenn das Gericht unter Berücksichtigung des gesamten Ergebnisses der Beweisaufnahme und der sonstigen Wahrnehmungen in der mündlichen Verhandlung von der Richtigkeit einer Tatsachenbehauptung überzeugt ist und alle vernünftigen Zweifel ausgeräumt sind. Diese Überzeugung hat das Gericht gewonnen/nicht gewonnen.
(Und dann kommt Ihre Begründung.)

1. Fall: Zwei neutrale Zeugen haben unterschiedlich ausgesagt. 289

Vorbemerkung: Wenn zwei Zeugen unterschiedlich ausgesagt haben und nichts für die größere Glaubwürdigkeit eines der beiden oder für die höhere Glaubhaftigkeit seiner Aussage spricht, ist die Beweisführung erkennbar gescheitert. Der Rechtsstreit ist dann nach Beweislast zu entscheiden. Da das Ergebnis aber von der Wertung der Beweisaufnahme abhängt, werden hier von Ihnen längere Ausführungen und detaillierte Begründungen erwartet. Sie beantworten schließlich die »versteckte« Frage: »Was wissen Sie von der Darstellung einer Beweisaufnahme?« Nur zu schreiben, es liege ein »non liquet« vor, reicht sicher nicht.

Formulierungsvorschlag:

... Dem Kläger ist die Beweisführung nicht gelungen. Als derjenige, der sich auf eine ihm günstige Behauptung beruft, trägt der Kläger nach den allgemeinen Regeln die Beweislast. Aufgrund der Beweisaufnahme vermochte das Gericht im Rahmen der ihm nach § 286 I 1 ZPO zustehenden freien Beweiswürdigung nicht zu der Überzeugung zu gelangen, dass die streitige Behauptung als bewiesen anzusehen ist. Danach ist ein Beweis erst dann erbracht, wenn das Gericht unter Berücksichtigung des gesamten Ergebnisses der Beweisaufnahme und der sonstigen Wahrnehmungen in der mündlichen Verhandlung von der Richtigkeit einer Tatsachenbehauptung überzeugt ist und alle vernünftigen Zweifel ausgeräumt sind. Dies ist vorliegend aber nicht der Fall.
Der Zeuge A hat bekundet, ... Demgegenüber hat der Zeuge B bekundet, ...
Das Gericht vermochte nicht zu entscheiden, welche der beiden sich widersprechenden Aussagen zutrifft. Beide sind gleichermaßen lebensnah, sie decken sich jeweils mit dem Vortrag der Partei, die den Zeugen benannt hat. Objektive Kriterien, an denen der Wahrheitsgehalt der Aussagen gemessen werden könnte, bestehen nicht. Der Vorfall kann sich ebenso gut so zugetragen haben, wie ihn der Zeuge A oder wie ihn der Zeuge B geschildert hat. Bei beiden Zeugen waren Wahrnehmungsbereitschaft, -fähigkeit und Wahrnehmungsmöglichkeit in gleichem Maße gegeben. Das Gericht sieht sich auch außerstande, einen der beiden Zeugen gegenüber dem anderen für glaubwürdiger zu erachten.
Weder der Zeuge A noch der Zeuge B steht einer der beiden Parteien nahe. Ein Eigeninteresse der Zeugen an dem Ausgang des Rechtsstreits ist ebenfalls nicht zu erkennen. Weder das Vorbringen des Klägers noch sein Verhalten sind anders zu beurteilen als das des Beklagten.

2. Fall: Zwei Zeugen stehen jeweils im Lager einer Partei und sagen unterschiedlich aus. 290

Wenn zwei Zeugen aus dem jeweiligen »Lager« unterschiedlich ausgesagt haben und nichts Greifbares für die größere Glaubwürdigkeit eines der beiden Zeugen oder die höhere Glaubhaftigkeit seiner Aussage spricht, besteht Ihre Aufgabe auch bei dieser Konstellation nur darin, überzeugend darzustellen, dass die Beweisführung gescheitert ist. Dass Sie sich willkürlich auf die Seite eines Zeugen schlagen, ist sicher nicht gewollt. Der Rechtsstreit ist dann nach Beweislast zu entscheiden. Gleiches gilt bei »Vieraugengesprächen« für die Konstellation Zeuge – Partei (vgl. → Rn. 284).

Sie sollten bei dieser Konstellation zunächst das schreiben, was im vorangegangenen Formulierungsbeispiel empfohlen wird, und den letzten Absatz durch den folgenden ersetzen:

> **Formulierungsvorschlag:**
>
> ... Das Gericht hat bei seiner Beurteilung sehr wohl gesehen, dass beide Zeugen der Partei nahestehen, die sie benannt hat. Bei dem Zeugen A handelt es sich um ..., bei dem Zeugen B um .... Aber die Aussagen der Zeugen haben nicht erkennen lassen, dass Sie sich von der Nähe zu einer Partei haben leiten lassen. Keine der beiden Aussagen verdient den Vorzug vor der anderen. Keiner der Zeugen hat Belastungstendenzen gezeigt oder Parteilichkeit an den Tag gelegt ...

290a **3. Fall:** Die Aussagen eines unbeteiligten Zeugen und eines »Lagerzeugen« widersprechen sich.

Wenn zwei Zeugen unterschiedlich ausgesagt haben, von denen einer aus einem »Lager« kommt und der andere ein Unbeteiligter ist, und nichts Greifbares für die größere Glaubwürdigkeit des unbeteiligten Zeugen spricht, sollten Sie im Examen grundsätzlich zu einem non liquet kommen.

Allein die Tatsache, dass ein Zeuge mit der sie benennenden Partei verwandt ist oder sonst ihrem Lager zuzurechnen ist, steht seiner Glaubwürdigkeit nicht entgegen. Nach der Rechtsprechung zu sog. Sympathiepersonen ist eine Beweiswürdigung fehlerhaft, wenn sie ohne weitere objektive Anhaltspunkte allein aus der gegebenenfalls bestehenden Sympathieverknüpfung Zweifel an der Glaubwürdigkeit des Zeugen schöpft. Sie begründen Ihr Ergebnis dann wie im Formulierungsvorschlag → Rn. 288 und fügen zB an:

> **Formulierungsvorschlag:**
>
> ... Das Gericht hat bei seiner Beweiswürdigung sehr wohl gesehen, dass der Zeuge A Bruder der Klägerin ist, während der Zeuge B in keinerlei Beziehung zu den Parteien steht. Die persönliche Nähe eines Zeugen zu einer Partei hat aber entgegen landläufiger Meinung nach der höchstrichterlichen Rechtsprechung keinen grundsätzlichen Einfluss auf die Glaubwürdigkeit eines Zeugen, es sei denn, die Aussage oder das Aussageverhalten des Zeugen hat erkennen lassen, dass er sich von der Nähe zu einer Partei hat leiten lassen. Dies ist hier aber nicht der Fall ...
> (Und dann geht es weiter wie oben im 1. Fall.)

b) Die Würdigung von Sachverständigengutachten

- **Grundsätzliches**

291 Die unumstößlichen Grundsätze lauten im Examen:

1. **Das Gutachten ist richtig.**
2. **Das ergiebige Gutachten überzeugt.**
3. **Auch das unergiebige Gutachten ist richtig, überzeugend und erschöpfend.**

Im Einzelnen:

- **Das Gutachten ist richtig.**

292 Das Gutachten muss richtig sein, weil andernfalls der Beweisantrag nicht ausgeschöpft wäre und ein weiteres Gutachten eingeholt werden müsste. Das kann im Examen aber nicht sein, weil der Rechtsstreit entscheidungsreif sein muss (→ Rn. 81 ff.).

- **Das ergiebige Gutachten überzeugt.**

293 Wenn das – positiv oder negativ – ergiebige Gutachten Sie nicht überzeugt, wäre der Rechtsstreit nicht entscheidungsreif. Es müsste auf der Grundlage des Beweisbeschlusses, der ja mangels eines Sie überzeugenden und damit verwertbaren Gutachtens unerledigt wäre, ein anderer Sachverständiger beauftragt werden. Das kann nicht sein.

Sie können aber auch nicht gegen den Sachverständigen entscheiden. Wollen Sie schlauer sein als derjenige, den Sie beauftragt haben, weil Ihnen die spezielle Sachkunde fehlt? Bei eigener Sachkunde wäre das Gutachten gem. § 291 ZPO gar nicht erforderlich gewesen.

Ihr Vorgehen bei der Auswertung eines ergiebigen Gutachtens deckt sich mit den drei Schritten der Beweisauswertung und -würdigung, die oben unter → Rn. 281 schon dargestellt wurden:

- **Ermittlung des Inhalts des Gutachtens**
- **Prüfung der Ergiebigkeit des Gutachtens**
- **Prüfung der Überzeugungskraft des Gutachtens**

Das heißt mit anderen Worten:

- Zu welchen Feststellungen ist der Sachverständige gekommen?
- Stützen diese Feststellungen die zu beweisende Behauptung?
- Wenn ja, überzeugen sie mich und warum ist das so?

Die Kriterien bei der Würdigung der Überzeugungskraft eines Gutachtens, also beim dritten Schritt, sind im Wesentlichen die folgenden:

- Ist der Sachverständige hinreichend qualifiziert?
- Ist der Sachverständige von zutreffenden Tatsachen ausgegangen?
- Ist das Gutachten in sich schlüssig und nachvollziehbar?
- Hat sich der Sachverständige, falls nötig, mit der Fachliteratur auseinandergesetzt?
- Hat der Sachverständige neueste Erkenntnisse und Methoden genutzt?

Dies sind Anhaltspunkte, auf die Sie je nach Fall zurückgreifen können und durch deren Erwähnung Sie zeigen können, dass Sie die Vorgehensweise beherrschen.

- **Auch das unergiebige Gutachten ist richtig, überzeugend und erschöpfend.**

Auch das unergiebige Gutachten, das die streitige Behauptung nicht bestätigt, muss jedoch richtig, überzeugend und erschöpfend sein. Wenn der Sachverständige zu dem Ergebnis kommt, er könne zu der Beweisfrage keine Feststellungen treffen, muss damit feststehen, dass es auch ein anderer Sachverständiger nicht könnte. Andernfalls wäre wie bei einem Gutachten, das Sie nicht überzeugt, die Beweisaufnahme durch Einholung eines weiteren Gutachtens fortzusetzen. Das kann aber im Examen nicht sein. In diesen Fällen heißt daher die Frage: Warum überzeugt mich auch die Feststellung, dass die Beweisführung durch Sachverständigenbeweis nicht möglich ist? Dies ist die einzige Ausnahme von dem Grundsatz, dass zumindest ein positiv ergiebiges Beweismittel nötig ist, um alle ergiebigen Beweismittel würdigen zu können. **294**

- **Die Darstellung eines Sachverständigengutachtens in der Klausur**

Fall: Der Kläger hat durch ein Sachverständigengutachten, das seinen Vortrag bestätigt, Beweis angetreten. Der Beklagte geht gegen das Gutachten inhaltlich an und verlangt ein weiteres Gutachten. **295**

Formulierungsvorschlag:

... Aufgrund des Gutachtens des Sachverständigen sieht das Gericht die streitige Behauptung als bewiesen an. Nach dem in § 286 I 1 ZPO normierten Grundsatz der freien Beweiswürdigung ist ein Beweis erbracht, wenn das Gericht unter Berücksichtigung des gesamten Ergebnisses der Beweisaufnahme und der sonstigen Wahrnehmungen in der mündlichen Verhandlung von der Richtigkeit einer Tatsachenbehauptung überzeugt ist. Die danach erforderliche Überzeugung des Richters gebietet keine absolute oder unumstößliche Gewissheit und auch keine »an Sicherheit grenzende Wahrscheinlichkeit«, es reicht vielmehr ein für das praktische Leben brauchbarer Grad an Gewissheit aus, der Zweifeln Schweigen gebietet. Dies ist vorliegend der Fall.
Der Sachverständige ist in seinem Gutachten zu folgenden Feststellungen gekommen:
(Es folgt die kurze Zusammenfassung des Ergebnisses des Gutachtens.)
Das Gericht folgt den überzeugenden Ausführungen des Sachverständigen. Als ... (berufliche Qualifikation) ist der Sachverständige für die vorliegende Begutachtung besonders qualifiziert. Das Gutachten ist in sich schlüssig und nachvollziehbar. Insbesondere ist der Sachverständige von zutreffenden Tatsachen ausgegangen und hat die daraus gezogenen Konsequenzen logisch und widerspruchsfrei dargestellt.

Soweit der Beklagte die von dem Sachverständigen gezogenen Rückschlüsse aus den feststehenden Erkenntnissen in Zweifel zieht, ist eine inhaltliche Überprüfung des Gutachtens weder Aufgabe der Kammer noch liegt sie im Bereich ihrer Möglichkeiten.
Für die Beantwortung der Beweisfragen hat sich die Kammer mangels eigener Sachkunde des Sachverständigen bedienen müssen. Daraus folgt zwingend, dass der Kern der gutachterlichen Ausführungen, also die eigentliche Beantwortung der Beweisfrage, allein Sache des Sachverständigen ist.
Aus diesem Grunde war auch dem Antrag des Beklagten auf Einholung eines weiteren Gutachtens nicht nachzugehen. Dies ist gem. § 412 I ZPO nur dann erforderlich, wenn das Gericht das bisherige Gutachten für ungenügend erachtet. Dies ist indes, wie oben dargestellt, nicht der Fall. Der Umstand allein, dass der Beklagte die Feststellungen des Sachverständigen anzweifelt, gebietet nicht die Einholung eines weiteren Gutachtens.

c) Die Würdigung von Urkunden

296 • **Grundsätzliches**

Wenn Urkunden in Ihrer Klausur eine Rolle spielen, müssen Sie zwischen ihrer Bedeutung als qualifizierter Parteivortrag und als echtes Beweismittel unterscheiden. Letzteres wird eher selten der Fall sein, weil durch die Vorlage der Urkunden in der Regel die zuvor streitigen Behauptungen unstreitig werden. Die Parteien werden meistens nur um die Auslegung oder die Wirksamkeit eines ansonsten inhaltlich unstreitigen Dokumentes, also um Rechtsfragen streiten.

Es ist in allen Fällen mit Urkunden wichtig, dass Sie die Urkunde genau durchlesen und nicht der Versuchung erliegen, ungeprüft die Auffassung der Parteien zu deren Inhalt zu übernehmen. Vielleicht haben beide Parteien den Inhalt der Urkunde falsch verstanden oder unzutreffend ausgelegt und streiten über Fragen, die auf der Grundlage des tatsächlichen Inhalts gar keine Rolle spielen. Die Parteien können auch durch übereinstimmend vorgetragene Wertungen das Gericht nicht in rechtlicher Hinsicht binden. Bei unklaren Formulierungen ist es Aufgabe des Gerichts, diese Erklärungen gem. §§ 133, 157 BGB auszulegen. Die Angaben der Parteien dazu können aber wichtig sein für die Erforschung ihres wirklichen Willens bei Abgabe der Erklärungen.

297 Bei der Würdigung einer Urkunde als Beweismittel müssen Sie zwischen formeller und materieller Beweiskraft unterscheiden. Die in den §§ 415 bis 419 ZPO geregelte **formelle Beweiskraft** besagt, dass die positive ergiebige, unversehrte und echte Urkunde Beweis dafür erbringt, wer die in ihr enthaltenen Erklärungen abgegeben hat (Urheberschaft). Damit ist zunächst nur die Frage beantwortet: Haben die Parteien das so aufgeschrieben?

Im nächsten Schritt geht es dann um die **materielle Beweiskraft:** Stimmen die in der Urkunde abgegebenen Erklärungen mit der Wirklichkeit überein? Dieser Schritt erfolgt im Rahmen der freien richterlichen Beweiswürdigung gem. § 286 I 1 ZPO.

Der dabei wichtigste Aspekt in Klausuren ist die für positiv ergiebige, unversehrte und echte **Vertragsurkunden** geltende Vermutung, dass der beurkundete Vorgang tatsächlich, dh nicht nur auf dem Papier, so stattgefunden hat, wie er beurkundet worden ist. Dies ist die sog. Vermutung der Vollständigkeit und Richtigkeit von Vertragsurkunden.

Hinsichtlich der Beweislast bei Privaturkunden müssen Sie unterscheiden:

- Wenn die Echtheit der Unterschrift bestritten wird oder nachträgliche Änderungen des Inhalts behauptet werden, muss der Beweispflichtige vollen Beweis für die Echtheit und den Inhalt erbringen.
- Wer behauptet, eine Blankounterschrift geleistet zu haben, der nachträglich ein nicht abgesprochener Text unterlegt worden sei, ist für den Blankettmissbrauch beweispflichtig.

298 • **Würdigung einer Urkunde in der Klausur**

Formulierungsvorschlag:

... Dies steht zur Überzeugung des Gerichts aufgrund der Beweisaufnahme fest. Die in der Beweisaufnahme verlesene Urkunde hat vollen Beweis zugunsten des Klägers erbracht. Die Urkunde ent-

faltet gem. § 416 ZPO formelle Beweiskraft, weil sie äußerlich unversehrt, vollständig und ihre Echtheit nicht bestritten ist. Ihr Inhalt ist auch positiv ergiebig. In der Urkunde heißt es, dass …
Unter umfassender Würdigung der erkennbaren Interessen der Parteien und unter Berücksichtigung der Auslegungsregeln von Willenserklärungen gem. §§ 133, 157 BGB sind die Vereinbarungen nur so zu verstehen, dass …
Der Urkunde kommt auch die materielle Beweiskraft zu. Das Gericht ist im Rahmen der ihm zustehenden freien Überzeugungsbildung gem. § 286 I 1 ZPO sicher, dass die Parteien das, was in der Urkunde niedergeschrieben worden ist, tatsächlich so vereinbart haben …

- **Die Aussage eines Zeugen widerspricht dem Inhalt einer Vertragsurkunde.**

Vorbemerkung: Bei dieser Konstellation wird von Ihnen die Darlegung der beiden Aspekte Vermutung der Vollständigkeit und Richtigkeit der Vertragsurkunde und freie richterliche Überzeugungsbildung erwartet. Von Ausnahmen abgesehen dürfte der Streit zugunsten der in der Urkunde niedergelegten Erklärungen ausgehen. Wichtig ist hier die überzeugende Argumentation. **299**

Fall: Der Kläger möchte einen Kaufvertrag rückabwickeln. Ausweislich des schriftlichen Vertrages ist der Kläger als Käufer eines gebrauchten Pkw nur auf einen Frontschaden hingewiesen worden: »Weitere Vorschäden bestehen nicht.« Der Wagen hatte aber unstreitig auch einen offenbarungspflichtigen Heckschaden. Die Beklagte behauptet, der Hinweis auf den Heckschaden sei mündlich durch F erfolgt. Der Zeuge F, der den Beklagten bei dem Verkauf vertreten hat, bestätigt dies.

Formulierungsvorschlag:

… Es steht zur Überzeugung des Gerichts aufgrund der Beweisaufnahme fest, dass der Kläger über den Heckschaden nicht informiert worden ist.
Die in der Beweisaufnahme verlesene Urkunde hat vollen Beweis zugunsten des Klägers erbracht. Die Urkunde entfaltet gem. § 416 ZPO formelle Beweiskraft, weil sie äußerlich unversehrt, vollständig und ihre Echtheit nicht bestritten ist. Ihr Inhalt ist auch positiv ergiebig. In der Urkunde heißt es unter anderem, dass der Pkw bis auf einen Frontschaden keine weiteren Vorschäden gehabt habe.
Der Urkunde kommt auch materielle Beweiskraft zu. Das Gericht ist im Rahmen der ihm zustehenden freien Überzeugungsbildung gem. § 286 I 1 ZPO sicher, dass die Parteien das, was in der Urkunde niedergeschrieben worden ist, tatsächlich so vereinbart haben.
Demgegenüber sieht das Gericht die streitige Behauptung des Beklagten nicht als bewiesen an. Gemäß § 286 I 1 ZPO ist nach dem Grundsatz der freien Beweiswürdigung ein Beweis erbracht, wenn das Gericht unter Berücksichtigung des gesamten Ergebnisses der Beweisaufnahme und der sonstigen Wahrnehmungen in der mündlichen Verhandlung von der Richtigkeit einer Tatsachenbehauptung überzeugt ist. Die danach erforderliche Überzeugung des Richters gebietet keine absolute oder unumstößliche Gewissheit und auch keine »an Sicherheit grenzende Wahrscheinlichkeit«, es reicht vielmehr ein für das praktische Leben brauchbarer Grad an Gewissheit aus, der Zweifeln Schweigen gebietet. Dies ist indes nicht der Fall.
Der Zeuge hat zwar bekundet, dass er den Kläger vor Unterzeichnung des Vertrages auf den Heckschaden hingewiesen habe. Dies führt aber nicht dazu, dass die Vermutung der Vollständigkeit und Richtigkeit der Vertragsurkunde, nach der der Kläger nur über den Frontschaden aufgeklärt worden ist, erschüttert worden ist. Der Sinn und Zweck schriftlicher Vereinbarungen besteht gerade darin, in Streitfällen durch die Urkunde den Nachweis von getroffenen Abreden zweifelsfrei erbringen zu können. Das bedeutet zwar nicht, dass der Beweis ergänzender Vereinbarungen überhaupt nicht möglich wäre. An die Beweisführung, dass eine Urkunde entgegen der gesetzlichen Vermutung nicht vollständig ist, sind aber deutlich höhere Anforderungen zu stellen, als der Beklagte sie hier erfüllt hat. Wäre die Vollständigkeitsvermutung mit einer schlichten Zeugenaussage, es sei mehr vereinbart worden, als die Urkunde besagt, zu entkräften, bestünde sie faktisch gar nicht. Es ist in derartigen Fällen vielmehr zur Beweisführung erforderlich, dass ein Zeuge besondere Umstände darlegt, die die Unvollständigkeit der Urkunde nachvollziehbar erscheinen lassen und die Vollständigkeitsvermutung erschüttern. Dies hat der Zeuge aber nicht getan. Wenn, wie der Zeuge bekundet hat, der Hinweis auf einen weiteren Schaden noch vor der Vertragsunterzeichnung erfolgt ist, hätte es nahe gelegen, die Urkunde entsprechend zu ergänzen.

Aufgrund des Umstands, dass dies nicht geschehen ist und dafür auch keine plausiblen Gründe vorgetragen worden sind, gebührt der Vollständigkeits- und Richtigkeitsvermutung der Urkunde der Vorrang vor der Aussage des Zeugen.

IV. Entscheidungsgründe zum Fall »Der hilfsbereite Freund«

300 Im Folgenden stellen wir ausformulierte Entscheidungsgründe zum Beispielsfall »Der hilfsbereite Freund« (→ Rn. 90) vor. Wir haben uns an der Lösungsskizze (→ Rn. 150) orientiert. Die Randnummern in Klammern verweisen auf unsere Ratschläge zum Abfassen der Entscheidungsgründe.

Entscheidungsgründe: Die zulässige Klage ist unbegründet.

(→ Rn. 308) Das angerufene Gericht ist gem. §§ 12, 13 ZPO als Gericht des Wohnsitzes des Beklagten örtlich zuständig. Die sachliche Zuständigkeit folgt aus § 23 Nr. 1 GVG. Danach ist für Streitigkeiten mit einem Streitwert, der 5.000 EUR nicht übersteigt, das Amtsgericht sachlich zuständig.

(→ Rn. 243) In der Sache hat die Klage keinen Erfolg. Der Klägerin steht der geltend gemachte Anspruch nicht zu. Er folgt weder aus vertraglichen, rechtsgeschäftlichen noch aus gesetzlichen Vorschriften.

(→ Rn. 248, 279) Dabei kann dahinstehen, ob das zwischen den Parteien bestehende Rechtsverhältnis als Auftrag, Vertrag eigener Art oder als vertragsähnliches Gefälligkeitsverhältnis anzusehen sein könnte. Es fehlt der für jeden vertraglichen Anspruch erforderliche Rechtsbindungswille. Dieser liegt nur vor, wenn anhand objektiver Indizien des Einzelfalles anzunehmen ist, dass die Begründung von Primärleistungspflichten im Bewusstsein von Konsequenzen bei Leistungsstörungen gewollt war oder die Bedeutung der Angelegenheit erkennbar so groß ist, dass dem nur eine vertragliche Bindung gerecht wird. Beides ist vorliegend nicht der Fall.

(→ Rn. 151) Es erscheint abwegig anzunehmen, dass der Beklagte seine Zusage in der Annahme erteilt hat, eine bindende Verpflichtung einzugehen oder einen Anspruch darauf zu haben, den Pkw abzuholen. Ebenso fernliegend ist es, dass die Klägerin der Ansicht war, Schadensersatz verlangen zu können, wenn der Beklagte zB kurzfristig abgesagt hätte. Die Vereinbarung der Parteien bewegte sich vielmehr im Bereich von sozialen Gefälligkeiten unter Bekannten wie das Anbieten von Hilfe bei einem Umzug oder bei einer Wohnungsrenovierung, bei denen keine vertraglichen Verpflichtungen begründet werden.

Auch die Bedeutung der Angelegenheit legt die Annahme eines Rechtsbindungswillens nicht nahe. Für die Beurteilung der Bedeutung der Angelegenheit sind deren Wert sowie rechtliche oder tatsächliche Konsequenzen ihrer Erledigung heranzuziehen. Der Wert der Gefälligkeit entspricht nur dem Betrag, den die Klägerin dadurch erspart hat, dass sie ihren Pkw nicht selbst abgeholt hat, also den Kosten einer Taxifahrt von Lübeck zum Standort des Pkw. Der Wert des Pkw ist dabei ohne Bedeutung. Dass die Überführung für die Klägerin eine über eine Gefälligkeit hinausgehende Bedeutung mit erheblichen Konsequenzen hatte, ist weder erkennbar noch vorgetragen.

Aus den vorstehenden Überlegungen folgt, dass der Klägerin auch keine Ansprüche aus § 311 I, II BGB zustehen.

Eine Haftung aus Vorschriften des Straßenverkehrsgesetzes scheidet aus, weil die Fahrerhaftung gem. § 18 I StVG voraussetzt, dass auch der Halter nach § 7 StVG haftet. Dies ist vorliegend aber nicht der Fall, weil Gegenstand des Rechtsstreits nur Ansprüche zwischen der der Klägerin als Halterin und dem Beklagten als Fahrer sind.

Ein Anspruch aus §§ 989, 990 I 1 BGB scheitert daran, dass er grundsätzlich nur auf den unberechtigten Besitzer anwendbar ist. Vorliegend hatte der Beklagte den Pkw der Klägerin aber mit deren Einvernehmen in Besitz. Der Umstand, dass die Absprachen der Parteien nicht als schuldrechtliches Rechtsverhältnis einzuordnen sind, ist dabei unbeachtlich, weil auch eine sog. übereinstimmende Willenseinigung eine besitzrechtliche Beziehung begründet. An diesem Recht zum Besitz ändert auch der eigenmächtige Abstecher des Beklagten nichts. Das Besitzrecht bleibt bei relativ geringfügigen Überschreitungen der Befugnisse des Besitzers bestehen.

(→ Rn. 151) Der Beklagte haftet auch nicht aus § 823 I BGB. Nach dieser Vorschrift ist unter anderem derjenige zum Ersatz des Schadens verpflichtet, der das Eigentum eines anderen widerrechtlich und schuldhaft verletzt. Eine Haftung des Beklagten scheitert daran, dass ihm nicht das hierfür erforderliche Verschulden zur Last gelegt werden kann. Er hat nur dann für den Schaden einzustehen, wenn ihn ein größeres Verschulden trifft als einfache Fahrlässigkeit. Dies ist jedoch nicht der Fall.

Die Gegebenheiten des vorliegenden Falles zwingen zur Annahme einer sog. stillschweigenden Haftungsbeschränkung auf Vorsatz und grobe Fahrlässigkeit. Diese Fiktion greift ein, wenn rechtliche Beziehungen zwischen Parteien lückenhaft geregelt sind, und die Anwendung der gesetzlichen Bestimmungen zu Ergebnissen führt, die die Parteien unter Berücksichtigung ihrer jeweiligen Interessen im Lichte von Treu und Glauben nicht gewollt hätten, und die sie deshalb, sofern sie sie vorher bedacht hätten, abweichend geregelt hätten. Dies hätte hier dazu geführt, dass die Parteien sich über die Haftungsfrage auseinandergesetzt hätten mit dem Ergebnis, dass die Klägerin sich billigerweise darauf eingelassen hätte, dass dem Beklagten nicht bereits leichte Fahrlässigkeit zum Verhängnis wird.

Dieses Ergebnis beruht auf folgenden Erwägungen:

Es war die Klägerin, die durch ihre Bitte Anlass dazu gab, dass der Beklagte ihr einen Gefallen erwies. Der Beklagte hat ohne jeden Eigennutz und ohne jedes eigene Interesse der Klägerin unentgeltlich eine Gefälligkeit erwiesen, die mit erheblichen Risiken verbunden war. Im Straßenverkehr führt häufig bereits eine geringe Unaufmerksamkeit zu hohen Schäden, die vorliegend nicht versichert sind. Hätten die Parteien dies bei ihren Vereinbarungen bedacht, hätte der Beklagte entweder seine Dienste nicht angeboten oder er hätte eine Haftungsbeschränkung gefordert, auf die sich die Klägerin billigerweise auch eingelassen hätte. Der Umstand, dass die Klägerin die Dienste des Beklagten bereitwillig entgegengenommen hat, macht sie hinsichtlich der Schäden, die auf einfacher Fahrlässigkeit beruhen, weniger schutzwürdig als den ausschließlich in ihrem Interesse handelnden Beklagten. Dies führt dazu, dass sich die Parteien so behandeln lassen müssen, als hätten sie eine Haftungsbeschränkung ausdrücklich vereinbart.

Dem steht auch nicht entgegen, dass bei sog. Gefälligkeitsfahrten kein Raum für Haftungsbeschränkungen im Wege ergänzender Vertragsauslegung ist. Diese Rechtsprechung betrifft die Haftung von Fahrern gegenüber unentgeltlich mitgenommenen Beifahrern, also Fälle, in denen die Annahme einer Haftungsbegrenzung letztlich nur der Haftpflichtversicherung zugutekäme, die dann mangels Haftung ihres Versicherungsnehmers auch nicht einstandspflichtig wäre. Hier geht es aber um eine Gefälligkeit anderer Art, bei der diese Überlegungen keine Rolle spielen.

Auch die grundsätzlich zutreffende Ansicht, im Straßenverkehr sei kein Raum für Haftungsbegrenzungen, führt vorliegend zu keinem anderen Ergebnis, da es sich hier nicht um die Einhaltung von Sorgfaltspflichten gegenüber anderen Verkehrsteilnehmern handelt, sondern um die Haftung gegenüber einem nicht am Straßenverkehr beteiligten Dritten.

An diesem Ergebnis ändert auch die Tatsache nichts, dass der Beklagte einen Abstecher zu dem an der Straße gelegenen Ponyhof ohne vorherige Absprache mit der Klägerin durchgeführt hat. Ausgehend von der auf Billigkeitserwägungen beruhenden Fiktion einer stillschweigenden Haftungsbeschränkung konnte der Beklagte davon ausgehen, dass im Falle einer Erörterung der haftungsrechtlichen Folgen des Abstechers die Klägerin damit einverstanden gewesen wäre, dass er geringfügig von der Fahrstrecke abweicht, um eine persönliche Besorgung zu erledigen. Angesichts der Vielzahl der Vorfahrtssituationen und anderer Gefahrenquellen auf der notwendigen Fahrstrecke stellt der Abstecher auf den unmittelbar an der ohnehin zu befahrenden Strecke gelegenen Ponyhof eine derartig unbedeutende Erhöhung des Risikos dar, dass dies nicht ins Gewicht fällt. Es ist lebensfremd anzunehmen, dass sich die Klägerin, wenn sie mit dem Beklagten über diesen Punkt gesprochen hätte, auf den Standpunkt gestellt hätte, dass die Haftungsbeschränkung nur für die unbedingt erforderliche Fahrstrecke nach Lübeck gelten solle, nicht aber für diese kleine Abweichung. Wäre dies das Ergebnis einer Besprechung gewesen, hätte der Beklagte seine Bereitschaft, den Wagen zu überführen, sicherlich nicht aufrechterhalten.

Dem Beklagten ist nicht der Vorwurf zu machen, den Unfall grob fahrlässig herbeigeführt zu haben. Grob fahrlässig handelt derjenige, der die im Verkehr erforderliche Sorgfalt in besonders schwerem Maße außer Acht lässt.

Die Beweisaufnahme hat den für die Annahme von grober Fahrlässigkeit ausreichenden Vortrag der Klägerin, der Beklagte sei in rasanter Fahrt über den Radweg gefahren, nicht bestätigt. Die Beweisaufnahme war unergiebig.

(→ Rn. 281 ff.) Die Zeugin hat keine konkreten Angaben zum Unfallhergang gemacht. Ihre Bekundung, alles sei sehr schnell gegangen, sie habe den Pkw der Klägerin plötzlich wahrgenommen und nicht mehr reagieren können, ist angesichts der weiteren Aussage, es könne auch sein, dass sie vor dem Zusammenprall woanders hingeschaut habe, nicht ergiebig. Jedenfalls kann daraus nicht darauf geschlossen werden, dass der Beklagte den Radweg in rasanter Fahrt überquert hat. Es kann ebenso gut sein, dass der Pkw, wie der Beklagte behauptet, bereits einige Zeit auf dem Radweg stand, bevor es zu dem Unfall kam. In diesem Fall hätte der Beklagte zwar gegen die sich aus § 15 StVO ergebenden Sicherungspflichten des Fahrers eines liegengebliebenen Pkw verstoßen, weil er nach seiner Darstellung auf die Armaturen geschaut hat, anstatt die Warnblinkanlage einzuschalten, den Verkehr zu beobachten und beim Herannahen der Zeugin die Hupe zu betätigen. Dieses Verhalten ist aber nicht grob fahrlässig, weil es keine besonders schwere Pflichtverletzung darstellt.

Auch die hier anzuwendenden Grundsätze des Anscheinsbeweises führen zu keinem anderen Ergebnis. Diese Beweisvermutung kommt nach gefestigter Rechtsprechung demjenigen zugute, für dessen Behauptungen auf der Grundlage der unstreitigen und festgestellten Einzelumstände nach der Lebenserfahrung ein typischer Geschehensablauf spricht. Dies ist hier der Fall, weil nach der Lebenserfahrung der nicht vorfahrtsberechtigte Verkehrsteilnehmer bei einem im Übrigen streitigen Unfallhergang mit einem Vorfahrtberechtigten den Unfall durch Missachtung der Vorfahrt schuldhaft verursacht hat. Dies rechtfertigt es zwar, auch ohne definitiven Beweis von einer schuldhaften Unfallverursachung des Beklagten auszugehen. Das reicht aber für einen Ersatzanspruch der Klägerin nicht aus, da im Wege des Anscheinsbeweises grundsätzlich nur auf das Vorliegen einfacher, nicht aber grober Fahrlässigkeit geschlossen werden kann.

Die prozessualen Nebenentscheidungen folgen aus § 91 I 1 ZPO, §§ 708 Nr. 11, 711 ZPO.

Rechtsbehelfsbelehrung: Berufung gem. §§ 511 ff. ZPO

Unterschrift des erkennenden Richters

V. Exkurs: Zitate

301 Unserer Ansicht nach sollten Sie weitestgehend auf Zitate verzichten. In einer wirklich guten Klausur sind sie überflüssig. Zitate sollen in der Regel nur eine wissenschaftliche Vorgehensweise vortäuschen oder die Vertretbarkeit eines selbst den Verfasser überraschenden Ergebnisses belegen. Sie sind oft untauglicher Ersatz für fehlende eigene Argumentationen (→ Rn. 151). Zudem sind Zitate, sofern Sie für Selbstverständlichkeiten bemüht werden, sogar schädlich. Es macht nämlich keinen guten Eindruck, wenn der Bearbeiter meint, die »gewagte« Feststellung, dass Verträge durch übereinstimmende Willenserklärungen zustande kommen, durch eine höchstrichterliche Entscheidung belegen zu müssen. Ein Zitat für diese Banalität deutet nur darauf hin, dass der Bearbeiter sich seiner Sache nicht sicher war.

Sie sollten Zitate auf diejenigen Teile Ihrer Begründungen beschränken, die problematisch sind und bei denen Sie die Lösung auch erst im Kommentar gefunden haben und selbst verblüfft waren.

302 Achten Sie darauf, dass Sie »ehrlich« und vollständig zitieren. Mit ehrlich ist gemeint, dass Sie die Fundstelle Ihres Zitats in dem Kommentar angeben, der Ihnen im Examen zur Verfügung steht. Vollständig bedeutet, dass Sie Kommentator, Bearbeiter und Auflage angeben. Wenn Sie eine BGH-Entscheidung zitieren, muss es also lauten:

… (so BGH NJW 2004, 315 ff., zitiert bei Palandt/*Herrler*, BGB, 80. Aufl. 2021, § 985 Rn. 3).

Oder:

… (so die stRspr, vgl. Thomas/Putzo/*Reichold*, ZPO, 41. Aufl. 2020, § 286 Rn. 19).

E. Formulierungsvorschläge und Erläuterungen zu den relevantesten prozessualen Problemstellungen

I. Grundsätzliches

Jetzt kommt das Kapitel zu dem, was von einem guten Juristen auch erwartet wird – die Grundkenntnisse der Standardprobleme prozessualer Aspekte. Unser besonderes Anliegen ist es hier, Ihnen durch die Vermittlung der klausurrelevanten Teile der ZPO dabei zu helfen, die in den Zivilgerichtsklausuren anzusprechenden prozessualen Aspekte schnell zu erkennen und zutreffend formulieren zu können. Hier geht es um Punktesammeln und Zeitsparen! Diesen Teil der Klausur können Sie bis zum Examen perfekt einüben. Die im Folgenden dargestellten prozessualen Aspekte sind unabhängig vom materiellen Gehalt der Klausur immer wieder die gleichen: Erledigung ist Erledigung, Klageänderung ist Klageänderung, ob es nun um Kauf- oder Erbrecht geht. 303

Hier noch einmal ein Phänomen, auf das wir Sie bereits unter → Rn. 20 hingewiesen haben: Sie müssen bedenken, dass in Ihrer Klausur Fragen in Form von Sachverhaltskonstellationen versteckt sind. Wenn zB der Inhaber unter seiner Firma verklagt wird, ist das die versteckte Frage: Geht das und wo ist das geregelt? Wenn der Kläger zunächst Herausgabe und dann Schadensersatz verlangt, sollen Sie auf die Frage antworten: Was ist Klageänderung? Ihre Antworten müssen natürlich immer fallbezogen sein, Sie dürfen also nur das schreiben, was für die Erläuterung der konkreten Situation erforderlich ist.

In den meisten Klausuren sind im Rahmen der Zulässigkeit prozessuale Konstellationen zu finden, durch deren zutreffende Darlegung Punkte zu holen sind. Diese Punkte werden aber nur dann voll zuerkannt, wenn die materielle Lösung zumindest einigermaßen in Ordnung ist. Aber in jedem Fall wird der gute Eindruck, den eine perfekte Darlegung der prozessualen Aspekte hinterlässt, zu einer besseren Note führen, als wenn diese Erörterungen fehlen oder unzutreffend sind.

Ausgangspunkt der Formulierungsvorschläge und damit Arbeitshypothese ist unsere Erfahrung, dass es in den Klausuren im Assessorexamen – von vereinzelten, unseres Erachtens ungewollten Ausnahmen abgesehen – keine gänzlich unzulässigen Klagen gibt, es sei denn, es ist zugleich über eine zulässige Widerklage zu entscheiden. Es kommt allerdings vor, dass einzelne von mehreren Anträgen oder Widerklagen unzulässig sein können,

Aus der ersten Erkenntnis der Klausurtaktik (→ Rn. 81), nach der die Klage entscheidungsreif ist, ergeben sich hier die folgenden Grundregeln: 304

1. Die Klage ist grundsätzlich zulässig!
2. Bei Klausuren mit Widerklagen kann entweder die Klage oder die Widerklage unzulässig sein!
3. Bei Klagenhäufungen können einzelne Anträge unzulässig sein!
4. Wenn Sie zu einem Zulässigkeitsproblem nicht wissen, was Sie schreiben sollen, bejahen Sie die Zulässigkeit ohne weitere Ausführungen!
5. Sie sollten keine Selbstverständlichkeiten ausbreiten!
6. Lassen Sie bei Zeitnot umfangreiche Ausführungen zur Zulässigkeit weg!

Nichts ist verräterischer, als bei prozessualen Fragen, die für den Korrektor als Praktiker in der Regel keine Probleme darstellen, Anfängerfehler zu machen, die – da sie gleich am Anfang der Entscheidungsgründe stehen – einen Schatten auf Ihr restliches Werk werfen! Sie müssen sich das etwa so vorstellen: Ein seinerzeit bekannter Fußballer antwortete auf die Frage, zu welchem Verein er lieber wechseln möchte: »Egal ob Mailand oder Madrid, Hauptsache Italien.« Das ist so schnell nicht wieder gut zu machen. 305

Für die Zulässigkeit wie auch für die Begründetheit gilt der Satz von Goethe, seines Zeichens unter anderem auch Jurist: »Getretener Quark wird breit, nicht stark«. Das besagt, dass der- 306 jenige, der Offensichtliches, Nebensächliches oder Überflüssiges ausbreitet, zeigt, dass ihm der Blick für das Wesentliche fehlt.

Da es, so unsere Arbeitshypothese, im Examen von Ausnahmen bei Klagenhäufungen und Widerklagen abgesehen, nördlich der »Mainlinie« bei der Zulässigkeit nur Scheinprobleme gibt, ist es wichtig, durch knappe, treffende Begründungen das Wichtigste anzusprechen und so zu zeigen, dass man das Prozessrecht beherrscht. Wer sich in der Zulässigkeit zu sehr ausbreitet, setzt mit Sicherheit die falschen Schwerpunkte, weil die zu erörternden Probleme in Wirklichkeit keine sind. Die Prüfer wollen nur wissen, ob Sie mit Begriffen wie Streitgenossenschaft oder gewillkürte Prozessstandschaft etwas anfangen können. Durch die Prägnanz Ihrer Formulierungen verdeutlichen Sie, dass Sie das prozessuale Phänomen in seiner gesamten Bedeutung erfasst haben und in der Lage sind, auf der Grundlage dieses Wissens nur das zu schreiben, was die Ihnen vorliegende Fallgestaltung erfordert und was wirklich wichtig ist.

307 In Ihren Ausführungen zur Zulässigkeit müssen Sie alle Zulässigkeitsfragen erörtern, die von den Parteien angesprochen worden sind, sowie alle vom »Normalfall« abweichenden Besonderheiten. Und wenn die Zulässigkeit keine Fragen aufwirft, reicht ein kurzer Hinweis zur örtlichen und sachlichen Zuständigkeit (→ Rn. 300). Das wird dann allerdings auch erwartet.

Sätze wie »An der Zulässigkeit der Klage bestehen keine Zweifel« oder »Bedenken hinsichtlich § 253 ZPO bestehen nicht« sind mehr als überflüssig. Abgesehen von einem kurzen Hinweis auf die Normen zur örtlichen und sachlichen Zuständigkeit des angerufenen Gerichts kosten Ausführungen zur Zulässigkeit, zu denen das Vorbringen der Parteien oder die Fallgestaltung keinen Anlass gegeben hat, kosten Punkte, weil sie den Eindruck erwecken, dem Verfasser fehle der Blick für das Wesentliche.

308 Der »klassische« Aufbau der Zulässigkeitserwägungen lautet:

> Die Klage ist zulässig und …
> Der Zulässigkeit steht nicht entgegen, dass … oder: Die Rüge des Beklagten, …, geht fehl.
> Dies ergibt sich aus §§ … oder: Dies folgt nach stRspr daraus, dass …
> Diese Voraussetzungen liegen vor, denn …

Noch vor dem normalerweise ersten Satz *»Die Klage ist zulässig und …«* sind gegebenenfalls erforderliche Ausführungen zur Auslegung des Klageantrages und zur Statthaftigkeit und Zulässigkeit von Einsprüchen gegen Versäumnisurteile oder Vollstreckungsbescheide zu machen.

309 Noch zwei Sätze zum Aufbau: Grundsätzlich gilt, dass Sie in den Entscheidungsgründen zunächst mit der Erörterung der Zulässigkeit beginnen und erst danach Ausführungen zur Begründetheit machen, und zwar auch bei kumulativen Klagenhäufungen. Dies gilt nur nicht für Fälle mit Widerklagen oder Hilfsanträgen.

Zulässigkeitserörterungen, die eine Widerklage betreffen, sollten Sie nicht gleich am Anfang der Entscheidungsgründe, sondern erst vor den Ausführungen zur Begründetheit der Widerklage machen → Rn. 270.

310 Wenn Sie einen Hauptantrag abweisen und über den Hilfsantrag entscheiden, müssen Sie zunächst den Hauptantrag abhandeln und die Zulässigkeit des Hilfsantrages und der eventuellen Klagenhäufung den Ausführungen zu dessen Begründetheit voranstellen (→ Rn. 259).

Wenn Sie aber dem Hauptantrag stattgeben und folglich nicht zur Entscheidung über den Hilfsantrag kommen, sollten Sie die Zulässigkeit des Hilfsantrages gar nicht erörtern, weil die Entscheidung in diesem Fall nicht darauf beruht, § 313 III ZPO.

311 Die Formulierungsvorschläge beginnen immer nur mit dem ersten Teil des Einleitungssatzes *»Die Klage ist zulässig …«*. Sie müssen ihn in Ihren Klausuren je nach Ergebnis vervollständigen (*»und begründet«/»aber nicht begründet«* usw.). Auch der erste Satz der Entscheidungsgründe muss den Hauptsacheausspruch des Tenors in vollem Umfang stützen.

312 Denken Sie daran, bei Verfahren vor den Amtsgerichten § 495 ZPO mit anzuführen, wenn Sie bei der Erörterung von Zulässigkeitsaspekten auf Vorschriften von § 253 bis § 494a ZPO verweisen, weil diese Normen unter der Überschrift stehen: »Verfahren vor den Landgerichten«.

Es handelt sich dabei um Normen, die das Verfahren bis zum Urteil, Versäumnisurteil und die am häufigsten in Klausuren vorkommenden prozessualen Aspekte wie Klagenhäufungen, Feststellungsklagen, Klagerücknahmen und Beweisaufnahmen betreffen.

II. Die Formulierungsvorschläge im Einzelnen

1. Ordnungsgemäße Klageerhebung

a) Zustellungsmängel

Aus klausurtaktischen Erwägungen werden Zustellungsprobleme entweder im Rahmen einer Wiedereinsetzungsproblematik eine Rolle spielen (s. dazu → Rn. 465) oder, wenn es um die ordnungsgemäße Klageerhebung geht, nur Scheinprobleme sein. 313

Lesen Sie sich zunächst die §§ 166 ff. ZPO durch, zumindest die Überschriften. Besonders wichtig ist § 189 ZPO. Danach werden Mängel der Zustellung geheilt, wenn das Schriftstück der Person, an die die Zustellung hätte erfolgen müssen oder können, tatsächlich zugegangen ist.

Standardfall ist die Zustellung der Klage an einen »Falschen«, der die Klage dann aber an den »Richtigen« weiterleitet. Der Prozessbevollmächtigte der »richtigen« Partei ist gem. § 172 ZPO auch Zustellungsbevollmächtigter.

Die Ausführungen dazu müssen Sie vor den übrigen Zulässigkeitserwägungen machen, weil eine misslungene Zustellung die Zulässigkeit der Klage grundsätzlich nicht berührt.

Zu anderen Zustellungsmängeln während des Rechtsstreits → Rn. 466.

Fall: Der Prozessbevollmächtigte des Beklagten rügt, dass die Klage nicht seinem Mandanten zugestellt worden ist, sondern versehentlich dessen gleichnamigem Vater. Dieser hatte die Klage dann an seinen Sohn weitergeleitet, weil er sich schon gedacht hatte, dass dieser gemeint sei.

Formulierungsvorschlag:

Die Klage ist zulässig und ... Die Rüge des Beklagten, einer Durchführung des Termins stehe ein Zustellungsmangel entgegen, geht fehl. Der in der versehentlichen Zustellung an den namensgleichen Vater des Beklagten liegende Mangel ist gem. § 189 ZPO dadurch geheilt worden, dass die Klage dem Beklagten tatsächlich zugegangen ist, als er sie von seinem Vater ausgehändigt bekommen hat.

b) Irrtümlich falsche Parteibezeichnung

Vorüberlegungen: 314

Irrtümliche Falschbezeichnungen der klagenden wie der beklagten Partei sind nach hRspr analog §§ 133, 157 BGB so auszulegen, dass derjenige Partei wird, der tatsächlich gemeint ist.

Fall: Die Klage richtet sich nach der Klageschrift gegen die X-OHG, die aber eine KG ist.

Erörtern: § 253 I ZPO iVm §§ 133, 157 BGB analog (Auslegung) vor den Zulässigkeitserwägungen.
Dann ist die Zulässigkeit der richtig ausgelegten Klage darzustellen.

Beachte: Im Rubrum ist die KG als Partei aufzuführen.

Formulierungsvorschlag:

Die Klage ist dahingehend auszulegen, dass sie sich gegen die X-KG richtet. Es gilt auch im Prozessrecht der in §§ 133, 157 BGB normierte materiell-rechtliche Grundsatz entsprechend, dass bei irrigen Falschbezeichnungen das wirklich Gewollte maßgebend ist. Nach stRspr ist bei unrichtiger äußerer Parteibezeichnung grundsätzlich derjenige als Partei anzusehen, der erkennbar als Partei betroffen sein soll. Das ist hier die KG. Dies folgt daraus, dass ...
Die Klage ist in dieser Form auch zulässig und ...

c) Der Inhaber wird unter seiner Firma verklagt

315 **Vorüberlegungen:**

Nach § 17 II HGB kann der Inhaber einer Firma unter seiner Firma verklagt werden, Partei ist aber der Inhaber selbst. Es muss sich um einen Anspruch handeln, der ein Handelsgeschäft iSd §§ 343 ff. HGB darstellt. Ein Inhaberwechsel nach Rechtshängigkeit hat dann keinen Einfluss auf den Rechtsstreit.

Fall: Die Klage, die ein Handelsgeschäft der Beklagten betrifft, richtet sich gegen die Einzelfirma ABC, bei der nach Klagezustellung ein Inhaberwechsel stattgefunden hat.

Erörtern: Ordnungsgemäße Klageerhebung gem. § 253 ZPO.
Ein Kaufmann kann gem. § 17 II HGB unter seiner Firma verklagt werden, sofern der Rechtsstreit ein Handelsgeschäft gem. §§ 343 ff. HGB zum Gegenstand hat.
Der Inhaberwechsel ist unbeachtlich.

Beachte: Das Rubrum muss nach einem Inhaberwechsel berichtigt werden.
Der Kaufmann ist dann als natürliche Person aufzuführen.

Formulierungsvorschlag:

Die Klage ist zulässig ... Ein Kaufmann kann gem. § 17 II HGB unter seiner Firma verklagt werden, wenn Gegenstand der Klage ein Handelsgeschäft iSv §§ 343 ff. HGB ist. Dies ist hier der Fall, denn ...

Der Zulässigkeit der Klage steht auch nicht entgegen, dass der Beklagte nicht mehr Inhaber der Firma »ABC« ist. Wird der Inhaber nach § 17 II HGB unter seiner Firma verklagt, wird er selbst mit Rechtshängigkeit Partei. Er bleibt auch Partei, wenn danach ein Inhaberwechsel stattgefunden hat. In derartigen Fällen ist lediglich – wie geschehen – das Rubrum zu berichtigen.

d) Unbezifferte Klageanträge

316 **Vorüberlegungen:**

Nach § 253 II Nr. 2 ZPO muss die Klage einen bestimmten Antrag enthalten, sonst liegt schon keine ordnungsgemäße Klageerhebung vor. Im Examen sind neben einer Stufenklage, die eher im Rahmen einer Rechtsanwaltsklausur vorkommt, unbezifferte Klageanträge in den Fällen von gerichtlicher Schätzung gem. § 287 ZPO realistisch.

Grund dieser Ausnahme ist das ansonsten bestehende Risiko auf Seiten des Klägers, der bei Bezifferung seines Anspruchs die Schätzung des Gerichts »erahnen« müsste und bei Fehleinschätzung entweder zu wenig verlangt oder ein hohes Kostenrisiko trägt. In den unten aufgeführten Fällen, in denen in der Regel hohe Kosten durch die Einholung von Gutachten anfallen, kann bereits eine geringe Verlustquote den zuerkannten Anspruch aufzehren. Um das Kostenrisiko des Klägers zu begrenzen, reicht es daher nach stRspr aus, wenn er die zur Bestimmung der Höhe seiner Forderung erforderlichen Umstände und Tatsachen vorträgt. Er muss ferner eine Größenordnung seiner Vorstellung vom zuzuerkennenden Betrag mitteilen. Dabei genügt zB die Einzahlung des Gerichtskostenvorschusses nach einem bestimmten Streitwert oder das Schweigen auf die Streitwertfestsetzung durch das Gericht.

Der Kläger wird an den Kosten des Rechtsstreits erst beteiligt, wenn der zuerkannte Betrag mehr als 20% unter dem Betrag liegt, den er sich vorgestellt hat (→ Rn. 186a).

317 **1. Fall:** Der Kläger begehrt vom Beklagten die Zahlung eines nicht bezifferten Betrages wegen entgangenen Gewinns unter Darlegung der ihm möglichen Ermittlungsgrundlagen und Angabe seiner Vorstellung von der ungefähren Größenordnung.

Erörtern: Bestimmtheitsgrundsatz, § 253 II Nr. 2 iVm § 287 ZPO.

Beachte: Nach § 253 II Nr. 2 ZPO muss die Klage grundsätzlich einen bestimmten Antrag enthalten, sonst liegt schon keine ordnungsgemäße Klageerhebung vor. § 287 ZPO regelt die Ausnahme. Es reicht die Angabe der für die Schätzung des Gerichts erforderlichen Tatsachen und die Angabe der Vorstellung des Klägers von der Größenordnung seiner Forderung.

Formulierungsvorschlag:

Die Klage ist zulässig ... Dem steht nicht entgegen, dass der Kläger entgegen § 253 II Nr. 2 ZPO keinen bestimmten Antrag gestellt hat. Dies ist bei Klagen auf Zahlung eines Geldbetrages, dessen Höhe gem. § 287 ZPO von einer gerichtlichen Schätzung abhängt oder ins billige Ermessen des Gerichtes gestellt ist, dann entbehrlich, wenn der Kläger die Schätzungsgrundlagen umfassend dargelegt und die Größenordnung seiner Forderung mitgeteilt hat.
Diesen Anforderungen hat der Kläger Genüge getan, indem er ...

2. Fall: Der Kläger verlangt vom Beklagten Schmerzensgeld. Er stellt einen unbezifferten Antrag und teilt seine Vorstellung von der Größenordnung für das Schmerzensgeld mit und legt die Verletzungen und Beeinträchtigungen im Einzelnen dar. 318

Vorüberlegungen:

Nach der Rechtsprechung ist bei Schmerzensgeldklagen kein bestimmter Antrag, sondern nur die Angabe der für die Bestimmung der Höhe erforderlichen Tatsachen erforderlich. Das Gericht kann dann, wenn kein bezifferter Antrag gestellt wird, in der Höhe frei entscheiden

Erörtern: Bestimmtheitsgrundsatz, § 253 II Nr. 2 ZPO iVm § 253 II BGB, § 287 ZPO.

Beachte: Nach § 253 II Nr. 2 ZPO muss die Klage grundsätzlich einen bestimmten Antrag enthalten, sonst liegt schon keine ordnungsgemäße Klageerhebung vor. § 287 ZPO ist eine Ausnahme. Es reicht bei Schmerzensgeldforderungen, wenn der Kläger die Tatsachen für die Bestimmung der Höhe wie Schwere der Verletzungen, Dauer der Erwerbsunfähigkeit, Folgeschäden usw. vorträgt und seine Vorstellung von der Höhe seiner Forderung angibt.
Der Kläger wird an den Kosten des Rechtsstreits erst beteiligt, wenn der zuerkannte Betrag mehr als 20% unter seinen Vorstellungen liegt.
Denken Sie daran, in der Begründetheit die Argumente für die Bemessung des Schmerzensgeldes als Subsumtion unter den richtigen Obersatz zu setzen, also unter die beiden Voraussetzungen des Schmerzensgeldes, die Ausgleichs- und die Genugtuungsfunktion.

Formulierungsvorschlag:

Die Klage ist zulässig ... Dem steht nicht entgegen, dass der Kläger, anders als in § 253 II Nr. 2 ZPO vorgeschrieben, keinen bestimmten Antrag gestellt hat. Dies ist bei Schmerzensgeldklagen gem. § 253 II BGB nach der Rspr. entbehrlich, weil das erkennende Gericht die Höhe des zuzusprechenden Betrages selbst nach billigem Ermessen gem. § 287 ZPO festsetzt, ohne durch einen bestimmten Antrag oder die Angabe einer Größenordnung gebunden zu sein. Es genügt für eine ordnungsgemäße Klageerhebung, dass der Kläger die Grundlagen für die Ermittlung des Betrages dargelegt und seine Vorstellung von der Höhe seiner Forderung angegeben hat. Dies hat der Kläger dadurch in ausreichender Weise getan, dass er ...

e) Ursprüngliche, objektive, kumulative Klagenhäufung

Vorüberlegungen: 319

Eine ursprüngliche, objektive, kumulative Klagenhäufung liegt vor, wenn der Kläger von vornherein mehr als einen Anspruch unbedingt zur Entscheidung des Gerichts stellt. Es muss sich dabei nicht immer um mehrere Anträge handeln. Wenn alle Ansprüche auf Geld gerichtet sind (zB Kaufpreis und Verzugsschaden oder bei Verkehrsunfällen Schadensersatz, Gutachterkosten, Nutzungsentschädigung und Wertminderung), haben Sie nur einen Antrag und trotzdem eine kumulative Klagenhäufung.

Eine kumulative Klagenhäufung kommt unter anderem häufig bei Klagen nach Verkehrsunfällen vor, wenn der Kläger seinen materiellen und immateriellen Schaden ersetzt haben möchte, oder nach einem Rücktritt, wenn der Kläger Rückzahlung des Kaufpreises und Feststellung des Annahmeverzuges sowie der Abholverpflichtung des Verkäufers beantragt (vgl. → Rn. 403). § 5 ZPO regelt den Streitwert (Addition der Einzelstreitwerte) und damit die sachliche Zuständigkeit.

Auch die unter → Rn. 402 und 412 dargestellten Fälle von Herausgabeverlangen, Fristsetzung und Schadensersatz nach fruchtlosem Fristablauf stellen objektive, kumulative Klagenhäufungen iSv § 260 ZPO dar. Es handelt sich um sog. unechte Hilfsanträge. Das sind Anträge, die bei Erfolg der Klage zwar kumulativ tenoriert, aber nur alternativ vollstreckt werden. Der obsiegende Kläger vollstreckt also entweder den Herausgabe- oder den Schadensersatzanspruch.

Die Zulässigkeit aller Formen der Anspruchshäufung ist in § 260 ZPO geregelt. Aus § 261 II ZPO folgt, dass es auch nachträgliche Klagenhäufungen gibt (→ Rn. 414)

Bei ursprünglicher, objektiver, kumulativer Klagenhäufung ist § 260 ZPO in der Regel keine Sachurteilsvoraussetzung. Die Vorschrift regelt nicht die Zulässigkeit der Klage, sondern nur die Zulässigkeit der Anspruchsverbindung. Das bedeutet, dass beim Fehlen einzelner Voraussetzungen des § 260 ZPO nur eine Trennung nach § 145 ZPO zu erfolgen hat. Dies ist in der Examensklausur allerdings kein zu erwartendes Ergebnis.

Merke: Im Examen ist die Anspruchsverbindung in jedem Fall nach § 260 ZPO zulässig!
Sie sollten die Zulässigkeit der Anspruchsverbindung nur kurz erwähnen.

320 **Vorsicht beim Aufbau!** Da § 260 ZPO bei ursprünglicher, objektiver, kumulativer Klagenhäufung grundsätzlich keine echte Zulässigkeitsvoraussetzung der Klage ist, sollten Sie Ausführungen zu § 260 ZPO nach den übrigen Erörterungen der Zulässigkeit direkt vor der Begründetheit machen.

Ausnahme: Wenn durch die objektive, kumulative Klagenhäufung aufgrund der nach § 5 ZPO gebotenen Addition der Einzelstreitwerte erst die Zuständigkeit des angerufenen Landgerichts begründet wird, sollten Sie gegebenenfalls erwähnen, dass keine Anhaltspunkte für die Annahme vorliegen, dass der Kläger sich die Instanz »erschlichen« hat. S. dazu → Rn. 369 f.

Beachte: Bei Klagenhäufungen müssen Sie jede Position einzeln durchdenken. Sie müssen auf Unterschiede im Sachverhalt achten und die Positionen getrennt rechtlich analysieren. Andernfalls kann Ihnen entgehen, dass nicht alle über denselben »Leisten« zu schlagen sind.

Fall: Der Kläger verlangt vom Beklagten die Herausgabe eines Pkw und eine bezifferte Nutzungsentschädigung. Das angerufene Gericht ist sowohl für beide Einzelstreitwerte als auch für den Gesamtstreitwert sachlich zuständig.

Erörtern: § 260 ZPO als »unechte« Zulässigkeitsvoraussetzung.

Beachte: Sie sollten § 260 ZPO nach den »echten« Zulässigkeitsvoraussetzungen vor den Ausführungen zur Begründetheit darstellen.

Formulierungsvorschlag:

Die Klage ist zulässig …
(Jetzt folgen zunächst mögliche andere Zulässigkeitserörterungen. Dann sollten Sie einen Absatz machen, um zu zeigen, dass die folgenden Erörterungen nicht die Zulässigkeit der Klage betreffen.)
… Es steht dem Kläger auch frei, mehrere Anträge in einer Klage zu verbinden. Dies ist gem. § 260 ZPO immer dann gestattet, wenn bei Identität der Parteien für sämtliche Ansprüche das Prozessgericht zuständig, dieselbe Prozessart zulässig ist und wenn kein Verbindungsverbot besteht. Dies ist der Fall.
(Weiter geht es mit den Ausführungen zur Begründetheit)

Exkurs: Die Stufenklage, § 254 ZPO 321

Als Sonderfall objektiver, kumulativer Klagenhäufungen nach § 260 ZPO kommen Stufenklagen bei Abrechnungsverhältnissen vor, zB zwischen Auftraggeber und Beauftragtem, nach Beendigung eines Mietverhältnisses wegen der Rückzahlung der Kaution oder im Erbrecht. Die wichtigsten gesetzlichen Anspruchsgrundlagen auf Auskunft bzw. Rechnungslegung finden Sie in §§ 666, 2027, 2057, 2127, 2314 BGB. Subsidiär ergibt sich der Auskunftsanspruch gem. § 242 BGB aus der Natur des Rechtsverhältnisses.

Auf der ersten Stufe geht es um Auskunftserteilung oder Rechnungslegung, auf der zweiten um die eidesstattliche Versicherung der Richtigkeit der Angaben auf der ersten Stufe und auf der dritten Stufe um den Zahlungs- oder Herausgabeanspruch.

Abgesehen von »normalen« Konstellationen, in denen Sie neben anderen Ansprüchen über einen Antrag auf der ersten Stufe auf Auskunftserteilung oder Rechnungslegung oder nach erteilter Auskunft auf der dritten Stufe über den Zahlungs- oder Herausgabeanspruch zu entscheiden haben, taucht ein Problem auf, wenn dem Kläger nach erteilter Auskunft nichts zusteht und er insoweit den Rechtsstreit in der Hauptsache einseitig für erledigt erklärt. Eine Erledigung der ersten beiden Stufen kann nicht festgestellt werden, weil diese nur prozessuale Hilfsmittel und keine echten Klagebegehren sind. Auch die dritte Stufe kann sich nicht erledigen, da der Anspruch von Anfang an unbegründet war. Folglich müsste die Klage insoweit abgewiesen werden, weil sich nur eine ursprünglich zulässige und begründete Klage erledigen kann (→ Rn. 425). In diesem Fall hat der BGH entschieden, die Erledigungserklärung in einen Antrag auf Feststellung der Ersatzpflicht des Beklagten für die nutzlos aufgewendeten Kosten aus Verzug umzudeuten. Die darin liegende Klageänderung sei sachdienlich, weil der Kläger im laufenden Prozess eine Entscheidung über die Kosten erhält. Dieser Feststellungsantrag ist begründet, wenn der Beklagte mit der Auskunft in Verzug war und der Kläger nicht wissen konnte, ob und in welcher Höhe ihm ein Zahlungsanspruch zustand.

Schließt sich der Beklagte im obigen Fall, in dem der Antrag auf der ersten Stufe einer von mehreren war, der Erledigungserklärung an, liegt eine übereinstimmende Teilerledigung des Rechtsstreits vor. Bei der Begründung der Kostenentscheidung gem. § 91a ZPO müssen Sie dann darlegen, ob der Beklagte mit der Auskunft in Verzug war und ob der Kläger nicht wissen konnte, ob und in welcher Höhe ihm ein Zahlungsanspruch zustand. Wenn beides der Fall ist, hat der Beklagte insoweit die Kosten des Rechtsstreits zu tragen. Zu den Besonderheiten übereinstimmender Teilerledigungserklärungen → Rn. 212, 433.

f) Ursprüngliche, echte, eventuelle Klagenhäufung

Vorüberlegungen: 322

Damit sind Fälle gemeint, bei denen der Kläger einen Antrag als Hauptantrag stellt und einen weiteren als Hilfsantrag für den Fall, dass er mit dem ersten nicht durchdringt. Die Zulässigkeit des Hilfsantrages ist trotz der Regelung in § 253 II Nr. 2 ZPO (danach muss die Klage einen *bestimmten* Antrag enthalten) unproblematisch, da eine innerprozessuale Bedingung unschädlich ist. Die Begründung lautet: Durch die innerprozessuale Bedingung wird keine Rechtsunsicherheit hervorgerufen, weil durch die Entscheidung des erkennenden Gerichts zweifelsfrei feststeht, ob die Bedingung eingetreten ist oder nicht.

Die sachliche Zuständigkeit bemisst sich nach einhelliger Meinung nach dem höheren Streitwert der beiden Anträge (→ Rn. 372).

Merke: § 5 ZPO regelt den Zuständigkeitsstreitwert nur für echte kumulative, nicht für eventuelle Klagenhäufungen. Anders bei unechten eventuellen Klagehäufungen (→ Rn. 323).

Wenn der Hauptantrag begründet ist, dürfen Sie in den Entscheidungsgründen auf den Hilfsantrag nicht eingehen, weil die Bedingung nicht eingetreten ist. Andernfalls folgen nach der Darlegung der Unbegründetheit des Hauptantrages Ausführungen zur Zulässigkeit des Hilfsantrages. Dort stellen Sie die Zulässigkeit der eventuellen Klagenhäufung gem. § 260 ZPO dar, die in diesen Fällen besondere Sachurteilsvoraussetzung ist. Zu den verschiedenen Aufbauschemata und den Besonderheiten bei teilweiser Unbegründetheit des Hauptantrages s. → Rn. 254 f.

Bei nachträglicher eventueller Klagenhäufung müssen Sie zusätzlich auf die Zulässigkeit der Klageänderung eingehen (vgl. → Rn. 413).

Fall: Der Kläger verlangt vom Beklagten Zahlung des Kaufpreises, hilfsweise die Herausgabe der bereits übergebenen Kaufsache. Nur der Hilfsantrag ist begründet.

Erörtern: Der höhere Einzelstreitwert bestimmt die sachliche Zuständigkeit.
§ 5 ZPO greift nicht.
Unschädlichkeit innerprozessualer Bedingungen, § 253 II Nr. 2 ZPO.
Zusammenhang zwischen Haupt- und Hilfsantrag.
§ 260 ZPO als besondere Sachurteilsvoraussetzung von Hilfsanträgen.

Beachte: § 260 ZPO sollte bei Unbegründetheit des Hauptantrages im Rahmen der Zulässigkeitserörterungen bezüglich des Hilfsantrages dargestellt werden, weil er besondere Sachurteilsvoraussetzung der eventuellen Klagenhäufung ist. Die Ausführungen zur Zulässigkeit des Hilfsantrages dürfen nur im Falle der Unbegründetheit des Hauptantrages gebracht werden. Sie gehören dann vor die Ausführungen zur Begründetheit des Hilfsantrages.
Bei teilweiser Begründetheit des Hauptantrages müssen Sie klären, was der Kläger vorzieht, einen Teil des Hauptanspruchs oder den mit dem Hilfsantrag geltend gemachten Anspruch (→ Rn. 253 f.).

Formulierungsvorschlag:

Die Klage ist zulässig, aber nur hinsichtlich des Hilfsantrages begründet.
(Es folgen Ausführungen zur Zulässigkeit der Klage und des Hauptantrages. Dann:)
Der Hauptantrag ist unbegründet. Der vom Kläger in erster Linie geltend gemachte Zahlungsanspruch steht ihm aus § 433 BGB, der allein in Betracht kommenden Anspruchsgrundlage, nicht zu.
(Nach den Ausführungen zur fehlenden Begründetheit des Hauptantrages folgt:)
Der hilfsweise geltend gemachte Antrag ist zulässig. Dem steht nicht entgegen, dass er unter einer Bedingung gestellt worden ist. Dieser sog. echte Hilfsantrag ist als Ausnahme von der grundsätzlichen Bedingungsfeindlichkeit von Anträgen – so § 253 II Nr. 2 ZPO – zulässig, weil es sich bei der Bedingung um ein innerprozessuales Ereignis, nämlich die Unbegründetheit des Hauptantrages handelt. Eine derartige Bedingung bewirkt keine Rechtsunsicherheit, wie sie § 253 II Nr. 2 ZPO verhindern soll, weil sie allein von der Entscheidung des erkennenden Gerichts abhängt.
Der erforderliche rechtliche oder wirtschaftliche Zusammenhang zwischen Haupt- und Hilfsantrag liegt vorliegend darin, dass beide Ansprüche aus demselben vertraglichen Verhältnis resultieren.
Dem Kläger steht es auch gem. § 260 ZPO frei, mehrere Ansprüche in einem Verfahren gegen den Beklagten zu verbinden. Die Voraussetzungen dieser Vorschrift, dass Parteiidentität besteht und für sämtliche Ansprüche das Prozessgericht zuständig und dieselbe Prozessart zulässig ist und kein Verbindungsverbot besteht, liegen vor.
Der Hilfsantrag ist auch begründet …

322a Exkurs: Die Hilfsaufrechnung im Lichte von § 253 II Nr. 2 ZPO

Bei Hilfsaufrechnungen taucht dasselbe Problem wie bei Hilfsanträgen auf, die Frage der Zulässigkeit der Aufrechnung unter einer Bedingung. Aus der Regelung in § 253 II Nr. 2 ZPO folgert die hRspr, dass nicht nur Anträge, sondern alle Prozesshandlungen bedingungsfeindlich sind. Aber auch hier gilt die Einschränkung: Innerprozessuale Bedingungen schaden nicht, weil sie keine Unsicherheit in den Prozess bringen. Denn durch die eigene Entscheidung des Gerichts steht fest, ob die Bedingung eingetreten ist oder nicht.
Zusätzlich zu dem prozessualen Aspekt sollten Sie bei Hilfsaufrechnungen am Beginn der Ausführungen über ihren Erfolg oder Misserfolg noch § 388 S. 2 BGB erwähnen, der aus demselben Grund der Wirksamkeit der Aufrechnungserklärung nicht entgegensteht.

Formulierungsvorschlag:

... Die Klageforderung ist jedoch durch die vom Beklagten wirksam erklärte Aufrechnung gem. § 389 BGB erloschen.
Es bestehen keine Bedenken gegen die Zulässigkeit der unter der Bedingung des Scheiterns der primären Einwendungen gegen die Klage erklärten Aufrechnung. Der § 253 II Nr. 2 ZPO zu entnehmende Grundsatz, dass alle Prozesshandlungen bedingungsfeindlich sind, gilt nicht für innerprozessuale Bedingungen, weil sie keine Unsicherheit in den Prozess bringen. Denn durch die eigene Entscheidung des Gerichts steht fest, ob die Bedingung eingetreten ist oder nicht.
Aus demselben Grund steht auch § 388 S. 2 BGB der Wirksamkeit der Aufrechnungserklärung nicht entgegen.

g) Ursprüngliche, unechte, eventuelle Klagenhäufung

Vorüberlegungen: 323

Der Unterschied zu klassischen Hilfsanträgen besteht darin, dass bei der unechten Klagenhäufung der Hilfsantrag für den Fall des Erfolges des Hauptantrages gestellt wird. Der Aufbau ist identisch.

Fall: Der Kläger begehrt vor dem Landgericht die Herausgabe eines Pkw im Wert von 4.800 EUR und hilfsweise bei Erfolg des Herausgabeverlangens eine Nutzungsentschädigung von 800 EUR.

Erörtern: Die Summe der Streitwerte bestimmt die sachliche Zuständigkeit, § 5 ZPO.
Unschädlichkeit innerprozessualer Bedingungen, § 253 II Nr. 2 ZPO.
Zusammenhang zwischen Haupt- und Hilfsantrag.
§ 260 ZPO als besondere Sachurteilsvoraussetzung von Hilfsanträgen.

Beachte: Ausführungen zur Zulässigkeit des Hilfsantrages dürfen Sie nur bei Begründetheit des Hauptantrages machen. Sie gehören dann vor die Ausführungen zur Begründetheit des Hilfsantrages. § 260 ZPO sollten Sie bei Begründetheit des Hauptantrages als besondere Sachurteilsvoraussetzung im Rahmen der Zulässigkeit des Hilfsantrages erörtern.
Da das angerufene Gericht für den gesamten Rechtsstreit zuständig sein muss, ist die Summe der Streitwerte für die sachliche Zuständigkeit maßgeblich, auch wenn über den Hilfsantrag gegebenenfalls nicht entschieden wird. Dies ist gegebenenfalls darzustellen (→ Rn. 373).

Formulierungsvorschlag:

Die Klage ist zulässig und begründet. Die sachliche Zuständigkeit des Landgerichts gem. §§ 23 Nr. 1, 71 I GVG folgt daraus, dass das Gericht für den gesamten Rechtsstreit zuständig sein muss und bei einer Entscheidung über den Hilfsantrag die Summe der Einzelstreitwerte gem. § 5 ZPO 5.000 EUR übersteigt.
Der Herausgabeanspruch steht dem Kläger aus § 985 BGB zu. Nach dieser Vorschrift ...
(Es folgen die Ausführungen zur Begründetheit des Hauptantrages. Danach geht es wie folgt weiter:)
Auch der unter Ziffer 2 gestellte Antrag ist zulässig. Dem steht nicht entgegen, dass dieser Antrag ein sog. unechter Hilfsantrag ist, der für den Fall des Erfolges des Hauptantrages gestellt wird. Er ist als Ausnahme von der grundsätzlichen Bedingungsfeindlichkeit von Anträgen – so § 253 II Nr. 2 ZPO – zulässig, weil es sich bei der Bedingung um ein innerprozessuales Ereignis, die Begründetheit des Hauptantrages, handelt. Diese Bedingung bewirkt keine Rechtsunsicherheit wie sie § 253 II Nr. 2 ZPO verhindern soll, weil sie allein von der Entscheidung des erkennenden Gerichts abhängt. Der erforderliche rechtliche oder wirtschaftliche Zusammenhang zwischen Haupt- und Hilfsantrag folgt aus der Abhängigkeit des hilfsweise geltend gemachten Anspruchs vom Bestehen des Hauptanspruchs.
Dem Kläger steht es gem. § 260 ZPO auch frei, mehrere Ansprüche in einem Verfahren zu verbinden. Die Voraussetzungen dieser Vorschrift, ..., liegen vor.

h) Ursprüngliche, uneigentliche, eventuelle Klagenhäufung

323a Der Kläger kann unter den Voraussetzungen von §§ 255, 259 ZPO Herausgabe, Fristsetzung und nach fruchtlosem Fristablauf Schadensersatz verlangen. Es handelt sich dabei um eine sog. uneigentliche, eventuelle Klagenhäufung mit einem unechten Hilfsantrag, der nur bei Erfolg des Hauptantrages zugesprochen wird. Die Besonderheit ist hierbei, dass die Ansprüche im Erfolgsfall kumulativ zuerkannt werden, aber nur alternativ vollstreckt werden können – daher auch die Bezeichnung »Ersatzverurteilung«.

Die Voraussetzung von § 259 ZPO, der Verurteilung zu einer zukünftigen Leistung, ist die Besorgnis, dass sich der Schuldner bei Fälligkeit der rechtzeitigen Leistung entziehen werde. Diese Besorgnis ist bereits begründet, wenn der Schuldner die Verpflichtung zur Leistung ernsthaft bestreitet.

Eine kontrovers diskutierte Frage war bislang, ob der Kläger bei Erfolg seiner Klage den Herausgabeanspruch auch noch nach Fristablauf vollstrecken kann. Der BGH hat nun klargestellt, dass ein Kläger, der in seiner Klage mit dem Antrag auf Ersatzverurteilung nicht deutlich macht, dass er sein Wahlrecht auf Vollstreckung der Herausgabe oder des Schadensersatzes erst künftig ausüben will, mit der alternativen Antragstellung sein Wahlrecht gem. § 281 IV BGB ausgeübt hat. Er kann deshalb nach Ablauf der Herausgabefrist dann nur noch den Schadensersatzanspruch vollstrecken. Das ist ein extrem examensrelevantes Problem für die Zwangsvollstreckungsklausur, deshalb die Fundstelle: BGH NJW 2018, 786.

Der Tenor ohne Vorbehalt lautet:

1. Der Beklagte wird verurteilt, dem Kläger die ... herauszugeben.
2. Dem Beklagten wird für die Herausgabe der unter Ziff. 1 bezeichneten Sache eine Frist von zwei Monaten ab Zustellung des Urteils gesetzt.
3. Der Beklagte wird verurteilt, nach fruchtlosem Ablauf der unter Ziff. 2 gesetzten Frist an den Kläger ... EUR nebst Zinsen iHv ... EUR seit dem ... zu zahlen.

Mit Vorbehalt lautet Ziff. 3:

Der Beklagte wird verurteilt, nach fruchtlosem Ablauf der unter Ziff. 2 gesetzten Frist an den Kläger ... EUR nebst Zinsen iHv ... EUR seit dem ... zu zahlen, **wenn der Kläger statt der Herausgabe Zahlung verlangt**.

Fall: Der Kläger verlangt vom Beklagten Herausgabe einer unstreitig gelieferten Sache, eine Fristsetzung hierfür von zwei Monaten und, falls innerhalb der gesetzten Frist die Herausgabe nicht erfolgt, die Verurteilung des Beklagten zu einem bezifferten Schadensersatz nebst Zinsen seit Klagezustellung. Der Beklagte weist alle Ansprüche zurück.

Erörtern: Zulässigkeit der uneigentlichen, eventuellen Klagenhäufung, § 253 II Nr. 2 ZPO.
Klage auf künftige Leistung mit Fristbestimmung im Urteil, §§ 255, 259 ZPO.
Anfängliche, kumulative, objektive Klagenhäufung, § 260 ZPO.

Beachte: Achten Sie darauf, dass Sie bei Klagen auf künftige Zahlung nicht Zinsen ab Klagezustellung zusprechen dürfen, weil dies die Fälligkeit des Anspruchs voraussetzt, die ja nicht gegeben ist. Zinsen stehen dem Kläger erst ab dem Tag nach Ablauf der Frist zu (→ Rn. 451). Und denken Sie an die Teilabweisung!
§ 255 ZPO setzt seinem Wortlaut nach voraus, dass der Schadensersatzanspruch von einem fruchtlosen Fristablauf abhängt. Dies ist bei Ansprüchen aus §§ 989, 990 I BGB zwar nicht der Fall, deshalb fließt insoweit der Rechtsgedanke von § 281 BGB hier ein. § 281 I BGB gilt nicht nur für schuldrechtliche Ansprüche, sondern auch für Vindikationsansprüche aus § 985 BGB.
Wenn der Beklagte den Besitz bestreitet, taucht zusätzlich das Problem der Verurteilung zu einer »unmöglichen« Leistung auf, → Rn. 402.

Formulierungsvorschlag:

Die Klage ist zulässig …
Gemäß § 255 I ZPO ist der Kläger befugt, im Urteil eine Frist bestimmen zu lassen, weil er nach seinem schlüssigen Vortrag nach fruchtlosem Fristablauf gem. § … iVm § 281 I 1 und IV BGB analog Schadensersatz wegen Nichterfüllung verlangen kann.
Der Zulässigkeit des Antrags zu 3) steht nicht entgegen, dass dieser ein sog. unechter Hilfsantrag ist. Es handelt sich hier um einen Antrag, der in der Vollstreckung unter der Bedingung steht, dass der Herausgabeanspruch innerhalb der gesetzten Frist nicht erfüllt worden ist. Dies steht nicht im Widerspruch zu der sich aus § 253 II Nr. 2 ZPO ergebenden Bedingungsfeindlichkeit von Anträgen. Die Bedingung betrifft hier nicht den Antrag selbst und damit den Rechtsstreit, sondern nur die Vollstreckung.
Der Zulässigkeit des Antrages zu 3) steht ferner nicht entgegen, dass er auf eine künftige Leistung gerichtet ist. Dies ist gem. § 259 ZPO immer dann zulässig, wenn den Umständen nach die Besorgnis gerechtfertigt ist, dass der Schuldner sich der rechtzeitigen Leistung entziehen werde. Dies ist hier der Fall. Dadurch dass der Beklagte alle Ansprüche bestreitet, begründet er die Vermutung, dass er sich bei Eintritt der Fälligkeit des Schadensersatzanspruches auch dessen Erfüllung entziehen wird.
Gemäß § 260 ZPO steht es dem Kläger auch frei, mehrere Klageanträge in einer Klage zu verbinden …

Der Kläger kann sogar den obigen Antrag um einen weiteren echten Hilfsantrag auf Zahlung von Schadensersatz erweitern. Was auf den ersten Blick wie ein unzulässiger, weil doppelt gestellter Antrag aussieht, stellt sich bei näherem Hinsehen als durchaus sinnvoll dar. Der unechte Hilfsantrag auf Zahlung von Schadensersatz hat zur Voraussetzung, dass der Herausgabeanspruch besteht. Ist dies wegen bewiesener Unmöglichkeit aber nicht der Fall, muss die gesamte Klage abgewiesen werden. Deshalb ist jeder Kläger, wenn dem Beklagten der Beweis für die Unmöglichkeit der Herausgabe gelingen könnte, gut beraten, den Schadensersatz zusätzlich im Wege eines echten Hilfsantrages geltend zu machen. Über diesen Hilfsantrag muss das Gericht entscheiden, wenn der Herausgabeanspruch nicht besteht. 323b

i) Hilfsbegründung

Vorüberlegungen: 324

Eine Hilfsbegründung liegt vor, wenn der Kläger einen prozessualen Anspruch bei einem einheitlichen Lebenssachverhalt auf zwei mögliche rechtliche Varianten stützt oder hilfsweise Tatsachen vorträgt, die die Voraussetzungen einer anderen Anspruchsgrundlage erfüllen. Derartige Hilfsbegründungen sind keine eventuellen Klagenhäufungen, da der Streitgegenstand, bestehend aus Antrag und Lebenssachverhalt, gleichbleibt.

Fall: Der Kläger begehrt die Rückgabe der Kaufsache, weil er entweder wirksam zurückgetreten sei oder aus ungerechtfertigter Bereicherung, falls der Vertrag unwirksam sein sollte.

Formulierungsvorschlag:

Die Klage ist zulässig … Insbesondere verstößt der Kläger dadurch, dass er bei gleichbleibendem Sachvortrag neben der in erster Linie geltend gemachten Begründung eine weitere zur Stützung seines Begehrens bemüht hat, nicht gegen das in § 253 II Nr. 2 ZPO verankerte Bestimmtheitsgebot einer Klage. Dieses gilt für den Antrag und den Lebenssachverhalt, nicht aber für die rechtliche Begründung, die allein Aufgabe des Gerichts und nicht der Parteien ist.

j) Alternative Häufung des Klagegrundes

Von den unter → Rn. 324 dargestellten Fällen von Hilfsbegründungen müssen Sie die alternative Häufung des Klagegrundes unterscheiden. Hier geht es um Fälle, in denen der Kläger sein Begehren auf unterschiedliche Lebenssachverhalte stützt, zB die Forderung von 10.000 EUR auf ein originär eigenes oder abgetretenes Recht oder auf Vertrag A bzw. auf Vertrag B. 325

Bei diesen Konstellationen handelt es sich um Klagen mit versteckten Haupt- und Hilfsanträgen. Deshalb muss in derartigen Fällen die Reihenfolge der Klagegründe vom Kläger festgelegt werden, zumindest aber erkennbar sein. Wenn dann der erste Klagegrund greift, entfällt die Auseinandersetzung mit dem zweiten, greift der erste nicht, müssen Sie sich dem zweiten zuwenden. Wenn dieser greift, müssen Sie daran denken – wie bei anderen eventuellen Klagehäufungen auch, bei denen nur der Hilfsantrag durchgeht – die Klage im Übrigen abzuweisen. Da dann gem. § 45 I 2 GKG der doppelte Gebührenstreitwert vorliegt, sind die Kosten bei einem Erfolg der Klage aus dem zweiten Klagegrund gegeneinander aufzuheben.

325a Diese Konstellation ist zu unterscheiden von den – im Assessorexamen allerdings nicht allzu häufigen – Fällen sog. äquipollenten Parteivorbringens. Das sind Fälle, in denen der Beklagte den schlüssigen Vortrag des Klägers erheblich bestreitet, zugleich aber Alternativtatsachen vorträgt, auf deren Grundlage die Klage aus einem anderen rechtlichen Gesichtspunkt begründet ist.

> **Beispiel:** Der Kläger verlangt den Kaufpreis aus § 433 II BGB, der Beklagte wendet Vollrausch bei Vertragsschluss und Übereignung ein und erklärt weiter, er habe später die Sache des Klägers inzwischen für den von diesem verlangten Kaufpreis an einen gutgläubigen Dritten weiterveräußert. Der Kaufpreisanspruch ist erheblich bestritten, aber dafür hat der Beklagte selbst einen Bereicherungsanspruch des Klägers aus § 816 I 1 BGB schlüssig vorgetragen. Nach stRspr und hM braucht das Gericht über den Kaufpreisanspruch nicht zu entscheiden, sondern kann der Klage auf der Grundlage des Beklagtenvortrages aus ungerechtfertigter Bereicherung stattgeben, wenn sich der Kläger den Vortrag des Beklagten zumindest hilfsweise – und sei es stillschweigend – zu eigen gemacht hat, wovon im Zweifel stets auszugehen ist. Dann verbleibt es auch bei dem einfachen Streitwert der Klage und der vollen Kostentragungspflicht des Beklagten.

k) Teilklagen

326 **Vorüberlegungen:**

Bei Teilklagen müssen Sie sich zur sog. Individualisierung des Streitgegenstandes äußern. Wegen der Rechtskrafterstreckung muss klar sein, welcher Teil des Gesamtanspruchs Gegenstand der Klage sein soll. Das ist bei einheitlichen Forderungen nie ein Problem, weil offensichtlich ist, dass die Entscheidung über den eingeklagten Teil des Gesamtbetrages in Rechtskraft erwächst. In diesen Fällen reicht der Hinweis, dass bei einheitlichen Forderungen der Streitgegenstand hinreichend individualisiert ist.

Wenn der Gesamtanspruch aber aus mehreren selbstständigen Einzelpositionen besteht (sog. zusammengesetzte Teilklagen), muss der Kläger genau angeben, welche der selbstständigen Einzelforderungen er mit der Teilklage geltend macht. In Betracht kommen zB ein Prozentsatz von jeder Forderung oder einzelne Forderungen. Gegebenenfalls muss auch angegeben werden, in welcher Reihenfolge die Teilforderungen zur Entscheidung gestellt werden.

Zu Rechtskraftproblemen bei sog. verdeckten Teilklagen → Rn. 395.

> **Fall:** Der Kläger macht von einer Forderung von 100.000 EUR einen genau bezeichneten Teil geltend.

Erörtern: Das Bestimmtheitsgebot ist dank Individualisierung gewahrt, § 253 II Nr. 2 ZPO.

> **Formulierungsvorschlag:**
>
> Die Klage ist zulässig … Es steht dem Kläger frei, nur einen Teil seines Gesamtanspruchs zum Gegenstand der Klage zu machen. Dies ist unter Beachtung des Bestimmtheitsgrundsatzes in § 253 II Nr. 2 ZPO zulässig, wenn der Kläger seinen Anspruch hinreichend individualisiert hat, damit sich der Umfang der Rechtskraft genau bestimmen lässt. Dies ist immer dann der Fall, wenn der Kläger deutlich gemacht hat, welchen Teil eines Anspruches oder welche von mehreren selbstständigen Einzelforderungen er zum Gegenstand der Klage macht bzw. in welcher Reihenfolge die Teilforderungen zur Entscheidung gestellt werden sollen. Dies hat der Kläger in ausreichender Weise getan, indem er …

2. Parteifähigkeit

Die in § 50 ZPO geregelte Parteifähigkeit bereitet im Examen normalerweise keine Schwierigkeiten, weil bei deren Fehlen die Klage unzulässig wäre. Aus Gründen der Vollständigkeit sollten Sie bei juristischen Personen die ordnungsgemäße Vertretung durch einen Hinweis auf die entsprechenden Normen erwähnen. 327

Folgende Fallgestaltungen werfen bezüglich der Parteifähigkeit in Zivilgerichtsklausuren erörterungswerte Fragen auf:

a) Gesellschaft bürgerlichen Rechts

Vorüberlegungen: 328

Nach stRspr ist eine sog. Außengesellschaft bürgerlichen Rechts trotz fehlender vollständiger eigener Rechtsfähigkeit parteifähig. Entsprechendes gilt auch für nicht rechtsfähige Vereine. Die Parteifähigkeit von Wohnungseigentümergemeinschaften ist in § 10 VI WEG geregelt.

Fall: Eine Gesellschaft bürgerlichen Rechts klagt einen Anspruch ein, der mit ihrer Teilnahme am Wirtschaftsleben zusammenhängt.

Erörtern: Parteifähigkeit der GbR als sog. Außengesellschaft, § 50 I ZPO.

Formulierungsvorschlag:

Die Klage ist zulässig ... Der Klägerin fehlt insbesondere nicht die Parteifähigkeit. Auch wenn sie, wie es § 50 I ZPO verlangt, rechtsfähig sein müsste, um parteifähig zu sein, reicht es nach stRspr als Folge ihrer nach außen bestehenden beschränkten Rechtssubjektivität aus, dass die Gesellschaft am Wirtschaftsleben teilnimmt. Im Umfang der dadurch begründeten Rechte und Pflichten ist sie auch aktiv und passiv parteifähig.

b) Vor-GmbH

Fall: A und B errichten die AB-GmbH und erwerben ein Grundstück. Wegen Zahlungsverzuges tritt der Verkäufer vom Vertrag zurück und verweigert die Erstattung der Anzahlung. Die Eintragung der GmbH ins Handelsregister ist noch nicht erfolgt. Die AB-GmbH i.G. klagt auf Rückzahlung. 329

Erörtern: Parteifähigkeit der GmbH in Gründung, § 50 I ZPO.
Ordnungsgemäße Vertretung gem. § 35 I GmbHG.

Formulierungsvorschlag:

Die Klage ist zulässig ... Der Klägerin fehlt nicht die Parteifähigkeit. Dem steht nicht die Regelung des § 50 I ZPO entgegen, nach der Parteifähigkeit Rechtsfähigkeit voraussetzt. Eine GmbH erlangt ihre volle Rechtsfähigkeit gem. § 11 I GmbHG zwar erst mit der Eintragung ins Handelsregister, nach ihrer Errichtung ist sie aber als GmbH in Gründung (sog. Vor-GmbH) bereits ein Rechtsgebilde eigener Art mit Rechten und Pflichten. Als Folge ihrer nach außen bestehenden beschränkten Rechtssubjektivität ist sie in dem Umfang, in dem sie am Wirtschaftsleben teilnimmt, nach stRspr auch aktiv und passiv parteifähig.
Die Klägerin ist auch gem. § 35 I GmbHG analog ordnungsgemäß durch ihren Geschäftsführer vertreten.

3. Prozessführungsbefugnis

Die Prozessführungsbefugnis steht grundsätzlich demjenigen zu, der schlüssig vorträgt, Rechts- oder Anspruchsinhaber zu sein. Aus den Anmerkungen von Korrektoren der Examensklausuren wissen wir, dass großer Wert darauf gelegt wird, die Prozessführungsbefugnis anzusprechen, wenn der Beklagte dem Kläger die »Aktivlegitimation« abspricht. In der Zulässigkeit sollten Sie dann zB schreiben: 330

> Die Klage ist zulässig. Der Kläger ist befugt, den Rechtsstreit zu führen, denn er behauptet schlüssig, Inhaber des geltend gemachten Anspruchs zu sein …

In der Begründetheit geht es dann zB so weiter:

> Die Klage ist auch begründet. Der Kläger ist aktivlegitimiert. Der Zedent hat mit Vereinbarung vom 1.3.2021 den hier geltend gemachten Anspruch wirksam an den Kläger abgetreten …

a) Streitgenossenschaft

331–334 **Vorüberlegungen:**

Auch wenn nur Probleme der notwendigen Streitgenossenschaft die Prozessführungsbefugnis und damit die Zulässigkeit der Klage betreffen, soll der gesamte Problemkreis »Streitgenossenschaft« hier behandelt werden. Die teilweise schwierigen Fragen rund um Streitgenossenschaften sind für Sie unter der Prämisse, dass von Ihnen im Examen eine abschließende Entscheidung verlangt wird, in der Sie sich auch mit materiell-rechtlichen Problemen befassen, nur begrenzt relevant.

Für die Richtigkeit dieser Annahme spricht insbesondere,

- dass das Fehlen der Voraussetzungen der einfachen Streitgenossenschaft nach §§ 59, 60 ZPO nicht zur Unzulässigkeit der Klage führt, sondern zur Trennung gem. § 145 ZPO.
- dass bei dem Vorliegen einer materiell-rechtlich notwendigen Streitgenossenschaft die Klage nach der Rechtsprechung unzulässig ist, wenn – von den unten dargestellten Ausnahmen abgesehen – nicht alle notwendigen Streitgenossen klagen oder verklagt werden.

335 **Einfache Streitgenossen** sind nach BGH unter anderem: OHG/Außen-GbR und Gesellschafter, Hauptschuldner und Bürge, Schuldner und dinglicher Sicherungsgeber, Versicherungsnehmer und Pflichtversicherer, Gesamtschuldner, Gesamtgläubiger, Miterben bei § 2039 BGB und Bruchteilseigentümer im Aktivprozess.

336 **Prozessrechtlich notwendige Streitgenossenschaft** liegt nach stRspr nur bei gesetzlicher Rechtskrafterstreckung vor, zB §§ 327, 856 II, IV ZPO, §§ 1495, 1496, 2342, 2344 BGB.

337 **Materiell-rechtlich notwendige Streitgenossenschaft** liegt unter anderem vor bei Gestaltungsklagen des HGB, bei Aktivprozessen von Gesamthandsgemeinschaften und bei Passivprozessen gegen mehrere Berechtigte, zB Klage nach §§ 917, 1018 BGB gegen mehrere Miteigentümer eines Grundstücks.

Bei Gesamthandsgemeinschaften auf Beklagtenseite liegt in der Regel nur einfache Streitgenossenschaft vor (zB bei einer Klage auf Schadensersatz). Notwendige Streitgenossenschaft ist nur dann anzunehmen, wenn der Anspruch nur von allen Gesamthändern gemeinsam erfüllt werden kann, zB eine Grundbuchberichtigung, Thomas/Putzo/*Hüßtege* ZPO § 62 Rn. 14.

338 Jede Streitgenossenschaft ist zugleich ein Sonderfall der objektiven Klagenhäufung. Deshalb müssen Sie stets die §§ 59, 60 iVm § 260 ZPO analog zitieren.

Da die Zulässigkeit der Klage nur bei materiell-rechtlich notwendiger Streitgenossenschaft zur Diskussion steht, während es bei einfacher Streitgenossenschaft nur um die Zulässigkeit der subjektiven Klagenhäufung geht, müssen Sie §§ 59, 60 iVm § 260 ZPO analog bei einfacher Streitgenossenschaft nach den übrigen Zulässigkeitserörterungen vor den Ausführungen zur Begründetheit darstellen. Sie kennen diesen Aufbau von den Erläuterungen zur objektiven kumulativen Klagenhäufung (→ Rn. 320).

Die Differenzierung zwischen einfacher und notwendiger Streitgenossenschaft ist ohne Bedeutung, wenn eine einheitliche Entscheidung gegen mehrere Beklagte oder Kläger ergeht. Die Frage, um welche Streitgenossenschaft es sich handelt, wird erst relevant, wenn Sie gegenüber den einzelnen Streitgenossen unterschiedlich entscheiden wollen. Das geht nämlich nur bei einfachen Streitgenossen. Wenn Sie sich Ihrer Sache sicher sind, können Sie sich kurz zu der dann rein akademischen Frage äußern, welche Art von Streitgenossenschaft vorliegt. Ein Blick in den Kommentar unter § 62 ZPO ist in jedem Fall empfehlenswert, um Fehler zu vermeiden.

Bedenken Sie, dass jeder einfache Streitgenosse im laufenden Prozess als Zeuge benannt werden kann, sofern das Beweisthema keine »gemeinsame« Tatsache betrifft. 339

Folgende Problemstellungen sind im Examen realistisch:

aa) Ein Kläger/ein Beklagter

Hier kann es sein, dass eine materiell-rechtlich notwendige Streitgenossenschaft mit einem nicht am Rechtsstreit beteiligten Dritten vorliegen könnte. Folge wäre eine Unzulässigkeit der Klage, weil ein materiell-rechtlich notwendiger Streitgenosse alleine mangels Prozessführungsbefugnis weder klagen noch verklagt werden dürfte. Das wird nicht der Fall sein. Also sollten Sie das Problem potentieller Streitgenossenschaft mit einem nicht mitverklagten Dritten in der Regel auch unbeachtet lassen. Sie sollten bei dieser Konstellation nur dann auf eine mögliche Streitgenossenschaft eingehen, wenn der Beklagte seine alleinige Inanspruchnahme oder das alleinige Auftreten des Klägers rügt. 340

Im Examen wird einer der Fälle vorliegen, in denen ein Dritter nicht »mitmachen« muss:

- Es gibt einen Dritten, der aber nur ein einfacher Streitgenosse wäre.
- Es gibt einen Dritten, der aber kein materiell-rechtlich notwendiger Streitgenosse ist, sondern der mitverklagt nur ein »zufällig« oder »prozessrechtlich« notwendiger Streitgenosse wäre.
- Es liegt eine materiell-rechtlich notwendige Streitgenossenschaft auf Beklagtenseite vor, aber der nicht mitverklagte Streitgenosse hat den Anspruch schon vorprozessual anerkannt und ist erfüllungsbereit.
- Es liegt eine Klage gegen Gesamthänder vor, bei der die Gesamthänder den Anspruch auch einzeln erfüllen können (zB Schadensersatz). Dann sind sie nur einfache Streitgenossen.
- Es liegt bei materiell-rechtlich notwendiger Streitgenossenschaft auf Klägerseite eine der in § 744 BGB und § 432 BGB geregelten Ausnahmen vor.
- Es handelt sich um einen Fall der sog. actio pro socio.

1. Fall: Der Kläger verklagt einen Beklagten B, der rügt, dass nur er und nicht auch C in Anspruch genommen wird. Es liegt keine materiell-rechtlich notwendige Streitgenossenschaft vor. C wäre – mitverklagt – nur ein zufällig notwendiger Streitgenosse. 341

Erörtern: Der Dritte ist kein materiell-rechtlich notwendiger Streitgenosse.

Beachte: Nur materiell-rechtlich notwendige Streitgenossen müssen grundsätzlich gemeinsam auftreten. Prozessrechtlich notwendige Streitgenossen, auch »zufällig« notwendige genannt, können einzeln klagen oder verklagt werden. Aber wenn sie gemeinsam auftreten, muss die Entscheidung gegen oder für sie wie bei materiell-rechtlich notwendigen Streitgenossen gleich lauten.

Formulierungsvorschlag:

Die Klage ist zulässig ... (Zunächst handeln Sie mögliche andere Zulässigkeitsaspekte ab.)
Dem Kläger ist es unbenommen, nur den Beklagten zu verklagen, da dieser auch alleine prozessführungsbefugt ist. Dessen Rüge, C hätte mitverklagt werden müssen, geht fehl. Als ... ist C nämlich kein materiell-rechtlich notwendiger Streitgenosse, der zwingend zusammen mit B hätte verklagt werden müssen. Er wäre bei Einbeziehung in den Rechtsstreit nur ein sog. prozessrechtlich oder auch »zufällig« notwendiger Streitgenosse, denn ... Bei einer derartigen Fallgestaltung darf der Kläger seine Klage auch nur gegen einen von mehreren möglichen Streitgenossen richten.

2. Fall: Ein Kläger verklagt einen Beklagten. Ein weiterer materiell-rechtlich notwendiger Streitgenosse ist erfüllungsbereit und hat schon vorprozessual anerkannt. 342

Erörtern: Der erfüllungsbereite materiell-rechtlich notwendige Streitgenosse muss nach stRspr nicht mitverklagt werden.

Formulierungsvorschlag:

Die Klage ist zulässig … (Zunächst handeln Sie mögliche andere Zulässigkeitsaspekte ab.)
Es ist unschädlich, dass der Kläger nur den Beklagten A verklagt hat und nicht auch dessen Streitgenossen B. Der Beklagte ist ausnahmsweise alleine prozessführungsbefugt. Dadurch dass B den hier geltend gemachten Anspruch des Klägers bereits vorprozessual anerkannt und Erfüllungsbereitschaft bekundet hat, würde es ihm gegenüber gegen Treu und Glauben verstoßen, wenn er nur aufgrund seiner formalen Stellung als materiell-rechtlich notwendiger Streitgenosse in einen aus seiner Sicht überflüssigen, von ihm nicht veranlassten Rechtsstreit hineingezogen werden müsste.

343 **3. Fall:** Der Beklagte rügt seine alleinige Inanspruchnahme und meint, C hätte mitverklagt werden müssen. Sie wissen nicht, welche Art von Streitgenossenschaft vorliegt.

Erörtern: Der Dritte kann aus prozesstaktischen Erwägungen kein materiell-rechtlich notwendiger Streitgenosse sein, weil die Klage sonst unzulässig wäre.

Hier ist unser Vorschlag für diesen Notfall:

Formulierungsvorschlag:

Die Klage ist zulässig … (Zunächst handeln Sie mögliche andere Zulässigkeitsaspekte ab.)
Dem Kläger steht es frei, nur den Beklagten in Anspruch zu nehmen. Dessen Rüge, er allein sei nicht prozessführungsbefugt, geht fehl. C ist im Verhältnis zum Beklagten nämlich kein sog. materiell-rechtlich notwendiger Streitgenosse, der hätte mitverklagt werden müssen.

Jedes weitere Wort wäre zu gefährlich, wenn Sie sich nicht sicher sind, weil Sie eine falsche Begründung sofort verraten würde.

bb) Ein Kläger/zwei Beklagte

344 **Problemstellung:**

Es könnte zunächst wie bei der Variante »ein Kläger/ein Beklagter« auf einer oder auf beiden Seiten einen weiteren notwendigen Streitgenossen geben. Darüber hinaus haben Sie eine Streitgenossenschaft auf Beklagtenseite. Die Frage, welche Art von Streitgenossenschaft vorliegt, wird nur relevant,

- wenn unterschiedlich entschieden werden soll, zB wenn ein Versäumnisurteil gegen einen Beklagten beantragt wird oder die Rechtslage unterschiedlich ist, oder
- wenn sich die beiden Beklagten unterschiedlich verteidigen, zB ein Beklagter erkennt teilweise an oder beruft sich auf eine Einrede oder Einwendung, während der andere ausdrücklich widerspricht.
- wenn ein Beklagter der gemeinsamen Inanspruchnahme widerspricht.

Das Vorliegen einfacher Streitgenossenschaft wird nach hM nur auf Rüge hin geprüft.

345 **1. Fall:** Der Kläger verklagt zwei einfache Streitgenossen vor dem Landgericht auf Zahlung von je 3.000 EUR. B 2) widerspricht der gemeinsamen Inanspruchnahme.

Erörtern: Sachliche Zuständigkeit des Landgerichts gem. §§ 23 Nr. 1, 71 I GVG iVm § 5 ZPO.
Einfache Streitgenossenschaft, §§ 59, 60 I ZPO auf Rügen hin zu prüfen.
§ 260 ZPO analog als gleichzeitige objektive Klagenhäufung.

Beachte: Die Streitwerte getrennt zu vollstreckender Anträge gegen einfache Streitgenossen werden gem. § 5 ZPO addiert. In diesen Fällen müssen Sie die Sicherheitsleistung im Rahmen der vorläufigen Vollstreckbarkeit nach den Einzelstreitwerten ausweisen.
Bei Gesamtschuldnern darf wegen der wirtschaftlichen Identität der Ansprüche nicht addiert werden.

Formulierungsvorschlag:

Die Klage ist zulässig … (Zunächst handeln Sie mögliche andere Zulässigkeitsaspekte ab, hier also:) Das angerufene Gericht ist auch sachlich zuständig. Gemäß §§ 23 Nr. 1, 71 I GVG ist für Streitigkeiten mit einem Streitwert von mehr als 5.000 EUR das Landgericht sachlich zuständig. Der Streitwert beträgt hier gem. § 5 ZPO 6.000 EUR. Nach dieser Vorschrift werden mehrere in einer Klage geltend gemachte Ansprüche zusammengerechnet. Dies gilt auch, wenn wie vorliegend gegen einfache Streitgenossen mehrere Anträge gestellt werden, die getrennt vollstreckt werden können.
Dem Kläger steht es auch frei, beide Beklagte in einem Rechtsstreit zu verklagen. Dies ist stets dann zulässig,

- wenn sie in Rechtsgemeinschaft hinsichtlich des streitgegenständlichen Rechtes gem. § 59 Alt. 1 ZPO stehen. Dies ist hier der Fall, denn … (zB Gesamtschuldner)
- wenn Gleichheit bezüglich des Verpflichtungsgrundes gem. § 59 Alt. 2 ZPO besteht. Dies ist der Fall, denn … (zB mehrere Käufer bei gemeinschaftlich geschlossenem Vertrag)
- wenn gleichartige Ansprüche/Verpflichtungen den Gegenstand des Rechtsstreits bilden, die auf einem im Wesentlichen gleichartigen tatsächlichen und rechtlichen Grund beruhen, § 60 ZPO. So ist es vorliegend, denn … (zB Klage eines Vermieters gegen mehrere Mieter auf Räumung)

Die Zulässigkeit der in der subjektiven Klagenhäufung zugleich liegenden anfänglichen, objektiven Klagenhäufung folgt aus §§ 59, 60 iVm § 260 ZPO analog.

2. Fall: Der Kläger nimmt zwei Beklagte auf Kaufpreiszahlung in Anspruch, die mit getrennten Verträgen bei ihm Ware gekauft haben. Kein Beklagter rügt. 346

Erörtern: Das Vorliegen einfacher Streitgenossen gem. §§ 59, 60 ZPO wird nach hM nur auf Rüge hin geprüft.
§ 260 ZPO analog als gleichzeitige objektive Klagenhäufung zweckmäßig, §§ 59, 60 ZPO.

Formulierungsvorschlag:

Die Klage ist zulässig … (Zunächst handeln Sie mögliche andere Zulässigkeitsaspekte ab.)
Es steht dem Kläger frei, beide Beklagte in einem Rechtsstreit zu verklagen. Dabei kann dahinstehen, ob die Beklagten selbst unter Zugrundelegung der nach der Rechtsprechung gebotenen weiten Auslegung von §§ 59, 60 ZPO einfache Streitgenossen sind, weil das Vorliegen einfacher Streitgenossenschaft nach hM nur auf Rüge hin zu prüfen ist und das rügelose Verhandeln jedenfalls einen möglichen Mangel geheilt hat, § 295 ZPO.
Die Zulässigkeit der in der subjektiven Klagenhäufung zugleich liegenden objektiven Klagenhäufung folgt aus §§ 59, 60 iVm § 260 ZPO analog.

3. Fall: Der Kläger verklagt mit schlüssigem Vortrag zwei Beklagte, die einfache Streitgenossen sind. B 1) ist säumig. Der Kläger beantragt den Erlass eines VU gegen B 1). Im Übrigen wird streitig verhandelt. 347

Erörtern: Einfache Streitgenossenschaft, §§ 59, 60 I ZPO.
§ 260 ZPO analog als gleichzeitige objektive Klagenhäufung.

Beachte: Für eine analoge Anwendung von § 62 ZPO fehlt die planwidrige Regelungslücke. Bei schlüssiger Klage muss ein VU ergehen. § 62 ZPO gilt nur für notwendige Streitgenossen. Denken Sie daran, dass Sie bei fehlender Schlüssigkeit der Klage ein sog. unechtes VU, also ein klageabweisendes Urteil gegen den erschienenen Kläger, erlassen müssen.
Die Kostenentscheidung ist gem. § 100 II ZPO getrennt zu tenorieren (→ Rn. 179).
Die Entscheidung heißt »Teilversäumnis- und Endurteil«.

Formulierungsvorschlag:

Die Klage ist zulässig … (Zunächst handeln Sie mögliche andere Zulässigkeitsaspekte ab.)
Es steht dem Kläger frei, zwei Beklagte in einem Rechtsstreit gemeinsam zu verklagen. Die Beklagten sind einfache Streitgenossen iSv §§ 59, 60 ZPO. Dies folgt aus …

Die Zulässigkeit der in der subjektiven Klagenhäufung zugleich liegenden anfänglichen objektiven Klagenhäufung folgt aus §§ 59, 60 iVm § 260 ZPO analog.
(Jetzt müssen Sie zunächst die Begründetheit der Klage gegen B 2) abhandeln. Vor der Begründung der Nebenentscheidungen sollten Sie unseres Erachtens zum Versäumnisurteil gegen den säumigen B 1) Stellung nehmen. Ein Versäumnisurteil muss zwar gem. § 313b ZPO nicht begründet werden, im Examen sind die folgenden Ausführungen aber sicherlich nicht schädlich:)
Der Umstand, dass die beiden Beklagten, wie oben dargestellt, nur einfache Streitgenossen sind, hat zur Folge, dass gegen den Beklagten zu 1) auch im Wege eines Versäumnisurteils entschieden werden konnte. Der einfache Streitgenosse wird nicht gem. § 62 ZPO, der nur auf Fälle notwendiger Streitgenossenschaft anwendbar ist, durch den nicht säumigen Streitgenossen als vertreten angesehen. Eine analoge Anwendung auf einfache Streitgenossenschaft ist nicht möglich, weil weder eine planwidrige Regelungslücke noch ein vergleichbarer Sachverhalt vorliegt. Einfache Streitgenossenschaft stellt nämlich lediglich die äußerliche Verbindung mehrerer Prozesse in einem Verfahren bei verbleibender Selbstständigkeit ihrer inneren Entwicklung dar. Dies bedeutet, dass gegen die einzelnen Streitgenossen inhaltlich und formal unterschiedlich entschieden werden kann, was bei notwendigen Streitgenossen gerade nicht der Fall ist.

348 **4. Fall:** Der Kläger beantragt ein Versäumnisurteil gegen einen säumigen notwendigen Streitgenossen.

Erörtern: Notwendige Streitgenossenschaft gem. § 62 ZPO.
§ 260 ZPO analog als gleichzeitige objektive Klagenhäufung.

Beachte: Bei notwendiger Streitgenossenschaft ist zwischen Zulässigkeit und Begründetheit zu erörtern, dass ein Versäumnisurteil nicht erlassen werden darf, weil der säumige notwendige Streitgenosse durch den erschienenen gem. § 62 I ZPO als vertreten gilt.

Formulierungsvorschlag:

Die Klage ist zulässig … (Zunächst handeln Sie mögliche andere Zulässigkeitsaspekte ab.)
Die Inanspruchnahme beider Beklagter in einem Rechtsstreit ist vorliegend geboten, weil es sich bei den Beklagten um sog. notwendige Streitgenossen handelt. Dies folgt aus ihrer Rechtsstellung als … Die Zulässigkeit der in der subjektiven Klagenhäufung zugleich liegenden anfänglichen objektiven Klagenhäufung folgt aus § 260 ZPO analog.
Dem Antrag des Klägers auf Erlass eines Versäumnisurteils gegen den nicht erschienenen Beklagten zu 2) war nicht stattzugeben, weil ein Fall der Säumnis gem. § 331 ZPO nicht vorliegt. Der trotz ordnungsgemäßer Ladung nicht erschienene Beklagte zu 2) gilt nämlich gem. § 62 I ZPO durch den Beklagten zu 1), seinen notwendigen Streitgenossen, als vertreten.

b) Prozessführungsbefugnis von Amts wegen

349 **Vorüberlegungen:**

Sogenannte Parteien kraft Amtes sind der Insolvenzverwalter gem. § 80 InsO, der Testamentsvollstrecker gem. §§ 2197 ff. BGB, der Nachlassverwalter gem. §§ 1981 ff. BGB und der Zwangsverwalter gem. § 152 ZVG.

Formulierungsvorschlag:

Die Klage ist zulässig … Der Kläger ist als sog. Partei kraft Amtes prozessführungsbefugt. Dies ergibt sich gem. § … aus seiner Stellung als …

c) Gesetzliche Prozessstandschaft gem. § 265 ZPO

350 **Vorüberlegungen:**

Gesetzliche Prozessstandschaft stellt die Ausnahme von dem Grundsatz dar, dass nur derjenige als Kläger auftreten darf, der behauptet, materieller Rechtsinhaber zu sein. »Gesetzlich« heißt diese Form der Prozessstandschaft, weil sie im Gegensatz zu der sog. gewillkürten gesetzlich normiert ist. Die examensrelevantesten Fälle gesetzlicher Prozessstandschaft regelt § 265 ZPO. Weitere Fälle finden Sie in §§ 432, 1368, 1629 III und 2039 BGB. Im Folgenden beschränken wir uns auf § 265 ZPO, weil dieses Phänomen häufig in Klausuren vorkommt.

Die gesetzliche Prozessstandschaft gem. § 265 ZPO betrifft nur Fälle der Abtretung des geltend gemachten Anspruchs oder der Veräußerung der streitbefangenen Sache nach Rechtshängigkeit, also nach Zustellung der Klage. Wenn dieser Zeitpunkt vor Rechtshängigkeit liegt, kann der Kläger nur in sog. gewillkürter Prozessstandschaft auftreten (→ Rn. 353).

Der in gesetzlicher Prozessstandschaft auftretende Kläger wird in der Regel den Antrag auf Leistung an den materiellen Rechtsinhaber umstellen. Er kann aber ausnahmsweise auch Zahlung an sich beantragen, wenn ihm der materielle Rechtsinhaber eine Einziehungsermächtigung erteilt hat. Dieses Vorgehen des Klägers führt nach hRspr nicht zu einem unzulässigen »nackten Eigentum« des Eigentümers, weil dieser die Ermächtigung jederzeit widerrufen kann.

Entsprechendes gilt für Kläger, die in gewillkürter Prozessstandschaft auftreten (→ Rn. 353).

Die Pfändung und Überweisung der eingeklagten Forderung führt ebenfalls zu einer gesetzlichen Prozessstandschaft gem. § 265 I ZPO, weil dies keine anderen Auswirkungen auf den Prozess hat als eine Abtretung. Der Kläger muss natürlich den Antrag auf Zahlung an den vollstreckenden Gläubiger umstellen.

1. Fall: Der Kläger veräußert die Sache, deren Herausgabe er vom Beklagten verlangt, nach Rechtshängigkeit an einen Dritten. Er stellt den Antrag auf Herausgabe an den Dritten um. Der Beklagte macht von seinem Rügerecht nach § 265 III ZPO keinen Gebrauch. 351

Erörtern: Prozessführungsbefugnis gem. § 265 II 1 ZPO.
Klageänderung durch Antragsumstellung stets zulässig nach § 264 Nr. 2 ZPO.

Beachte: Ohne Rüge oder entsprechenden Vortrag kommt es auf die Frage, ob das Urteil auch gegen den Dritten wirkt, § 265 III iVm § 325 ZPO, nicht an, es sei denn, aus dem Vortrag des Klägers ergibt sich bereits seine mangelnde Prozessführungsbefugnis, was dann von Amts wegen zu berücksichtigen wäre. Prozessual steht der Anspruch weiterhin dem Kläger zu, aber er ist auf Zahlung an den Zessionar gerichtet.

Formulierungsvorschlag:

Die Klage ist zulässig … Gemäß § 265 II 1 ZPO berührt die Veräußerung der streitbefangenen Sache am …, mithin nach der durch Zustellung am … eingetretenen Rechtshängigkeit der Klage, die Prozessführungsbefugnis des Klägers nicht. Der Kläger tritt in sog. gesetzlicher Prozessstandschaft auf.
Die Umstellung des Antrages auf Herausgabe an den Dritten stellt nach allgemeiner Auffassung lediglich eine sog. qualitative Modifizierung dar, die nach § 264 Nr. 2 ZPO eine stets zulässige Form der Klageänderung ist.
Auf die Klärung der Frage, ob das Urteil nach § 325 ZPO auch gegenüber dem Dritten wirksam ist, kommt es vorliegend nicht an, da der Beklagte von seinem Rügerecht nach § 265 III ZPO keinen Gebrauch gemacht hat und der Vortrag des Klägers zu einer Prüfung seiner Prozessführungsbefugnis von Amts wegen keinen Anlass gibt.
(Der vorstehende Absatz verstößt zwar gegen § 313 III ZPO, weil das Urteil nicht darauf beruht, er ist aber sinnvoll, um Wissen zu zeigen. Weiter geht es mit der Begründetheit:)
Der Kläger ist aktivlegitimiert, da er seinen Antrag der neuen materiellen Rechtslage angepasst und auf Herausgabe an den Dritten umgestellt hat. In dieser geänderten Form steht dem Kläger der geltend gemachte Anspruch aus § … zu. Nach dieser Vorschrift …

2. Fall: Der Kläger tritt den geltend gemachten Anspruch nach Rechtshängigkeit an die Bank zur Sicherung einer Forderung ab. Er stellt den Antrag auf Zahlung an die Bank um. Der Beklagte rügt die fehlende Prozessführungsbefugnis des Klägers. Die Bank hat keine Kenntnis von dem Rechtsstreit. 352

Erörtern: Prozessführungsbefugnis gem. § 265 II 1 ZPO.
Klageänderung durch Antragsumstellung stets zulässig nach § 264 Nr. 2 ZPO.
Anzusprechen sind §§ 265 III, 325 ZPO.
Die Gutgläubigkeit des Zessionars ist unerheblich.

Beachte: Das Auftreten in gesetzlicher Prozessstandschaft wird in Examensklausuren stets zulässig sein, weil sonst die Klage ohne Erörterung der sachlichen Probleme abgewiesen werden müsste. Im Fall einer begründeten Rüge nach §§ 265 III, 325 II ZPO wäre die Klage nach stRspr des BGH wegen fehlender Aktivlegitimation unbegründet.

Eine Rüge nach § 265 III ZPO wird im Examen – klausurtaktisch – nur erfolgreich sein, wenn ein Fall wie → Rn. 356 vorliegt, also eine nachträgliche gewillkürte Prozessstandschaft nach einer gescheiterten gesetzlichen Prozessstandschaft. Da die Zessionarin ausweislich der Vorlage keine Kenntnis von dem Rechtsstreit hatte und folglich nicht »bösgläubig« iSv § 325 II ZPO war, muss die Rüge des Beklagten hier aus einem anderen Grund scheitern. Dieser Grund ist bei Forderungsabtretungen – was sich aus der Kommentierung bei Thomas/Putzo nicht ergibt –, dass nach hM § 325 II ZPO nur anwendbar ist, wenn das materielle Recht einen Erwerb vom Nichtberechtigten kraft guten oder öffentlichen Glaubens überhaupt zulässt. Dies ist aber bei Forderungsabtretungen grundsätzlich nicht der Fall, wie sich aus § 404 BGB ergibt. Deshalb ist in derartigen Fällen die Gutgläubigkeit des Zessionars unerheblich.

Eine weitere kleine Falle kann darin versteckt sein, dass dem Abtretungsvertrag nicht zu entnehmen ist, dass der Zinsanspruch mit abgetreten worden ist, zumal, wenn der Verzugsbeginn vor dem Abtretungszeitpunkt lag. Wenn der Antrag in derartigen Fällen wie üblich auf Zahlung an den Zessionaren mit Zinsen seit Verzugsbeginn lautet, sollten Sie konkludent die Zinsen als mit abgetreten ansehen und dies bei der Begründung der Zinsentscheidung kurz darlegen.

Formulierungsvorschlag:

Die Klage ist zulässig ... Die Abtretung des geltend gemachten Anspruchs am ..., mithin nach der durch Zustellung am ... eingetretenen Rechtshängigkeit der Klage, berührt gem. § 265 II ZPO die Prozessführungsbefugnis des Klägers nicht. Der Kläger tritt in gesetzlicher Prozessstandschaft auf.

Die gebotene Umstellung des Antrages auf Zahlung an die Zessionarin stellt lediglich eine sog. qualitative Modifizierung dar, die nach § 264 Nr. 2 ZPO eine stets zulässige Form der Klageänderung ist.

Die Rüge des Beklagten, dem Kläger fehle die Prozessführungsbefugnis, weil das Urteil nicht gegen den Rechtsnachfolger wirke, ist unbegründet. Gemäß § 325 I ZPO wirkt das Urteil auch gegen denjenigen, der nach Rechtshängigkeit Rechtsnachfolger einer Partei geworden ist. Vorliegend kommt es auf die Gut- oder Bösgläubigkeit der Zessionarin nicht an, weil § 325 II ZPO nur anwendbar ist, wenn das materielle Recht einen Erwerb vom Nichtberechtigten kraft guten oder öffentlichen Glaubens überhaupt zulässt. Dies ist aber bei Forderungsabtretungen grundsätzlich nicht der Fall, wie sich aus § 404 BGB ergibt.

Einer Klarstellung durch einen richterlichen Hinweis bedurfte es nicht, weil der Antrag des Klägers unmissverständlich ist und die Hinweispflicht sich gem. § 139 II 1 ZPO nicht auf Nebenforderungen erstreckt.

d) Gewillkürte Prozessstandschaft

353 **Vorüberlegung:**

Gewillkürte Prozessstandschaft liegt vor, wenn der materielle Rechtsinhaber einen Dritten zur klageweisen Geltendmachung seines Rechts ermächtigt. Sie unterscheidet sich von der in § 265 ZPO geregelten gesetzlichen Prozessstandschaft grundsätzlich nur durch den Zeitpunkt der Abtretung bzw. der Veräußerung der Sache:

- Liegt dieser Zeitpunkt **nach** Rechtshängigkeit, handelt es sich um gesetzliche Prozessstandschaft.
- Liegt dieser Zeitpunkt **vor** der Rechtshängigkeit der Klage, liegt eine gewillkürte Prozessstandschaft vor.

Ein weiterer Fall gewillkürter Prozessstandschaft ist denkbar bei Abtretung nach Rechtshängigkeit, wenn der Einwand des Beklagten nach § 265 III ZPO greift, der Rechtsnachfolger also im Zeitpunkt der Abtretung gutgläubig war. Dann darf der bisherige Kläger mit Ermächtigung des Rechtsnachfolgers den Rechtsstreit als gewillkürter Prozessstandschafter fortführen (→ Rn. 356).

Abgesehen von der vorstehend geschilderten Konstellation muss die Rüge des Beklagten nach § 265 III ZPO aus prozesstaktischen Gründen immer scheitern, weil die Klage bei Erfolg der Rüge nach hM unbegründet und Ihre Klausur damit zu Ende wäre. Nach einem Erfolg der Rüge sieht es aus in Fällen von Forderungsabtretungen bei fehlender Kenntnis des Zessionars von der Rechtshängigkeit. In diesen Fällen scheitert der Erfolg der Rüge aber an § 404 BGB, weil die »Bösgläubigkeit« des Zessionars irrelevant ist, da es grundsätzlich keinen gutgläubigen Erwerb von Forderungen gibt.

Gewillkürte Prozessstandschaft ist nach stRspr dann zulässig,
- wenn das Recht/der Anspruch bzw. seine Ausübung übertragbar ist,
- wenn eine wirksame Ermächtigung durch den jetzigen Rechtsinhaber vorliegt,
- wenn der Kläger ein eigenes schutzwürdiges Interesse an der Geltendmachung hat und
- wenn dadurch keine Benachteiligung des Beklagten eintritt.

Bei Vollstreckungsgegenklagen ist das Auftreten des Klägers in gewillkürter Prozessstandschaft nach stRspr des BGH grundsätzlich unzulässig, so BGH NJW-RR 2014, 653.

Der in gewillkürter Prozessstandschaft auftretende Kläger wird in der Regel den Antrag auf Leistung an den materiellen Rechtsinhaber stellen. Er kann aber auch Zahlung an sich beantragen, wenn ihm der materielle Rechtsinhaber eine Einziehungsermächtigung erteilt hat (s. auch → Rn. 350).

Von dem Streit über die Frage, bis zu welchem Zeitpunkt eine Prozessführungsermächtigung während eines laufenden Rechtsstreits widerrufen werden kann, sollten Sie sich merken, dass ein Widerruf nach Beginn der mündlichen Verhandlung ohne Auswirkung auf die Prozessführungsbefugnis des Klägers bleibt, sofern der Beklagte nicht einer Abweisung der Klage als unzulässig zustimmt. Letzteres ist aber sicher keine examensrelevante Konstellation.

Im Folgenden finden Sie die relevantesten Fallkonstellationen:

1. Fall: Der Kläger macht einen Anspruch, den er vor Rechtshängigkeit an eine Bank zur Sicherheit abgetreten hat, mit deren Ermächtigung im eigenen Namen gegen den Beklagten geltend. Der Antrag lautet auf Zahlung an die Bank. 354

Erörtern: Prozessführungsbefugnis aufgrund gewillkürter Prozessstandschaft.
Ermächtigung durch materiellen Rechtsinhaber.
Eigenes schutzwürdiges Interesse.
Keine Benachteiligung des Beklagten erkennbar.

Formulierungsvorschlag:

Die Klage ist zulässig … Der Umstand, dass der Kläger den geltend gemachten Anspruch bereits vor Rechtshängigkeit an die Zessionarin abgetreten hat, berührt seine Prozessführungsbefugnis nicht. Er tritt in sog. gewillkürter Prozessstandschaft auf. Nach dieser von der Rechtsprechung in Ermangelung einer gesetzlichen Regelung entwickelten Rechtsfigur kann der Kläger ausnahmsweise ein fremdes Recht im eigenen Namen geltend machen, wenn ihn der materielle Rechtsinhaber hierzu bevollmächtigt hat, der Kläger ein eigenes schutzwürdiges Interesse an der Durchsetzung des Anspruchs hat und der Beklagte hierdurch keine Nachteile erleidet.
Diese Voraussetzungen sind gegeben. Die Bevollmächtigung ergibt sich aus dem vorgelegten Schreiben der Zessionarin. Das schutzwürdige Interesse des Klägers folgt daraus, dass die Klärung der streitigen Werthaltigkeit der Forderung von maßgeblicher Bedeutung für das Rechtsverhältnis zwischen ihm und der Zessionarin ist. Der Beklagte ist durch das Auftreten des Klägers in gewillkürter Prozessstandschaft auch nicht benachteiligt. Durch die Ermächtigung zum Führen des Rechtsstreits wirkt das Urteil auch für und gegen die Zessionarin.

355 **2. Fall:** Der Kläger macht einen Anspruch auf Zahlung, den er vor Rechtshängigkeit abgetreten hat, mit Ermächtigung der Zessionarin im eigenen Namen geltend. Der Antrag lautet auf Zahlung an die Zessionarin. Der Kläger ist vermögenslos, die Zessionarin ist vermögend.

Erörtern: Prozessführungsbefugnis aufgrund gewillkürter Prozessstandschaft.
Ermächtigung durch materiellen Rechtsinhaber.
Eigenes schutzwürdiges Interesse.
Auch bei Inanspruchnahme durch einen vermögenslosen Prozessstandschafter liegt grundsätzlich keine Benachteiligung des Beklagten vor, es sei denn, die Ermächtigung ist missbräuchlich. Letzteres wird zB angenommen, wenn eine überschuldete, vermögenslose GmbH oder GmbH & Co. KG, die keine Aussicht hat, ihre Geschäfte fortzusetzen, eine an eine Bank abgetretene Forderung im eigenen Namen und auf eigene Kosten zugunsten der Bank einklagt.

Formulierungsvorschlag:

Die Klage ist zulässig ... Der Umstand, dass der Kläger den Anspruch bereits vor Rechtshängigkeit an die Zessionarin abgetreten hat, berührt seine Prozessführungsbefugnis nicht. Er tritt in sog. gewillkürter Prozessstandschaft auf. Nach dieser von der Rechtsprechung in Ermangelung einer gesetzlichen Regelung entwickelten Rechtsfigur kann der Kläger ein fremdes Recht im eigenen Namen geltend machen, wenn ihn der materielle Rechtsinhaber hierzu bevollmächtigt hat, er ein eigenes schutzwürdiges Interesse an der Durchsetzung des Anspruchs hat und der Beklagte hierdurch keine Nachteile erleidet.
Diese Voraussetzungen liegen vor. Die Bevollmächtigung ergibt sich aus dem Schreiben der Zessionarin. Das schutzwürdige Interesse des Klägers folgt daraus, dass die Klärung der streitigen Werthaltigkeit der Forderung von Bedeutung für das Rechtsverhältnis zwischen ihm und der Zessionarin ist.
Dadurch dass der Kläger in gewillkürter Prozessstandschaft auftritt, ist der Beklagte auch nicht unbillig benachteiligt. Zum einen wirkt das Urteil durch die Erteilung der Vollmacht auch für und gegen die Zessionarin. Zum anderen reicht auch der Einwand, der Kläger sei vermögenslos und falle damit als Kostenschuldner für einen Rückgriff beim Scheitern seiner Klage aus, zur Verneinung seiner Prozessführungsbefugnis nicht aus. Von einem vermögenslosen Kläger zu Unrecht in Anspruch genommen zu werden, ist ein Lebensrisiko, dem jedermann ausgesetzt ist. Der Beklagte wäre auch nicht geschützt, wenn der vermögenslose Kläger den Anspruch erst nach Rechtshängigkeit abgetreten hätte. Dann läge nämlich ein Fall von gesetzlicher Prozessstandschaft vor, der gem. § 265 ZPO von Gesetzes wegen zulässig wäre. Außerdem würde auch eine Klageabweisung durch Prozessurteil wegen fehlender Prozessführungsbefugnis dem Beklagten möglicherweise nicht beizutreibende Kosten verursachen und ihn durch den geringeren Umfang der Rechtskraft weniger schützen als ein Sachurteil.
Eine gewillkürte Prozessstandschaft ist in derartigen Fällen nur unzulässig, wenn sich die Ermächtigung zur Prozessführung als Missbrauch darstellt, etwa wenn ein vermögensloser ehemaliger Rechtsinhaber vorgeschoben wird, um einen Prozess zu führen, den er aus eigenem Antrieb nicht führen würde. Dies lässt sich hier aus den vorgetragenen Tatsachen aber nicht herleiten.

356 **3. Fall:** Der Kläger veräußert die Sache, deren Herausgabe er verlangt, nach Rechtshängigkeit an den Dritten D. Der Beklagte rügt zu Recht, dass D gutgläubig gewesen sei. Dieser bevollmächtigt daraufhin den Kläger zur Fortführung des Prozesses im eigenen Namen.

Erörtern: Prozessführungsbefugnis aufgrund nachträglicher gewillkürter Prozessstandschaft.
Ermächtigung durch den neuen materiellen Rechtsinhaber.
Eigenes schutzwürdiges Interesse des Klägers.
Keine Benachteiligung des Beklagten.

Formulierungsvorschlag:

Die Klage ist zulässig ... Der Kläger darf trotz der berechtigten Rüge des Beklagten nach § 265 III ZPO den Rechtsstreit fortführen. Der zutreffende Einwand des Beklagten, D sei gutgläubig iSv § 325 ZPO iVm § 932 II BGB gewesen, sodass das Urteil nicht gegen ihn wirken würde, hat nur zur Folge, dass der Kläger nicht in gesetzlicher Prozessstandschaft klagen kann. Er ist aber nicht gehindert, diesen Mangel auch noch während des Verfahrens zu beheben und dann in sog. gewillkürter Prozessstandschaft aufzutreten.

Nach dieser von der Rechtsprechung in Ermangelung einer gesetzlichen Regelung entwickelten Rechtsfigur kann jemand als Partei in einem Rechtsstreit ausnahmsweise ein fremdes Recht in eigenem Namen geltend machen, wenn ihn der materielle Rechtsinhaber hierzu ermächtigt hat, er ein eigenes schutzwürdiges Interesse an der Durchsetzung seines Anspruchs hat und der Beklagte hierdurch keine Nachteile erleidet. Diese Voraussetzungen sind vorliegend gegeben. Die Ermächtigung ergibt sich aus dem vorgelegten Schreiben des D vom …
Das schutzwürdige Interesse des Klägers folgt daraus, dass die Klärung des Bestehens des Anspruchs von maßgeblicher Bedeutung für das Rechtsverhältnis zwischen ihm und D ist. Eine Benachteiligung des Beklagten ist durch das Auftreten des Klägers in gewillkürter Prozessstandschaft nicht erkennbar. Durch die Bevollmächtigung zur Fortführung des Rechtsstreits wirkt das Urteil auch für und gegen D.

Noch zwei Hinweise zu § 325 II ZPO: 356a

In NJW 2019, 310 hat der BGH neben einigen prüfungsrelevanten vollstreckungsrechtlichen Fragen, die wir in unserem Zwangsvollstreckungsskript bei § 771 ZPO darstellen, auch Erhellendes zur Veräußerung der streitbefangenen Sache nach § 265 ZPO und zur Rechtskraftwirkung gem. § 325 ZPO entschieden: Erwirbt ein Dritter in einem laufenden Rechtsstreit den streitbefangenen Gegenstand von einer der Parteien zu Eigentum und schließt diese Partei dann im weiteren Verlauf des Prozesses einen Vergleich, so muss der Dritte diesen Prozessvergleich später nach §§ 265 II 1, 325 I ZPO gegen sich gelten lassen, wenn und soweit der Inhalt des Vergleichs auch das Ergebnis eines Urteils in dem damaligen Prozess hätte sein können.

Zum anderen hat der BGH eine wichtige Streitfrage zur Reichweite des § 325 II ZPO entschieden. Demnach soll diese Vorschrift nur beim Erwerb vom Nichtberechtigten gelten und damit eine sog. doppelte Gutgläubigkeit voraussetzen. Die Rechtskraft eines Urteils erstreckt sich also nur dann gem. § 325 II ZPO nicht auf den Rechtsnachfolger, wenn sich dessen guter Glaube sowohl auf die Rechtsinhaberschaft des Veräußerers als auch auf die fehlende Rechtshängigkeit bezog.

4. Örtliche Zuständigkeit

Vorüberlegungen: 357

Auch wenn sich die örtliche Zuständigkeit problemlos aus den §§ 12, 13 ZPO (Gerichtsstand des Wohnsitzes des Beklagten) ergibt und der Beklagte nicht rügt, sollten Sie einen Satz zur örtlichen Zuständigkeit schreiben (vgl. → Rn. 300). Die verschiedenen Regelungen zur örtlichen Zuständigkeit in den §§ 12 ff. ZPO sollten Sie sich einmal durchlesen. In Art. 5 und 6 EuGVVO, nachzulesen im Thomas/Putzo, ist die örtliche Zuständigkeit deutscher Gerichte für EU-Ausländer geregelt.

a) Gerichtsstand des Wohnsitzes gem. §§ 12, 13 ZPO

Fall: Der Beklagte wird an dem Gericht seines Wohnsitzes verklagt. 358

Erörtern: Örtliche Zuständigkeit nach §§ 12, 13 ZPO.

Formulierungsvorschlag:

Die Klage ist zulässig.
Das angerufene Gericht ist gem. §§ 12, 13 ZPO als Gericht des Wohnsitzes des Beklagten örtlich zuständig.

b) Fortdauer der Zuständigkeit (perpetuatio fori) gem. § 261 III Nr. 2 ZPO

Vorüberlegungen: 359

Maßgeblicher Zeitpunkt für das Vorliegen der Zulässigkeitsvoraussetzungen ist grundsätzlich der Schluss der mündlichen Verhandlung. Wenn eine Zulässigkeitsvoraussetzung zuvor fehlte, sie aber bei Schluss der mündlichen Verhandlung vorliegt, ist die Klage zulässig. Wenn aber eine Zulässigkeitsvoraussetzung während des Rechtsstreits entfällt, kann der Kläger einer Klageabweisung nur durch eine Erledigungserklärung entgehen (→ Rn. 430).

§ 261 III Nr. 2 ZPO regelt die Ausnahme von diesem Grundsatz und betrifft die örtliche und die sachliche Zuständigkeit des angerufenen Gerichts. § 261 III Nr. 2 ZPO besagt, dass ein einmal angerufenes Gericht zuständig bleibt, auch wenn sich eine Zuständigkeitsvoraussetzung nach Rechtshängigkeit ändert, und zwar

- in tatsächlicher Hinsicht (zB durch Wohnsitzwechsel) oder
- in rechtlicher Hinsicht (zB durch Änderung der gesetzlichen Streitwertgrenzen).

Fall: Der Beklagte ist nach Zustellung in einen anderen Gerichtsbezirk umgezogen. Er rügt die örtliche Zuständigkeit.

Erörtern: Örtliche Zuständigkeit nach §§ 12, 13 ZPO.
Fortdauer der Zuständigkeit gem. § 261 III Nr. 2 ZPO.

Formulierungsvorschlag:

Die Klage ist zulässig. Das angerufene Gericht ist gem. §§ 12, 13 ZPO als Gericht des Wohnsitzes des Beklagten örtlich zuständig. Daran hat sich auch durch den Wohnsitzwechsel nach Klagezustellung nichts geändert. Maßgeblicher Zeitpunkt für das Vorliegen der Zulässigkeitsvoraussetzungen ist zwar grundsätzlich der Schluss der mündlichen Verhandlung. War jedoch einmal die Zuständigkeit eines Gerichtes gegeben, besteht sie gem. § 261 III Nr. 2 ZPO unabhängig von einer Veränderung der sie begründenden Umstände fort. Dies ist hier der Fall, denn der Beklagte wohnte im Zeitpunkt der Zustellung der Klage im hiesigen Bezirk.

Weitere Fälle der »perpetuatio fori« kommen auch im Rahmen der sachlichen Zuständigkeit durch teilweise Klagerücknahmen (→ Rn. 421) und Erledigungserklärungen (→ Rn. 430 ff.) vor.

c) Gerichtsstand des Erfüllungsortes gem. § 29 ZPO

360 **Vorüberlegungen:**

§ 29 ZPO greift nicht nur bei vertraglichen Erfüllungsansprüchen. Auch Gewährleistungsansprüche und Ansprüche nach Rücktritt sind nach hRspr dort zu erfüllen, wo sich die mangelhafte Sache befindet (sog. Belegenheitsort). Für den Nacherfüllungsanspruch des Verbrauchers/Käufers ist dies allerdings umstritten (vgl. dazu *Kaiser/Kaiser/Kaiser* Materielles Zivilrecht Rn. 25a mwN).

Fall: Der Kläger macht einen Kaufpreisanspruch geltend. Der Beklagte wohnte bei Vertragsschluss in Berlin. Er ist vor Zustellung der Klage nach Bonn gezogen. Der Kläger klagt in Berlin.

Erörtern: Örtliche Zuständigkeit des Erfüllungsortes gem. § 29 I ZPO.
Wahlrecht gem. § 35 ZPO.
§§ 270 IV, 269 I BGB (sog. qualifizierte Schickschuld).

Formulierungsvorschlag:

Die Klage ist zulässig ... Insbesondere ist das angerufene Gericht gem. § 29 I ZPO örtlich zuständig. Nach dieser Vorschrift ist für Streitigkeiten aus einem Vertragsverhältnis eine örtliche Zuständigkeit bei dem Gericht begründet, in dessen Bezirk die streitige Verpflichtung zu erfüllen ist. Dies bestimmt sich gem. § 269 I BGB danach, wo der Schuldner zur Zeit der Entstehung des Schuldverhältnisses seinen Wohnsitz hatte, wenn ein Ort für die Leistung weder bestimmt noch aus sonstigen Umständen zu entnehmen ist. Dies ist hier Berlin, wo der Beklagte zum Zeitpunkt der Entstehung des Schuldverhältnisses, dem Abschluss des Kaufvertrages, wohnte. Berlin war Erfüllungsort für die Kaufpreisforderung, die als sog. qualifizierte Schickschuld iSv §§ 270 IV, 269 I BGB am Wohnsitz des Schuldners zu erfüllen ist.
Es stand dem Kläger gem. § 35 ZPO frei, Berlin als Gerichtsstand des Erfüllungsortes zu wählen.

d) Gerichtsstand der unerlaubten Handlung gem. § 32 ZPO

Vorüberlegungen: 361

§ 32 ZPO begründet eine örtliche Zuständigkeit am Ort der unerlaubten Handlung. Ob bei einem Bestreiten des Beklagten eine unerlaubte Handlung tatsächlich vorliegt, ist aber eine Frage der Begründetheit der Klage. Da das Vorliegen einer unerlaubten Handlung mithin für die Zulässigkeit und für die Begründetheit der Klage relevant ist, spricht man in diesen Fällen von doppelt relevanten Tatsachen und von **qualifizierten Prozessvoraussetzungen**.

Bei doppelt relevanten Tatsachen reicht es für die Zulässigkeit aus, dass der Kläger das Vorliegen der betreffenden Voraussetzung schlüssig vorträgt. Andernfalls müsste bei einem Streit über deren Vorliegen bereits zur Feststellung der Zulässigkeit Beweis über die Begründetheit der Klage erhoben werden. Wenn dann zB nach dem Ergebnis einer Beweisaufnahme die Voraussetzung nicht vorliegt, wäre nach dem Grundsatz des Vorrangs der Zulässigkeit vor der Begründetheit die Klage unzulässig. Aus Gründen des Schuldnerschutzes und der Prozessökonomie wird deshalb in diesen Fällen der grundsätzlich Vorrang der Zulässigkeit gegenüber der Begründetheit eingeschränkt, damit die umfassendere Rechtskraft des Sachurteils den gesamten Anspruch erfasst. Andernfalls bestünde zudem die Gefahr divergierender Gerichtsentscheidungen, weil nach einem Prozessurteil derselbe Anspruch vor einem örtlich zuständigen Gericht erneut verhandelt und abweichend entschieden werden könnte.

Weitere Fälle qualifizierter Prozessvoraussetzungen sind zB der Gerichtsstand des § 29 ZPO, wenn der Beklagte bestreitet, Vertragspartner zu sein, das Feststellungsinteresse bei unbegründeten Feststellungsklagen, § 256 ZPO (→ Rn. 449), und die Behauptung des Erschleichens eines Titels bei einer Klage gegen ein rechtskräftiges Urteil (→ Rn. 393).

Die Entscheidungsbefugnis eines nach § 32 ZPO zuständigen Gerichts erstreckt sich nach neuester Rechtsprechung nicht mehr allein auf den deliktischen Anspruch. Das örtlich zuständige Gericht hat nach stRspr analog § 17 II GVG den Rechtsstreit unter allen in Betracht kommenden rechtlichen Gesichtspunkten, also auch unter vertraglichen, zu entscheiden, sofern es sich um einen einheitlichen prozessualen Anspruch handelt. Neben dem in § 17 II GVG zum Ausdruck gekommenen gesetzgeberischen Willen, dass Rechtsstreitigkeiten sogar über die Grenzen von Gerichtsbarkeiten hinaus »in einer Hand« bleiben sollen, sprechen Gründe der Prozessökonomie für diese Ansicht.

Fall: Der Kläger nimmt den Beklagten aus unerlaubter Handlung vor einem nur gem. § 32 ZPO örtlich zuständigen Gericht in Anspruch. Der Beklagte bestreitet die unerlaubte Handlung.

Erörtern: Örtliche Zuständigkeit gem. § 32 ZPO (qualifizierte Prozessvoraussetzung).

Formulierungsvorschlag:

Die Klage ist zulässig … Die örtliche Zuständigkeit des Gerichts ergibt sich aus § 32 ZPO. Danach ist für Klagen aus unerlaubter Handlung das Gericht zuständig, in dessen Bezirk die Handlung begangen worden ist. Dazu reicht es aus, dass der Kläger, wie geschehen, die Voraussetzungen der unerlaubten Handlung schlüssig vorträgt. Dies folgt aus der Lehre der sog. qualifizierten Prozessvoraussetzungen. Das sind solche, bei denen Tatsachen sowohl für die Zulässigkeit als auch für die Begründetheit einer Klage vorliegen müssen, sog. doppelt relevante Tatsachen. In derartigen Fällen wird der Vorrang der Zulässigkeit vor der Begründetheit aus Gründen der Prozessökonomie und der Rechtssicherheit durchbrochen. Wenn das ausschließlich gem. § 32 ZPO zuständige Gericht das Vorliegen einer unerlaubten Handlung in der Sache verneint und dann nur ein Prozessurteil wegen fehlender örtlicher Zuständigkeit erlassen dürfte, könnte der Kläger den Beklagten erneut mit demselben Sachvortrag vor einem anderen Gericht verklagen.

e) Gerichtsstandsvereinbarung gem. §§ 38 ff. ZPO

Vorüberlegungen: 362

Lesen Sie zunächst §§ 38–40 ZPO durch. Bei Klagen vor dem vereinbarten Gericht wird die Prorogation wirksam sein oder es wird ein anderer Gerichtsstand vorliegen, den der Kläger gem. § 35 ZPO wählen kann.

Wenn der Kläger trotz Prorogation vor einem anderen Gericht klagt, wird der Streit darum gehen, ob nicht vor dem vereinbarten Gericht hätte geklagt werden müssen. Die klausurtaktische Lösung wird entweder die Unwirksamkeit der Prorogation oder notfalls deren Auslegung als Vereinbarung eines zusätzlichen Gerichtsstandes sein. Denken Sie bei Klagen vor den Amtsgerichten an § 504 ZPO!

363 **1. Fall:** Es liegt eine wirksame Gerichtsstandsvereinbarung »München« vor, der Kläger erhebt aber Klage vor dem Wohnsitzgericht in Lübeck. Der Beklagte rügt die örtliche Zuständigkeit.

Erörtern: Örtliche Zuständigkeit gem. §§ 12, 13 ZPO. Es kann – klausurtaktisch – nur ein zusätzlicher Gerichtsstand vereinbart worden sein, was dem Kläger die Wahlmöglichkeit nach § 35 ZPO lässt. Bei Vereinbarung eines ausschließlichen Gerichtsstandes wäre die Klage unzulässig.

Formulierungsvorschlag:

Die Klage ist zulässig. Die örtliche Zuständigkeit des Gerichts folgt aus §§ 12, 13 ZPO. Dem steht auch die wirksame Gerichtsstandsvereinbarung, nach der München zuständiger Gerichtsort ist, nicht entgegen. Unter umfassender Würdigung des Parteiwillens und der Interessenlage bei Vertragsschluss kann dies nicht als Vereinbarung eines ausschließlichen, sondern nur als Vereinbarung eines zusätzlichen Gerichtsstandes gewertet werden. Dies ergibt sich daraus, dass … Das lässt dem Kläger gem. § 35 ZPO die Wahl, seine Klage vor einem der zuständigen Gerichte zu erheben.

364 **2. Fall:** Die Wirksamkeit einer Prorogation ist problematisch. Der Kläger klagt vor dem Wohnsitzgericht. Der Beklagte rügt.

Erörtern: Örtliche Zuständigkeit gem. §§ 12, 13 ZPO. Die Wirksamkeit der Gerichtsstandsvereinbarung kann offenbleiben. Es kann – klausurtaktisch – nur ein zusätzlicher Gerichtsstand vereinbart sein, was dem Kläger die Wahlmöglichkeit nach § 35 ZPO lässt.

Formulierungsvorschlag:

Die Klage ist zulässig. Das angerufene Gericht ist als Gericht des Wohnsitzes des Beklagten gem. §§ 12, 13 ZPO örtlich zuständig. Dabei kann dahinstehen, ob die abweichende Gerichtsstandsvereinbarung wegen der gegebenenfalls fehlenden Kaufmannseigenschaft des Beklagten überhaupt wirksam ist. Unter umfassender Würdigung des Parteiwillens und der Interessenlage … (weiter wie in → Rn. 363)

365 **3. Fall:** Die Wirksamkeit der Prorogation ist problematisch, der Kläger klagt aber vor einem anderen Landgericht. Der Beklagte rügt nicht.

Erörtern: Örtliche Zuständigkeit nach § 39 ZPO. § 40 II 2 ZPO schließt seinem Wortlaut nach beim Vorliegen eines ausschließlichen Gerichtsstandes die Heilung durch rügeloses Verhandeln aus. Diese Vorschrift betrifft aber nur gesetzlich bestimmte ausschließliche Gerichtsstände.
§ 504 ZPO gilt nur für Amtsgerichte und nicht für Klagen vor Landgerichten.

Formulierungsvorschlag:

Die Klage ist zulässig … Es kann dahinstehen, ob die Parteien eine wirksame Gerichtsstandsvereinbarung getroffen haben. Das angerufene Gericht ist jedenfalls dadurch zum örtlich zuständigen Gericht geworden, dass der Beklagte, ohne die Unzuständigkeit geltend gemacht zu haben, zur Hauptsache mündlich verhandelt hat, § 39 ZPO. Dem steht auch nicht die Regelung des § 40 II 2 ZPO entgegen, nach der durch rügeloses Verhandeln ein Gerichtsstand dann nicht begründet wird, wenn für die Klage ein ausschließlicher Gerichtsstand besteht. Selbst wenn die Parteien München als ausschließlichen Gerichtsstand wirksam vereinbart haben sollten, ist § 40 II 2 ZPO nicht einschlägig, weil diese Vorschrift nur gesetzlich geregelte ausschließliche Gerichtsstände betrifft.

Eines richterlichen Hinweises bedurfte es nicht. Dieser ist gem. § 504 ZPO nur für Amtsgerichte zwingend, nicht aber für Landgerichte.

f) Rügeloses Verhandeln gem. § 39 ZPO

Vorüberlegungen: 366

Beachten Sie, dass grundsätzlich auch schriftsätzlich angekündigte Rügen ohne ausdrückliche Wiederholung durch die Antragstellung in der mündlichen Verhandlung im Wege der konkludenten Bezugnahme aufrechterhalten sind (vgl. → Rn. 407, 428). Wenn die Rügen in der Sache unbegründet sind, sollten Sie darauf eingehen. Wenn daran aber die Zulässigkeit der Klage scheitert, sollten Sie eine Antragstellung ohne ausdrückliche Bezugnahme auf schriftsätzlich vorgetragene Rügen als rügeloses Verhandeln ansehen und entsprechend begründen.

Fall: Eine örtliche Zuständigkeit des Landgerichts ist entweder nicht gegeben oder zumindest zweifelhaft. Der Beklagte hat nur schriftsätzlich gerügt, dann aber rügelos verhandelt.

Erörtern: Örtliche Zuständigkeit durch rügeloses Verhandeln gem. § 39 ZPO.

Beachte: Bei Klagen vor dem Amtsgericht verhindert § 504 ZPO die Heilung durch rügeloses Verhandeln ohne richterlichen Hinweis.

Formulierungsvorschlag:

Die Klage ist zulässig ... Das angerufene Gericht ist jedenfalls gem. § 39 ZPO örtlich zuständig. Danach wird eine örtliche Zuständigkeit auch dadurch begründet, dass der Beklagte, ohne die Unzuständigkeit geltend zu machen, zur Hauptsache mündlich verhandelt. Dies hat der Beklagte in der Sitzung vom ... durch rügelose Antragstellung getan. Daran ändert auch der Umstand nichts, dass er zuvor die fehlende örtliche Zuständigkeit schriftsätzlich gerügt hat. Auch wenn derartige Rügen grundsätzlich ohne ausdrückliche Wiederholung oder Bezugnahme durch das Stellen der Anträge konkludent als aufrechterhalten anzusehen sind, muss sich der Beklagte hier an seinem rügelosen Verhandeln festhalten lassen. Aus seinen ausschließlich auf die materielle Rechtslage gerichteten Angriffen gegen die Klage folgt, dass er die Zulässigkeitsrüge nicht aufrechterhalten, sondern eine Sachentscheidung herbeiführen wollte, die ihn wegen der umfassenderen Rechtskraft mehr schützt als ein Prozessurteil.

g) Bindende Verweisung gem. § 281 II 4 ZPO

Fall: Der Rechtsstreit ist an das mit der Sache befasste Gericht gem. § 281 II 4 ZPO von einem anderen Gericht verwiesen worden, das dieses fälschlicherweise für örtlich zuständig hielt. 367

Erörtern: Örtliche – und gegebenenfalls auch sachliche – Zuständigkeit gem. § 281 II 4 ZPO.
Keine Anzeichen für willkürliche Verweisung.

Beachte: Gemäß § 281 II 4 ZPO ist der Verweisungsbeschluss bindend. Die Ausnahme, dass bei willkürlichen Verweisungen keine Bindung eintritt, darf in einer Examensklausur nicht bejaht werden, weil Sie nicht in der Sache entscheiden könnten.
Bei der Kostenentscheidung § 281 III 2 ZPO beachten, wenn der Kläger nicht voll verliert (→ Rn. 178).

Formulierungsvorschlag:

Die Klage ist zulässig. Das angerufene Gericht ist durch den Verweisungsbeschluss des Amtsgerichts Bonn vom ... örtlich zuständig geworden. Dies folgt aus § 281 II 4 ZPO, wonach der Verweisungsbeschluss für das Gericht, an das verwiesen wird, bindend ist.
Eine Ausnahme von dieser Regelung, die nach stRspr dann gegeben ist, wenn der Verweisungsbeschluss als objektiv willkürlich anzusehen ist, liegt nicht vor. Zwar ist die Verweisung zu Unrecht erfolgt, weil eine örtliche Zuständigkeit hier nicht gegeben ist ... Dieser Fehler stellt sich aber lediglich als bloßer Irrtum dar und nicht als Missbrauch der Verweisungsmöglichkeit.

5. Sachliche Zuständigkeit

a) Rügeloses Verhandeln gem. § 39 ZPO

368 **Vorüberlegungen:**

Wegen der in § 504 ZPO normierten Hinweispflicht für Amtsgerichte auf die fehlende sachliche Zuständigkeit werden im Examen wohl nur Fälle vorkommen, die die fehlende Zuständigkeit des Landgerichts betreffen, weil § 504 ZPO nicht für Landgerichte gilt. Deshalb kann nur bei Klagen vor dem Landgericht ohne Hinweis die sachliche Zuständigkeit begründet werden.

Fall: Der Streitwert liegt unterhalb der Schwelle der sachlichen Zuständigkeit des Landgerichts. Der Beklagte verhandelt rügelos.

Erörtern: Sachliche Zuständigkeit durch rügelose Einlassung gem. § 39 ZPO.
§ 504 ZPO gilt nicht für Landgerichte.

Formulierungsvorschlag:

Die Klage ist zulässig ... Die sachliche Zuständigkeit des angerufenen Gerichts ergibt sich aus § 39 ZPO, nachdem der Beklagte rügelos zur Hauptsache verhandelt hat. Eines Hinweises nach § 504 ZPO, der nur für Amtsgerichte gilt, bedurfte es nicht.

b) Ursprüngliche, objektive, kumulative Klagenhäufung gem. § 260 ZPO

369 **Vorüberlegungen:**

Der Zuständigkeitsstreitwert bei ursprünglicher, objektiver, kumulativer Klagenhäufung ist gem. § 5 ZPO die Summe der Streitwerte der einzelnen Anträge. Die Streitwerte verschiedener Anträge gegen einfache Streitgenossen, die getrennt vollstreckt werden können, werden auch gem. § 5 ZPO addiert (→ Rn. 345).

§ 260 ZPO ist bei dieser Form der Klagenhäufung keine Zulässigkeitsvoraussetzung der Klage. Die Vorschrift regelt nur die Zulässigkeit der Anspruchsverbindung. Sie sollten deshalb Ausführungen zu § 260 ZPO von den übrigen Erörterungen der Zulässigkeit abgrenzen und diese nach den echten Zulässigkeitserwägungen vor der Begründetheit darlegen (→ Rn. 320). Nur wenn durch die Häufung der Anträge erst die Zuständigkeit des Landgerichts begründet wird, ist § 260 ZPO für die sachliche Zuständigkeit echte Zulässigkeitsvoraussetzung (s. unten 2. Fall).

370 **1. Fall:** A verklagt B vor dem Amtsgericht mit zwei Anträgen mit Streitwerten von jeweils 2.000 EUR.

Erörtern: Ursprüngliche, objektive, kumulative Klagenhäufung gem. § 260 ZPO.
Die Summe der Streitwerte bestimmt gem. § 5 ZPO die sachliche Zuständigkeit.

Beachte: Sie müssen mögliche andere Zulässigkeitsaspekte vor § 260 ZPO erörtern, weil § 260 ZPO bei dieser Konstellation keine echte Zulässigkeitsvoraussetzung ist.

Formulierungsvorschlag:

Die Klage ist zulässig ... (Jetzt sollten Sie die echten Zulässigkeitsprobleme abhandeln.)
Der Kläger kann auch mehrere Klageanträge in einer Klage verbinden. Dies ist gem. § 260 ZPO möglich, wenn bei Identität der Parteien für sämtliche Ansprüche das Prozessgericht zuständig, dieselbe Prozessart zulässig ist und wenn kein Verbindungsverbot besteht. So ist es hier.

371 **2. Fall:** A verklagt B vor dem Landgericht mit zwei Anträgen mit Streitwerten von jeweils 3.000 EUR.

Erörtern: Ursprüngliche, objektive, kumulative Klagenhäufung gem. § 260 ZPO.
Sachliche Zuständigkeit gem. §§ 23 Nr. 1, 71 I GVG iVm § 5 ZPO.
Die Summe der Streitwerte bestimmt die sachliche Zuständigkeit.
§ 260 ZPO ist iVm § 5 ZPO hier echte Zulässigkeitsvoraussetzung.

Formulierungsvorschlag:

Die Klage ist zulässig ... Das angerufene Gericht ist auch sachlich zuständig. Gemäß §§ 23 Nr. 1, 71 I GVG ist für Streitigkeiten mit einem Streitwert von mehr als 5.000 EUR das Landgericht sachlich zuständig. Der Streitwert beträgt hier gem. § 5 ZPO 6.000 EUR. Nach dieser Vorschrift sind bei anfänglicher, kumulativer Klagenhäufung die Streitwerte der einzelnen Anträge zu addieren. (Jetzt sollten Sie die echten Zulässigkeitsprobleme abhandeln.)
Der Kläger kann auch mehrere Klageanträge in einer Klage verbinden. Dies ist gem. § 260 ZPO ...

c) Haupt- und Hilfsanträge

Vorüberlegungen: 372

Häufigster Fall ist die **echte, eventuelle Klagenhäufung**, also der klassische Hilfsantrag, der für den Fall des Misserfolgs des Hauptantrages gestellt wird. Zur Zulässigkeit s. → Rn. 322.

Probleme bezüglich der sachlichen Zuständigkeit tauchen in diesen Fällen nur auf, wenn der Hilfsantrag höherwertiger ist als der Hauptantrag und in die Zuständigkeit des Landgerichts fällt, während der Hauptantrag isoliert betrachtet vor dem Amtsgericht verhandelt werden müsste. In diesem Fall begründet der höhere Streitwert des Hilfsantrages die Zuständigkeit, weil das angerufene Gericht für den gesamten Rechtsstreit entscheidungsbefugt sein muss.

Für die Ermittlung des **Zuständigkeitsstreitwertes** ist bei echten, eventuellen Klagenhäufungen nur der höhere Wert der beiden Anträge maßgebend. § 45 I 2, III GKG, der unter Umständen eine Addition vorsieht, regelt nur den **Gebührenstreitwert.** § 5 ZPO dürfen Sie in diesen Fällen nicht erwähnen, weil die Vorschrift nur Fälle von objektiver, kumulativer Klagenhäufung betrifft und auf echte eventuelle Klagenhäufungen grundsätzlich nicht anwendbar ist. Anders ist es aber bei unechten, eventuellen Klagenhäufungen (→ Rn. 373).

Fall: Bei einer Klage vor dem Landgericht auf Zahlung, hilfsweise auf Rückgabe einer Sache, beträgt der Streitwert des Hauptantrages 5.000 EUR, der des Hilfsantrages 6.000 EUR.

Erörtern: Der höhere Streitwert begründet die Zuständigkeit gem. §§ 23 Nr. 1, 71 I GVG.
Zulässigkeit von Eventualanträgen, § 253 II Nr. 2 ZPO.
Rechtlicher oder wirtschaftlicher Zusammenhang der Anträge.
Zulässigkeit der objektiven Klagenhäufung, § 260 ZPO.

Beachte: Wenn Sie dem Hauptantrag stattgeben und folglich nicht zur Entscheidung über den Hilfsantrag kommen, sollten Sie die Zulässigkeit des Hilfsantrages grundsätzlich gar nicht erörtern, weil die Entscheidung in diesem Fall nicht darauf beruht, § 313 III ZPO.
Wenn Sie den Hauptantrag abweisen und über den Hilfsantrag entscheiden, sollten Sie Ausführungen zur Zulässigkeit des Hilfsantrages den Ausführungen zur Begründetheit des Hilfsantrags voranstellen. § 260 ZPO sollten Sie in diesem Fall als besondere Sachurteilsvoraussetzung im Rahmen der Zulässigkeitserörterungen des Hilfsantrages darstellen.

Formulierungsvorschlag:

Die Klage ist zulässig ... Das angerufene Gericht ist gem. §§ 23 Nr. 1, 71 I GVG sachlich zuständig. Vorliegend begründet der 5.000 EUR übersteigende Wert des Hilfsantrages die sachliche Zuständigkeit des Landgerichts für den gesamten Rechtsstreit. Denn schon mit der Geltendmachung eines Hilfsantrages werden dessen sofortige, auflösend bedingte Rechtshängigkeit sowie eine aufschiebend bedingte Entscheidungsbefugnis des Gerichts begründet. Daraus folgt, dass das angerufene Gericht auch sachlich für diesen Anspruch, über den es gegebenenfalls eine Entscheidung treffen muss, zuständig sein muss.
(Nur wenn Sie den Hauptantrag abweisen, geht es wie folgt weiter:)
Der Hilfsantrag ist zulässig. Dem steht insbesondere nicht entgegen, dass dieser Antrag unter einer Bedingung gestellt worden ist. Dieser sog. echte Hilfsantrag ist als Ausnahme von der grundsätzlichen Bedingungsfeindlichkeit von Anträgen deshalb zulässig, weil es sich bei der Bedingung um ein innerprozessuales Ereignis, die Unbegründetheit des Hauptantrages, handelt. Diese Bedin-

gung bewirkt keine Rechtsunsicherheit, wie sie § 253 II Nr. 2 ZPO verhindern soll, weil sie allein von der Entscheidung des erkennenden Gerichts abhängt. Der erforderliche rechtliche oder wirtschaftliche Zusammenhang zwischen Haupt- und Hilfsantrag liegt darin, dass beide Ansprüche aus demselben vertraglichen Verhältnis resultieren.
Dem Kläger steht es auch gem. § 260 ZPO frei, mehrere Ansprüche in einem Verfahren gegen den Beklagten zu verbinden. Die Voraussetzungen dieser Vorschrift, dass ..., liegen vor.

373–374 Bei **unechter, eventueller Klagenhäufung** (→ Rn. 323) ist die sachliche Zuständigkeit zu erörtern, wenn durch die Addition der Einzelstreitwerte die Grenze von 5.000 EUR überschritten wird. Das Argument für die Zuständigkeit des Landgerichts folgt aus dem Rechtsgedanken der §§ 5, 504 ZPO. Das Gericht muss wie bei echter, eventueller Klagenhäufung für den gesamten Rechtsstreit entscheidungsbefugt sein, auch wenn es gegebenenfalls nicht über den Hilfsantrag entscheidet.

d) Fortdauer der Zuständigkeit (perpetuatio fori) gem. § 261 III Nr. 2 ZPO

375 **Vorüberlegungen:**

§ 261 III Nr. 2 ZPO regelt neben der örtlichen (→ Rn. 359) auch bezüglich der sachlichen Zuständigkeit, dass ein einmal angerufenes Gericht zuständig bleibt, auch wenn sich eine Zuständigkeitsvoraussetzung nach Rechtshängigkeit ändert, und zwar

- in tatsächlicher Hinsicht, zB durch Erledigungserklärungen oder teilweise Klagerücknahmen (→ Rn. 430 ff.) oder
- in rechtlicher Hinsicht, zB durch gesetzliche Anhebung der Streitwertgrenzen.

Diese Regelung betrifft aber nicht die Fälle, in denen durch nachträgliche kumulative Klagenhäufung oder durch schlichte Klageerweiterung der Zuständigkeitsstreitwert des zunächst zuständigen Amtsgerichts überschritten wird. Dann wird das Amtsgericht unzuständig. § 506 ZPO regelt das weitere Verfahren. Diese Fälle werden im Examen aber so nicht vorkommen, weil das Problem zu offensichtlich ist. Der umgekehrte Fall, dass das Landgericht zunächst unzuständig war und die erforderliche Streitwertgrenze erst durch eine Klageerweiterung oder eine Klagenhäufung überschritten wird, ist in → Rn. 378 dargestellt.

376 **Fall:** Der Kläger klagt vor dem LG zunächst 4.000 EUR ein. Er erhöht den Streitwert durch einen weiteren Antrag auf 6.000 EUR. Der Beklagte widerspricht der nachträglichen Erweiterung und rügt die sachliche Zuständigkeit. Er meint, das Amtsgericht sei wegen § 261 III Nr. 2 ZPO zuständig.

Erörtern: Grundsätzliche Zulässigkeit der nachträglichen, kumulativen Klagenhäufung gem. § 261 II iVm § 260 ZPO.
Sachdienlichkeit der Klagenhäufung gem. § 263 Alt. 2 ZPO.
Die Summe der Streitwerte bestimmt gem. § 5 ZPO die sachliche Zuständigkeit.
§ 260 ZPO ist hier echte Zulässigkeitsvoraussetzung, da durch die Addition die Zuständigkeit erst begründet wird.
Keine Anzeichen für ein Erschleichen der Zuständigkeit.
§ 261 III Nr. 2 ZPO (perpetuatio fori) greift nicht. Aus § 506 ZPO folgt, dass das Amtsgericht bei Überschreitung des Zuständigkeitsstreitwertes unzuständig wird.
§ 506 ZPO ist eine Einschränkung von § 261 III Nr. 2 ZPO.
§ 506 ZPO gilt hier analog. Es liegt eine planwidrige Regelungslücke vor.

Formulierungsvorschlag:

Die Klage ist zulässig ... Dem Kläger steht es frei, seine Klage durch den Antrag zu 2) nachträglich zu erweitern. Aus § 261 II ZPO folgt, dass dies grundsätzlich möglich ist. Gemäß § 263 Alt. 2 ZPO ist die Zustimmung des Beklagten zu der Klageänderung wegen Sachdienlichkeit entbehrlich. Dies ist immer dann anzunehmen, wenn das bisherige Prozessergebnis verwertbar ist und durch die geänderte Klage ein weiterer Rechtsstreit zwischen den Parteien vermieden wird. Das ist der Fall, denn ...
Auch die Verbindung mehrerer Klageanträge in einer Klage ist zulässig. Dies ist gem. § 260 ZPO möglich, wenn bei Identität der Parteien für sämtliche Ansprüche das Prozessgericht zuständig und dieselbe Prozessart zulässig ist und kein Verbindungsverbot besteht. Dies ist gegeben. Anhaltspunkte dafür, dass die Klagenhäufung rechtsmissbräuchlich ist, um durch die Addition der Einzelstreitwerte die Zuständigkeit des angerufenen Landgerichts zu erschleichen, sind nicht ersichtlich.

Das angerufene Gericht ist infolge der Klageerweiterung gem. §§ 23 Nr. 1, 71 I GVG auch sachlich zuständig geworden. Der Streitwert beträgt hier gem. § 5 ZPO 6.000 EUR. Nach dieser Vorschrift sind bei kumulativer Klagenhäufung die Streitwerte der einzelnen Anträge zu addieren.
Die auf § 261 III Nr. 2 ZPO gestützte Rüge des Beklagten geht fehl. Nach dieser Vorschrift wird zwar eine einmal gegebene Zuständigkeit eines Gerichts durch die Veränderung der sie begründenden Umstände nicht berührt. § 506 ZPO schränkt diesen Grundsatz aber insofern ein, als bei einer Überschreitung des Zuständigkeitsstreitwertes der Amtsgerichte infolge einer Klageerweiterung auf Antrag einer Partei eine Verweisung an das Landgericht zu erfolgen hat. Der Rechtsgedanke dieser Vorschrift, dass das Amtsgericht abgesehen von gesetzlich geregelten Ausnahmen grundsätzlich keine Rechtsstreitigkeiten mit einem Streitwert von mehr als 5.000 EUR entscheiden soll, zwingt zu der Annahme, dass das zunächst unzuständige Landgericht zuständig wird, wenn im Laufe des Verfahrens die Streitwertgrenze für seine sachliche Zuständigkeit erreicht wird.

6. Funktionelle Zuständigkeit gem. §§ 94 ff. GVG

Vorüberlegungen: 377

Ein vor die Kammer für Handelssachen (KfH) gehörender Rechtsstreit gelangt zur KfH dadurch, dass der Kläger Klage vor der KfH erhebt oder dadurch, dass der Beklagte gem. § 98 GVG rechtzeitig den begründeten Antrag auf Verweisung an die KfH stellt. Nach § 101 GVG ist der Verweisungsantrag nur vor der Verhandlung zur Sache oder innerhalb der Frist zur Klageerwiderung nach § 276 ZPO zulässig. Examensrelevante Problemstellungen können also nur sein, dass die angerufene Zivilkammer zuständig ist, weil ein Verweisungsantrag inhaltlich unbegründet, verspätet oder von der falschen Partei gestellt worden ist.

Da sich hier nur die Frage der funktionellen Zuständigkeit stellt, sollten Sie Ausführungen dazu nach den Zulässigkeitserörterungen machen.

1. Fall: Die Rüge des Beklagten, die Zivilkammer sei funktionell unzuständig, ist inhaltlich unbegründet. 378

Erörtern: Zuständigkeit der Zivilkammer gem. §§ 23 Nr. 1, 71 I GVG.
Der Rechtsstreit betrifft keine Handelssache iSv § 95 GVG.

Formulierungsvorschlag:

Die Klage ist zulässig … Das angerufene Gericht ist insbesondere funktionell zuständig nach §§ 23 Nr. 1, 71 GVG. Die Rüge des Beklagten geht fehl. Bei dem Rechtsstreit handelt es sich nämlich nicht um eine Handelssache iSv § 95 GVG, denn …

2. Fall: Der Beklagte rügt, die angerufene Zivilkammer sei funktionell unzuständig. Er hat aber den Antrag auf Verweisung nicht innerhalb der ihm nach § 276 I ZPO gesetzten Frist gestellt. 379

Erörtern: Zuständigkeit der Zivilkammer gem. §§ 23 Nr. 1, 71 I GVG.
Das Antragsrecht ist fristgebunden gem. § 101 I 1 und 2 GVG iVm § 276 I ZPO.

Formulierungsvorschlag:

Die Klage ist zulässig … Das angerufene Gericht ist auch funktionell zuständig nach §§ 23 Nr. 1, 71 GVG. Der Antrag des Beklagten, den Rechtsstreit an die KfH zu verweisen, ist gem. § 101 I 1, 2 GVG unzulässig. Nach dieser Vorschrift ist in Fällen, in denen das schriftliche Vorverfahren gem. § 276 I ZPO angeordnet worden ist, der Antrag innerhalb der Klageerwiderungsfrist zu stellen. Dies ist aber nicht geschehen.

3. Fall: Der Kläger stellt den Antrag auf Verweisung an die KfH, nachdem er zunächst Klage vor der allgemeinen Zivilkammer erhoben hat. 380

Erörtern: Funktionelle Zuständigkeit der Zivilkammer gem. §§ 23 Nr. 1, 71 I GVG.
Ausschließliches Antragsrecht des Beklagten gem. §§ 98, 101 I 1 und 2 GVG.

Formulierungsvorschlag:

Die Klage ist zulässig … Das angerufene Gericht ist auch funktionell zuständig nach §§ 23 Nr. 1, 71 I GVG. Dem Antrag des Klägers auf Verweisung des Rechtsstreits an die KfH war nicht stattzugeben. Es kann dahinstehen, ob der Rechtsstreit eine Handelssache iSv § 95 GVG ist. Dem Kläger ist es verwehrt, die funktionelle Zuständigkeit der Kammer für Handelssachen zu begründen, weil er seine Klage vor der allgemeinen Zivilkammer erhoben hat. In derartigen Fällen ist gem. § 98 iVm § 101 GVG nur noch der Beklagte befugt, eine Verweisung des Rechtsstreits an die Kammer für Handelssachen zu beantragen.

7. Keine entgegenstehende Rechtskraft

381 Wenn über einen Anspruch bereits rechtskräftig entschieden worden ist, ist eine erneute Geltendmachung unzulässig. Sie müssen dabei immer ganz besonders auf die Grenzen der Rechtskraft achten, § 322 ZPO. Der Kläger kann zB einen Anspruch geltend machen, der bereits in einem Vorprozess mit umgekehrtem Rubrum als Zug-um-Zug-Leistung ausgeurteilt worden ist, solange der Kläger des früheren Verfahrens nicht vollstreckt. Aber auch in anderen Konstellationen taucht das Problem auf.

a) Verdeckte Teilklagen

382 Nach stRspr braucht der Kläger bei Teilklagen keinen Vorbehalt für weitergehende Ansprüche zu machen, weil das Urteil nach § 308 I ZPO nur über den gestellten Antrag entscheidet. Der Rest des Anspruchs ist grundsätzlich von der Rechtskraft nicht erfasst, § 322 ZPO. Einschränkungen kann es aber in Fällen von Rückabwicklungs- oder Abrechnungsverhältnissen geben (→ Rn. 383).

Sie müssen bei nachfolgenden Klagen darlegen, ob nicht in der früheren »wortlosen« Geltendmachung eines Teils ein Verzicht auf den Rest des Anspruchs oder ein Erlassangebot (§ 397 II BGB) zu sehen sein könnte oder ob gegebenenfalls Verwirkung (Zeit- und Umstandsmoment?) eingetreten ist. Nach hRspr sind dabei strenge Anforderungen anzulegen, also im Zweifel hat der frühere Kläger weder verzichtet, erlassen noch verwirkt. Die Problematik kommt in der Regel bei Aufrechnungen vor.

Fall: Der Beklagte verteidigt sich gegen eine berechtigte Geldforderung des Klägers hilfsweise mit einer Aufrechnung. Seine Gegenforderung stützt er auf einen ebenso berechtigten Anspruch aus einem Verkehrsunfall mit dem Kläger. Die übrigen Ansprüche aus diesem Verkehrsunfall hatte der Beklagte bereits in einem Rechtsstreit mit umgekehrtem Rubrum rechtskräftig eingeklagt. Die nunmehr zur Aufrechnung gestellte Forderung hatte der Beklagte seinerzeit nicht geltend gemacht und seine damalige Klage auch nicht als Teilklage bezeichnet. Der Kläger beruft sich auf die Rechtskraft des Urteils in dem früheren Rechtsstreit.

Formulierungsvorschlag:

(Zunächst handeln Sie – wie sonst auch – die Zulässigkeit der Klage ab. Danach machen Sie Ausführungen zur ursprünglichen Begründetheit der Klageforderung und fahren dann mit der Aufrechnung fort:)

Die dem Kläger ursprünglich zustehende Forderung ist durch die von dem Beklagten wirksam erklärte Aufrechnung gem. § 389 BGB erloschen.

Der Umstand, dass der Beklagte die Aufrechnung nur hilfsweise erklärt hat, steht der Wirksamkeit der Erklärung weder wegen § 253 II Nr. 2 ZPO noch wegen § 388 S. 2 BGB entgegen, da die Bedingung innerprozessual ist und daher keine Unsicherheit in dem Rechtsstreit verursacht.

Dem Beklagten ist es nicht auch verwehrt, die neuerliche Forderung aus dem Verkehrsunfall vom … nunmehr im Wege der Aufrechnung geltend zu machen. Der Anspruch ist zum einen durch das Urteil in dem Rechtsstreit vor dem Amtsgericht … (Az.: …) nicht erfasst, weil dieses Urteil nur über die damals gestellten Ansprüche entschieden hat. Nur insofern ist das damalige Urteil gem. § 322 ZPO in Rechtskraft erwachsen.

Auch der Umstand, dass der Beklagte in jenem Rechtsstreit seine Klage nicht als Teilklage bezeichnet hat, steht der jetzigen Geltendmachung des nunmehr geltend gemachten Anspruches nicht

entgegen. Allein das Einklagen eines Teils eines Gesamtanspruches, ohne diesen als Teil zu bezeichnen, ist weder als ein Verzicht noch als ein Erlassangebot hinsichtlich eines restlichen Teils anzusehen, weil ein dafür erforderlicher Erklärungswille ohne weitere Anhaltspunkte nicht unterstellt werden kann.
Auch für eine Verwirkung fehlt es jedenfalls am Umstandsmoment, weil ohne besondere Umstände kein Schuldner davon ausgehen kann, dass mit einer Klage alle sich aus einem Schuldverhältnis ergebenden Ansprüche gegen ihn erhoben worden sind und nichts mehr auf ihn zukommt.

b) Klagen aus Rückabwicklungs- oder Abrechnungsverhältnissen

Auch hier ist das Problem, ob der neuerlich geltend gemachte Anspruch von der Rechtskraft des zuvor ergangenen Urteils umfasst ist. **383**

Der BGH hat dazu Ende 2017 entschieden, dass die erstmalige Geltendmachung von selbstständigen Ansprüchen des Beklagten aus demselben Sachverhalt durch die rechtskräftige Entscheidung über die Ansprüche des Klägers im Vorprozess grundsätzlich nicht präkludiert wird.

Etwas anderes gilt aber für Ansprüche des Beklagten, die nach dem anzuwendenden materiellen Recht mit dem in der Klage verfolgten Anspruch automatisch zu saldieren sind, zB im Rahmen eines bereicherungsrechtlichen Ausgleichs. Diese Ansprüche gehören zum Streitgegenstand der Klage des Vorprozesses; sie können in einem späteren Prozess auch dann nicht (mehr) eingeklagt werden, wenn sie im Vorprozess nicht geltend gemacht worden sind (BGH MDR 2018, 197 ff.).

Fall: Der Kläger macht gegen den Beklagten einen Anspruch auf Nutzungsentschädigung geltend, die im Zusammenhang mit einem in früherem Rechtsstreit umgekehrten Rubrum steht, in dem der Beklagte – als Kläger – Ansprüche aus der Rückabwicklung eines Grundstückskaufvertrages eingeklagt hat. In jenem Rechtsstreit hat der Kläger – damals als Beklagter – die nunmehr eingeklagte Nutzungsentschädigung nicht geltend gemacht.
Der Beklagte meint, sämtliche Ansprüche aus dem damaligen Rückabwicklungsverhältnis seien durch das rechtskräftige Urteil entschieden.

Formulierungsvorschlag:

Nach den üblichen Zulässigkeitserörterungen:
... Dem Kläger ist es unbenommen, seinen Anspruch nunmehr noch geltend zu machen. Dem steht nicht die Rechtskraft des Urteils ... entgegen, denn jenes Urteil hat nicht rechtskräftig über die in diesem Rechtsstreit eingeklagte Nutzungsentschädigung entschieden. Bei dem Anspruch auf Nutzungsentschädigung handelt es sich nämlich nicht um einen Anspruch, der nach dem anzuwendenden materiellen Recht mit dem Anspruch aus einem Rückabwicklungsverhältnis automatisch zu saldieren gewesen wäre, wie zB bei einem bereicherungsrechtlichen Ausgleich. Nur derartige Ansprüche gehören zum Streitgegenstand der Klage des Vorprozesses mit der Folge, dass sie in einem späteren Prozess auch dann nicht mehr eingeklagt werden, wenn sie im Vorprozess nicht geltend gemacht worden sind.
Die erstmalige Geltendmachung von selbstständigen Ansprüchen des Beklagten aus demselben Sachverhalt wird aber durch die rechtskräftige Entscheidung über die Ansprüche des Klägers im Vorprozess grundsätzlich nicht präkludiert. Über solche Ansprüche wird durch die Entscheidung über die dort geltend gemachten Ansprüche nur unter den Voraussetzungen des § 322 ZPO – also bei Widerklage oder Aufrechnung – rechtskräftig entschieden, was hier nicht der Fall war.

c) Rechtskräftige Urteile nach §§ 767, 771 ZPO im Vorprozess

Vorbemerkungen: **384**

Ein Urteil über eine Vollstreckungsgegenklage oder eine Drittwiderspruchsklage erwächst nur insoweit in Rechtskraft, als es um die Unzulässigkeit der Zwangsvollstreckung in dem konkreten Verfahren geht. Über das materielle Recht wird nicht entschieden.

Fall: Der Beklagte als ehemaliger erfolgreicher Drittwiderspruchskläger wird jetzt vom damaligen Beklagten auf Herausgabe der Sache in Anspruch genommen. Er beruft sich darauf, durch das Urteil im Vorprozess stehe fest, dass er Eigentümer sei. Die Klage sei deshalb unzulässig.

Erörtern: Keine entgegenstehende Rechtskraft gem. § 322 ZPO.

Formulierungsvorschlag:

Die Klage ist zulässig ... Dem steht nicht der Gesichtspunkt der entgegenstehenden Rechtskraft im Wege. Der Umstand, dass der Kläger im Urteil des ... als Eigentümer bezeichnet worden ist, hat für den vorliegenden Rechtsstreit keine Bedeutung. Bei Klagen nach §§ 767, 771 ZPO wird nur über das prozessuale Recht entschieden, eine Zwangsvollstreckung zu einem bestimmten Zeitpunkt verhindern zu können, nicht aber über das klagebegründende Recht selbst.

d) Der Folgeprozess

Vorüberlegungen

385 Mit Folgeprozess ist ein Rechtsstreit gegen einen früheren Nebenintervenienten, §§ 66 ff. ZPO, oder einen Streitverkündungsempfänger, §§ 72 ff. ZPO, gemeint. Derartige Rechtsstreite haben in der Regel die Besonderheit, dass Sie die Frage klären müssen, ob die sog. **Interventionswirkung** gem. § 68 ZPO greift. Diese besteht darin, dass in dem Folgeprozess die tragenden Feststellungen des Urteils im Vorprozess, soweit Sie für den Kläger günstig sind, gegenüber einem Nebenintervenienten oder Streitverkündungsempfänger als richtig und feststehend zugrunde gelegt werden. Wenn also zB der Kläger im Vorprozess zu Schadensersatz verurteilt worden ist und in dem Urteil steht, dass er die mangelhafte Ware von dem Nebenintervenienten oder Streitverkündungsempfänger bezogen hat, stehen Lieferung und Mangelhaftigkeit im Folgeprozess fest.

Merke: Die Interventionswirkung besagt, dass in dem Folgeprozess die tragenden Feststellungen des Urteils im Vorprozess, soweit sie für den Kläger günstig sind, gegenüber einem Nebenintervenienten oder Streitverkündungsempfänger als richtig und feststehend zugrunde gelegt werden.

aa) Die Nebenintervention

385a Nebenintervention ist der Beitritt eines Dritten als Helfer einer Partei in einen fremden Rechtsstreit, § 66 ZPO. Ein derartiges Vorgehen ist zulässig bei einem rechtlichen Interesse des Nebenintervenienten am Sieg der unterstützten Partei. Darüber wird nur bei Streit um die Zulassung des Nebenintervenienten gem. § 71 ZPO durch Zwischenurteil entschieden oder – im Examen die Regel – zusammen mit der abschließenden Entscheidung.

Im Rubrum wird der Nebenintervenient unter der von ihm unterstützten Partei angeführt, bei Streit um seine Zulassung bringen Sie die Entscheidung darüber zwischen Hauptsachetenor und Kostenentscheidung:

Die Nebenintervention des ... wird/wird nicht zugelassen.

Die Kostenentscheidung über die außergerichtlichen Kosten des Nebenintervenienten erfolgt gem. § 101 ZPO (→ Rn. 209). Sie dürfen nicht die gesonderte Anordnung der vorläufigen Vollstreckbarkeit des Urteils für den Nebenintervenienten vergessen, wenn er einen Anspruch gegen den Gegner hat.

Bei Streit um die Zulässigkeit einer Nebenintervention müssen Sie in den Entscheidungsgründen nach Ihren Ausführungen in der Sache vor den prozessualen Nebenentscheidungen kurz das rechtliche Interesse des Nebenintervenienten gem. § 66 ZPO darlegen.

bb) Die Streitverkündung

385b Die Streitverkündung, geregelt in §§ 72 ff. ZPO, dient dem Zweck, gegenüber dem Streitverkündungsempfänger die **Interventionswirkung** gem. §§ 74 III, 68 ZPO herbeizuführen. Eine weitere bedeutsame Wirkung der Streitverkündung gem. § 204 I Nr. 6 BGB ist die Hemmung der Verjährung, und zwar bei »demnächstiger« Zustellung schon mit Eingang der Streitverkündungsschrift bei Gericht, § 167 ZPO. Die Hemmung endet gem. § 204 II BGB sechs Monate nach rechtskräftigem Abschluss oder sonstiger Beendigung des Verfahrens.

Wenn der Streitverkündungsempfänger dem Rechtsstreit beitritt, ist er Nebenintervenient, wenn er nicht oder entgegen der Aufforderung des Verkünders der gegnerischen Partei beige-

treten ist, tritt die Interventionswirkung nur bei einer **wirksamen Streitverkündung** ein. Voraussetzungen für eine wirksame Streitverkündung sind:
- die Zulässigkeit der Streitverkündung gem. § 72 ZPO und
- die formgerecht wirksame Vornahme nach Maßgabe von § 73 ZPO.

Da das Gericht des Vorprozesses grundsätzlich weder die Zulässigkeit noch die Einhaltung der Formvorschriften einer Streitverkündung prüft, sondern den Schriftsatz dem Streitverkündungsempfänger nur zustellt, müssen Sie im Folgeprozess stets genau prüfen, ob die Verkündung zulässig war und ob die Formalien gewahrt worden sind. Die rügelose Einlassung des Streitverkündungsempfängers heilt gem. § 295 I ZPO mögliche Mängel der Streitverkündung.

(1) Die Zulässigkeit der Streitverkündung

Die Streitverkündung ist über den Wortlaut von § 72 ZPO hinaus zulässig zur Sicherung von Ansprüchen gegen Dritte und zur Abwehr drohender Ansprüche von Dritten. In § 72 II ZPO ist geregelt, dass einem gerichtlich bestellten Sachverständigen und dem Gericht selbst nicht der Streit verkündet werden kann. Im Folgenden finden Sie die häufigsten Konstellationen:

(a) Gewährleistungsvorschriften
- Kaufrecht, §§ 434, 435, 437, 453 BGB
- Mietrecht, § 536 BGB
- Pachtrecht, § 581 BGB
- Werkvertragsrecht, §§ 633, 634 BGB
- Reiserecht, § 651d BGB
- Erbrecht, § 2182 BGB
- Handelsrecht, § 377 HGB
- sog. Lieferketten, § 478 V BGB

(b) Regressansprüche
- Bürge gegen Hauptschuldner, § 774 BGB
- Beauftragter gegen Auftraggeber, §§ 670, 677, 683 BGB
- Unternehmer beim Verbrauchsgüterkauf gegen seinen Lieferanten, §§ 478, 479 BGB
- versicherter Schädiger gegen Versicherer
- Mandant gegen seinen Rechtsanwalt, der nicht rechtzeitig Verjährung unterbrochen hat
- Ausgleichsanspruch des Gesamtschuldners nach § 426 BGB

(c) Ansprüche aus sog. Alternativverhältnissen
Darunter fallen Ansprüche des Streitverkünders gegen Dritte, die an seiner Stelle als Schuldner in Betracht kommen, zB die alternativ in Frage kommende Vertragspartei, der Baubetreuer oder Subunternehmer im Prozess des Bauherren gegen den Bauunternehmer, der Vermieter oder der Mieter im Prozess gegen einen von beiden wegen Werklohnes oder der Vertreter im Rechtsstreit gegen den Vertretenen.

Sie müssen darauf achten, dass tatsächlich ein Alternativverhältnis vorliegt. Eine Streitverkündung ist nämlich unzulässig, wenn eine kumulative Haftung von Partei und Dritten besteht, zB bei Ansprüchen gegenüber Gesamtschuldnern.

(d) Streitverkündung zur Abwehr drohender Drittansprüche
Eine Streitverkündung zur Abwehr drohender Drittansprüche liegt vor, wenn dem Verkünder im Zusammenhang mit dem Rechtsstreit, den er führt, eine Schadensersatzpflicht gegenüber einem Dritten obliegen könnte. Dies ist grundsätzlich immer dann der Fall, wenn der Prozess über ein fremdes Recht geführt wird. Weiter fallen hierunter Fälle von Drittschadensliquidation sowie alle Fälle drohender eigener Gewährleistungshaftung in Vertragsketten.

(2) Die Beachtung der Form der Streitverkündung

Die Interventionswirkung tritt nur ein, wenn die gem. § 72 ZPO zulässige Streitverkündung auch gem. § 73 ZPO formgerecht erhoben worden ist. Danach muss der Verkünder einen unterzeichneten Schriftsatz – bei Rechtsstreiten vor dem LG durch einen RA – einreichen, in dem der Grund der Streitverkündung und die Lage des Prozesses angegeben werden. Das bedeutet, dass alle bislang ergangenen Entscheidungen des Gerichts und anberaumte Termine, Beweisergebnisse sowie eingelegte Rechtsmittel anzugeben sind. Ferner ist die **förmliche Zustellung durch das Gericht** erforderlich, weil der Verkündungsschriftsatz wegen §§ 74 III, 68 ZPO einer Klageschrift gleichsteht.

Achten Sie gerade hierbei auf Kleinigkeiten. In einer Examensklausur war der Verkündungsschriftsatz nicht unterzeichnet, bei einer anderen war er vom Gericht versehentlich nicht zugestellt worden. Daran scheiterte jeweils die Interventionswirkung. Und denken Sie daran, dass rügeloses Verhandeln gem. § 295 ZPO auch Formfehler heilt.

385c **(3) Die Interventionswirkung**

- **Wenn der Streitverkündungsempfänger dem Verkünder beitritt**, hat er die Stellung eines Nebenintervenienten gem. § 74 I ZPO. Im Folgeprozess zwischen ihm und dem Verkünder wird nicht geprüft, ob die Streitverkündung zulässig oder formgerecht war. Die Interventionswirkung ist durch den Beitritt eingetreten. Der Streitverkündungsempfänger kann sich dieser Konsequenz nur entziehen, indem er gem. § 68 S. 2 ZPO geltend macht und im Streitfall beweist, dass er gehindert war, ein bestimmtes Angriffs- und Verteidigungsmittel geltend zu machen oder dass die Hauptpartei Angriffs- und Verteidigungsmittel, die ihm unbekannt waren, absichtlich oder durch grobes Verschulden nicht geltend gemacht hat.
- **Wenn der Streitverkündungsempfänger nicht beitritt**, trifft ihn die Interventionswirkung bei einer gem. § 72 ZPO zulässigen und gem. § 73 ZPO formgerecht erhobenen Streitverkündung gem. §§ 74 III, 68 ZPO ab dem Zeitpunkt seines möglichen Beitritts, also einige Tage nach der Zustellung der Streitverkündungsschrift (Überlegungsfrist).
  Gemäß § 68 ZPO kann der nicht beigetretene Streitverkündungsempfänger, sofern die Streitverkündung formal ordnungsgemäß erfolgt ist, im Folgeprozess lediglich die Einrede der mangelhaften Prozessführung des Verkünders im Vorprozess erheben, wenn er darlegt und im Streitfall auch beweist,
  - dass die Hauptpartei Angriffs- und Verteidigungsmittel absichtlich oder durch grobes Verschulden nicht geltend gemacht hat,
  - dass diese Angriffs- und Verteidigungsmittel ihm, dem Streitverkündeten, unbekannt waren und
  - dass Kausalität zwischen gerügter Unterlassung und Ergebnis im Vorprozess besteht. Das unterbliebene Beweismittel muss zumindest geeignet gewesen sein, eine andere Entscheidung im Vorprozess herbeizuführen.
- **Wenn der Streitverkündungsempfänger dem Gegner des Streitverkünders beitritt**, trifft ihn die Interventionswirkung in gleicher Weise wie im Falle eines unterlassenen Beitritts.

385d Klausurtaktisch sollten Sie im Zweifel davon ausgehen, dass die Interventionswirkung jedenfalls nicht vollumfänglich greift, weil Ihre Klausur damit de facto bereits entschieden wäre. Die dann nur noch erforderliche Darstellung der Zulässigkeit und Ordnungsgemäßheit der Streitverkündung wäre sicher keine ausreichende Examensaufgabe. Eine allerdings für Examensklausuren realistische Konstellation ist, dass die Interventionswirkung zB nur einen Teil der Ansprüche des Klägers im Folgeprozess betrifft und Sie auch noch über eine Widerklage des Streitverkündungsempfängers/Nebenintervenienten zu befinden haben.

Im Tatbestand geben Sie nach dem Einleitungssatz zunächst die tragenden Feststellungen des Tatbestandes und der Entscheidungsgründe des Urteils im Vorprozess auszugsweise wieder und verweisen im Übrigen gem. § 313 II ZPO. Die Tatsache der Streitverkündung und die Reaktion des Streitverkündungsempfängers (Beitritt oder Untätigkeit) stellen Sie mit Daten am besten am Ende des unstreitigen Teils dar. In Examensklausuren wird der Kläger stets noch vortragen, worauf er seinen Anspruch stützt, falls die Interventionswirkung nicht greifen sollte.

In den Entscheidungsgründen kommen Sie auf die Interventionswirkung bei dem ersten Tatbestandsmerkmal zu sprechen, bei dem sie relevant wird. Dann legen Sie dar, dass die Interventionswirkung greift oder nicht.

Im Folgenden finden Sie examensrelevante Konstellationen mit Formulierungsbeispielen:

Fall: Der Kläger nimmt den Beklagten in einem Folgeprozess in Regress. Der Kläger ist im Vorprozess zur Zahlung von Schadensersatz verurteilt worden und meint, der Beklagte müsse ihm den Schaden ersetzen. Er stützt sich auf die Interventionswirkung, macht aber auch noch weitere Ansprüche geltend.

Beachte: Im Tatbestand ist die Streitverkündung mit den erforderlichen Angaben und Daten am Ende des unstreitigen Teils anzuführen.
Erst in der Begründetheit die Frage der Interventionswirkung erörtern.
§ 72 ZPO Zulässigkeit der Streitverkündung ansprechen.
§ 73 ZPO Beachtung der Form der Streitverkündung.
Rügeloses Verhandeln heilt gem. § 295 ZPO Formfehler der Streitverkündung.
Gegebenenfalls Rügen gem. § 68 Hs. 2 ZPO abhandeln.
Sachverhalt zur Streitverkündung im Präteritum darstellen.

Tatbestand:

Formulierungsvorschlag:

Tatbestand:

Der Kläger nimmt den Beklagten unter anderem wegen ... in Regress.
Durch Urteil des Amtsgerichts Lübeck vom ... Az.: ... wurde der Kläger verurteilt, ... zu zahlen. Das Amtsgericht kam in jenem Verfahren zu folgenden Feststellungen: (Es folgen die tragenden Feststellungen des Tatbestandes des Urteils im Vorprozess.)
Auf der Grundlage dieser Feststellungen begründete das Amtsgericht seine Entscheidung wie folgt: (Es folgen die zusammengefassten Ausführungen der Entscheidungsgründe des Urteils im Vorprozess unter Verweisung auf den Rest. Dann weiter:)
In jenem Rechtsstreit verkündete der Kläger dem Beklagten mit Schriftsatz vom ... den Streit und forderte ihn auf, dem Rechtsstreit auf seiner Seite beizutreten. Dem Streitverkündungsschriftsatz waren die Klageschrift, die Klageerwiderung und die Anordnung des Gerichts bezüglich des schriftlichen Vorverfahrens gem. § 276 ZPO unter Angabe der gesetzten Fristen beigefügt. Der Beklagte trat dem Rechtstreit nicht bei.
Der Kläger ist der Auffassung, dass das Urteil des Amtsgerichts Lübeck vom ... gegenüber dem Beklagten Interventionswirkung entfalte. Daher stehe fest, dass der Beklagte ihm eine mangelhafte Sache geliefert habe, was ihn nunmehr zum Schadensersatz verpflichte. (Es folgt weiterer Vortrag des Klägers. Nach den Anträgen fahren Sie wie folgt fort:)
Der Beklagte hält die Streitverkündung für unwirksam, weil sie weder zulässig noch formwirksam erhoben worden sei.
(Es folgen die jeweiligen Kritikpunkte:)
Deshalb ist er der Auffassung, dass die Interventionswirkung nicht eingetreten sei. Er behauptet, die von ihm gelieferte Sache sei in einem vertragsgemäßen Zustand gewesen, als der Kläger sie von ihm erhalten habe...

Entscheidungsgründe:

- **Die Interventionswirkung greift, der Kläger macht noch weitere Ansprüche geltend:**

Die Klage ist zulässig und begründet. (Es folgen gegebenenfalls erforderliche Ausführungen zur Zulässigkeit der Klage. Dabei spielen die Streitverkündung und ihre Folgen keine Rolle. Weiter geht es mit der Begründetheit:)
Dem Kläger steht der geltend gemachte Anspruch zu 1) aus § ... zu. Die Voraussetzungen dieser Anspruchsgrundlage, ..., liegen vor. (Bei der ersten Voraussetzung der Norm, die der Beklagte relevant angreift und die gegebenenfalls von der Interventionswirkung erfasst wird, schreiben Sie:)
Der Beklagte wird in diesem Prozess nicht damit gehört, dass ... Denn das Gegenteil steht wegen der Interventionswirkung entfaltenden Entscheidung des Amtsgericht Lübeck vom ... fest. Die Interventionswirkung hat zur Folge, dass die tragenden Feststellungen jener Entscheidung im Verhältnis zwischen dem Kläger und dem Beklagten dieses Rechtsstreits gem. § 68 ZPO bindend sind, weil der Kläger dem Beklagten wirksam und formgerecht den Streit verkündet hat. (Es folgen Ausführungen zu § 72 ZPO und § 73 ZPO. Dann weiter wie folgt:)

Aufgrund der Interventionswirkung steht fest, dass der Beklagte dem Kläger eine mangelhafte Sache geliefert hat und deshalb zum Ersatz des dem Kläger daraus entstandenen Schadens verpflichtet ist …
Dem Kläger stehen auch die weiteren Ansprüche zu …

- **Die Interventionswirkung greift nicht, die Klage ist trotzdem begründet.**

Die Klage ist zulässig und begründet. (Es folgen gegebenenfalls erforderliche Ausführungen zur Zulässigkeit der Klage. Weiter geht es mit der Begründetheit:)
Dem Kläger steht der gegen den Beklagten geltend gemachte Anspruch zu 1) aus § … zu.
Die Voraussetzungen dieser Vorschrift, …, liegen vor. Dies folgt zwar nicht, wie der Kläger meint, aus der Interventionswirkung des Urteils des Amtsgerichts Lübeck vom …, weil die Streitverkündung in jenem Verfahren nicht wirksam vorgenommen worden ist.
(Es folgen knappe Ausführungen entweder zur Unzulässigkeit gem. § 72 ZPO oder zu Formfehlern iSv § 73 ZPO, weil das Urteil letztlich nicht darauf beruht.)
Die Interventionswirkung greift nicht, weil die Streitverkündung in dem Vorprozess nicht wirksam erfolgt ist. Zu Recht hat der Beklagte den Einwand erhoben, … (Weiter geht es mit der Begründung der erhobenen Rügen.)
Dem Kläger steht der Anspruch zu 1) aber aufgrund der in diesem Rechtsstreit festgestellten Tatsachen zu …

Wenn die Interventionswirkung nicht greift und die Klage unbegründet ist, stellen Sie das Scheitern der Interventionswirkung dar und führen wie bei jedem »normalen« klageabweisenden Urteil aus, woran die anderen Anspruchsgrundlagen scheitern.

e) Vorangegangene Prozessurteile

386 **Vorüberlegungen:**

Ein vorangegangenes Prozessurteil besagt nur, dass die abgewiesene Klage mit dem damals anhängigen Streitgegenstand und unter den damals gegebenen prozessualen Umständen unzulässig war. Einer neuen Klage steht nicht die Rechtskraft entgegen, wenn sich die prozessualen Umstände in dem fraglichen Punkt gegenüber dem Vorprozess geändert haben.

Formulierungsvorschlag:

Die Klage ist zulässig … Insbesondere steht der erneuten Geltendmachung des Anspruchs nicht die Rechtskraft des Urteils vom … entgegen. Dieser Rechtsstreit endete durch ein Prozessurteil, weil … Damit ist lediglich rechtskräftig geworden, dass die Klage seinerzeit unter den damals gegebenen Umständen wegen … unzulässig war. Die Umstände haben sich insoweit geändert, als jetzt …

f) Die Aufrechnung in einem früheren Rechtsstreit

387 **Vorüberlegungen:**

Hat der Beklagte mit einer ihm zustehenden Forderung (sog. Gegenforderung) die Aufrechnung erklärt, erlöschen gem. § 389 BGB beide Forderungen, soweit sie bestehen und sich decken. In diesem Umfang erwächst auch die Entscheidung des Gerichtes, dass die Forderung des Beklagten nicht besteht, gem. § 322 II ZPO in Rechtskraft. Die Gegenforderung ist dann aber nur im Umfang der Klageforderung rechtskräftig »aberkannt«. Der überschießende Rest ist nicht von der Entscheidung berührt. Gleiches gilt, wenn das Gericht im Vorprozess der Aufrechnung den Erfolg versagt hat, weil seiner Ansicht nach die gesamte Gegenforderung nicht bestand (→ Rn. 202 ff.).

Aus Entscheidungen des »Vorgerichts« über die Gegenforderung können sich folgende Probleme für einen nachfolgenden Rechtsstreit ergeben:

388 **1. Fall:** Gegen eine Klageforderung von 5.000 EUR hat der Beklagte mit einer Forderung über 10.000 EUR hilfsweise aufgerechnet. Das Gericht hat die Klage voll zugesprochen und ausgeführt, dass die Gegenforderung insgesamt nicht bestehe. In einem nachfolgenden Prozess macht der Beklagte den 5.000 EUR übersteigenden Rest seiner Forderung geltend.

Erörtern: Die Grenzen der Rechtskraft gem. § 322 II ZPO.

Beachte: Nach § 322 II ZPO ist nur über den Teil der Gegenforderung rechtskräftig entschieden, der erforderlich gewesen wäre, um die Klageforderung zu Fall zu bringen. Das waren 5.000 EUR. Die Begründung des früheren Urteils, dass die gesamte Forderung des Beklagten nicht bestehe, wird durch die Grenzen der Rechtskraft gem. § 322 II ZPO auf 5.000 EUR beschränkt. Das Gericht muss in einem nachfolgenden Rechtsstreit über den Bestand der restlichen Forderung ohne Präjudiz neu entscheiden. Dass dies nichts mit entgegenstehender Rechtskraft zu tun hat, sollten Sie in der Zulässigkeit kurz ansprechen.

Formulierungsvorschlag:

Die Klage ist zulässig … Die Tatsache, dass die in diesem Prozess geltend gemachte Darlehensforderung in dem früheren Verfahren … als nicht bestehend zurückgewiesen worden ist, steht der Zulässigkeit der Klage nicht entgegen. Gemäß § 322 II ZPO ist bei einer Aufrechnung in einem früheren Rechtsstreit über die Gegenforderung nur bis zur Höhe des Betrages rechtskräftig entschieden worden, für den die Aufrechnung geltend gemacht worden ist. Dies war seinerzeit die Klageforderung iHv 5.000 EUR. Die Tatsache, dass in jenem Urteil die gesamte Darlehensforderung als nicht bestehend angesehen worden ist, führt nur in Höhe des Betrages von 5.000 EUR zu einer rechtskräftigen Entscheidung.
(In der Begründetheit schreiben Sie dann:)
… Es ist nunmehr Sache des jetzt erkennenden Gerichtes, über das Bestehen der restlichen Forderung zu entscheiden. Die oben dargestellten Grenzen der Rechtskraft führen dazu, dass das erkennende Gericht an die Rechtsauffassung des Gerichts, das zuvor über die Aufrechnung entschieden hat, hinsichtlich des nicht erloschenen Teils der Gegenforderung nicht gebunden ist.

2. Fall: Der damalige Beklagte hat in einem früheren Prozess mit einer Forderung gegen den damaligen Kläger die Aufrechnung erklärt. Das Gericht hat den Aufrechnungseinwand wegen Verspätung nicht berücksichtigt. In einem nachfolgenden Prozess macht der damalige Beklagte als Kläger dieselbe Forderung geltend. 389

Erörtern: Die Grenzen der Rechtskraft gem. § 322 II ZPO.
Wenn eine Aufrechnungserklärung wegen Zurückweisung als verspätet gem. § 296 ZPO prozessrechtlich keine Wirkung entfaltet, hat dies analog § 139 BGB auch die materielle Unwirksamkeit der Aufrechnungserklärung zur Folge. Beachten Sie aber, dass dies nur dann gilt, wenn der Aufrechnungseinwand selbst als verspätet zurückgewiesen worden ist, nicht aber, wenn die der Gegenforderung zugrunde liegenden Tatsachen verspätet sind. Anders als im obigen Fall ist dann über die Gegenforderung gem. § 322 II ZPO in einer der Rechtskraft fähigen Weise entschieden worden. (→ Rn. 203).

Formulierungsvorschlag:

Die Klage ist zulässig … Der Kläger ist durch die Erklärung der Aufrechnung in dem früheren Verfahren … nicht daran gehindert, die Forderung erneut einzuklagen. Dies folgt aus § 322 II ZPO, wonach eine erneute Klage mit einer zur Aufrechnung gestellten Forderung insoweit zulässig ist, als über die Forderung nicht in einer der Rechtskraft fähigen Art und Weise entschieden worden ist. Dies ist vorliegend geschehen, da der Aufrechnungseinwand als verspätet bei der damaligen Entscheidung nicht berücksichtigt worden ist.
(In der Zulässigkeit geht es nur um das Problem, ob der Anspruch überhaupt noch einmal geltend gemacht werden darf, nicht darum, ob er auch besteht. Das ist eine Frage der Begründetheit. Dort müssen Sie dann auch das Problem der Teilnichtigkeit darlegen:)
… Entgegen der Auffassung des Beklagten ist der Anspruch des Klägers nicht gem. §§ 389 ff. BGB durch die erklärte Aufrechnung in dem Rechtsstreit … erloschen. Die Erklärung der Aufrechnung in einem Rechtsstreit besteht aus einem prozessualen und einem materiell-rechtlichen Teil. Da sich die Aufrechnung in jenem Verfahren aus prozessualen Gründen nicht ausgewirkt hat, führt die teilweise Unwirksamkeit der prozessualen Geltendmachung auch zur Unwirksamkeit der mate-

riell-rechtlichen Folgen der Aufrechnungserklärung. Dies ergibt sich aus der entsprechenden Anwendung von § 139 BGB. Nach dieser Vorschrift ist ein Rechtsgeschäft insgesamt nichtig, wenn ein Teil nicht zum Tragen kommt und anzunehmen ist, dass das Rechtsgeschäft nur in seiner gesamten Wirkung gewollt war. Dies ist hier der Fall, denn …

390–392 **3. Fall:** Gegen eine Klageforderung von 5.000 EUR rechnet der Beklagte mit einer Forderung über 10.000 EUR hilfsweise auf. Das Gericht weist die Klageforderung ab, weil sie durch wirksame Aufrechnung erloschen ist. In einem nachfolgenden Prozess macht der Beklagte die restliche Forderung geltend.

Erörtern: Gegebenenfalls den Bestimmtheitsgrundsatz ansprechen, da es nur noch um einen Teil der Forderung geht, vor allem bei zusammengesetzten Forderungen.

Beachte: In der Zulässigkeit ist nichts zu der Rechtskraftproblematik zu sagen.
In der Begründetheit sollte kurz erwähnt werden, dass durch das vorangegangene Urteil bezüglich des nicht »verbrauchten« Restes der Forderung nichts präjudiziert ist.

Formulierungsvorschlag:

… Die Tatsache, dass das Amtsgericht … die in diesem Prozess geltend gemachte Forderung in dem früheren Rechtsstreit … als bestehend angesehen hat, entbindet das erkennende Gericht nicht von einer erneuten Prüfung der Rechtslage. Gemäß § 322 II ZPO ist bei einer Aufrechnung in einem früheren Rechtsstreit über die Gegenforderung nur bis zur Höhe des Betrages rechtskräftig entschieden worden, für den die Aufrechnung geltend gemacht worden ist. Dies war in jenem Rechtsstreit die Klageforderung iHv 5.000 EUR. Nur in Höhe dieses Betrages ist über die Gegenforderung rechtskräftig entschieden worden. Das erkennende Gericht ist dadurch hinsichtlich der restlichen Forderung nicht gebunden …

g) Klagen aus § 826 BGB gegen rechtskräftige Urteile

393 **Fall:** Der Kläger klagt auf Unterlassen der Zwangsvollstreckung aus einem rechtskräftigen Titel. Er trägt substantiiert vor, dass der Beklagte den Titel in grob sittenwidriger Weise erlangt hat.

Erörtern: Keine entgegenstehende Rechtskraft, § 322 I ZPO.
Vortrag zu § 826 BGB als qualifizierte Prozessvoraussetzung.

Beachte: Nicht jedes unlautere Vorgehen des Gegners erlaubt es dem Unterlegenen, gegen ein rechtskräftiges Urteil vorzugehen. Es konkurrieren Rechtssicherheit und Gerechtigkeit. Das Verhalten des Gegners muss in besonders hohem Maße verwerflich sein.

Formulierungsvorschlag:

Die Klage ist zulässig … Dem steht auch nicht die Rechtskraft des Urteils vom … gem. § 322 I ZPO entgegen. Das Urteil ist zwar in Rechtskraft erwachsen, dies hindert aber den Kläger nicht daran, die Rechtmäßigkeit dieses Titels überprüfen zu lassen. Dazu reicht es für die Zulässigkeit der Klage aus, dass er schlüssig vorträgt, der Beklagte habe den Titel in einer die Voraussetzungen von § 826 BGB erfüllenden, grob sittenwidrigen Art und Weise erlangt.
Dies folgt aus der Lehre der sog. qualifizierten Prozessvoraussetzungen. Das sind Voraussetzungen, die für die Zulässigkeit und für die Begründetheit einer Klage vorliegen müssen. In derartigen Fällen wird der grundsätzliche Vorrang der Zulässigkeit vor der Begründetheit aus Gründen der Prozessökonomie und der Rechtssicherheit durchbrochen. Durch ein Sachurteil ist vor allem dem insoweit schutzwürdigen Beklagten wegen des größeren Umfangs der Rechtskraft mehr gedient als mit einem Prozessurteil.
Der Kläger hat durch seinen Vortrag, der Beklagte habe …, schlüssig dargelegt, dass sich der Beklagte das angegriffene Urteil grob sittenwidrig erschlichen hat.

h) Der Vergleich im Vorprozess

Vorüberlegungen: 394

Ein Vergleich entfaltet keine entgegenstehende Rechtskraft. Wenn er wirksam ist, steht er nur gegebenenfalls materiell-rechtlich einem weiteren Anspruch entgegen, wenn dieser durch den Vergleich miterfasst ist.

Fall: Nach einem Vergleich in einem vorangegangenen Rechtsstreit klagt der Kläger etwas ein, das nach Auffassung des Beklagten durch den Vergleich mit erledigt worden ist.

Formulierungsvorschlag:

Die Klage ist zulässig ... Dem Kläger steht es frei, seinen Anspruch in einem neuen Prozess geltend zu machen. Dem steht nicht entgegen, dass der Rechtsstreit ... zwischen den Parteien durch Vergleich beigelegt worden ist. Ein gerichtlicher Vergleich beendet nur den Rechtsstreit, er entfaltet aber keine Rechtskraft im materiell-rechtlichen Sinn.
(Es folgen in der Begründetheit Ausführungen darüber, ob dem geltend gemachten Anspruch der Vergleich inhaltlich entgegensteht. Es wird im Wesentlichen um Auslegungsfragen gehen.)

i) Die Anpassung eines Vergleichs

Vorüberlegungen: 395–396

Bei angefochtenen Vergleichen ist zu beachten, dass im Falle des Erfolges der Anfechtung der Vergleich ex tunc entfällt und der alte Prozess fortgesetzt wird. Bei dem Verlangen, einen Vergleich bei Wegfall oder wesentlicher Änderung der Geschäftsgrundlage den geänderten Verhältnissen anzupassen, bleibt der Vergleich als die das Verfahren beendende Prozesshandlung hingegen bestehen. Es steht keine anderweitige Rechtshängigkeit gem. § 261 III Nr. 1 ZPO entgegen. Der Kläger kann vor einem anderen zuständigen Gericht klagen.

Fall: Der Kläger verlangt nach einem Vergleich in einem neuen Prozess vor einem anderen Gericht die Anpassung des Vergleichs an veränderte Verhältnisse.

Erörtern: Keine entgegenstehende Rechtskraft durch einen Vergleich im Vorprozess.
Keine anderweitige Rechtshängigkeit bei dem Verlangen nach Anpassung.

Formulierungsvorschlag:

Die Klage ist zulässig ... Dem steht insbesondere nicht entgegen, dass das Verfahren ... mit einem Vergleich endete. Ein Vergleich vermag weder eine entgegenstehende Rechtskraft iSv § 322 I ZPO zu entfalten noch bewirkt das Verfahren (Az.: ...) eine anderweitige Rechtshängigkeit gem. § 261 III Nr. 1 ZPO. Der Vergleich hat jenes Verfahren lediglich beendet. Nur wenn ein Vergleich rückwirkend seine Wirksamkeit verliert, führt dies zur Fortsetzung des Verfahrens. Das ist aber nicht der Fall, da der Kläger lediglich eine Abänderung wegen veränderter Umstände begehrt.

8. Keine anderweitige Rechtshängigkeit

a) Klage trotz Hilfsaufrechnung in einem anderen, anhängigen Rechtsstreit

Vorüberlegungen: 397

Die Geltendmachung der Aufrechnung bewirkt grundsätzlich keine Rechtshängigkeit der Forderung. Dies kommt auch in § 204 I Nr. 5 BGB zum Ausdruck. Diese Vorschrift wäre überflüssig, wenn Aufrechnungen von § 204 I Nr. 1 BGB erfasst würden.

Fall: Der Kläger klagt einen Anspruch ein, den er in einem anderen, noch anhängigen Rechtsstreit – dort als Beklagter – bereits hilfsweise zur Aufrechnung gestellt hat.

Erörtern: Keine anderweitige Rechtshängigkeit gem. § 261 III Nr. 1 ZPO.
Allgemeines Rechtsschutzbedürfnis.

Formulierungsvorschlag:

Die Klage ist zulässig … Der Kläger ist dadurch, dass er die eingeklagte Forderung bereits im Wege der hilfsweisen Aufrechnung in dem noch nicht entschiedenen Verfahren vor dem Amtsgericht … (Az.: …) geltend gemacht hat, nicht an einer Durchsetzung seines Anspruches im Klagewege gehindert. Die hilfsweise Aufrechnung begründet keine anderweitige Rechtshängigkeit der Gegenforderung. Dies folgt daraus, dass die Aufrechnung keine Klage iSv § 261 ZPO ist. Sie stellt lediglich ein Verteidigungsmittel dar, nämlich das Berufen auf das Erlöschen der Klageforderung aufgrund materiellen Rechts.
Dem Kläger fehlt auch nicht das Rechtsschutzbedürfnis für die aktive Verfolgung seines Anspruches. Die gegenteilige Auffassung, die damit begründet wird, dass im Erfolgsfall die Aufrechnung dem Kläger eine bessere Rechtsposition als seine Klage verschaffe, nämlich die sofortige Befriedigung und nicht lediglich einen vollstreckbaren Titel, überzeugt nicht. Es ist dem Kläger nicht zuzumuten, auf den Ausgang des anderen Rechtsstreites zu warten, um Gewissheit zu erlangen, ob seine Hilfsaufrechnung überhaupt zum Tragen kommt und wie darüber entschieden wird. Jener Rechtsstreit mag sich noch über so lange Zeit hinziehen, dass es mit dem auch im Verfahrensrecht geltenden Grundsatz von Treu und Glauben nicht zu vereinbaren ist, dem Kläger vorliegend das Rechtsschutzbedürfnis für die aktive Verfolgung seines Anspruches zu versagen.

b) Hauptsacheklage während eines anhängigen e.V.-Verfahrens

397a Wenn der Kläger während eines noch laufenden einstweiligen Verfügungsverfahrens denselben Anspruch klageweise geltend macht, kommt von Beklagtenseite in der Regel der unzutreffende Einwand anderweitiger Rechtshängigkeit. Der Einwand scheitert daran, dass es sich bei Klage und einstweiliger Verfügung um zwei unterschiedliche Streitgegenstände im prozessualen Sinn handelt, auch wenn es in der Sache um denselben Streit geht. Grund: Im einstweiligen Verfügungsverfahren wird der Streit nur einstweilen geregelt, im Klagewege endgültig.

9. Verspätete Rüge von Prozesshindernissen

398 **Vorüberlegungen:**

Da Sie im Examen davon ausgehen sollten, dass die Ihnen vorgelegte Klage zulässig ist, sind die Rügen der Parteien für Sie nur Anlass, die angesprochenen Zulässigkeitsvoraussetzungen kurz abzuhandeln. Zunächst sollten Sie stets an die Fälle der Unbeachtlichkeit von Rügen nach rügeloser Einlassung denken, wie §§ 39, 267 oder 295 ZPO.

Darüber hinaus regelt § 296 III ZPO, dass verspätete Rügen, die die Zulässigkeit der Klage betreffen und auf die der Beklagte verzichten kann (sog. Prozesshindernisse), ohne ausreichende Entschuldigung bezüglich der Verspätung unzulässig sind.

Es handelt sich dabei nur um die Rügen
- der mangelnden Vollmacht, § 88 ZPO,
- der fehlenden Kostenerstattung nach vorheriger Klagerücknahme, § 269 VI ZPO,
- der fehlenden Ausländersicherheit, §§ 110 ff. ZPO,
- und die Einrede einer Schiedsvereinbarung, § 1032 ZPO.

In den Fällen von § 296 III ZPO ist eine Rüge immer dann verspätet, wenn sie
- nicht innerhalb der vom Gericht gesetzten Klageerwiderungsfrist gem. §§ 275, 276 ZPO,
- entgegen § 282 III ZPO nicht spätestens in der ersten mündlichen Verhandlung oder
- nach einem Versäumnisurteil nicht innerhalb der Einspruchsfrist des § 340 III ZPO vorgebracht worden ist.

Die Zurückweisung verspäteter Rügen ist in diesen Fällen zwingend und tritt unabhängig von der sonst gem. § 296 ZPO erforderlichen Verfahrensverzögerung ein.

Fall: Der Beklagte rügt die fehlende Kostenerstattung nach Klagerücknahme in einem Vorprozess nach Ablauf der ihm gem. § 276 ZPO gesetzten Klageerwiderungsfrist.

Erörtern: Prozesshindernde Einrede gem. § 269 VI ZPO.
Präklusion gem. §§ 282 III 2, 296 III ZPO.
Kein Hinweis auf Entschuldigungsgründe gem. § 296 III ZPO.

Formulierungsvorschlag:

Die Klage ist zulässig ...
Dem steht insbesondere nicht die vom Beklagten erhobene prozesshindernde Einrede fehlender Kostenerstattung gem. § 269 VI ZPO entgegen. Der Beklagte konnte mit dieser Rüge nicht gehört werden, denn sie war gem. §§ 282 III 2, 296 III ZPO verspätet.
Nach diesen Vorschriften sind Rügen, die die Zulässigkeit der Klage betreffen und auf die der Beklagte verzichten kann, vom Beklagten innerhalb der ihm gem. §§ 275, 276 ZPO gesetzten Klageerwiderungsfrist zu erheben. Dies hat der Beklagte versäumt. Die Klageerwiderungsfrist war bei Erhebung der Rüge bereits abgelaufen. Entschuldigungsgründe, die nach § 296 III ZPO zu einer Zulassung führen würden, hat der Beklagte nicht vorgetragen.
Die Rüge fehlender Kostenerstattung nach vorheriger Klagerücknahme ist auch eine Rüge, auf die der Beklagte verzichten kann.

10. Allgemeines Rechtsschutzbedürfnis

Vorüberlegungen: 399

Das allgemeine Rechtsschutzbedürfnis muss grundsätzlich auch bei Leistungsklagen vorliegen. Das ist in der Regel der Fall und sollte deshalb nicht ausdrücklich angesprochen werden. Es fehlt nur, wenn der Rechtsstreit objektiv sinnlos ist, oder wenn der Kläger kein schutzwürdiges Interesse an dem begehrten Urteil hat.

Das allgemeine Rechtsschutzbedürfnis ist unter anderem bei Klagen zu erörtern, bei denen die Unmöglichkeit der Leistung streitig ist (s. dazu ausführlich → Rn. 402). Es liegt zB auch vor, wenn der Kläger für den eingeklagten Anspruch bereits einen Titel hat, sofern dessen Durchsetzbarkeit zweifelhaft ist.

Verfügt der Kläger zB über einen nicht der Rechtskraft fähigen Vollstreckungstitel, zB eine vollstreckbare notarielle Urkunde iSv § 794 I Nr. 5 ZPO, so ist das Rechtsschutzbedürfnis für eine Klage zu bejahen, wenn mit einer Vollstreckungsgegenklage des Schuldners zu rechnen ist.

a) Klage auf Unterlassung ehrverletzender Äußerungen im Prozess

Aus dem Recht der Parteien auf wirkungsvollen gerichtlichen Rechtsschutz aus Art. 2 I GG 400
iVm dem Rechtsstaatsprinzip sowie dem Recht auf rechtliches Gehör aus Art. 103 I GG folgt, dass Klagen auf Unterlassung ehrverletzender Äußerungen im Prozess grundsätzlich das allgemeine Rechtsschutzbedürfnis fehlt. Eine Partei darf alles vortragen, was zum Ausfüllen einer Norm erforderlich ist, also zB bei § 826 BGB das sittenwidrige oder bei § 823 II BGB das strafbare Verhalten des Gegners.

Klagen auf Unterlassung ehrverletzender Äußerungen sind nur zulässig, wenn schlüssig vorgetragen wird, die ehrverletzende Behauptung sei bewusst unrichtig oder leichtfertig aufgestellt worden oder wenn die Tatsachenbehauptung offensichtlich keinen inneren Zusammenhang zu der Ausführung oder Verteidigung von Rechten hat oder die Meinungsäußerungen den Charakter einer Schmähung erreicht.

1. Fall: Der Kläger verlangt Zahlung, der Beklagte behauptet, er sei vom Kläger betrogen worden. Der Kläger verlangt daraufhin auch die Unterlassung dieser Äußerung.

Erörtern: Fehlendes allgemeines Rechtsschutzbedürfnis.

Formulierungsvorschlag:

... Der Antrag auf Unterlassung der ehrverletzenden Äußerung ist unzulässig. Dem Kläger fehlt das erforderliche Rechtsschutzbedürfnis. Gegen ein der Rechtsverfolgung im Zivilprozess dienendes Vorbringen gibt es nämlich grundsätzlich keinen negatorischen Rechtsschutz. Wenn eine Norm,

auf die der Gegner seinen Anspruch stützt, das Vorbringen ehrverletzender Tatsachen zur Darlegung der Schlüssigkeit erfordert wie hier § 823 II BGB iVm § 263 StGB, fehlt das Rechtsschutzbedürfnis für einen Unterlassungsanspruch. Vielmehr dürfen die Parteien in einem Gerichtsverfahren grundsätzlich alles vortragen, was sie zur Wahrung ihrer Rechte für erforderlich halten. Dies trägt dem Recht der Parteien auf wirkungsvollen gerichtlichen Rechtsschutz aus Art. 2 I GG iVm dem Rechtsstaatsprinzip sowie dem Recht auf rechtliches Gehör aus Art. 103 I GG Rechnung.
Tatsachen für einen der in der Rechtsprechung für die Frage des Anspruchs auf Unterlassung von Parteivortrag in einem Zivilprozess anerkannten Ausnahmefälle, namentlich bei bewusst unrichtigen oder leichtfertig aufgestellten Tatsachenbehauptungen, bei Tatsachenbehauptungen, die offensichtlich keinen inneren Zusammenhang zu der Ausführung oder Verteidigung von Rechten haben, oder bei Meinungsäußerungen, die den Charakter der Schmähung erreichen, sind hier nicht vorgetragen.

2. Fall: Der Kläger verlangt Zahlung. Der Beklagte behauptet, er sei vom Kläger betrogen worden. Der Kläger verlangt daraufhin auch die Unterlassung dieser Äußerung und behauptet, der Beklagte sage bewusst die Unwahrheit.

Erörtern: Ausnahmsweise liegt das allgemeine Rechtsschutzbedürfnis in Form einer doppelt relevanten Tatsache vor.

Formulierungsvorschlag:

… Die Klage ist auch hinsichtlich des Unterlassungsantrages zulässig. Dem Antrag ist auch nicht das allgemeine Rechtsschutzbedürfnis abzusprechen. Dies fehlt nur, wenn sich der Kläger nicht auf ein schutzwürdiges Interesse berufen kann. Dies ist hier jedoch der Fall, weil er schlüssig vorgetragen hat, dass der Beklagte die ehrverletzende Äußerung bewusst unwahr aufgestellt hat. In diesen Fällen kann sich der Beklagte nicht darauf berufen, er müsse alles vortragen dürfen, was zum Ausfüllen einer Norm erforderlich sei. Diese grundsätzlich zutreffende Ansicht gilt nämlich nicht, wenn bewusst unwahre Äußerungen aufgestellt werden. Der gegnerischen Partei ist es dann erlaubt, sich dagegen zur Wehr zu setzen.
(Weiter geht es mit der Darlegung der Rechtsfigur der »qualifizierten Prozessvoraussetzung«.)

b) Klage auf Abgabe einer Willenserklärung trotz eines vollstreckbaren Vergleichs

401 **Fall:** Der Kläger erhebt Klage auf Abgabe einer Willenserklärung, obwohl er bereits einen vollstreckbaren Vergleich in den Händen hat, in dem sich der Beklagte zur Abgabe der Willenserklärung verpflichtet hat.

Erörtern: Allgemeines Rechtsschutzbedürfnis fehlt nur bei gleichwertiger Vollstreckbarkeit.
§ 894 ZPO gilt nicht für Vergleiche, der Weg über § 888 ZPO ist unzumutbar.

Formulierungsvorschlag:

Die Klage ist zulässig … Dem Kläger fehlt auch das für Leistungsklagen erforderliche allgemeine Rechtsschutzbedürfnis nicht, obwohl er bereits in Besitz eines vollstreckbaren Vergleichs ist, in dem sich der Beklagte verpflichtet hat, die Erklärung abzugeben. Bei Vorliegen eines Titels fehlt das allgemeine Rechtsschutzbedürfnis nur dann, wenn der Kläger aus diesem Titel mindestens ebenso einfach wie mit dem angestrebten Urteil seinen Anspruch durchsetzen kann. Dies ist aber nicht der Fall. Die in § 894 ZPO geregelte gesetzliche Fiktion, nach der im Fall einer Verurteilung zur Abgabe einer Willenserklärung diese mit Eintritt der Rechtskraft des Urteils als abgegeben gilt, ist weder direkt noch analog auf Vergleiche anwendbar. Eine entsprechende Anwendung der Vorschrift scheitert daran, dass keine planwidrige Regelungslücke vorliegt. Im Gesetz ist für die Vollstreckung von Vergleichen der Weg über § 888 ZPO vorgesehen. Dem Kläger ist dieser weitaus umständlichere und langwierigere Weg über § 888 ZPO, nach dem die Zwangsvollstreckung durch Zwangsgeld und gegebenenfalls Zwangshaft zu betreiben ist, nicht zuzumuten.

c) Klage auf »unmögliche« Leistung

402 **Vorüberlegung:**

Der Unvermögenseinwand des Beklagten, nicht mehr im Besitz der Sache zu sein, deren Herausgabe der Kläger begehrt, ist nur insoweit ein Zulässigkeitsproblem, als die Unmöglichkeit der Leistung das Rechtsschutzbedürfnis des Klägers berühren könnte. Da die Unmöglichkeit aber streitig ist – kein Kläger verlangt die Herausgabe einer Sache und trägt selbst vor, dass der Beklagte sie nicht in Besitz hat –, wird in diesen Fällen das Leistungsvermögen des Beklagten als qualifizierte Prozessvoraussetzung für die Zulässigkeit der Klage unterstellt. Die streitige Frage, ob der Beklagte leisten kann oder nicht, ist dann ein Problem der Begründetheit, bei dem der Beklagte die Beweislast trägt.

Diese Konstellation taucht häufig zusammen mit dem Antrag auf Ersatzverurteilung auf, → Rn. 323a.

Fall: Der Kläger verlangt vom Beklagten Herausgabe einer Sache. Keine Partei bietet für die streitige Frage, ob der Beklagte noch im Besitz der Sache ist, Beweis an.

Erörtern: Verurteilung zu einer streitigen »unmöglichen« Leistung lässt das allgemeine Rechtsschutzbedürfnis unberührt (qualifizierte Prozessvoraussetzung).

Formulierungsvorschlag:

Die Klage ist zulässig …
Der Umstand, dass der Beklagte nach seiner Behauptung zu einer unmöglichen Leistung verurteilt wird, berührt die Zulässigkeit der Klage nicht. Es reicht aus, dass der Kläger, wie geschehen, die Voraussetzungen für seinen Herausgabeanspruch schlüssig vorträgt. Dies folgt aus der Lehre der sog. qualifizierten Prozessvoraussetzungen. Bei doppelrelevanten Tatsachen, die sowohl für die Zulässigkeit als auch für die Begründetheit einer Klage vorliegen müssen, wird der Vorrang der Zulässigkeit vor der Begründetheit aus Gründen der Prozessökonomie und der Rechtssicherheit durchbrochen.

Wenn ein Kläger sich des Erfolges seines Herausgabeanspruchs nicht sicher ist, weil der Beklagte Beweis für sein Unvermögen angeboten hat, wird er in der Regel entweder nach § 264 Nr. 3 ZPO seine Klage auf Schadensersatz umstellen oder einen zusätzlichen echten Hilfsantrag auf Zahlung von Schadensersatz stellen. Diese Fälle sind prozessual unproblematisch (→ Rn. 424 f.). Gleiches gilt für Verurteilungen zur Vornahme von Handlungen. Dann erspart § 510b ZPO den mühsameren Weg über §§ 255, 259 ZPO. Zu der letzteren Konstellation → Rn. 261.

d) Klage auf Rücknahme der Kaufsache nach Rücktritt

Vorüberlegung: 403

Nach erfolgtem Rücktritt verlangt der Käufer als Kläger häufig neben der Zug-um-Zug-Verurteilung zur Rückzahlung des Kaufpreises gegen Rückgabe oder Rückübereignung der Kaufsache die Feststellung des Annahmeverzuges des Beklagten und dessen Verurteilung zur Abholung der Kaufsache. Die Zulässigkeit ist unproblematisch. Auch bei einer Zusage des Beklagten, im Fall der Verurteilung zur Rückabwicklung die Kaufsache abzuholen, fehlt für den Antrag nicht das Rechtsschutzbedürfnis, da der Kläger ohne entsprechende Verurteilung das Abholen der Kaufsache nicht vollstrecken kann.

Fall: Der Kläger verlangt vom Beklagten nach erfolgtem Rücktritt von einem Kaufvertrag über eine Schrankwand, die der Beklagte vertragsgemäß beim Kläger aufgestellt hat,

1. Rückzahlung des Kaufpreises Zug um Zug gegen Rückübereignung der Schrankwand,
2. Feststellung des Annahmeverzuges bezüglich der Rücknahme der Schrankwand,
3. Verurteilung zur Abholung der Schrankwand beim Kläger.

Erörtern: Bezüglich Antrag zu 2. folgt das Feststellungsinteresse aus §§ 756 I, 765 ZPO.
Bezüglich Antrag zu 3. liegt das allgemeine Rechtsschutzinteresse vor, weil der Kläger ansonsten keine Vollstreckungsmöglichkeit zur Entfernung der Kaufsache hätte.
Anfängliche, objektive, kumulative Klagenhäufung gem. § 260 ZPO.

Beachte: Das rechtliche Interesse für die Feststellung des Annahmeverzuges folgt bei Zug-um-Zug-Ansprüchen aus §§ 756 I, 765 ZPO (Vollstreckungsvorteil), ohne Gegenleistung des Käufers aus §§ 300 ff. BGB (Haftungserleichterung).

Formulierungsvorschlag:

Die Klage ist zulässig ... Dem Kläger steht auch das gem. § 256 I ZPO für Feststellungsklagen erforderliche Feststellungsinteresse hinsichtlich des Antrages zu 2. Zu. Vorliegend folgt das Feststellungsinteresse aus §§ 756 I, 765 ZPO. Danach kann bei Zug-um-Zug-Urteilen der Gläubiger nur ohne tatsächliches Angebot der dem Schuldner gebührenden Leistung vollstrecken, wenn dessen Annahmeverzug durch eine ihm zugestellte, öffentliche Urkunde, hier also das Urteil, bewiesen ist. Auf diese Erleichterung der Vollstreckung hat der Kläger einen Anspruch.
Auch der Antrag zu 3. Ist zulässig. Ihm ist auch nicht das sog. allgemeine Rechtsschutzbedürfnis abzusprechen. Dies fehlt nur dann, wenn der Rechtsstreit sinnlos ist oder der Kläger kein schutzwürdiges Interesse an dem begehrten Urteil haben kann. Das ist hier nicht der Fall, weil der Kläger ein berechtigtes Interesse an der Entfernung der Schrankwand aus seiner Wohnung hat und er diesen Anspruch ohne Verurteilung des Beklagten im Wege der Zwangsvollstreckung nicht durchsetzen kann.
Der Antrag ist auch nicht von dem Antrag zu 1. mit umfasst. Die Verurteilung des Beklagten zur Rückzahlung des Kaufpreises Zug um Zug gegen Rückübereignung der Schrankwand gibt dem Kläger keinen Anspruch auf die beantragte Rücknahme durch Abbau und Abtransport seitens des Beklagten.
Es steht dem Kläger auch frei, mehrere Anträge in einer Klage zu verbinden. Dies ist gem. § 260 ZPO ...

11. Klageänderung

404 **Vorüberlegungen:**

Klageänderungen gehören zu den am häufigsten vorkommenden prozessualen Konstellationen in Examensklausuren. Hier die Gesamtübersicht:

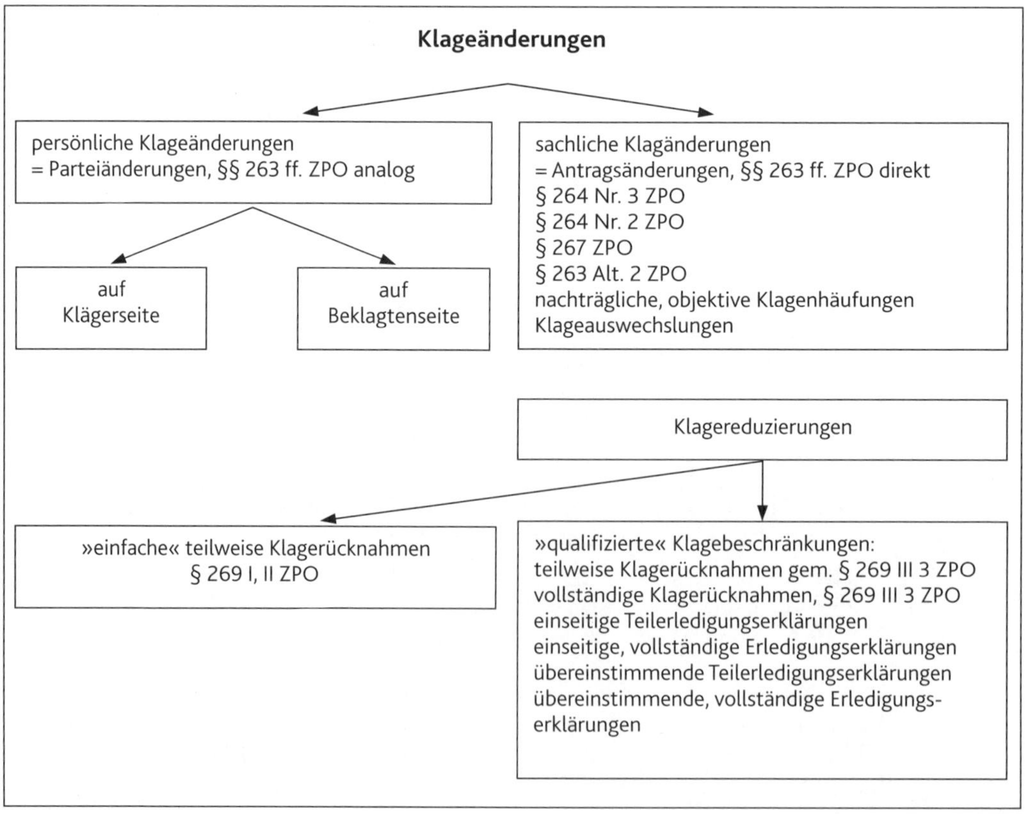

Bei gewillkürten Klageänderungen müssen Sie zwischen der Rechtslage vor und nach Beginn der mündlichen Verhandlung unterscheiden. Abgesehen von den gesetzlich geregelten Fällen von § 264 Nr. 2 und 3 ZPO sowie einseitigen Erledigungserklärungen und qualifizierten Klagerücknahmen gem. § 269 III 3 ZPO, denen der Beklagte nicht mit Erfolg widersprechen kann, hängt die Zulässigkeit von Klageänderungen nach Beginn der mündlichen Verhandlung gem. § 269 I ZPO von der Zustimmung des Beklagten ab.

a) Persönliche Klageänderungen

Vorüberlegungen: 405

Die persönlichen Parteiänderungen können als gesetzliche oder gewillkürte Parteiwechsel oder als Parteierweiterung vorkommen.

Der gesetzliche Parteiwechsel gem. §§ 239, 240, 242 ZPO ist problemlos, ebenso der einzige Fall eines gesetzlichen Parteibeitritts gem. § 856 II ZPO. Die gewillkürte Parteiänderung ist nach stRspr eine Form der Klageänderung, auf die §§ 263 ff. ZPO analog anwendbar sind.

Bevor Sie einen gewillkürten Parteiwechsel annehmen, sollten Sie klären, ob der Kläger nicht nur eine Falschbezeichnung des Beklagten korrigiert, die mit einer einfachen Rubrumsberichtigung erledigt ist. Nach stRspr des BGH ist stets derjenige Partei, der nach dem erkennbaren, eindeutigen Klägerwillen gemeint ist.

Den folgenden Schemata können Sie die Zulässigkeit der gewillkürten Klageänderungen entnehmen:

aa) Persönliche Klageänderungen auf Klägerseite

406

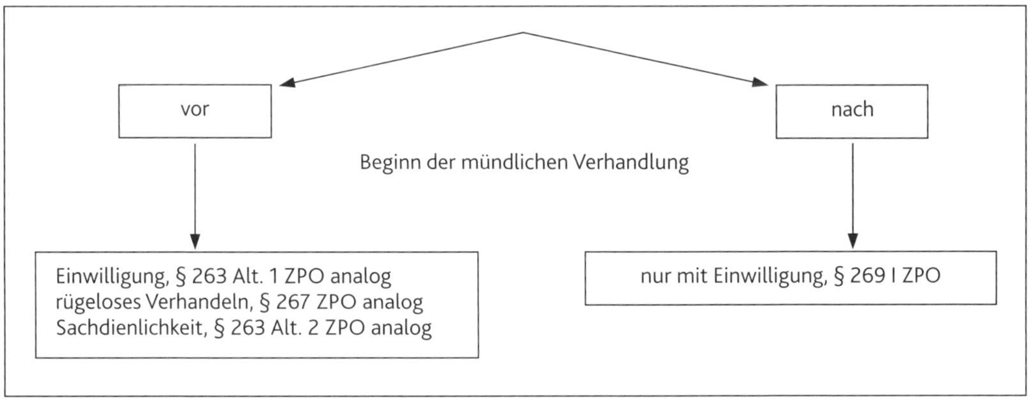

bb) Persönliche Klageänderungen auf Beklagtenseite ggü. dem »Altbeklagten«

407

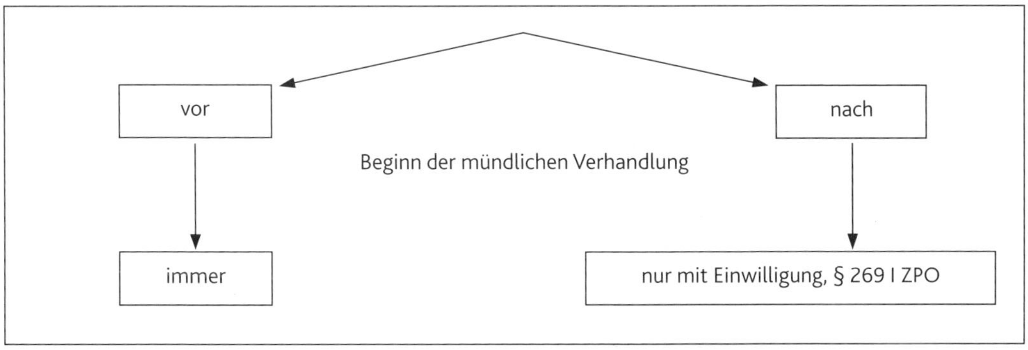

Bei persönlichen Klageänderungen auf Beklagtenseite müssen Sie zwischen dem bisherigen Beklagten (»Altbeklagten«) und dem weiteren/anderen Beklagten (»Neubeklagten«) unterscheiden, bei dem »Altbeklagten« zudem noch zwischen der Rechtslage vor und nach Beginn der mündlichen Verhandlung.

cc) Persönliche Klageänderungen auf Beklagtenseite ggü. dem »Neubeklagten«

408

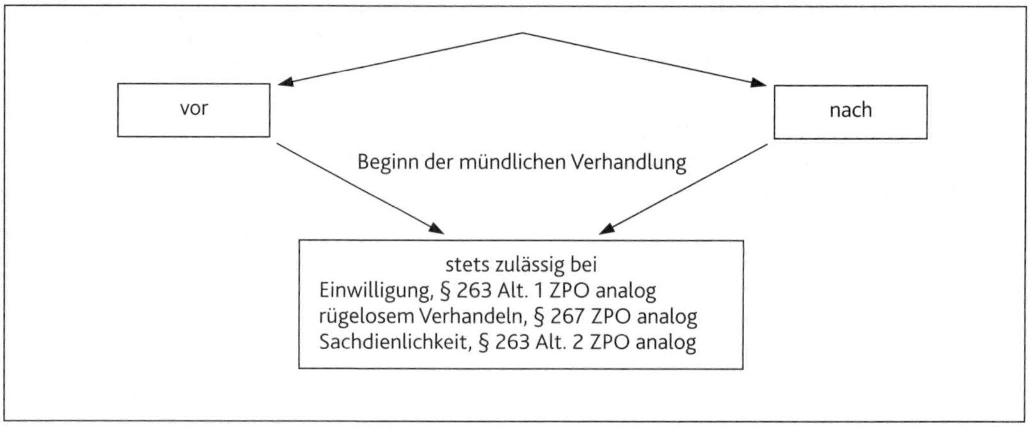

Die Zulässigkeit persönlicher Klageänderungen durch Sachdienlichkeit analog § 263 Alt. 2 ZPO können Sie wie folgt begründen:

> **Formulierungsvorschlag:**
>
> … Auf Klägerseite hat ein zulässiger Parteiwechsel/eine zulässige Parteierweiterung stattgefunden. Die fehlende Zustimmung des Beklagten steht dem nach stRspr nicht entgegen, wenn der Parteiwechsel/die Parteierweiterung analog § 263 Alt. 2 ZPO sachdienlich ist. Dies ist immer dann anzunehmen, wenn unter möglicher Verwendung des bisherigen Prozessstoffes der Streit endgültig behoben und ein neuer Prozess vermieden werden kann. Dies ist hier der Fall, denn …

Denken Sie daran, im Falle von persönlichen Klageänderungen das Rubrum anzupassen und die Kosten eines ausgeschiedenen Beklagten dem Kläger aufzuerlegen, sofern dies ausweislich Ihrer Vorlage nicht schon geschehen sein sollte. Wenn noch kein gesonderter Kostenbeschluss bezüglich des ausgeschiedenen Beklagten ergangen ist, muss er auch im Rubrum noch als Beklagter zu 1) aufgeführt werden, andernfalls nicht.

b) Sachliche Klageänderungen

aa) Anwendungsbereich von § 264 Nr. 3 ZPO

409 **Vorüberlegungen:**

Denken Sie daran, bei Klageänderungen zunächst zu prüfen, ob eine stets zulässige Klageänderung nach § 264 Nr. 3 oder Nr. 2 ZPO (die Überschrift im Gesetz »keine Klageänderung« ist irreführend) vorliegt. Dann ist eine Einwilligung des Beklagten nicht erforderlich. Wenn eine dieser Regelungen einschlägig ist, wirkt es nicht überzeugend, mit dem dann überflüssigen § 263 ZPO zu argumentieren.

Nach dem Wortlaut von § 264 Nr. 3 ZPO betrifft die Vorschrift nur Änderungen, die erst nach Rechtshängigkeit eingetreten sind. Nach hM umfasst sie aber auch Veränderungen, die dem Kläger erst nach Rechtshängigkeit bekannt werden. Es ist nur streitig, ob dies auch gilt, wenn den Kläger an der verspäteten Kenntnis ein Verschulden trifft.

Anwendungsbereich:
- Übergang von Herausgabe auf Schadensersatz wegen Untergangs der Sache,
- Übergang von Erfüllung auf Schadensersatz,
- Übergang von Erfüllung auf Rückgewähr,
- Wechsel von Erfüllung auf Surrogat wegen Untergangs des Leistungsgegenstandes.

Stellt die Anpassung zugleich eine Ermäßigung iSv § 264 Nr. 2 ZPO dar, greifen beide Vorschriften ein. Für die Reduzierung gem. § 264 Nr. 2 ZPO heißt das, dass der Kläger, sofern er nicht den Rechtsstreit in Höhe des nunmehr nicht mehr geltend gemachten Teiles für erledigt erklärt oder nach § 269 III 3 ZPO die Klage teilweise zurücknimmt, nach Beginn der mündlichen Verhandlung grundsätzlich auf die Zustimmung des Beklagten nach § 269 I ZPO angewiesen ist.

1. Fall: Der Kläger will zunächst Herausgabe. Er erfährt erst während des Rechtsstreits, dass die Sache bereits vor Rechtshängigkeit von einem Dritten gutgläubig erworben wurde. Er verlangt daraufhin Schadensersatz. Der Beklagte widerspricht der Änderung 410

Erörtern: Es liegt ein Fall von § 264 Nr. 3 ZPO durch den Übergang von Herausgabe auf Schadensersatz vor.
§ 264 Nr. 2 ZPO greift nicht, weil keine Reduzierung vorliegt. Der Schadensersatz ist nicht weniger wert als die Sache selbst.
§ 269 I ZPO findet keine Anwendung.

Beachte: Klageänderungen iSv § 264 Nr. 3 ZPO sind kraft Gesetzes zulässig. Es ist deshalb falsch, in diesen Fällen § 263 Alt. 2 ZPO anzuführen und die Zulässigkeit mit Sachdienlichkeit zu begründen.

Formulierungsvorschlag:

Die Klage ist zulässig ... Dem Kläger steht es gem. § 264 Nr. 3 ZPO frei, die ursprünglich auf Herausgabe seines Pkw gerichtete Klage auf Zahlung von Schadensersatz umzustellen, nachdem er erfahren hat, dass dem Erfolg seiner Herausgabeklage der gutgläubige Eigentumserwerb eines Dritten entgegensteht.
Dem steht auch nicht entgegen, dass es sich dem Wortlaut dieser Vorschrift nach nicht um eine »später eingetretene Veränderung« handelt, da der Eigentumsverlust des Klägers durch den gutgläubigen Erwerb des Dritten bereits vor Rechtshängigkeit eingetreten ist. Nach stRspr ist § 264 Nr. 3 ZPO auch auf Fälle anwendbar, in denen die veränderten Umstände dem Kläger erst nach Rechtshängigkeit bekannt werden. Dies gilt nach einhelliger Meinung jedenfalls dann, wenn den Kläger an der mangelnden Kenntnis kein Verschulden trifft, was hier der Fall ist.
Die Umstellung der Klage hing auch nicht von der Zustimmung des Beklagten gem. § 269 I ZPO ab. Das ist in Fällen des § 264 Nr. 3 ZPO nur dann der Fall, wenn die Änderung gleichzeitig eine Beschränkung iSv § 264 Nr. 2 ZPO darstellt, die als eine teilweise Klagerücknahme zu werten ist. Dies ist vorliegend aber nicht anzunehmen, da der nunmehr begehrte Schadensersatz an die Stelle der Sache tritt und dieser gleichwertig ist.

2. Fall: Der Kläger begehrt die Übereignung eines 10.000 EUR teuren Pkw, der bislang noch nicht bezahlt ist. Laut Vertrag ist der Beklagte vorleistungspflichtig. Nach Zustellung der Klage wird der Pkw gestohlen. Der Kläger verlangt nunmehr 1.000 EUR Schadensersatz wegen entgangenen Gewinns, da er den Wagen bereits für 11.000 EUR weiterverkauft hat. Im Übrigen erklärt er die Hauptsache für erledigt. 411
Der Beklagte widerspricht der Erledigungserklärung und der Umstellung der Klage.

Erörtern: Antragsanpassung nach § 264 Nr. 3 ZPO.
Beschränkung nach § 264 Nr. 2 ZPO.
Einseitige Teilerledigungserklärung.
§ 269 I ZPO findet keine Anwendung.
Feststellungsinteresse gem. § 256 I ZPO.
Nachträgliche, objektive Klagenhäufung gem. § 260 ZPO.
Perpetuatio fori gem. § 261 III Nr. 2 ZPO.

Beachte: Klageänderungen iSv § 264 Nr. 2 und Nr. 3 ZPO sind kraft Gesetzes zulässig. Es ist deshalb nicht korrekt, mit Sachdienlichkeit iSv § 263 Alt. 2 ZPO zu argumentieren. Weder für die Antragsanpassung noch für die in der teilweisen Erledigungserklärung liegende Antragsbeschränkung bedarf es der Zustimmung des Beklagten.
§ 269 I ZPO greift nicht.

Formulierungsvorschlag:

Die Klage ist zulässig ... Dem Kläger steht es frei, seine ursprünglich auf Übereignung gerichtete Klage auf Zahlung von Schadensersatz umzustellen. Dies folgt aus § 264 Nr. 3 ZPO, wonach die Klage wegen einer später eingetretenen Veränderung auf Zahlung von Schadensersatz geändert werden darf.

Des Weiteren stellt sich die Anpassung der Klage an die geänderte Sachlage als zulässige Beschränkung des Klageantrages iSv § 264 Nr. 2 ZPO dar. Die Zustimmung ist entbehrlich, wenn der Kläger – wie hier – hinsichtlich des ursprünglich geforderten Mehrbetrages den Rechtsstreit teilweise für erledigt erklärt.
Die durch die Teilerledigungserklärung entstandene nachträgliche, objektive, kumulative Klagenhäufung ist gem. § 261 II iVm § 260 ZPO zulässig. Aus § 261 II ZPO folgt die grundsätzliche Zulässigkeit der nachträglichen Klagenhäufung. Die darin liegende Klageänderung ist gem. § 263 Alt. 2 ZPO sachdienlich, denn das bisherige Prozessergebnis ist verwertbar und durch die Entscheidung auf der geänderten Grundlage wird ein weiterer Rechtsstreit vermieden. Es steht dem Kläger auch frei, mehrere Klageanträge in einer Klage zu verbinden. Dies ist gem. § 260 ZPO möglich, wenn …
Das nach § 256 I ZPO für den Feststellungsantrag erforderliche rechtliche Interesse folgt aus der Weigerung des Beklagten, sich der Erledigungserklärung des Klägers anzuschließen, und aus dem berechtigten Begehren des Klägers, in diesem Rechtsstreit eine abschließende Entscheidung auch über die Kosten zu erhalten.
Die infolge der Erledigungserklärung eingetretene Reduzierung des Streitwerts auf einen Betrag unter 5.000 EUR berührt die sachliche Zuständigkeit des angerufenen Gerichts nicht. § 261 III Nr. 2 ZPO regelt die Ausnahme von dem Grundsatz, dass alle Zulässigkeitsvoraussetzungen auch noch im Zeitpunkt des Schlusses der mündlichen Verhandlung vorliegen müssen. Nach dieser Vorschrift besteht gemäß dem Grundsatz der sog. perpetuatio fori die einmal begründete Zuständigkeit eines Gerichtes unabhängig von einer Veränderung der sie begründenden Umstände fort.

412 **3. Fall:** Der Kläger verlangt zunächst Herausgabe, Fristsetzung und hilfsweise nach fruchtlosem Ablauf der Frist Schadensersatz in Höhe des Zeitwertes. Während des Prozesses erfährt er vom Untergang der Sache vor Rechtshängigkeit und beantragt daraufhin im Termin nur noch Schadensersatz. Der Beklagte rügt die Umstellung und beantragt Klageabweisung, hinsichtlich der nicht mehr gestellten Anträge durch Teilversäumnisurteil.

Erörtern: Es liegt ein Fall von § 264 Nr. 3 ZPO vor (Schadensersatz statt Herausgabe).
Die Kenntnis nach Rechtshängigkeit ist eine »später eingetretenen Veränderung«.
Die nicht aufrechterhaltenen Anträge sind konkludent zurückgenommen, § 269 III 3 ZPO. Für ein Teilversäumnisurteil ist daher kein Raum.
§ 269 I ZPO blockiert die Teilrücknahme bei § 269 III 3 ZPO nicht (vgl. → Rn. 423 ff.).
Die Nichteinhaltung der Schriftsatzfrist analog § 132 I 1 ZPO ist gem. § 295 ZPO geheilt.
Die Kostenentscheidung folgt insoweit aus § 269 III 3 ZPO zugunsten des Klägers, wenn die ursprüngliche Klage Erfolg gehabt hätte. Dies ist im Rahmen der prozessualen Nebenentscheidungen am Ende der Entscheidungsgründe zu begründen (→ Rn. 212).

- Die Anträge zu 2) und 3) auf künftige Leistung mit Fristbestimmung waren gem. §§ 255, 259 ZPO zulässig. Bedenken gegen die Zulässigkeit des Antrags zu 3), ein sog. unechter Hilfsantrag, wegen § 253 II Nr. 2 ZPO bestehen nicht.
- Die anfängliche, kumulative, objektive Klagenhäufung war gem. § 260 ZPO zulässig.

Beachte: Wenn die »Veränderung« nach Rechtshängigkeit eintritt, greift § 269 III 3 ZPO nicht. Der Kläger müsste wegen der nicht mehr gestellten Anträge teilweise für erledigt erklären.
In diesen Fällen sind Zinsen grundsätzlich erst ab dem Tag nach Antragsumstellung zuzusprechen.
Etwas anderes gilt aber gem. § 849 BGB bei Schadensersatzansprüchen wegen Entziehung der Sache. Der Zinsanspruch beginnt mit der Entziehung der Sache und beträgt gem. § 246 BGB 4%. Ab Verzug sind gegebenenfalls höhere Verzugszinsen oder ab Rechtshängigkeit Prozesszinsen iHv 5%-Punkten über dem Basiszinssatz zuzuerkennen. Es kann zu einer gestaffelten Zinsentscheidung kommen.

Formulierungsvorschlag:

... Die Klage ist in der zuletzt gestellten Form zulässig. Der Kläger hat den auf Herausgabe gerichteten früheren Antrag zu 1) auf Leistung von Schadensersatz umgestellt. Für diesen gem. § 264 Nr. 3 ZPO von Gesetzes wegen zulässigen Fall der Klageänderung ist weder eine Zustimmung des Beklagten noch Sachdienlichkeit erforderlich. Dem steht auch nicht entgegen, dass es sich nicht um eine »später eingetretene Veränderung« handelt, was dem Wortlaut dieser Vorschrift nach erforderlich ist, da der Untergang der Sache bereits vor Rechtshängigkeit eingetreten ist. Nach stRspr ist § 264 Nr. 3 ZPO auch auf Fälle anwendbar, in denen die veränderten Umstände dem Kläger erst nach Rechtshängigkeit bekannt werden, wenn ihn an der mangelnden Kenntnis – wie hier – kein Verschulden trifft. Der Kläger konnte gem. § 269 III 3 ZPO die überholten Anträge wegen teilweisen Wegfalls des Klagegrundes vor Rechtshängigkeit zurücknehmen. Dies hat er konkludent dadurch getan, dass er nur noch den geänderten Antrag gestellt hat.
Die Wirksamkeit der Teilrücknahme scheitert auch nicht an der fehlenden Zustimmung des Beklagten. Bei Erledigungserklärungen kann der Kläger, der erst nach Beginn der mündlichen Verhandlung erfährt, dass sich der Rechtsstreit in der Hauptsache erledigt hat und er deshalb sein ursprüngliches Klageziel nicht mehr erfolgreich durchsetzen kann, nach stRspr seine Klage der für ihn neuen Situation durch eine Antragsänderung anpassen, ohne auf die Zustimmung des Beklagten angewiesen zu sein. Von ihrer Natur her liegen Wegfall des Klageanlasses gem. § 269 III 3 ZPO und Erledigung der Hauptsache so eng beieinander – bisweilen entscheidet ein Tag darüber, ob das eine oder das andere Rechtsinstitut vorliegt –, dass eine unterschiedliche Behandlung sinnwidrig wäre und der gesetzgeberischen Intention zuwiderliefe, durch die Regelung in § 269 III 3 ZPO eine Vereinfachung zu schaffen.
Die Tatsache, dass die Klage erst in der mündlichen Verhandlung umgestellt worden ist und dadurch die auch auf Antragsänderungen entsprechend anwendbare Vorschrift des § 132 I 1 ZPO verletzt sein könnte, ist gem. § 295 ZPO unbeachtlich, da der Beklagte rügelos verhandelt hat.
Die Kostenentscheidung beruht auf §§ 91 I 1, 269 III 3 ZPO.
Soweit der Kläger die Klage zurückgenommen hat, hat der Beklagte auch den darauf entfallenden Teil der Kosten zu tragen. Dies ist gem. § 269 III 3 ZPO dann der Fall, wenn der Anlass zur Klage ganz oder zum Teil vor Rechtshängigkeit weggefallen ist und der Kläger andernfalls mit der Klage in ihrer ursprünglichen Form Erfolg gehabt hätte. Dies ist hier der Fall. Gemäß § 255 I ZPO war der Kläger befugt, im Urteil die Bestimmung einer Frist zu verlangen, weil er nach fruchtlosem Fristablauf gem. § 281 I 1, IV bzw. §§ 989, 990 I 1 BGB Schadensersatz wegen Nichterfüllung verlangen konnte. Der Antrag zu 3) war als sog. unechter Hilfsantrag trotz der sich aus § 253 II Nr. 2 ZPO ergebenden Bedingungsfeindlichkeit von Anträgen zulässig. Die Bedingung betraf nicht die Entscheidungsbefugnis über den Antrag, sondern nur die Vollstreckung des Urteils. Die Zulässigkeit, eine künftige Leistung zu beantragen, folgte aus § 259 ZPO, weil durch die Weigerung des Beklagten, dem Kläger die Sache herauszugeben oder deren Wert zu ersetzen, die Besorgnis gerechtfertigt war, dass der Beklagte sich der rechtzeitigen Leistung entziehen würde. Die Klage hätte auch ohne den teilweisen Wegfall des Klagegrundes mit ihren ursprünglichen Anträgen in der Sache Erfolg gehabt, denn ...

bb) Klageerweiterungen gem. § 264 Nr. 2 ZPO

Vorüberlegungen: 413

Klageerweiterungen iSv § 264 Nr. 2 ZPO sind kraft Gesetzes zulässige Klageänderungen und gehen den übrigen Vorschriften der §§ 263 ff. ZPO, insbesondere § 269 I ZPO, vor.

Unter § 264 Nr. 2 ZPO fallen quantitative und qualitative Erhöhungen des Antrages **bei ansonsten gleichbleibendem Sachverhalt,** wie der Übergang von

- einer Feststellungs- zur Leistungsklage,
- einer Auskunfts- zur Zahlungsklage,
- einer Klage auf Zahlung eines Teiles zur Zahlung des gesamten Betrages,
- einer Klage auf künftige Leistung zur sofortigen Leistung oder
- die Erhöhung von Nebenforderungen.

Bei den üblichen Klageerweiterungen greift § 264 Nr. 2 ZPO eher selten, weil in der Regel ein neuerer Streitgegenstand vorliegt (→ Rn. 414).

Merke: Nicht unter § 264 Nr. 2 ZPO fallen nachträgliche, objektive Klagenhäufungen, da sie einen weiteren Streitgegenstand in das Verfahren bringen. Die Zulässigkeit in diesen Fällen regeln ausschließlich § 267 und § 263 ZPO, → Rn. 414.

Fall: Der Kläger geht von einer Feststellungs- auf eine Leistungsklage über, weil er im Laufe des Rechtsstreits in der Lage ist, seinen Schaden zu beziffern.

Erörtern: Zulässigkeit der Klageerweiterung gem. § 264 Nr. 2 ZPO.
§ 263 ZPO ist nicht einschlägig, da der Sachverhalt gleichgeblieben ist.

Formulierungsvorschlag:

Die Klage ist zulässig ... Gemäß § 264 Nr. 2 ZPO steht es dem Kläger frei, den Klageantrag in der Hauptsache zu erweitern. Dies hat er durch Übergang von der ursprünglichen Feststellungs- zur Leistungsklage getan. Derartige qualitative und quantitative Erhöhungen des Antrages bei ansonsten gleich gebliebenem Sachverhalt sind von Gesetzes wegen zulässig.

cc) Nachträgliche, objektive Klagenhäufung

414 **Vorüberlegungen:**

Eine nachträgliche, objektive Klagenhäufung liegt bei Einführung eines neuen Streitgegenstandes vor. Klassische Fälle sind: Der Kläger entdeckt im Laufe des Rechtsstreits wegen eines Verkehrsunfalls einen weiteren Schaden oder er findet eine weitere offene Rechnung und stellt einen neuen Antrag. Da diese Klagenhäufungen nicht unter § 264 Nr. 2 ZPO fallen (→ Rn. 413), sondern unter §§ 261 II, 260 ZPO, hängt die Zulässigkeit von der Zustimmung des Beklagten, seinem rügelosen Verhandeln oder der Sachdienlichkeit ab.

Eine »neckische« Kleinigkeit in diesem Zusammenhang: § 132 I ZPO (Einhaltung von Schriftsatzfristen). Diese Vorschrift gilt analog für Antragsänderungen im Termin. Der Beklagte wird sich in Examensklausuren in der Regel nur gegen die Antragsänderung wehren, nicht aber die fehlende Einhaltung der Frist rügen. Der Mangel wird dann durch rügelose Einlassung gem. § 295 ZPO geheilt.

Wenn der Kläger als Reaktion auf eine Widerklage seine Klage erweitert und dies nicht unter § 264 Nr. 2 oder Nr. 3 ZPO fällt, müssen Sie die Zulässigkeit dieser als »Wider-Widerklage« (kein Scherz!) anzusehenden nachträglichen, objektiven Klagenhäufung statt mit Sachdienlichkeit gem. § 263 Alt. 2 ZPO mit den Voraussetzungen von § 33 ZPO begründen (→ Rn. 453 ff.).

Denken Sie bei einseitigen Teilerledigungserklärungen daran, dass es sich dabei stets um nachträgliche, objektive Klagenhäufungen handelt, die wegen Sachdienlichkeit gem. § 263 Alt. 2 ZPO unabhängig von der Zustimmung des Beklagten stets zulässig sind.

Fall: Der Kläger stellt während der mündlichen Verhandlung einen weiteren Antrag. Der Beklagte widerspricht der Klageänderung.

Erörtern: Zulässigkeit der nachträglichen, objektiven Klagenhäufung gem. §§ 261 II, 260 ZPO.
Sachdienlichkeit der Klageänderung gem. § 263 Alt. 2 ZPO.
§ 132 I ZPO gilt analog auch für Antragsänderungen.

Beachte: Bei Überschreitung der Streitwertgrenze des § 23 I Nr. 1 GVG durch die Klagenhäufung das zunächst unzuständige Landgericht zuständig (→ Rn. 378).

Formulierungsvorschlag:

Die Klage ist zulässig ... Dem Kläger steht es frei, seine Klage durch den Antrag zu 2), den er in der mündlichen Verhandlung gestellt hat, zu erweitern. Aus § 261 II ZPO folgt, dass dies grundsätzlich möglich ist.
Der Zulässigkeit steht auch nicht entgegen, dass es sich um eine Klageänderung durch Einführung eines weiteren Streitgegenstandes in das laufende Verfahren handelt, der der Beklagte nicht zugestimmt hat. Gemäß § 263 Alt. 2 ZPO ist die Zustimmung des Beklagten zu einer Klageänderung

entbehrlich, wenn diese sachdienlich ist. Sachdienlichkeit liegt vor, wenn das bisherige Prozessergebnis weitgehend verwertbar ist und durch die geänderte Klage ein weiterer Rechtsstreit zwischen den Parteien vermieden wird. Dies ist hier der Fall, denn ...
Auch die Verbindung mehrerer Klageanträge in einer Klage ist zulässig. Dies ist gem. § 260 ZPO immer dann gestattet, wenn bei Identität der Parteien für sämtliche Ansprüche das Prozessgericht zuständig, dieselbe Prozessart zulässig ist und kein Verbindungsverbot besteht. Dies ist der Fall.
Die Tatsache, dass die Klage erst in der mündlichen Verhandlung erweitert worden ist und dadurch die einwöchige Frist des § 132 I 1 ZPO, der nach verbreiteter Ansicht auch auf Antragsänderungen entsprechend anwendbar ist, nicht eingehalten ist, ist gem. § 295 ZPO unbeachtlich, da der Beklagte rügelos verhandelt hat.

dd) Klageauswechslung

Unter klageauswechselnden Klageänderungen versteht man in Abgrenzung zu § 264 Nr. 2 und Nr. 3 ZPO Fälle, in denen der Lebenssachverhalt und/oder der Antrag ausgewechselt wird. Da es sich im Examen klausurtaktisch um zulässige Klageänderungen handeln muss, folgt die Zulässigkeit aus 415

- der Einwilligung des Beklagten gem. § 263 Alt. 1 ZPO,
- der rügelosen Einlassung auf die geänderte Klage gem. § 267 ZPO,
- der Sachdienlichkeit gem. § 263 Alt. 2 ZPO,
- dem Umstand, dass die Rüge wegen vollständiger Klageauswechslung nicht greift.

Die ersten beiden Varianten sind problemlos. Im Tatbestand brauchen Sie den ursprünglichen Sachverhalt nur kurz zu erwähnen, im Übrigen können Sie verweisen. Bei vollständigen Klageauswechslungen, die keine teilweise Klagerücknahme darstellen, greift § 269 I ZPO nicht, dh, die Rüge des Beklagten ist dann ohne Bedeutung.

Sachdienlichkeit liegt vor, wenn der bereits gewonnene Prozessstoff auch für die geänderte Klage eine verwertbare Grundlage bildet und durch die Fortführung des Verfahrens ein neuer Streit vermieden wird. Der Sachdienlichkeit steht nicht entgegen, dass infolge der Klageänderung gegebenenfalls neue weitere Beweise erhoben werden müssen und der Prozess sich dadurch verzögert. Maßgeblich ist nur, dass der bereits gewonnene Prozessstoff verwertbar ist. Sofern dies anzunehmen ist, ist die Klageauswechslung zulässig.

Sie sollten bei entsprechenden Anhaltspunkten aus klausurtaktischen Gründen nur dann eine Verneinung der Sachdienlichkeit in Erwägung ziehen, wenn der Kläger den bisherigen Anspruch zumindest hilfsweise aufrechterhalten hat. Nur dann können Sie die Änderung als unzulässig zurückweisen und doch zu einer inhaltlichen Prüfung des ursprünglichen Klagebegehrens, also einem »normalen« Urteil kommen. 416

c) Klagerücknahmen

aa) Klagerücknahmen gem. § 269 I, II ZPO

Vorüberlegungen: 417

Unter § 264 Nr. 2 ZPO fallen weiterhin Klagebeschränkungen, also quantitative oder qualitative Reduzierungen. Dies sind Fälle, in denen der Kläger einen Teil der Klageforderung oder einen von mehreren Anträgen nicht aufrechterhält. Derartige Ermäßigungen kommen entweder in Form von teilweisen Klagerücknahmen oder Erledigungserklärungen vor. Nicht eindeutige Erklärungen müssen Sie auslegen, weil Teilrücknahmen und Teilerledigungen unterschiedliche Voraussetzungen und Konsequenzen haben können.

Während Erledigungserklärungen bis zum Schluss der mündlichen Verhandlung ohne Zustimmung des Beklagten zulässig sind (→ Rn. 425 ff.), sind Klagerücknahmen nach § 269 I, II ZPO ohne Zustimmung des Beklagten gem. § 269 I ZPO nur bis zum Beginn der mündlichen Verhandlung zulässig. Nur qualifizierte Klagerücknahmen nach § 269 III 3 ZPO hängen auch nicht vor der Zustimmung des Beklagten ab, → Rn. 421 ff.

Nach Beginn der mündlichen Verhandlung müssen Sie unterscheiden: Auch wenn nach § 137 ZPO die mündliche Verhandlung grundsätzlich mit dem Stellen der Anträge beginnt, bedeutet das nicht zwingend, dass sie vor dem Stellen der Anträge nicht auch schon auf andere Weise begonnen haben kann. Dies ist zB dann der Fall, wenn die Parteien streitig verhandeln, indem sie Argumente in der Sache austauschen. Daraus folgt:

Wenn der Kläger seinen angekündigten Antrag nicht sofort stellt, sondern zunächst verhandelt und danach nur einen reduzierten Antrag stellt, ergeht über den nicht gestellten Teil des angekündigten Antrags ein Teilversäumnisurteil, über den gestellten Antrag ein »normales« streitiges Urteil. Die Überschrift lautet dann »Teilversäumnis- und Endurteil«.

Sind die Anträge aber schon gestellt, ist über den gesamten ursprünglichen Antrag zu entscheiden, wenn der Beklagte einer Klagerücknahme nicht zustimmt.

418 **1. Fall:** Der Kläger klagt zunächst vor dem Landgericht 10.000 EUR ein, reduziert dann vor Beginn der mündlichen Verhandlung ohne Angabe von Gründen auf 5.000 EUR. Der Beklagte widerspricht.

Erörtern: Zulässigkeit der Reduzierung als teilweise Klagerücknahme gem. § 264 Nr. 2 ZPO.
§ 269 I ZPO greift vor Beginn der mündlichen Verhandlung nicht.
Perpetuatio fori gem. § 261 III Nr. 2 ZPO.

Formulierungsvorschlag:

Die Klage ist zulässig ... Dem Kläger steht es frei, gem. § 264 Nr. 2 ZPO seinen ursprünglichen Klageantrag in der Hauptsache zu beschränken. Der Widerspruch des Beklagten vermag daran nichts zu ändern. Die in der Reduzierung liegende teilweise Klagerücknahme ist vorliegend gem. § 269 I ZPO ohne Einwilligung des Beklagten zulässig, da noch nicht zur Hauptsache verhandelt worden ist.
Die Reduzierung der Klageforderung auf einen Betrag unterhalb des Zuständigkeitsstreitwertes für das Landgericht ist unbeachtlich. Der einmal vor dem Landgericht begründete sachliche Gerichtsstand wird gem. § 261 III Nr. 2 ZPO durch die Veränderung der ihn begründenden Umstände nicht berührt.

419 **2. Fall:** Der Kläger erhebt vor dem Landgericht eine Klage mit zwei Anträgen über 10.000 EUR. Nach Beginn der mündlichen Verhandlung, aber vor dem Stellen der Anträge, stellt der Kläger nur noch einen der beiden Anträge über 6.000 EUR. Der Beklagte widerspricht.

Erörtern: Die teilweise Klagerücknahme scheitert an § 269 I ZPO, deshalb Teil-VU hinsichtlich des angekündigten, aber nicht gestellten Antrags.

Beachte: Nach § 137 ZPO beginnt die mündliche Verhandlung zwar grundsätzlich mit dem Stellen der Anträge, sie kann aber auch schon vorher mit einer Erörterung der Sach- und Rechtslage beginnen, so wie im obigen Fall.
Da hier zwei Anträge angekündigt, aber noch nicht gestellt worden sind, die mündliche Verhandlung aber schon begonnen hat und der Kläger die Klage gem. § 269 I ZPO ohne Einwilligung des Beklagten nicht mehr zurücknehmen oder beschränken kann, muss die Klage bezüglich des zurückgenommenen Antrags durch ein Teilversäumnisurteil abgewiesen werden. Überschrift: »Teilversäumnis- und Endurteil«. Denken Sie daran, die vorläufige Vollstreckbarkeit des VU-Teils nach § 708 Nr. 2 ZPO zu tenorieren.

Formulierungsvorschlag:

Die Klage ist zulässig ... Es steht dem Kläger zwar frei, seinen angekündigten Antrag nicht in voller Höhe zu stellen. Die Zulässigkeit dieser teilweisen Klagerücknahme hängt aber nach Beginn der mündlichen Verhandlung zur Hauptsache gem. § 269 I ZPO von der Zustimmung des Beklagten ab. Da der Beklagte widersprochen hat, war über den gesamten rechtshängigen Anspruch des Klägers zu entscheiden. Der nicht gestellte Antrag war gem. § 333 ZPO durch Teilversäumnisurteil abzuweisen.

bb) Klagerücknahmen gem. § 269 III 3 ZPO

§ 269 III 3 ZPO hat die umstrittene Frage der »Erledigung« des Rechtsstreits zwischen Anhängigkeit (Einreichen der Klage) und Rechtshängigkeit (Zustellung der Klage, §§ 261 I, 253 ZPO) geklärt. Die »Erledigung«, also der Grund der Klagerücknahme, heißt hier »Wegfall des Klageanlasses«. Dabei handelt es sich um dieselben Gründe, die zur Erledigung führen können wie Zahlung, Aufrechnung, Untergang der Sache usw. 420

§ 269 III 3 ZPO eröffnet dem Kläger die Möglichkeit, durch eine Klagerücknahme im laufenden Verfahren eine Entscheidung über die Kosten des zurückgenommenen Teils oder bei einer vollständigen Rücknahme der gesamten Kosten zu erreichen. Hier aber eine wichtige Besonderheit:

Aus dem Wortlaut des § 269 III 3 ZPO (»Ist der Anlass zur Einreichung der Klage vor Rechtshängigkeit weggefallen und wird die Klage daraufhin zurückgenommen, …«) folgert die obergerichtliche Rspr., dass der Weg über die Klagerücknahme nur eine mögliche Reaktion des Klägers auf den Wegfall des Klageanlasses ist. Eine zweite mögliche Reaktion sei die Umstellung seiner Klage in eine Feststellungsklage, dass der Beklagte verpflichtet ist, die Kosten des Rechtsstreits aus dem Gesichtspunkt des Verzuges zu tragen. Durch diesen Antrag umgeht der Kläger das Risiko, mit einem Teil der Kosten belastet zu werden. Denn das Gericht entscheidet über den Feststellungsantrag wie bei einseitigen Erledigungserklärungen nach vollständiger Durchführung des Rechtsstreits, also gegebenenfalls auch mit einer Beweisaufnahme, und nicht wie bei einem Beschluss gem. § 269 III 3 ZPO auf der Grundlage des bisherigen Sach- und Streitstandes unter Berücksichtigung billigen Ermessens ohne Beweiserhebungen.

Dass der Gesetzgeber diesen unseres Erachtens durch nichts gerechtfertigten Unterschied zu § 91a ZPO bei der Einführung von § 269 III 3 ZPO gesehen und gewollt hat, halten wir für wenig wahrscheinlich. Wenn sich die Hauptsache erledigt hat, lehnt die Rechtsprechung nämlich eine Umstellung in eine Feststellungsklage auf Kostentragung wegen Verzuges ab. Es ist nicht nachvollzichbar, warum ein Kläger, wenn der Klageanlass vor Zustellung der Klage wegfällt, neben der Billigkeitsentscheidung nach § 269 III 3 ZPO die Fortsetzung des noch nicht einmal begonnenen Rechtsstreits wählen kann, während er die sofortige Beendigung des Rechtsstreits und eine Kostenentscheidung nach billigem Ermessen hinnehmen muss, wenn der Klageanlass nach Zustellung der Klage wegfällt und sich der Beklagte seiner Erledigungserklärung anschließt.

Merke: Bei Wegfall des Klageanlasses vor Rechtshängigkeit hat der Kläger die Wahl zwischen einer Klagerücknahme mit Kostenentscheidung gem. § 269 III 3 ZPO und der Umstellung seiner Klage in eine Feststellungsklage auf Kostentragung des Beklagten aus Verzug.
Bei Wegfall des Klageanlasses nach Rechtshängigkeit hat der Kläger keine Wahl. Er muss den Rechtsstreit für erledigt erklären und sich bei Zustimmung des Beklagten mit der Billigkeitsentscheidung gem. § 91a ZPO begnügen.

Der Kläger kann über § 269 III 3 ZPO auch dann einen für sich günstigen Kostenbeschluss erwirken, wenn der Klageanlass bereits vor Anhängigkeit weggefallen ist, sofern ihn an der fehlenden Kenntnis dieses Umstandes kein Verschulden trifft.

Es sind noch keine höchstrichterlichen Entscheidungen zu der Frage veröffentlicht worden, ob der Beklagte eine Klagerücknahme nach § 269 III 3 ZPO nach Beginn der mündlichen Verhandlung durch Verweigerung seiner Zustimmung gem. § 269 I ZPO blockieren kann, wenn der Kläger erst zu diesem Zeitpunkt erfährt, dass der Klageanlass teilweise vor Rechtshängigkeit weggefallen ist. Nach einhelliger Meinung kann er dies bei Erledigungserklärungen nicht, weil diese als jederzeit ohne Zustimmung oder Prüfung der Sachdienlichkeit gem. § 264 Nr. 2 ZPO zulässige Klageänderungen angesehen werden. Von ihrer Natur her liegen Wegfall des Klageanlasses gem. § 269 III 3 ZPO und Erledigung der Hauptsache eng beieinander. Sie ergänzen sich, weil bisweilen ein Tag (zB Zahlungseingang vor oder nach Zustellung der Klage) darüber entscheidet, ob bei ansonsten identischem Sachverhalt das eine oder das andere Rechtsinstitut vorliegt. Eine unterschiedliche Behandlung der beiden Rechtsinstitute lässt sich nicht vernünftig begründen und würde zudem der gesetzgeberischen Intention zuwiderlaufen, durch die Einführung der Regelung in § 269 III 3 ZPO eine Vereinfachung zu schaffen, die sinnlose weitere Prozesse um Kostenfragen vermeiden soll.

Hier die Übersicht:

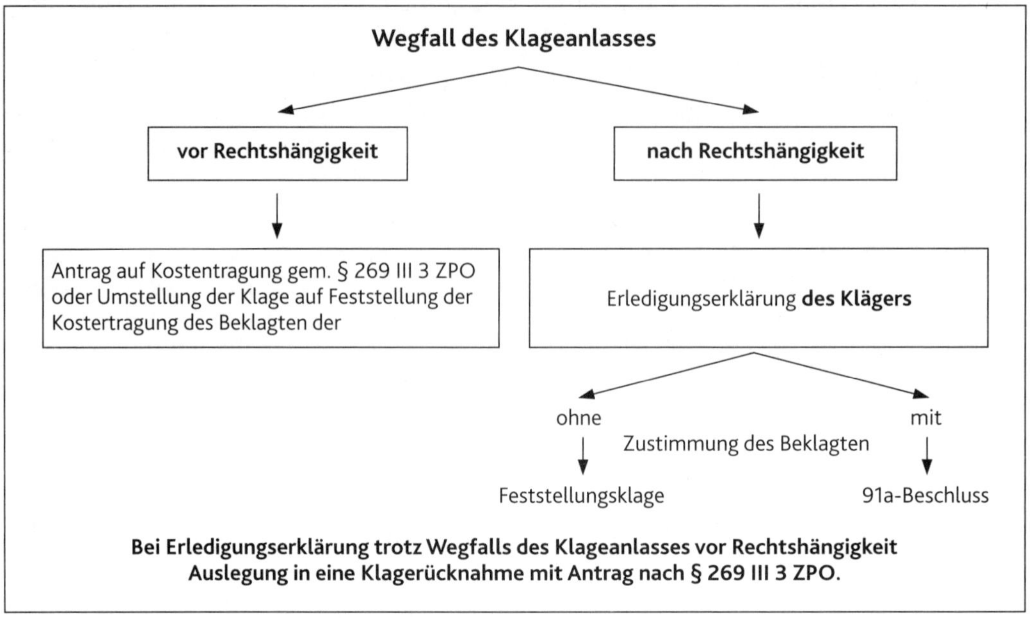

(1) Der teilweise Wegfall des Klageanlasses

421 Der Kläger kann gem. § 269 III 3 ZPO wegen des teilweisen Wegfalls des Klageanlasses vor Rechtshängigkeit durch eine teilweise Klagerücknahme erreichen, dass dem Beklagten die Kosten auferlegt werden, die auf den zurückgenommenen Teil der Klage entfallen. Maßstab dafür ist in Anlehnung an § 91a ZPO der bisherige Sach- und Streitstand unter Berücksichtigung des billigen Ermessens. Insoweit gelten die Überlegungen und Ratschläge zur Kostenentscheidung nach übereinstimmenden Erledigungserklärungen (→ Rn. 434) entsprechend.

Wenn der Kläger vor der mündlichen Verhandlung vom teilweisen Wegfall des Klageanlasses Kenntnis erlangt, muss die Teilrücknahme wegen § 269 I ZPO spätestens mit Beginn der mündlichen Verhandlung erfolgen.

Bei teilweisen Klagerücknahmen müssen Sie wie bei teilweise übereinstimmenden Erledigungserklärungen den angekündigten Antrag, den Wegfall des Klageanlasses, die Daten der teilweisen Rücknahmeerklärung und den neuen Antrag im Tatbestand anführen. In den Entscheidungsgründen zitieren Sie die Normen, auf denen Ihre Kostenentscheidung beruht, und begründen im Anschluss den Teil, der auf § 269 III 3 ZPO entfällt.

Im Tenor müssen Sie bei der vorläufigen Vollstreckbarkeit wie bei übereinstimmenden Teilerledigungserklärungen den Teil der Kosten, der auf den zurückgenommenen Teil der Klage entfällt, ohne Sicherheitsleistung oder Abwendungsbefugnis für vorläufig vollstreckbar erklären. Ein Beispiel finden Sie unter → Rn. 227.

422 **Fall:** Der Kläger verlangt vom Beklagten Zahlung von 10.000 EUR. Nach Einreichung aber vor Zustellung der Klage zahlt der Beklagte 5.000 EUR. Der Kläger nimmt daraufhin die Klage in Höhe des gezahlten Betrages zurück, verlangt die restlichen 5.000 EUR und beantragt, dem Beklagten die gesamten Kosten des Rechtsstreits aufzuerlegen. Die Klage ist und war voll begründet.

Erörtern: Teilweiser Wegfall des Klageanlasses gem. § 269 III 3 ZPO.

Beachte: Bei teilweisen Klagerücknahmen müssen Sie den angekündigten Antrag, den Wegfall des Klageanlasses, die Daten der teilweisen Rücknahmeerklärung und den neuen Antrag im Tatbestand anführen.

In den Entscheidungsgründen zitieren Sie die Normen, auf denen Ihre Kostenentscheidung beruht, und begründen im Anschluss den Teil der Kostenentscheidung, der auf § 269 III 3 ZPO entfällt.
Wenn die Entscheidung über die vorläufige Vollstreckbarkeit nicht erlassen ist, wie in den letzten Jahren in der Regel bei komplizierten Fällen wie diesem, müssen Sie den Teil der Kosten, der auf den zurückgenommenen Teil der Klage entfällt, ausrechnen oder genau bezeichnen und ohne Sicherheitsleistung oder Abwendungsbefugnis für vorläufig vollstreckbar erklären, → Rn. 227.

Formulierungsvorschlag:

(Zunächst begründen Sie den restlichen Anspruch über 5.000 EUR. Dann:)
Die Kostenentscheidung beruht auf §§ 91 I 1, 269 III 3 ZPO.
Soweit der Kläger die Klage teilweise zurückgenommen hat, waren dem Beklagten auch die auf diesen Teil der Klage entfallenden Kosten aufzuerlegen. Dies folgt aus § 269 III 3 ZPO. Nach dieser Vorschrift bestimmt sich die Kostentragungspflicht bei Wegfall des Klageanlasses vor Rechtshängigkeit und anschließender Klagerücknahme hinsichtlich des auf den zurückgenommenen Teil der Klage entfallenden Teils der Kosten unter Berücksichtigung des bisherigen Sach- und Streitstandes nach billigem Ermessen. Danach hat der Beklagte auch den auf die teilweise Klagerücknahme entfallenden Teil der Kosten zu tragen. Durch die Zahlung von 5.000 EUR am ..., also vor Zustellung der Klage am ..., ist der Anlass zur Klage in dieser Höhe weggefallen.
Die Berücksichtigung des Sach- und Streitstandes ergibt, dass der Beklagte die gesamten Kosten des Rechtsstreits zu tragen hat, weil er ohne Zahlung eines Teilbetrages auch nach dem ursprünglichen Antrag voll verurteilt worden wäre. Insoweit wird auf die obigen Ausführungen Bezug genommen.

Wenn sich die Rechtslage hinsichtlich des zurückgenommenen Teils nicht aus den Ausführungen zum aufrechterhaltenen Teil ergibt, müssen Sie sie im Rahmen Ihrer Kostenentscheidung gesondert darlegen (s. → Rn. 211 ff.).

Im obigen Fall hätte der Kläger auch statt der Klagerücknahme seine Klage hinsichtlich des gezahlten Betrages umstellen können und neben dem restlichen Zahlungsantrag einen weiteren Antrag auf Feststellung der Kostentragungspflicht des Beklagten aus Verzug stellen können. 422a

Fall: Der Kläger verlangt vom Beklagten zu Recht Zahlung von 10.000 EUR. Nach Einreichung aber vor Zustellung der Klage zahlt der Beklagte 5.000 EUR. Der Kläger stellt seine Klage daraufhin in Höhe des bezahlten Betrages um und beantragt neben der Verurteilung des Beklagten zur Zahlung der restlichen 5.000 EUR die Feststellung, dass der Beklagte die auf den gezahlten Betrag entfallenden Kosten des Rechtsstreits aus Verzug tragen muss. Der Beklagte hält die Klageänderung wegen Umgehung von § 269 III 3 ZPO für unzulässig.

Erörtern: Wahlrecht des Klägers bei Wegfall des Klageanlasses zwischen Klagerücknahme gem. § 269 III 3 ZPO und Feststellung der Kostentragungspflicht des Beklagten aus Verzug.
Nachträgliche kumulative Klagenhäufung.
Allgemeines Rechtsschutzbedürfnis für die Feststellungsklage.
Feststellungsinteresse.

Formulierungsvorschlag:

... Auch der Feststellungsantrag ist zulässig. Die in der Antragsänderung liegende nachträgliche, objektive, kumulative Klagenhäufung gem. § 260 ZPO ist gem. § 261 II ZPO zulässig. Die darin liegende Klageänderung ist gem. § 263 Alt. 2 ZPO sachdienlich, denn das bisherige Prozessergebnis ist verwertbar, und durch die Entscheidung auf der geänderten Grundlage wird ein weiterer Rechtsstreit vermieden. Es steht dem Kläger auch frei, mehrere Klageanträge in einer Klage zu verbinden. Dies folgt aus § 260 ZPO.
Dem Kläger fehlt trotz der in § 269 III 3 ZPO geregelten Möglichkeit, die Klage zurückzunehmen, nicht das erforderliche allgemeine Rechtsschutzbedürfnis für seinen Feststellungsantrag. Anders als bei übereinstimmenden Erledigungserklärungen, bei denen § 91a ZPO nach hRspr eine abschließende Regelung darstellt, lässt § 269 III 3 ZPO seinem Wortlaut nach auch andere zulässige

Reaktionen des Klägers auf einen Wegfall des Klageanlasses zu wie die Umstellung auf eine Klage auf Feststellung der Kostertragungspflicht des Beklagten.
Das für den Feststellungsantrag nach § 256 I ZPO erforderliche rechtliche Interesse an der alsbaldigen Feststellung folgt aus dem berechtigten Begehren des Klägers, in diesem Prozess eine abschließende Entscheidung über die gesamten Kosten des Rechtsstreits zu erhalten.
(In der Begründetheit können Sie nach oben verweisen.)
Wie sich aus den vorstehenden Ausführungen zur Begründung der zuerkannten 5.000 EUR ergibt, wäre der Beklagte ohne die freiwillige Zahlung auch insoweit verurteilt worden.

Wenn sich die Rechtslage hinsichtlich des freiwillig gezahlten Teils nicht aus den Ausführungen zum aufrechterhaltenen Teil ergibt, also wenn der Beklagte zB auf einen von mehreren gestellten Anträgen gezahlt hat, müssen Sie die Rechtslage bezüglich dieses Teils der ursprünglichen Klage im Rahmen des Feststellungsantrages gesondert darlegen (→ Rn. 211 ff.). Der Tenor muss im obigen Fall wie folgt lauten:

Der Beklagte wird verurteilt, an den Kläger 5.000 EUR nebst Zinsen … zu zahlen.

Er wird festgestellt, dass der Beklagte auch die Kosten des Rechtsstreits bzgl. der vor Rechtshängigkeit gezahlten 5.000 EUR zu tragen hat.

Der Beklagte trägt die Kosten des Rechtsstreits.

Das Urteil ist gegen Sicherheitsleistung iHd jeweils zu vollstreckenden Betrages vorläufig vollstreckbar.

Wenn die Klage über den freiwillig gezahlten Betrag hinaus unbegründet ist, tenorieren Sie wie folgt:

Er wird festgestellt, dass der Beklagte die Kosten des Rechtsstreits bzgl. der vor Rechtshängigkeit gezahlten 5.000 EUR zu tragen hat.

Im Übrigen wird die Klage abgewiesen.

Die Kosten des Rechtsstreits werden gegeneinander aufgehoben.

(Die vorläufige Vollstreckbarkeit folgt hier bei dem Streitwert von 10.000 EUR aus §§ 708 Nr. 11, 711 ZPO, weil nur der Kläger die Hälfte der Gerichtskosten und damit nicht mehr als 1.500 EUR vollstrecken kann.)

(2) Der vollständige Wegfall des Klageanlasses

423 Bei vollständigen Klagerücknahmen nach dem kompletten Wegfall des Klageanlasses müssen Sie gem. § 269 IV ZPO auf Antrag durch Beschluss über die Kostentragungspflicht bezüglich der gesamten Kosten des Rechtsstreits entscheiden. Aufbau und Inhalt entsprechen § 91a-Beschlüssen, → Rn. 432 ff. Die Parteien heißen Kläger und Beklagter, auch wenn die Klage nicht zugestellt worden und deshalb kein Prozessrechtsverhältnis entstanden ist. Im letzten Halbsatz von § 269 III 3 ZPO ist geregelt, dass diese Regelung auch vor Zustellung der Klage anwendbar ist. Das bedeutet bei vollständigem Wegfall des Klagegrundes, dass die Klage auch nicht mehr nachträglich zugestellt werden muss, um gem. § 269 III 3 ZPO entscheiden zu können.

424 **Fall:** Der Kläger hat die Herausgabe von Briefen aus dem Nachlass seiner Mutter verlangt, die keinen materiellen Wert hatten, für den Kläger aber von großem Erinnerungswert waren. Der Beklagte hat auf vorgerichtliche Aufforderungen nicht reagiert und auch im Prozess nicht erheblich erwidert. Im Verfahren stellte sich heraus, dass die Briefe, was der Kläger nicht wusste und auch nicht wissen konnte, vor Klagezustellung verschwunden sind. Daraufhin hat der Kläger die Klage zurückgenommen. Die Parteien haben wechselseitige Kostenanträge gestellt.

Erörtern: Vollständiger Wegfall des Klageanlasses gem. § 269 III 3 ZPO.

Beachte: Entscheidung durch Beschluss nur über die Kosten.
Überschrift nach der Kostenentscheidung heißt »Gründe«.
Unter I. folgt der Tatbestand.

Unter II. folgen die materiellen Erwägungen für die Kostenentscheidung.
Die Kostenentscheidung hängt von der ursprünglichen materiellen Rechtslage ab.
Bei offenen Beweisfragen Berücksichtigung der Billigkeit zulasten des Beweispflichtigen.

Formulierungsvorschlag:

Aktenzeichen

Amtsgericht Lübeck
Beschluss
In dem Rechtsstreit
(volles Rubrum)

hat das Amtsgericht Lübeck durch den Richter am Amtsgericht Schmidt auf die mündliche Verhandlung vom 25.6.2021 beschlossen:

Die Kosten des Rechtsstreits trägt der Beklagte.

Gründe:

I.

Die Parteien haben um die Herausgabe von Briefen gestritten.
Ursprünglich war … Später hatte … Der Beklagte besaß …
Der Kläger hat behauptet, …
Der Kläger hat zunächst beantragt …
Der Beklagte hat zunächst beantragt …
Der Beklagte hat behauptet, …
Nachdem der Kläger erst durch die Klageerwiderung erfahren hat, dass die Briefe bereits vor Zustellung der Klage am … bei dem Beklagten abhandengekommen sind, hat er die Klage mit Schriftsatz vom … zurückgenommen.
Die Parteien stellen nunmehr wechselseitige Kostenanträge.

II.

Nachdem der Kläger die Klage zurückgenommen hat und die Parteien wechselseitige Kostenanträge gestellt haben, war über die Kosten des Rechtsstreits gem. § 269 IV ZPO im Beschlusswege zu entscheiden. Als Ausnahme von dem in § 269 III 2 ZPO geregelten Grundsatz, dass ein Kläger die Kosten einer Klagerücknahme zu tragen hat, regelt § 269 III 3 ZPO, dass sich die Kostentragungspflicht unter Berücksichtigung des bisherigen Sach- und Streitstandes nach billigem Ermessen bestimmt, sofern der Anlass zur Klage vor Rechtshängigkeit weggefallen ist. Danach hat der Beklagte die Kosten des Rechtsstreits zu tragen.
Durch das Verschwinden der Briefe am …, also vor Zustellung der Klage am …, ist der Anlass zur Klage weggefallen. Der Kläger hat auf diesen Umstand sachgerecht durch seine Klagerücknahme reagiert.
Die Berücksichtigung des Sach- und Streitstandes ergibt, dass der Beklagte die gesamten Kosten des Rechtsstreits zu tragen hat, weil er ohne Wegfall des Klageanlasses antragsgemäß verurteilt worden wäre.
Dem stand auch nicht der Umstand entgegen, dass die Briefe bereits vor Anhängigkeit der Klage untergegangen sind und der Kläger die Klage erst nach Rechtshängigkeit zurückgenommen hat. Der Beklagte hat durch sein Schweigen Anlass zu Klageerhebung gegeben, und der Kläger hat ohne sein Verschulden erst während des Rechtsstreits vom Verschwinden der Briefe erfahren, sodass er nicht früher reagieren konnte.
(Es folgen Ausführungen zur materiellen Rechtslage im Präteritum:)
Dem Kläger stand der geltend gemachte Anspruch zu. Er folgte aus §§ …
Die Verteidigung des Beklagten war unerheblich …
Angesichts der eindeutigen Rechtslage war kein Raum für Billigkeitserwägungen …
Unterschrift des Richters

Im obigen Fall hier hätte der Kläger statt einer Klagerücknahme nach § 269 IIII 3 ZPO auch seine Klage umstellen und die Feststellung beantragen können, dass der Beklagte die Kosten des Rechtsstreits aus Verzug tragen muss → Rn. 422a. **424a**

d) Die Erledigung der Hauptsache

Hier die Übersicht:

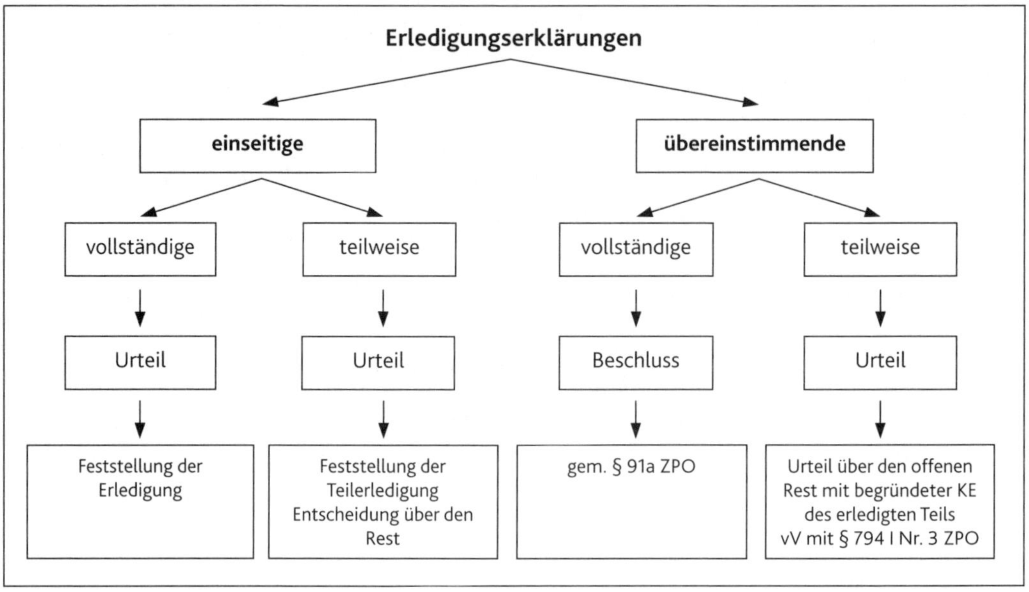

aa) Einseitige Erledigungserklärungen

425 **Vorüberlegungen:**

Wenn der Kläger seinen Klageanspruch nicht mehr mit Aussicht auf Erfolg weiter aufrechterhalten kann, weil der Beklagte nach Rechtshängigkeit zB gezahlt oder erfolgreich aufgerechnet hat, kann der Kläger den Rechtsstreit teilweise oder vollständig für erledigt erklären. Diese sog. Erledigung des Rechtsstreits kann in Form von einseitigen und übereinstimmenden Erledigungserklärungen vorkommen, in beiden Konstellationen als vollständige oder teilweise Erledigungserklärungen.

Bei einseitigen Erledigungserklärungen handelt es sich um Feststellungsanträge. Das Gericht soll feststellen, dass der Rechtsstreit in der Hauptsache erledigt ist. Der Prozess geht normal weiter, gegebenenfalls auch mit einer Beweisaufnahme zur Klärung der ursprünglichen Zulässigkeit und Begründetheit der Klage oder der Tatsache bzw. des Zeitpunkts der Erledigung. Achten Sie bei Fällen mit einseitigen Erledigungserklärungen darauf, ob der Beklagte rechtzeitig widersprochen hat. Gemäß § 91a I 2 ZPO hat das Gericht auch dann nicht mehr in der Sache, sondern nur noch über die Kosten zu entscheiden, wenn der Beklagte nicht innerhalb einer Notfrist von zwei Wochen der Erledigungserklärung des Klägers widerspricht, sofern er zuvor auf diese Folge hingewiesen worden ist.

Sowohl einseitige, vollständige Erledigungserklärungen als auch einseitige Teilerledigungserklärungen sind gem. § 264 Nr. 2 ZPO stets zulässige, nicht zustimmungsbedürftige Klageänderungen.

Merke: Einseitige Erledigungserklärungen sind immer dann erfolgreich, wenn die ursprüngliche Klage hinsichtlich des für erledigt erklärten Teils oder insgesamt zulässig und begründet war und sie durch ein nach Rechtshängigkeit eingetretenes Ereignis unzulässig oder unbegründet geworden ist.

Ein Ereignis vor Rechtshängigkeit kann nach der Rechtsprechung die Hauptsache nicht erledigen. Es liegt dann ein sog. Wegfall des Klageanlasses vor, auf den der Kläger gem. § 269 III 3 ZPO mit einer Klagerücknahme und dem Antrag, über die Kosten durch Beschluss zu entscheiden oder mit einer Klage auf Feststellung der Kostentragungspflicht des Beklagten aus Verzug reagieren kann, → Rn. 420.

425a Wenn einseitige Erledigungserklärungen nicht zum Erfolg führen, obwohl der Kläger einen materiell-rechtlichen Anspruch auf Kostenerstattung hat, sind sie nach neuerer Rechtsprechung in eine Klagerücknahme nach § 269 III 3 ZPO oder in einem Antrag auf Feststellung der Kostentragungspflicht des Beklagten aus Verzug oder wegen Veranlassung zur Klageerhebung (Gedanke des § 93 ZPO) umzudeuten. Ersteres ist der Fall, wenn der Kläger für erledigt erklärt, obwohl der Wegfall des Klageanlasses vor Rechtshängigkeit eingetreten ist. Letzteres ist bislang obergerichtlich entschieden für Fälle von verspätet abgegebenen Drittschuldnererklärungen (Einziehungsklagen) und bei Stufenklagen, wenn sich auf der ersten Stufe ergeben hat, dass der Kläger keinen Zahlungsanspruch hat und der Beklagte mit der Auskunft in Verzug war. Hier würde eine Erledigungserklärung nämlich scheitern, weil die ursprüngliche Klage, der Zahlungsantrag auf der dritten Stufe, von Anfang an unbegründet war (→ Rn. 424, vgl. auch *Kaiser/Kaiser/Kaiser* Anwaltsklausur Zivilrecht Rn. 32 mwN).

Merke: Einseitige Erledigungserklärungen, die nur daran scheitern würden, dass der Anlass zur Klage vor Rechtshängigkeit weggefallen ist, sind analog §§ 133, 157 BGB in Klagerücknahmen nach § 269 III 3 ZPO umzudeuten.

Eine Klagerücknahme kann nicht umgedeutet werden; die Rechtsprechung ist hier streng, vgl. BGH NJW 2014, 3520.

Ab der Erledigungserklärung reduziert sich der Streitwert auf das Kosteninteresse des Klägers. Wenn dadurch die Wertgrenze für die Zuständigkeit des Landgerichts unterschritten wird, bleibt das Landgericht gem. § 261 III Nr. 2 ZPO zuständig (→ Rn. 429).

Es ist inzwischen höchstrichterlich entschieden, dass bei einer erfolgreichen Aufrechnung im Prozess die Erklärung der Aufrechnung, die ja nach Rechtshängigkeit erfolgt ist, das erledigende Ereignis ist und nicht deren Wirkung, die durch die Fiktion der Rückwirkung gem. § 389 BGB die Forderungen gegebenenfalls schon vor Rechtshängigkeit hat erlöschen lassen.

Denken Sie daran, dass bei einseitigen Erledigungserklärungen der Zeitpunkt der Ausübung des Rechts maßgeblich ist, während es bei § 767 II ZPO der Zeitpunkt der Entstehung des Rechts ist. Dies hat seinen tieferen Grund darin, dass es bei § 767 II ZPO um den wichtigen Schutz der Rechtskraft, die effektive Zwangsvollstreckung und den Schutz des Gläubigers geht.

Wenn der Kläger sich nicht sicher ist, ob tatsächlich Erledigung eingetreten ist, ist es nach hM zulässig, die Erledigungserklärung als Hauptantrag und den ursprünglichen Klageantrag als Hilfsantrag zu stellen. Die Zulässigkeit von hilfsweisen Erledigungserklärungen wird hingegen innerhalb der Rechtsprechung kontrovers diskutiert. Da beide Ansichten vertretbar sind, erscheint es im Examen ratsam, die Zulässigkeit von hilfsweisen Erledigungserklärungen anzunehmen, wenn der Hauptantrag unbegründet ist. Als Argument für das Feststellungsinteresse sollten Sie bei dieser Konstellation das Risiko des Klägers anführen, dass sich der Beklagte bei einer mit dem Hauptantrag erklärten Erledigung dieser vor einer Beweisaufnahme anschließen könnte und der Kläger dann bei der Entscheidung nach § 91a ZPO durch Billigkeitserwägungen ein Kostenrisiko trage.

Sie sollten bei fehlgeschlagenen Erledigungserklärungen darauf hinweisen, dass das Feststellungsinteresse gem. § 256 I ZPO vorliegt, aber wie bei anderen unbegründeten Feststellungsklagen als sog. qualifizierte Prozessvoraussetzung dahinstehen kann, → Rn. 449.

(1) Einseitige Teilerledigungserklärungen

Bei einseitigen Teilerledigungserklärungen hält der Kläger einen Teil seiner ursprünglichen **426**
Klage aufrecht und begehrt im Übrigen die Feststellung, dass sich der Rechtsstreit bezüglich eines anderen Teils in der Hauptsache erledigt hat, also ursprünglich vollständig zulässig und begründet war und durch ein nach Rechtshängigkeit eingetretenes Ereignis teilweise unzulässig oder unbegründet geworden ist. Beachten Sie, dass auch Schweigen auf eine einseitige Teilerledigungserklärung gem. § 91a I 2 ZPO zu einer übereinstimmenden führen kann.

Beachten Sie, dass Teilerledigungserklärungen, die nur daran scheitern, dass das erledigende Ereignis vor Rechtshängigkeit eingetreten ist, in Klagerücknahmen nach § 269 III 3 ZPO umzudeuten sind (→ Rn. 431a).

Die Anträge lauten bei einseitigen Teilerledigungserklärungen häufig, zB *»den Beklagten zu verurteilen, an den Kläger 10.000 EUR nebst Zinsen iHv 9% ab dem 1.1.2021 abzüglich am ... gezahlter 5.000 EUR zu zahlen«*.

Grund dafür ist, dass der Kläger die Zahlung zunächst auf die Zinsen und nur den Rest auf die Hauptforderung angerechnet wissen will. Sie dürfen im Erfolgsfall nämlich nicht einfach 5.000 EUR nebst ...% Zinsen zusprechen. Der Tenor lautet dann entweder:

> Der Beklagte wird verurteilt, an den Kläger 5.000 EUR nebst Zinsen iHv 9% auf 10.000 EUR vom ... bis zum ... sowie auf 5.000 EUR ab dem ... zu zahlen. Im Übrigen wird festgestellt, dass der Rechtsstreit in der Hauptsache erledigt ist.

Sie können aber auch wie beantragt tenorieren, dh:

> Der Beklagte wird verurteilt, an den Kläger 10.000 EUR nebst Zinsen iHv 9% seit dem 1.1.2021 abzüglich am ... gezahlter 5.000 EUR zu zahlen. Im Übrigen wird festgestellt, dass der Rechtsstreit in der Hauptsache erledigt ist.

Fall: Der Kläger klagt 10.000 EUR ein. Der Beklagte zahlt nach Rechtshängigkeit 3.000 EUR. Der Kläger erklärt die Hauptsache iHv 3.000 EUR für erledigt und beantragt, den Beklagten zur Zahlung weiterer 7.000 EUR zu verurteilen. Der Beklagte widerspricht der Erledigungserklärung und beantragt Klageabweisung.

Erörtern: Auslegung des Antrags analog §§ 133, 157 BGB.
§ 264 Nr. 2 ZPO, Reduzierung des ursprünglichen Begehrens.
§ 256 I ZPO, rechtliches Interesse für den Feststellungsantrag.
§§ 260, 261 II, 263 Alt. 2 ZPO, sachdienliche, nachträgliche, objektive, kumulative Klagenhäufung.

Beachte: In letzter Zeit werden derartig schwierige Kostenentscheidungen in der Regel im Examen nicht mehr verlangt. Bei der Kostenentscheidung müssen Sie nämlich die Unterliegensquote gegebenenfalls gesondert ausrechnen, wenn der Kläger den Rechtsstreit zu Recht für erledigt erklärt hat, aber hinsichtlich des Rests ganz oder teilweise unterliegt.
Bei einseitigen Teilerledigungserklärungen reduziert sich der Streitwert nach hRspr auf den restlichen Wert der Hauptsache und die Kosten, die auf den für erledigt erklärten Teil entfallen. Wenn der Streitwert dadurch unter 5.000,01 EUR rutscht, müssen Sie auch noch die perpetuatio fori gem. § 261 III Nr. 2 ZPO erwähnen.

> **Formulierungsvorschlag:**
>
> Die Klage ist zulässig ... Es steht dem Kläger frei, seine ursprünglich auf Zahlung von 10.000 EUR gerichtete Klage teilweise in der Hauptsache für erledigt zu erklären, nachdem der Beklagte im Laufe des Rechtsstreits 3.000 EUR gezahlt hat. Durch die teilweise Erledigungserklärung hat der Kläger einen Teil seiner ursprünglichen Leistungsklage in eine Feststellungsklage geändert.
> Diese Umstellung des Antrags, mit der der Kläger bei verständiger Auslegung analog §§ 133, 157 BGB nunmehr hinsichtlich eines Teils der ursprünglich begehrten Leistung die Feststellung begehrt, dass der Rechtsstreit insoweit in der Hauptsache erledigt ist, stellt sich als zulässige Beschränkung des früheren Antrags iSv § 264 Nr. 2 ZPO dar, die der Zustimmung des Beklagten gem. § 269 I ZPO nicht bedarf. Die Beschränkung liegt darin, dass der Kläger nur noch einen Teil der zunächst verlangten Leistung fordert und zudem die Feststellung begehrt, dass er auch den von ihm für erledigt erklärten Teil zu Recht gefordert hat sowie die daraus resultierende für ihn positive Kostenentscheidung.
> Das für den Feststellungsantrag nach § 256 I ZPO erforderliche rechtliche Interesse an der alsbaldigen Feststellung folgt aus dem berechtigten Begehren des Klägers, in diesem Prozess eine abschließende Entscheidung über die gesamten Kosten des Rechtsstreits zu erhalten.
> Die in der Antragsänderung liegende nachträgliche, objektive, kumulative Klagenhäufung gem. § 260 ZPO ist ebenfalls ohne die Zustimmung des Beklagten zulässig. Aus § 261 II ZPO folgt die grundsätzliche Zulässigkeit der nachträglichen Klagenhäufung. Die darin liegende Klageänderung

ist gem. § 263 Alt. 2 ZPO sachdienlich, denn das bisherige Prozessergebnis ist verwertbar, und durch die Entscheidung auf der geänderten Grundlage wird ein weiterer Rechtsstreit vermieden. Es steht dem Kläger auch frei, mehrere Klageanträge in einer Klage zu verbinden. Dies folgt aus § 260 ZPO.

(2) Einseitige vollständige Erledigungserklärungen

Wenn die ursprüngliche Klage zulässig und begründet war und sie durch ein nach Rechtshängigkeit eingetretenes Ereignis unzulässig oder unbegründet geworden ist, kann der Kläger sie mit Erfolg für erledigt erklären. Wenn die Klage unzulässig oder unbegründet war oder die Erledigung nicht eingetreten ist, ist dies darzustellen und die Klage abzuweisen. In diesen Fällen wird wie bei jeder anderen Klageabweisung tenoriert: **427**

Die Klage wird abgewiesen.

Der korrekte Tenor im Erfolgsfall muss lauten:

Es wird festgestellt, dass der Rechtsstreit in der Hauptsache erledigt ist.

Die Frage, wie einseitige Erledigungserklärungen bei Klagen vor einem unzuständigen Gericht zu entscheiden sind, war einige Zeit innerhalb der Senate des BGH umstritten und ist nun geklärt: In NJW 2019, 2544 hat der 12. Senat auf Anfrage des im Verfahren zuständigen 3. Senats an seiner zuvor in FamRZ 2017, 1699 geäußerten Auffassung festgehalten, dass eine Feststellung der Hauptsacheerledigung bei einer Klage vor einem unzuständigen Gericht nur in Betracht kommt, wenn der Kläger einen **Verweisungsantrag vor dem erledigenden Ereignis** gestellt hat. Andernfalls sei seine Feststellungsklage als unbegründet abzuweisen. Der 3. Senat, der ursprünglich anders entscheiden wollte, hat sich davon überzeugen lassen und ist in NJW-RR 2020, 125 »eingeknickt«. Nun darf man es wohl als gesicherte BGH-Auffassung ansehen, dass die »Erledigungsklage« vor einem unzuständigen Gericht ohne Verweisungsantrag **vor** dem Erledigungsereignis unbegründet und deshalb abzuweisen ist. Die Kommentarliteratur stimmt dem weitgehend zu (BeckOK ZPO, MüKoZPO), es gibt aber auch gegenteilige Stimmen (zB *Hofmann* NJW 2020, 1117), wonach es keine Rolle spielen soll, ob der Verweisungsantrag also vor oder nach dem Erledigungsereignis gestellt worden ist. **427a**

Hier die Argumente des BGH:

- § 281 III ZPO gebiete keine andere Lösung, da der Vorschrift nicht zu entnehmen sei, dass der Kläger nur die Kosten der Anrufung eines unzuständigen Gerichts zu tragen habe.
- Wertungen iRv § 91a ZPO, bei denen grundsätzlich heilbare Zulässigkeitsmängel keine Rolle spielen, sind wegen des Billigkeitsgedankens auf einseitige Erledigungserklärungen nicht übertragbar.

Beachten Sie aber, dass die Rechtslage bei übereinstimmenden Erledigungserklärungen bei Klagen vor dem unzuständigen Gericht im Rahmen der zu treffenden Billigkeitsentscheidung gem. § 91a ZPO anders gesehen wird, s. → Rn. 435.

1. Fall: Der Kläger klagt vor dem Landgericht 6.000 EUR ein. Der Beklagte zahlt nach Rechtshängigkeit alles. Der Kläger erklärt daraufhin den Rechtsstreit in der Hauptsache für erledigt. Der Beklagte widerspricht und beantragt weiterhin Klageabweisung. **428**

Erörtern: Auslegung des Antrags vor der Zulässigkeit.
Zulässige Klageänderung nach § 264 Nr. 2 ZPO.
Feststellungsinteresse nach § 256 I ZPO.
Perpetuatio fori gem. § 261 III Nr. 2 ZPO.

Beachte: Bei vollständigen einseitigen Erledigungserklärungen reduziert sich der Streitwert ab der Erledigungserklärung auf das Kosteninteresse, dh die gesamten Kosten des Rechtsstreits (Gerichtskosten und außergerichtliche Kosten beider Parteien) nach dem ursprünglichen Streitwert. Wenn dieser Wert bei Klagen vor dem Landgericht 5.000 EUR nicht mehr übersteigt, müssen Sie § 261 III Nr. 2 ZPO erwähnen.

Formulierungsvorschlag:

Entscheidungsgründe:
Die Erledigungserklärung des Klägers stellt bei verständiger Würdigung analog §§ 133, 157 BGB den Antrag dar, das Gericht möge feststellen, dass der Rechtsstreit in der Hauptsache erledigt ist. Die Klage mit dem in diesem Sinne zu verstehenden Antrag ist zulässig ... Dem Kläger steht es frei, seine ursprünglich auf Zahlung gerichtete Klage für erledigt zu erklären, nachdem der Beklagte den geforderten Betrag gezahlt hat. Diese Umstellung des Antrags, mit der der Kläger bei einer verständigen Auslegung nunmehr statt der ursprünglich begehrten Leistung die Feststellung begehrt, dass der Rechtsstreit in der Hauptsache erledigt ist, stellt sich als zulässige Beschränkung des früheren Antrags iSv § 264 Nr. 2 ZPO dar, die nach einhelliger Auffassung der Zustimmung des Beklagten gem. § 269 I ZPO nicht bedarf. Die Beschränkung liegt darin, dass der Kläger statt der Leistung nur noch die Feststellung begehrt, dass er die Leistung zu Recht gefordert hat, und die daraus resultierende Kostenentscheidung.
Das nach § 256 I ZPO erforderliche Feststellungsinteresse folgt aus dem berechtigten Begehren des Klägers, in diesem Rechtsstreit eine abschließende Entscheidung auch über die Kosten zu erhalten.
Die infolge der Erledigungserklärung eingetretene Reduzierung des Streitwerts auf einen Betrag unter 5.000 EUR berührt die sachliche Zuständigkeit des angerufenen Gerichts nicht. § 261 III Nr. 2 ZPO regelt die Ausnahme von dem Grundsatz, dass alle Zuständigkeitsvoraussetzungen auch noch im Zeitpunkt des Schlusses der mündlichen Verhandlung vorliegen müssen. Nach dem Grundsatz der sog. perpetuatio fori besteht die Zuständigkeit eines Gerichtes unabhängig von einer Veränderung der sie begründenden Umstände fort.
(Weiter geht es mit der Einleitung der Begründetheit:)
Die Klage ist auch begründet. Im Falle einer einseitigen Erledigungserklärung ist dies immer dann der Fall, wenn die ursprüngliche Klage zulässig und begründet war und durch ein nach Rechtshängigkeit eingetretenes Ereignis unzulässig oder unbegründet geworden ist. Diese Voraussetzungen liegen vor.
Die Klage war ursprünglich zulässig ... Sie war auch begründet. Dem Kläger stand der zunächst geltend gemachte Anspruch aus § ... BGB zu. Danach ist ... Diese Voraussetzungen lagen vor ...
Der Anspruch des Klägers ist gem. § 362 I BGB erloschen, weil der Beklagte durch Zahlung die geschuldete Leistung bewirkt hat ... Dadurch ist die ursprüngliche Klage unbegründet geworden. Dieses erledigende Ereignis ist nach der am ... erfolgten Zustellung der Klage eingetreten.

(Hier ein etwas kürzerer **Formulierungsvorschlag:)**

Entscheidungsgründe:
Die Erledigungserklärung des Klägers stellt bei verständiger Würdigung analog §§ 133, 157 BGB den Antrag dar, das Gericht möge feststellen, dass der Rechtsstreit in der Hauptsache erledigt ist. Die Klage mit dem in diesem Sinne zu verstehenden Antrag ist zulässig ... In der Erledigungserklärung des Klägers liegt eine gem. § 264 Nr. 2 ZPO stets zulässige Klageänderung auf Feststellung, dass sich der Rechtsstreit in der Hauptsache erledigt hat. Das gem. § 256 I ZPO erforderliche Feststellungsinteresse ist aufgrund der Frage der Kostentragungspflicht gegeben.

429 **2. Fall:** Der Kläger klagt vor dem Landgericht 6.000 EUR ein. Der Beklagte zahlt nach Rechtshängigkeit alles. Der Kläger erklärt daraufhin den Rechtsstreit in der Hauptsache für erledigt. Der Beklagte, der nach Rechtshängigkeit, aber vor Abgabe der Erledigungserklärung in einen anderen Gerichtsbezirk umgezogen ist, widerspricht der Erledigungserklärung und beantragt Klageabweisung.

Erörtern: Auslegung des Antrages vor der Zulässigkeit.
Zulässige Klageänderung nach § 264 Nr. 2 ZPO.
Feststellungsinteresse nach § 256 I ZPO.
Perpetuatio fori gem. § 261 III Nr. 2 ZPO wegen der Absenkung des Streitwerts unter 5.000 EUR und als qualitative Modifizierung wegen des Wohnsitzwechsels.

Beachte: Bei vollständigen einseitigen Erledigungserklärungen reduziert sich der Streitwert ab der Erledigungserklärung auf das Kosteninteresse, dh die gesamten Verfahrenskosten (Gerichtskosten und außergerichtliche Kosten beider Parteien) nach dem ursprünglichen Streitwert. Wenn dieser Wert bei Klagen vor dem Landgericht 5.000 EUR nicht mehr übersteigt, müssen Sie § 261 III Nr. 2 ZPO erwähnen.

Sie können hier die pepetuatio fori gem. § 261 III Nr. 2 ZPO nicht mit der Begründung bejahen, die einmal gegebene Zuständigkeit bleibe bestehen, weil der Beklagte im Zeitpunkt der Rechtshängigkeit des neuen Antrags seinen Wohnsitz nicht mehr in dem betreffenden Gerichtsbezirk hatte. Dieser Besonderheit tragen Sie über die Rechtsfigur der sog. qualitativen Modifizierung Rechnung. Die Erledigungserklärung stellt sich prozessual nicht als »neuer« Anspruch dar, sondern als Reduzierung des ursprünglichen Klagebegehrens gem. § 264 Nr. 2 ZPO, für das der Gerichtsstand ursprünglich gegeben war und deshalb bestehen bleibt.

Formulierungsvorschlag:

Entscheidungsgründe:

Die Klage mit dem in diesem Sinne zu verstehenden Antrag ist zulässig ... (Weiter wie Fall → Rn. 428 bis einschließlich 3. Absatz. Dann:)

Daran ändert sich vorliegend auch nichts durch den Umzug des Beklagten in einen anderen Gerichtsbezirk nach Rechtshängigkeit, aber vor Abgabe und Zugang der Erledigungserklärung. Die Erledigungserklärung stellt sich prozessual nicht als »neuer« Anspruch dar, für den das angerufene Gericht wegen des Umzuges nicht mehr zuständig ist, sondern als qualitative Modifizierung des ursprünglichen Klagebegehrens gem. § 264 Nr. 2 ZPO, für das der Gerichtsstand ursprünglich gegeben war und deshalb gem. § 261 III Nr. 2 ZPO bestehen bleibt.

3. Fall: Der Kläger klagt vor dem Landgericht zu Recht 6.000 EUR ein. Der Beklagte zahlt nach Rechtshängigkeit, erklärt aber dazu, die Zahlung erfolge unter Vorbehalt der Rückforderung ohne Anerkennung einer Rechtspflicht. Der Kläger erklärt daraufhin den Rechtsstreit in der Hauptsache für erledigt. Der Beklagte widerspricht und beantragt weiterhin Klageabweisung. 430

Erörtern: Auslegung des Antrages vor der Zulässigkeit.
Zulässige Klageänderung nach § 264 Nr. 2 ZPO.
Feststellungsinteresse nach § 256 I ZPO.
Perpetuatio fori gem. § 261 III Nr. 2 ZPO.

Beachte: Bei vollständigen einseitigen Erledigungserklärungen reduziert sich der Streitwert ab der Erledigungserklärung auf das Kosteninteresse, dh auf die Kosten des Rechtsstreits nach dem ursprünglichen Streitwert. Wenn dieser Wert bei Klagen vor dem Landgericht 5.000 EUR nicht mehr übersteigt, müssen Sie § 261 III Nr. 2 ZPO erwähnen.

Die Zahlung ohne Anerkennung einer Rechtspflicht führt grundsätzlich nicht zu einer Erfüllung und deshalb auch nicht zu einer Erledigung, es sei denn, der Beklagte will nur die Wirkung des § 814 BGB ausschließen. Aber wenn er die Forderung bestreitet und dem Kläger die Beweislast aufbürdet, liegt keine Erfüllung vor.

Gleiches gilt, wenn der Beklagte nur zur Abwendung der Vollstreckung zahlt oder um den Kläger zur Rücknahme der Klage zu veranlassen. Die auf den ersten Blick daraus resultierende Konsequenz einer Klageabweisung lässt aber unberücksichtigt, dass die Erledigungserklärung des Klägers eine konkludente Aufrechnungserklärung beinhaltet. Der Rechtsstreit ist mithin durch die »versteckte« Aufrechnung des Klägers letztlich doch erledigt.

Es kommt hier nicht darauf an, ob die Erklärung der Aufrechnung oder das Bestehen der Aufrechnungslage maßgeblich ist, weil beide Zeitpunkte nach Rechtshängigkeit liegen. Zur anderen Konstellation s. → Rn. 431.

Formulierungsvorschlag:

Die Klage mit dem in diesem Sinne zu verstehenden Antrag ist zulässig ... Die Erledigungserklärung des Klägers ist eine gem. § 264 Nr. 2 ZPO stets zulässige Klageänderung auf Feststellung, dass sich der Rechtsstreit in der Hauptsache erledigt hat. Das gem. § 256 I ZPO erforderliche Feststellungsinteresse ist aufgrund der Frage der Kostentragungspflicht gegeben.

Die infolge der Erledigungserklärung eingetretene Reduzierung des Streitwerts auf einen Betrag unter 5.000 EUR berührt die sachliche Zuständigkeit des angerufenen Gerichts nicht. § 261 III Nr. 2 ZPO regelt die Ausnahme von dem Grundsatz, dass alle Zuständigkeitsvoraussetzungen auch

noch bei Schluss der mündlichen Verhandlung vorliegen müssen. Nach dem Grundsatz der sog. perpetuatio fori besteht die Zuständigkeit eines Gerichtes unabhängig von einer Veränderung der sie begründenden Umstände fort.
Die Klage ist auch begründet. Im Falle einer einseitigen Erledigungserklärung ist dies immer dann der Fall, wenn die ursprüngliche Klage zulässig und begründet war und durch ein nach Rechtshängigkeit eingetretenes Ereignis unzulässig oder unbegründet geworden ist.
Die Klage war ursprünglich zulässig ... Sie war auch begründet. Dem Kläger stand der zunächst geltend gemachte Anspruch aus § ... BGB zu. Danach ist ...
Der Anspruch des Klägers ist gem. §§ 389, 362 I BGB im Wege der Aufrechnung erloschen ... Dadurch ist die ursprüngliche Klage unbegründet geworden. Die vom Beklagten geleistete Zahlung unter Vorbehalt stellt keine Erfüllung iSd § 362 I BGB dar. Durch das Bestreiten einer Rechtspflicht zur Zahlung hat sich der Beklagte die jederzeitige Rückforderung vorbehalten, was einer Erfüllung entgegensteht.
In der Erledigungserklärung des Klägers ist aber eine konkludent erklärte Aufrechnung zu sehen, durch die seine Forderung gem. § 389 BGB erloschen ist. Mit dieser Erklärung hat der Kläger nämlich zum Ausdruck gebracht, dass er die Klageforderung infolge der Zahlung des Beklagten als erloschen ansieht. Da dies aber wegen des Vorbehalts nicht durch die Zahlung selbst geschehen ist, standen sich die beiden Forderungen im Zeitpunkt der Erledigungserklärung gegenüber. Dem Kläger stand die Klageforderung zu, der Beklagte hatte noch seinen Rückforderungsanspruch hinsichtlich der unter Vorbehalt geleisteten Zahlung. Der Erklärungswille des Klägers war erkennbar auf das Ergebnis gerichtet, die beiden Forderungen als erloschen anzusehen, was er nur im Wege einer Aufrechnung erreichen kann. Der Vorbehalt des Beklagten enthielt auch kein Aufrechnungsverbot.
Das erledigende Ereignis, die Aufrechnungserklärung gem. § 389 BGB, ist während des Rechtsstreits nach der am ... erfolgten Zustellung der Klage eingetreten. Erst durch die Zahlung des Beklagten am ... ist die Aufrechnungslage, das Gegenüberstehen zweier gleichartiger Ansprüche, entstanden. Es kommt hier nicht auf die umstrittene Frage an, ob die Erklärung der Aufrechnung oder das Bestehen der Aufrechnungslage maßgeblich ist, weil beide Zeitpunkte nach Rechtshängigkeit liegen.

431 **4. Fall:** Der Kläger klagt vor dem Amtsgericht 4.000 EUR ein. Der Beklagte erklärt nach Rechtshängigkeit die Aufrechnung mit einer gleich hohen, unstreitigen Forderung. Die beiden Forderungen standen sich schon vor Rechtshängigkeit aufrechenbar gegenüber. Der Kläger erklärt daraufhin den Rechtsstreit in der Hauptsache für erledigt. Der Beklagte widerspricht und beantragt weiterhin Klageabweisung.

Erörtern: Zulässige Klageänderung nach § 264 Nr. 2 ZPO.
Feststellungsinteresse gem. § 256 I ZPO.

Beachte: Bei vollständigen einseitigen Erledigungserklärungen reduziert sich der Streitwert ab der Erledigungserklärung auf das Kosteninteresse, dh die gesamten Kosten des Rechtsstreits nach dem ursprünglichen Streitwert.
Die perpetuatio fori ist hier nicht anzusprechen, da das Amtsgericht zuständig bleibt.
Es ist inzwischen höchstrichterlich entschieden, dass die Erklärung der Aufrechnung das erledigende Ereignis ist und nicht deren Wirkung gem. § 389 BGB.
Wenn sich Klage- und Gegenforderung bereits vor Rechtshängigkeit aufrechenbar gegenübergestanden haben, müssen Sie kurz ansprechen, dass das erledigende Ereignis die Aufrechnungserklärung war und nicht deren Wirkung gem. § 389 BGB.

Formulierungsvorschlag:

... Die Klage mit dem in diesem Sinne zu verstehenden Antrag ist zulässig und begründet. Dem Kläger steht es frei, seine ursprünglich auf Zahlung gerichtete Klage nach der Aufrechnungserklärung für erledigt zu erklären. In der Erledigungserklärung des Klägers liegt eine gem. § 264 Nr. 2 ZPO stets zulässige Klageänderung auf Feststellung, dass sich der Rechtsstreit in der Hauptsache erledigt hat. Das gem. § 256 ZPO erforderliche Feststellungsinteresse ist aufgrund der Frage der Kostentragungspflicht gegeben.

Die Begründetheit beginnen Sie dann wie folgt:
Die Klage ist auch begründet. Eine einseitige Erledigungserklärung ist erfolgreich, wenn die ursprüngliche Klage zulässig und begründet war und durch ein nach Rechtshängigkeit eingetretenes Ereignis unzulässig oder unbegründet geworden ist. Diese Voraussetzungen liegen vor.
Im Zeitpunkt der Klageerhebung stand dem Kläger der geltend gemachte Anspruch zu …
Dieser Anspruch ist durch die vom Beklagten im Prozess erklärte Aufrechnung mit seiner Forderung aus … gem. § 389 BGB erloschen. Dem Beklagten stand nämlich …
Die Aufrechnungserklärung ist auch das maßgebende erledigende Ereignis, das nach Rechtshängigkeit, nämlich mit Schriftsatz vom …, stattgefunden hat. Nach hRspr ist die Rückwirkung der Aufrechnung als lediglich materiell-rechtliche Fiktion für die prozessuale Frage der Erledigung bedeutungslos. Es ist die Erklärung der Aufrechnung und nicht die Aufrechnungslage, die das Erlöschen »bewirkt«. Es erscheint auch nicht unbillig, den Beklagten in diesen Fällen mit den Kosten zu belasten, weil er nach vorprozessualer Aufforderung zur Zahlung sofort die Aufrechnung hätte erklären und so den Rechtsstreit vermeiden können. Wenn der Beklagte mit seiner Aufrechnungserklärung bis zum Prozess wartet, liegt es schon wegen des Rechtsgedankens des § 93 ZPO näher, ihn statt den Kläger mit den Kosten des Rechtsstreits zu belasten, da er letztlich Anlass zur Klageerhebung gegeben hat.

Wenn eine einseitige Erledigungserklärung nur deshalb nicht zum Erfolg führt, weil der Anlass zur Klage schon vor Rechtshängigkeit weggefallen ist, der Kläger aber einen materiellrechtlichen Anspruch auf Kostenerstattung hat, ist sie nach neuerer Rechtsprechung analog §§ 133, 157 BGB in eine Klagerücknahme nach § 269 III 3 ZPO umzudeuten. Das gilt für vollständige und für Teil-Erledigungserklärungen. **431a**

5. Fall: Der Kläger verkennt, dass der Anlass zu seiner berechtigten Klage bereits vor deren Zustellung weggefallen ist und erklärt den Rechtsstreit für erledigt. Der Beklagte widerspricht.

Erörtern: Auslegung der Erledigungserklärung in eine Klagerücknahme gem. § 269 III 3 ZPO.
Argument für die Kostentragung des Beklagten ist der Gedanke aus § 93 ZPO.

Beachte: Sie verfassen einen Beschluss gem. § 269 III 3 ZPO.
Die Gründe beginnen Sie mit der Erläuterung der Umdeutung.

Formulierungsvorschlag:

Aktenzeichen

Amtsgericht Lübeck
Beschluss
In dem Rechtsstreit

(Volles Rubrum.)

hat das Amtsgericht Lübeck durch den Richter am Amtsgericht Schmidt auf die mündliche Verhandlung vom 25.1.2021 beschlossen:

Die Kosten des Rechtsstreits trägt der Beklagte.

Gründe:

I.

Die Parteien haben um restlichen Kaufpreis gestritten.
Ursprünglich war … Später hatte … Der Beklagte rügte …
Der Kläger hat behauptet, …
Der Kläger hat zunächst beantragt …
Der Beklagte hat zunächst beantragt …
Der Beklagte hat behauptet, …
Nachdem der Beklagte den geforderten Betrag überwiesen hat, hat der Kläger den Rechtsstreit in der Hauptsache für erledigt erklärt. Der Beklagte hat der Erledigungserklärung widersprochen und Klageabweisung beantragt.

Die Klageforderung ist dem Kläger am 2.5.2020 gutgeschrieben worden, die Klage ist am 3.5.2020 zugestellt worden.

II.

Die Erledigungserklärung des Klägers ist im vorliegenden Fall analog §§ 133, 157 BGB als Klagerücknahme gem. § 269 III 3 ZPO auszulegen. Auch wenn bei einer Auslegung zunächst grundsätzlich vom Wortlaut der Erklärung auszugehen ist, ist eine Erledigungserklärung auslegungsfähig, weil sie nämlich nicht der Antrag selbst ist, sondern ihn nur enthält. In der Regel wird eine Erledigungserklärung als das geänderte Begehren des Klägers verstanden, das Gericht möge feststellen, dass der Rechtsstreit in der Hauptsache erledigt ist. Dieses Ziel kann der Kläger aber hier nicht mit einer Erledigungserklärung im üblichen Sinn erreichen, weil deren strenge Voraussetzungen, der Eintritt der Erledigung nach Rechtshängigkeit, nicht vorliegen. Eine Klageabweisung mit der Folge der Kostentragungspflicht des Klägers widerspräche aber der § 93 ZPO zugrunde liegenden Wertung, die im Umkehrschluss den gesetzgeberischen Willen verdeutlicht, dass derjenige die Kosten eines Rechtsstreits zu tragen hat, der im Unrecht war und Veranlassung zur Klage gegeben hat.
Nach dem Grundsatz der wohlwollenden Auslegung von Prozesserklärungen ist zugunsten der Partei stets davon auszugehen, dass sie im Zweifel mit ihrer Prozesshandlung das erreichen möchte, was nach Maßstäben der Rechtsordnung vernünftig ist und ihrer recht verstandenen Interessenlage entspricht. Dies ist bei verständiger Würdigung die Beendigung des Rechtsstreits mit einer Kostenentscheidung zulasten des Beklagten. Dieses Ziel erreicht der Kläger über eine Klagerücknahme mit einer Kostenentscheidung nach § 269 III 3 ZPO.
Die danach zu treffende Entscheidung führt zu einer Kostentragungspflicht des Beklagten, weil er mit der Zahlung der Klageforderung in Verzug war.
(Es folgen Ausführungen zur materiellen Rechtslage im Präteritum:)
Dem Kläger stand der geltend gemachte Anspruch zu. Er folgte aus §§ ...
Die Verteidigung des Beklagten war unerheblich ...
Angesichts dieser eindeutigen Rechtslage war kein Raum für Billigkeitserwägungen
Unterschrift des Richters

bb) Übereinstimmende Erledigungserklärungen

432 **Vorüberlegungen:**

Es handelt sich bei übereinstimmenden Erledigungserklärungen nicht um ein Zulässigkeitsproblem, sondern als Ausfluss der Dispositionsmaxime im Zivilprozess um eine Möglichkeit der Parteien, den Rechtsstreit ganz oder teilweise beizulegen. Die Erledigung tritt anders als bei einseitigen Erledigungserklärungen nicht durch Richterspruch, sondern durch die übereinstimmenden Erklärungen der Parteien ein. Gemäß § 91a I 2 ZPO liegt auch ohne Zustimmung des Beklagten eine übereinstimmende Erledigungserklärung vor, wenn der Beklagte nicht innerhalb einer Notfrist von zwei Wochen der Erledigungserklärung des Klägers widerspricht, sofern er zuvor auf diese Folge hingewiesen worden ist.

Hier die Übersicht:

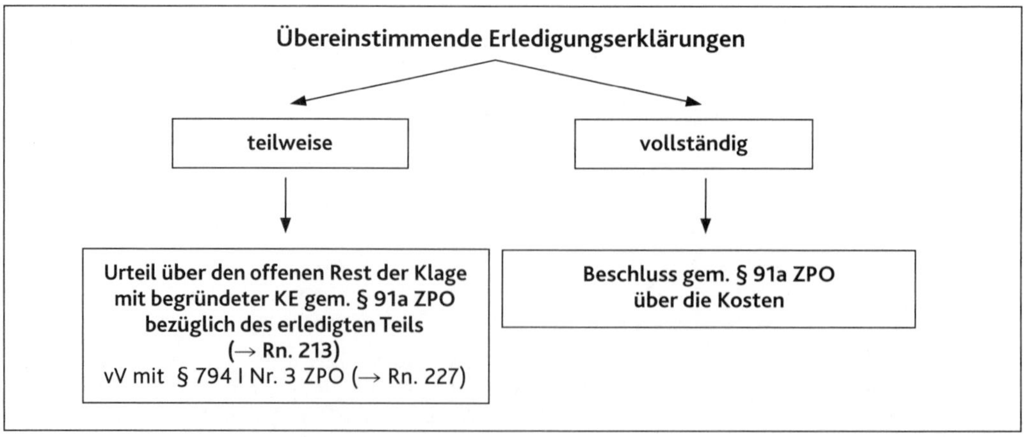

(1) Übereinstimmende Teilerledigung der Hauptsache

Vorüberlegungen: 433

Im Fall einer übereinstimmenden Teilerledigungserklärung müssen Sie Ihre Kostenentscheidung, die Sie im Normalfall ja nur durch die Angabe der angewandten Norm oder Normen stützen, hinsichtlich des für erledigt erklärten Teils begründen. Dies ist erforderlich, weil der darauf entfallende Teil der Kostenentscheidung gem. § 91a II ZPO isoliert mit der sofortigen Beschwerde anfechtbar ist.

Von der übereinstimmenden Teilerledigung steht nichts im Tenor.

Der Streitwert entspricht nach hRspr anders als bei einseitigen Teilerledigungserklärungen (→ Rn. 426) nach übereinstimmenden Teilerledigungserklärungen nur dem Wert des streitigen Restes der Klage ohne die auf den erledigten Teil entfallenden Kosten.

Die perpetuatio fori ist hier nicht anzusprechen, da das Landgericht auch für den reduzierten Streitwert zuständig ist.

Fall: Der Kläger klagt 10.000 EUR ein. Der Beklagte zahlt nach Rechtshängigkeit 3.000 EUR. Der Kläger erklärt die Hauptsache iHv 3.000 EUR für erledigt und beantragt im Übrigen, den Beklagten bei voller Kostentragung zur Zahlung weiterer 7.000 EUR zu verurteilen. Der Beklagte schließt sich der Erledigungserklärung an und beantragt im Übrigen, die Klage abzuweisen und dem Kläger die Kosten des gesamten Rechtsstreits aufzuerlegen.

Erörtern: Reduzierung des ursprünglichen Begehrens iSd § 264 Nr. 2 ZPO.

Beachte: Den auf den übereinstimmend für erledigt erklärten Teil der Klage entfallenden Kostenanteil müssen Sie im Rahmen der Kostenentscheidung begründen und im Tenor ohne Schuldnerschutzanordnungen für vorläufig vollstreckbar erklären, § 794 I Nr. 3 ZPO.

Formulierungsvorschlag:

Die Klage ist zulässig … Die Zulässigkeit der Antragsbeschränkung folgt aus der im Zivilprozess herrschenden Dispositionsmaxime der Parteien iVm § 264 Nr. 2 ZPO.
(Die Ausführungen zur Begründetheit sollten Sie in derartigen Fällen wie folgt beginnen:)
Nachdem die Parteien den Rechtsstreit iHv 3.000 EUR in der Hauptsache übereinstimmend für erledigt erklärt haben, war nur noch über die zuletzt gestellten Anträge zu entscheiden. In dem danach noch rechtshängigen Umfang ist die Klage …
Die Kostenentscheidung folgt aus §§ 91 I 1, 91a I 1 ZPO. Soweit die Parteien den Rechtsstreit übereinstimmend teilweise in der Hauptsache für erledigt erklärt haben, war über die auf diesen Teil der Klage entfallenden Kosten des Rechtsstreits gem. § 91a I 1 ZPO auf der Grundlage des bisherigen Sach- und Streitstandes nach billigem Ermessen zu entscheiden. Dies führt dazu, dass der Beklagte auch diesen Teil der Kosten zu tragen hat. Er wäre nämlich ohne die teilweise Erledigung in voller Höhe unterlegen gewesen …
(Je nach Fall müssen Sie nun weitere Ausführungen machen. Wenn der Kläger einen einheitlichen Anspruch geltend gemacht hat, reicht es in der Regel, auf die Ausführungen zur Begründetheit des aufrechterhaltenen Rests zu verweisen. Wenn einer von mehreren Ansprüchen mit einem eigenen Sachverhalt übereinstimmend für erledigt erklärt worden ist, müssen Sie dessen frühere Begründetheit im Rahmen der Kostenentscheidung darlegen. Ihr Urteil endet dann mit den Vorschriften über die vorläufige Vollstreckbarkeit und einem Streitwertbeschluss.)
Die Entscheidung über die vorläufige Vollstreckbarkeit folgt aus §§ … iVm § 794 I Nr. 3 ZPO.
Unterschriften der erkennenden Richter

(2) Die vollständige übereinstimmende Erledigung des Rechtsstreits

Auch diese Aufgabenstellung ist im Examen durchaus möglich, weil sie nicht weniger aufwändig ist als ein Urteil. Sie müssen die materielle Rechtslage vor den Erledigungserklärungen als Voraussetzung für die daraus resultierende Kostenentscheidung darlegen. 434

Gemäß § 91a I 1 ZPO ist nur noch über die Kosten durch Beschluss zu entscheiden, wenn die Parteien den Rechtsstreit übereinstimmend für erledigt erklärt haben. Sollte die Erledigung nicht ausdrücklich ausgesprochen worden sein, müssen Sie die Erklärungen auslegen. Gemäß § 91a I 2 ZPO ist auch nach § 91a I 1 ZPO, also nur noch über die Kosten zu entscheiden, wenn der Beklagte nicht innerhalb einer Notfrist von zwei Wochen der Erledigungserklärung des Klägers widerspricht, sofern er zuvor auf diese Folge hingewiesen worden ist.

Wenn die Parteien **nach einem Vergleich** übereinstimmende Erledigungserklärungen abgeben, ist **§ 98 ZPO** zu beachten. Sie müssen darlegen, dass sich aus der Tatsache, dass die Parteien die Kosten in dem Vergleich nicht geregelt haben und eine gerichtliche Entscheidung beantragen, durch Auslegung analog §§ 133, 157 BGB die konkludente Vereinbarung ergibt, die Kosten anders als in § 98 ZPO vorgesehen zu regeln und die Entscheidung darüber dem Gericht zu überlassen.

Das Gericht entscheidet gem. § 91a I ZPO auf der Grundlage des bisherigen Sach- und Streitstandes – also ohne eine im Streitfall erforderliche Beweisaufnahme – unter Berücksichtigung billigen Ermessens. Das daraus resultierende Risiko, mit einem Teil der Kosten belastet zu werden, obwohl eine Beweisaufnahme den Erfolg der Klage ergeben hätte, kann der Kläger nicht durch die Umstellung von seinem ursprünglichen Leistungsantrag auf einen Feststellungsantrag bezüglich der Kostentragungspflicht des Beklagten umgehen. Während bei dem Wegfall des Klageanlasses vor Rechtshängigkeit (s. dazu → Rn. 420 ff.) § 269 III 3 ZPO (»Ist der Anlass … weggefallen und wird die Klage daraufhin zurückgenommen …«) nur eine mögliche Vorgehensweise für den Kläger eröffnet, ist § 91a ZPO eine zwingende Regelung.

Das **Rubrum** eines Beschlusses gem. § 91a ZPO unterscheidet sich von dem eines Urteils dadurch, dass der Ausspruch »Im Namen des Volkes« fehlt und nicht »für Recht erkannt«, sondern *»beschlossen«* wird. Wenn nach einer mündlichen Verhandlung entschieden wird, lautet das Rubrum:

> Aktenzeichen
>
> Landgericht Lübeck
> Beschluss
> In dem Rechtsstreit
> (volles Rubrum)
>
> hat die 14. Zivilkammer des Landgerichts Lübeck durch den Vorsitzenden Richter am Landgericht Schmitz, den Richter am Landgericht Meier und die Richterin Müller auf die mündliche Verhandlung vom 25.1.2021 beschlossen: …

Wenn die Erledigung schriftsätzlich erklärt und gem. § 128 III ZPO nicht mündlich verhandelt worden ist, ist der Tag der Beschlussfassung anzugeben:

> … hat die 14. Zivilkammer des Landgerichts Lübeck durch den Vorsitzenden Richter am Landgericht Schmitz, den Richter am Landgericht Meier und die Richterin Müller am 25.1.2021 beschlossen: …

Der **Tenor** eines Beschlusses gem. § 91a ZPO erschöpft sich grundsätzlich in der Kostenentscheidung. Die Kostenentscheidung wird wie im Tenor eines Urteils formuliert (→ Rn. 176 ff.).

Zur Klarstellung können und auf Antrag müssen Sie analog § 269 IV ZPO aussprechen, dass zuvor ergangene Entscheidungen wie Vollstreckungsbescheide, Versäumnis-, Grund- oder Teilurteile und nicht rechtskräftige erstinstanzliche Entscheidungen gegenstandslos sind. Der Ausspruch ist nur deklaratorisch. Das sollten Sie durch die Formulierung *»**ist** gegenstandslos«* statt »**wird** aufgehoben« deutlich machen.

Sie dürfen weder etwas zur Erledigung noch zur vorläufigen Vollstreckbarkeit sagen. Die Erledigung tritt hier ja nicht durch die Entscheidung des Gerichts ein, sondern durch die Erklärung der Parteien. Eine Entscheidung über die vorläufige Vollstreckbarkeit darf nicht tenoriert werden, weil der Beschluss gem. § 794 I Nr. 3 ZPO ohne besonderen Ausspruch vollstreckbar ist.

Nach dem Tenor folgt die Überschrift »**Gründe**«. Diese bestehen aus der Sachverhaltsschilderung, die dem Tatbestand entspricht, und der rechtlichen Begründung der Kostenentscheidung. Diese beiden Teile tragen keine gesonderten Überschriften. Sie sollten sie mit I. und II. voneinander absetzen. Bei der Darstellung des Sachverhalts bestehen bis auf die Wahl des Tempus keine Besonderheiten. Sie müssen das Unstreitige im Präteritum, die streitigen Teile einschließlich der Erledigungserklärungen und der zuvor gestellten oder angekündigten Sachanträge im Perfekt darstellen.

In der Sache müssen Sie gem. § 91a ZPO über die Kosten des Rechtsstreits unter Berücksich- 435
tigung des bisherigen Sach- und Streitstandes nach billigem Ermessen entscheiden. Die Frage der tatsächlichen Erledigung oder die des Zeitpunktes vor oder nach Rechtshängigkeit spielt – anders als bei einseitigen Erledigungserklärungen (→ Rn. 426 ff.) – bei übereinstimmenden keine Rolle. Die Kostentragungspflicht hängt ganz wesentlich von der materiellen Rechtslage ab. Die entscheidenden Fragen lauten: Wer hat Anlass zur Klageerhebung gegeben? Wie wäre der Rechtsstreit ohne die Erledigungserklärungen ausgegangen? War die Klage zulässig und begründet? Eine etwaige sachliche oder örtliche Unzuständigkeit des Gerichts bleibt bei Entscheidungen nach § 91a ZPO unberücksichtigt.

Folgende Konstellationen sind im Examen realistisch:

Die Klage ist schlüssig, das Verteidigungsvorbringen des Beklagten ist unerheblich.

> Der Beklagte trägt die Kosten des Rechtsstreits.

2. Die Klage ist bereits – von Mängeln der Zuständigkeit abgesehen – unzulässig oder unbegründet und wäre abgewiesen worden.

> Der Kläger trägt die Kosten des Rechtsstreits.

3. Die Klage ist schlüssig, das Verteidigungsvorbringen des Beklagten ist erheblich, keine Partei hat Beweis angeboten. Hier ist nach Beweislast zu entscheiden, dh, wenn der Kläger beweispflichtig ist, trägt er die Kosten, andernfalls trägt sie der Beklagte.
4. Die Klage ist schlüssig, der Beklagte erwidert erheblich, beide Parteien haben Zeugen für ihre Behauptungen benannt, eine Beweisaufnahme ist nicht durchgeführt worden.
   Von ganz außergewöhnlich gelagerten Fällen abgesehen verbietet sich eine Beweisantizipation. Es ist in der Rechtsprechung umstritten, ob das höhere Verlustrisiko des Beweisbelasteten bei der Verteilung der Kosten zu berücksichtigen ist oder ob die Kosten ohne Berücksichtigung der Beweislast gegeneinander aufzuheben sind. Deshalb können Sie zwischen beiden Ansichten wählen. Wir meinen, dass die Beweislast berücksichtigt werden sollte. In welchen Fällen, wenn nicht in diesen, sollte denn die in § 91a ZPO ausdrücklich als Kriterium für die Kostenentscheidung erwähnte Billigkeit herangezogen werden? Zudem lässt sich diese Auffassung in einer Klausur argumentativ viel besser darstellen. Deshalb sind unseres Erachtens die Kosten in derartigen Fällen nicht gegeneinander aufzuheben, obwohl das Ergebnis offenbleibt. Wir halten eine Quote von 2/3 zulasten des Beweisbelasteten für sachgerecht.
5. Wenn eine Beweisaufnahme nicht zu Ende geführt worden ist, müssen Sie unterscheiden:
   - Wenn der nicht durchgeführte Teil den gesamten Anspruch oder die Einwendung betrifft, ist der Ausgang des Rechtsstreits offen mit der Folge der Entscheidung wie im 4. Fall (→ Rn. 431).
   - Wenn durch die Beweisaufnahme bereits Teile des Anspruchs, zB bei kumulativer Klagenhäufung, definitiv geklärt worden sind und von dem nicht durchgeführten Teil nicht abhängen, wird dies bei der Kostenentscheidung zugunsten des Obsiegenden berücksichtigt und hinsichtlich des Restes wie im 4. Fall entschieden und sodann insgesamt gequotelt.

Fall: Der Kläger hätte von beantragten 10.000 EUR aufgrund der Beweisaufnahme 4.000 EUR zuer- 436
kannt bekommen, hinsichtlich des Restes hätte die Beweisaufnahme fortgesetzt werden müssen. Der Kläger war beweispflichtig. Der Kläger hätte 4 von 10 gewonnen, von den restlichen 6 trägt der Kläger 2/3, der Beklagte 1/3:

Im Rahmen der **Billigkeitserwägungen** kann bei einem Vergleich der Parteien das gegenseitige Nachgeben wie ein Teilunterliegen berücksichtigt werden. Beachten Sie dabei, dass nicht jede Zahlung des Beklagten als Grund für seine Kostentragungspflicht anzusehen ist, vor allem dann nicht, wenn er zur Vermeidung eines langwierigen Rechtsstreits zahlt. Beachten Sie dabei auch die Regelung in § 98 ZPO, nach der die Kosten des Rechtsstreits als aufgehoben gelten, sofern die Parteien nichts anderes vereinbart haben. Ohne anderweitige Regelung im Vergleich sollten Sie die Anträge, nach § 91a ZPO zu entscheiden, so auslegen, dass die Parteien die Kostenentscheidung dem Gericht überlassen wollten.

437–446 **Fall:** Der Kläger hat ursprünglich die Herausgabe einer Fotografie begehrt, die keinen materiellen Wert hatte, für den Kläger aber von großem Erinnerungswert war. Der Beklagte hat mit erheblichem Vortrag Klageabweisung beantragt. Beide Parteien haben Zeugen für ihre relevanten Behauptungen benannt. Das Foto ist durch Zufall vor einer Beweisaufnahme untergegangen. Daraufhin haben die Parteien den Rechtsstreit im Termin übereinstimmend für erledigt erklärt.

Formulierungsvorschlag:

Aktenzeichen

Amtsgericht Lübeck
Beschluss
In dem Rechtsstreit
(volles Rubrum)

hat das Amtsgericht Lübeck – Abteilung 24 – durch den Richter am Amtsgericht Schmidt auf die mündliche Verhandlung vom 25.1.2021 beschlossen:

Von den Kosten des Rechtsstreits trägt der Kläger 2/3, der Beklagte 1/3.

Gründe:

I.

Die Parteien haben um die Herausgabe einer Fotografie gestritten.
Ursprünglich war ... Später hatte ... Der Beklagte besaß ...
Der Kläger hat behauptet, ...
Der Kläger hat zunächst beantragt ...
Der Beklagte hat zunächst beantragt ...
Der Beklagte hat behauptet, ...
Nachdem die Fotografie bei einem Brand im Hause des Beklagten vernichtet worden ist, haben die Parteien im Termin vom ... erklärt, ihnen liege nichts mehr an einer Fortsetzung des Rechtsstreits, und wechselseitige Kostenanträge gestellt.

II.

Die Äußerungen der Parteien, ihnen liege nach dem Brand nichts mehr an der Fortsetzung des Rechtsstreits, stellen sich nach einer Auslegung analog §§ 133, 157 BGB bei verständiger Würdigung als übereinstimmende Erledigungserklärungen dar. Eine Klagerücknahme seitens des Klägers mit Zustimmung des Beklagten ist darin nicht zu sehen, weil dies gem. § 269 III 2 ZPO den Kläger zur Tragung der Kosten verpflichten würde, was er ausweislich seines Antrages gerade nicht will.
Nachdem die Parteien den Rechtsstreit übereinstimmend in der Hauptsache für erledigt erklärt haben, war gem. § 91a I 1 ZPO nur noch über die Kosten des Rechtsstreits unter Berücksichtigung des bisherigen Sach- und Streitstandes nach billigem Ermessen zu entscheiden.
Ohne Beweisaufnahme, die sich nach übereinstimmender Erledigungserklärung der Parteien nur noch auf präsente Beweismittel erstreckt und deshalb vorliegend nicht durchgeführt werden durfte, lässt sich der Ausgang des Rechtsstreits nicht vorhersagen. Die Klage war schlüssig. Dem Kläger stand nach seinem Vortrag der Herausgabeanspruch aus § 985 BGB zu. Nach dieser Vorschrift ist ...
Das Vorbringen des Beklagten war demgegenüber erheblich. Nach seinem Vortrag hat der Kläger sein Eigentum dadurch verloren, dass ...

Eine vorweggenommene Beweiswürdigung, die nur ausnahmsweise zulässig ist, wenn das Ergebnis mit Händen zu greifen ist, verbietet sich hier, denn die Beweismittel stehen sich gleichwertig gegenüber …
Trotzdem waren die Kosten hier nicht gegeneinander aufzuheben. Es erscheint iRd Billigkeitserwägungen angemessen, dem Kläger einen größeren Anteil der Kosten aufzuerlegen. Dies trägt dem Umstand Rechnung, dass er beweisbelastet war und damit das größere Kostenrisiko hatte.
Unterschrift des Richters

12. Feststellungsklage gem. § 256 ZPO

Vorüberlegungen: 447

Für die Zulässigkeit einer begründeten Feststellungsklage ist gem. § 256 I ZPO als besondere Sachurteilsvoraussetzung das »rechtliche Interesse« des Klägers, das sog. Feststellungsinteresse, erforderlich. Ist eine Klage auf Leistung möglich und zumutbar, wird dieses sog. Feststellungsinteresse in der Regel fehlen.

Das Feststellungsinteresse liegt vor,

- wenn dem Recht oder der Rechtslage des Klägers eine gegenwärtige Gefahr der Unsicherheit dadurch droht, dass der Beklagte dieses Recht ernsthaft bestreitet oder er sich eines Rechtes gegen den Kläger berühmt, und
- wenn das angestrebte Urteil infolge seiner Rechtskraft geeignet ist, diese Gefahr zu beseitigen.

Das Feststellungsinteresse ist nur bei begründeten Feststellungsklagen zwingende Zulässigkeitsvoraussetzung. Ist die Klage in der Sache abweisungsreif, ergeht ein Sachurteil ohne Prüfung des Feststellungsinteresses. Grund dafür ist die umfassendere Rechtskraft und die damit eintretende größere Rechtssicherheit eines Sachurteils gegenüber einem Prozessurteil. Das Feststellungsinteresse ist in diesen Fällen sog. qualifizierte Prozessvoraussetzung. Nur wenn dem Kläger materiell der mit der Feststellungsklage geltend gemachte Anspruch zumindest teilweise zusteht, ihm aber das Feststellungsinteresse fehlt, ergeht ein klageabweisendes Prozessurteil.

Standardfälle sind Anträge auf Feststellung, dass sich der beklagte Verkäufer nach einem Rücktritt des klagenden Käufers mit der Rücknahme der Sache in Verzug befindet. Das rechtliche Interesse des Klägers ergibt sich bei Zug-um-Zug-Ansprüchen daraus, dass er ohne Feststellung des Annahmeverzuges im Urteil den gem. §§ 756 I, 765 ZPO erforderlichen Nachweis »durch öffentliche oder öffentlich beglaubigte Urkunden« nicht führen und nur bei gleichzeitigem tatsächlichem Angebot seiner Gegenleistung seinen Zahlungsanspruch vollstrecken kann. Einen Formulierungsvorschlag finden Sie unter → Rn. 403.

Das rechtliche Interesse für die Feststellung des Annahmeverzuges ohne Gegenleistung folgt aus der Beschränkung der Haftung gem. §§ 300 ff. BGB.

Weitere Standardfälle kommen im Zusammenhang mit Verkehrsunfällen vor. Das Feststellungsinteresse bezüglich des Grundes der Haftung besteht, wenn die Höhe des Schadens noch nicht feststeht oder weitere zukünftige Schäden zu erwarten sind.

In letzter Zeit sind Fälle in Examensklausuren vorgekommen, in denen der Kläger die Feststellung begehrt, dass seine Forderung gegen den Beklagten aus einer vorsätzlichen unerlaubten Handlung resultiere. Das rechtliche Interesse für den Feststellungsantrag folgt neben dem Aufrechnungsverbot (§§ 393, 394 I BGB) aus § 174 II iVm § 302 Nr. 1 InsO. Danach sind Forderungen, die bei Insolvenz als solche »aus vorsätzlicher unerlaubter Handlung« zur Tabelle angemeldet werden, von der Restschuldbefreiung ausgenommen. Der Gläubiger kann dann auch nach Ablauf der Schonfrist, anders als »normale« Insolvenzgläubiger, seinen Anspruch in voller Höhe vollstrecken. Zudem gelten bei Pfändungen die Freigrenzen nicht, § 850f II ZPO.

Der Streitwert von positiven Feststellungsanträgen beträgt 80%, der Streitwert von negativen Feststellungsanträgen entspricht dem vollen Wert eines Leistungsantrags in derselben Höhe.

Denken Sie daran, dass einseitige Erledigungserklärungen des Klägers ebenfalls Feststellungsanträge sind (s. dazu im Einzelnen → Rn. 425 ff.).

Wenn es für den Kläger keinen vernünftigen Grund gibt, an Stelle einer Leistungsklage eine Feststellungsklage zu erheben, so steht der Zulässigkeit des Feststellungsbegehrens der Grundsatz der Subsidiarität, dh des Vorrangs der Leistungs- vor der Feststellungsklage, entgegen. Weil im Examen grundsätzlich davon auszugehen ist, dass die gewählte Klageart die richtige ist, können echte Probleme mit der Subsidiarität nur bei kumulativer Klagenhäufung auftauchen, wenn einer von mehreren Anträgen ein Feststellungsantrag ist. Dann kann es sein, dass ein Feststellungsantrag unzulässig ist.

a) Feststellungsinteresse begründeter Feststellungsklagen

448 **Fall:** Der Kläger begehrt Feststellung, dass der Beklagte verpflichtet ist, ihm den Schaden aus einem Verkehrsunfall zu ersetzen. Die Parteien streiten nur um die Schadenshöhe. Der genaue Umfang des Schadens ist noch nicht feststellbar, der Kläger könnte aber einzelne Schadenspositionen beziffern.

Erörtern: Feststellungsinteresse gem. § 256 I ZPO.

Formulierungsvorschlag:

Die Klage ist zulässig ... Dem Kläger steht auch das gem. § 256 I ZPO für Feststellungsklagen erforderliche Feststellungsinteresse zu. Dies besteht immer dann, wenn wie vorliegend, der Beklagte die vom Kläger geltend gemachten Ansprüche ernstlich bestreitet und das Urteil geeignet ist, die dadurch entstandene Unsicherheit zu beseitigen. Dem steht auch nicht der Umstand entgegen, dass der Kläger bereits einzelne Positionen seines Schadensersatzanspruches beziffern könnte. Es entspricht stRspr, dass sich ein Kläger bei einer noch nicht abgeschlossenen Ermittlung der Schadenshöhe oder einer noch andauernden Schadensentwicklung grundsätzlich auf einen Feststellungsanspruch beschränken darf. Er muss die bereits feststehenden Einzelansprüche nicht nach und nach beziffern und mit Leistungsanträgen geltend machen. Dies folgt schon aus prozessökonomischen Gründen, weil eine sukzessive Einführung einzelner Schadenspositionen und eine fortwährende Antragsumstellung dem Beklagten ständig neue Angriffspunkte liefern würden. Dies könnte zu einer unangemessenen Verfahrensverzögerung führen.

b) Feststellungsinteresse unbegründeter Feststellungsklagen

449 **Fall:** Der Kläger stellt neben einem Leistungsantrag einen Feststellungsantrag, der nicht begründet ist.

Erörtern: Entbehrlichkeit des Feststellungsinteresses bei unbegründeten Feststellungsklagen.
Erläuterung des Begriffs der sog. qualifizierten Prozessvoraussetzungen.
Anfängliche, objektive, kumulative Klagenhäufung gem. § 260 ZPO.

Beachte: Das Feststellungsinteresse ist nur bei begründeten Feststellungsklagen zwingende Zulässigkeitsvoraussetzung. Bei unbegründeten reicht der schlüssige Vortrag aus.

Formulierungsvorschlag:

Die Klage ist zulässig, aber nur hinsichtlich des Leistungsantrages begründet.
Der Zulässigkeit des Feststellungsantrages steht nicht entgegen, dass das rechtliche Interesse des Klägers fraglich ist. Das gem. § 256 I ZPO grundsätzlich erforderliche Feststellungsinteresse ist nämlich nur zwingende Zulässigkeitsvoraussetzung für begründete, nicht aber für unbegründete Feststellungsklagen. Es reicht nach der Lehre der sog. qualifizierten Prozessvoraussetzungen bei unbegründeten Feststellungsklagen aus, dass der Kläger sein rechtliches Interesse schlüssig vorträgt. Diese Einschränkung des Grundsatzes des prozessualen Vorrangs der Zulässigkeit vor der Begründetheit findet ihre Berechtigung darin, dass eine Prüfung des Feststellungsinteresses bei unbegründeten Feststellungsklagen nicht sinnvoll ist. Diese Zulässigkeitsvoraussetzung soll nur

verhindern, dass Rechtsverhältnisse zum Gegenstand einer Klage gemacht werden, die einer Feststellung nicht bedürfen oder auf einfacherem Wege geklärt werden können. Dieser Gesichtspunkt ist jedoch ohne Bedeutung, wenn die Klage ohnehin unbegründet ist. In diesen Fällen ist ein Sachurteil, das umfassendere Rechtskraft schafft als ein Prozessurteil, prozessökonomisch sinnvoller. (Es folgen die bekannten Ausführungen zu § 260 ZPO, vgl. → Rn. 320 ff.).

13. Besorgnis der Nichterfüllung bei Klagen auf künftige Leistung gem. § 259 ZPO

Vorüberlegungen: 450

Nach § 259 ZPO kann eine Klage auf künftige Leistung dann erhoben werden, wenn den Umständen nach die Besorgnis gerechtfertigt ist, dass der Schuldner sich der rechtzeitigen Leistung entziehen werde. Dafür reicht ein ernsthaftes Bestreiten der Verpflichtung zur Leistung aus.

Achten Sie darauf, dass Sie bei Klagen auf künftige Zahlung nicht Zinsen ab Klagezustellung zusprechen dürfen, weil dies die Fälligkeit des Anspruchs voraussetzt, die ja nicht gegeben ist. Zur Anwendung von § 259 ZPO im Rahmen der Ersatzverurteilung, → Rn. 323a.

Fall: Der Kläger klagt auf künftige Räumung von Gewerberäumen nach fristgerechter Kündigung. Der Beklagte meint, er sei nicht zur Räumung verpflichtet. Er hat wiederholt geäußert, er bleibe in den gemieteten Räumen, »komme, was da wolle«. 451

Erörtern: Klage auf künftige Leistung wegen Besorgnis der Nichterfüllung gem. § 259 ZPO.

Formulierungsvorschlag:

... Auch die Klage auf eine zukünftige Leistung ist zulässig. Dies ist gem. § 259 ZPO immer dann der Fall, wenn der Anspruch dem Grunde nach bereits entstanden und den Umständen nach die Besorgnis gerechtfertigt ist, dass der Schuldner sich der rechtzeitigen Leistung entziehen werde. So ist es hier, denn ...
Wer, wie vorliegend der Beklagte, den vom Kläger geltend gemachten zukünftigen Anspruch so ernsthaft und vehement bestreitet, begründet diese Vermutung.

14. Abänderungsklage gem. § 323 ZPO

Vorüberlegungen: 452

§ 323 ZPO trifft eine Sonderregelung für alle Fälle, in denen bei einer Verurteilung zu künftig fällig werdenden wiederkehrenden Leistungen nachträglich Ansprüche wegen einer eingetretenen Veränderung der Verhältnisse geltend gemacht werden.

Besondere Prozessvoraussetzungen im Rahmen der Zulässigkeit sind

- das Vorliegen einer abzuändernden Entscheidung,
- die Identität der Streitgegenstände,
- die Identität der Parteien,
- die Behauptung einer wesentlichen nachträglichen Veränderung der Verhältnisse und
- das Andauern oder Drohen der Vollstreckung.

Formulierungsvorschlag:

Die Klage ist zulässig ... Auch die besonderen Sachurteilsvoraussetzungen für eine Abänderungsklage gem. § 323 ZPO liegen vor. Die Klage richtet sich gegen ein rechtskräftiges Urteil, dessen Abänderung begehrt wird. Die Identität der Streitgegenstände und der Parteien ist gegeben.
Der Kläger behauptet auch eine wesentliche Veränderung der Verhältnisse nach dem Schluss der mündlichen Verhandlung, die er durch Einspruch nicht mehr hätte geltend machen können ...
Es droht auch eine Fortsetzung der Zwangsvollstreckung aus dem Titel. Dies folgt daraus, dass ...

15. Widerklage

453 **Vorüberlegungen:**

Bei Widerklagen können im Wesentlichen folgende Probleme auftauchen:

- **Örtliche Zuständigkeit**
- **§ 33 ZPO als besonderer Gerichtsstand konnexer Widerklagen**
- **Konnexität**
- **Parteiidentität**
- **Allgemeines Rechtsschutzbedürfnis**

Die örtliche Zuständigkeit für Widerklagen begründen Sie, sofern es Ihre Klausur hergibt, nach den vorrangig anzuwendenden allgemeinen Vorschriften wie §§ 12, 13 ZPO oder § 32 ZPO. Bei Ansprüchen aus Verkehrsunfällen folgt sie auch aus § 20 StVG. Wenn der Kläger sich rügelos auf die Widerklage eingelassen hat, heilt § 39 S. 1 ZPO die ansonsten fehlende örtliche Zuständigkeit. Wenn Sie die örtliche Zuständigkeit nach den allgemeinen Vorschriften feststellen, müssen Sie die Konnexität isoliert als weitere Zulässigkeitsvoraussetzung darlegen, was Sie ja bei § 33 ZPO zusammen mit dem Feststellen der örtlichen Zuständigkeit machen.

Es gibt einen Meinungsstreit zwischen Literatur und Rechtsprechung, ob § 33 ZPO nur die örtliche Zuständigkeit für konnexe Widerklagen regelt (so die Lit.) oder ob die Konnexität grundsätzlich eine eigene Zulässigkeitsvoraussetzung von Widerklagen ist (so die Rspr.). In der Praxis schert sich niemand um diesen Streit, deshalb sollten Sie das Im Examen auch nicht tun. Sie können aber Ihr Wissen zeigen und das »Problem« kurz anreißen, im Ergebnis aber dahinstehen lassen, weil der Streit bei konnexen Widerklagen – und die liegen im Assessorexamen in der Regel vor – keine Rolle spielt, da beide Ansichten zum selben Ergebnis kommen.

Nur wenn die allgemeinen Vorschriften nicht greifen, greifen Sie auf **§ 33 ZPO** zurück. Diese Vorschrift begründet für konnexe Widerklagen den zusätzlichen **besonderen Gerichtsstand** der Klage. Nach mittlerweile gefestigter Rechtsprechung ist § 33 ZPO analog auch auf isolierte Drittwiderklagen anwendbar, → Rn. 403.

Konnexität ist gegeben, wenn zwischen Klage und Widerklage ein innerlich zusammengehöriges, einheitliches Lebensverhältnis besteht, das es als gegen Treu und Glauben verstoßend erscheinen ließe, wenn der eine Anspruch ohne Rücksicht auf den anderen geltend gemacht und verwirklicht werden könnte. Bei fehlender Konnexität ist die Widerklage nach hRspr unzulässig.

Die Konnexität kann auch daraus folgen, dass sich der erforderliche Zusammenhang aus dem Verteidigungsvorbringen des Beklagten ergibt, etwa aus einer Aufrechnung (→ Rn. 460).

Fehlende Konnexität bei örtlicher Zuständigkeit aus anderen Vorschriften, etwa §§ 12, 13 oder § 32 ZPO, wird gem. § 295 I ZPO durch rügelose Einlassung des Klägers/Widerbeklagten geheilt.

Parteiidentität ist eine weitere Zulässigkeitsvoraussetzung. Grundsätzlich muss auch die Hauptpartei widerbeklagt sein, dh, die Widerklage kann sich in der Regel nicht allein gegen Dritte, wohl aber gegen den Kläger und Dritte richten. Die Einbeziehung dieses Dritten ist dann eine nachträglich begründete Streitgenossenschaft und eine gewillkürte Parteierweiterung, also eine Klageänderung. Zur Zulässigkeit s. → Rn. 408.

Isolierte Drittwiderklagen, die sich ausschließlich gegen einen bislang nicht an dem Rechtsstreit beteiligten Dritten richten, sind bei Sachdienlichkeit und fehlender Benachteiligung des Widerbeklagten zulässig (→ Rn. 457).

Drittwiderklagen von einem bislang nicht an dem Rechtsstreit beteiligten Dritten gegen den Kläger sind grundsätzlich unzulässig. Eine Ausnahme macht die hRspr bei sog. Ehrschutzklagen, wenn ein Bezug der den bislang nicht am Rechtsstreit beteiligten Dritten betreffenden ehrverletzenden Äußerungen zum Ausgangsrechtsstreit nicht erkennbar ist, diese auf der Hand liegend falsch sind oder sich als unzulässige Schmähung darstellen.

Hilfswiderklagen gegen Dritte sind stets unzulässig, weil deren Prozessrechtsverhältnis nicht in der Schwebe bleiben darf.

Das allgemeine Rechtsschutzbedürfnis fehlt, wenn mit der Widerklage nur das kontradiktorische Gegenteil der Klage begehrt wird.

Die Geltendmachung eines Zurückbehaltungsrechts macht eine Widerklage mit demselben Anspruch nicht unzulässig, weil der mit dem Zurückbehaltungsrecht geltend gemachte Anspruch nicht rechtshängig wird.

Sie sollten Ausführungen zur Zulässigkeit der Widerklage grundsätzlich nicht am Anfang der Entscheidungsgründe, sondern erst nach der Abhandlung der Zulässigkeit und Begründetheit der Klage machen. Nur wenn die sachliche Zuständigkeit erst aus der Addition der Streitwerte von Klage und Widerklage folgt, sollten Sie dies im Rahmen der Zulässigkeit der Klage darstellen. S. dazu unten das Formulierungsbeispiel unter → Rn. 457.

Für den **Zuständigkeitsstreitwert** werden die Einzelstreitwerte von Klage und Widerklage gem. § 5 ZPO nicht addiert, wohl aber in der Regel für den **Gebührenstreitwert**, so § 45 I 1 GKG.

Aus § 506 ZPO (arg. e contrario) folgt, dass das Landgericht auch dann zuständig ist, wenn nur der Streitwert der Widerklage, nicht aber auch der Wert der Klageforderung 5.000 EUR übersteigt.

a) Begründung der örtlichen Zuständigkeit gem. § 33 ZPO

Fall: Der Kläger verlangt vom Beklagten, der in einem anderen Gerichtsbezirk wohnt, die Zahlung des restlichen Kaufpreises. Der Beklagte begehrt widerklagend die Rückzahlung der geleisteten Anzahlung. Die Einzelstreitwerte fallen jeweils in die Zuständigkeit des angerufenen Gerichts. 454

Erörtern: Besonderer Gerichtsstand der konnexen Widerklage gem. § 33 ZPO.

Beachte: Die Konnexität von Klage und Widerklage ist bei einem Gerichtsstand nach § 33 ZPO im Rahmen dieser Vorschrift darzustellen. Der Meinungsstreit zwischen Literatur und Rechtsprechung, ob § 33 ZPO nur die örtliche Zuständigkeit für konnexe Widerklagen regelt (so die Lit.) oder ob die Konnexität grundsätzlich eine eigene Zulässigkeitsvoraussetzung von Widerklagen ist (so die Rspr.), braucht hier nicht erörtert zu werden, da die Widerklage konnex ist.
Ausführungen zur Zulässigkeit der Widerklage folgen erst nach der Abhandlung der Zulässigkeit und Begründetheit der Klage.

Formulierungsvorschlag:

Die Klage ist zulässig und … Die Widerklage ist ebenfalls zulässig und … (Nach den Ausführungen zur Begründetheit der Klage:)
Die Widerklage ist zulässig und … Das angerufene Gericht ist auch zur Entscheidung über die Widerklage örtlich zuständig. Dies folgt aus § 33 ZPO, der für konnexe Widerklagen den örtlichen Gerichtsstand des Gerichts der Klage bestimmt. Konnexität ist immer dann gegeben, wenn zwischen Klage und Widerklage ein innerlich zusammengehöriges, einheitliches Lebensverhältnis besteht, das es als gegen Treu und Glauben verstoßend erscheinen ließe, wenn der eine Anspruch ohne Rücksicht auf den anderen geltend gemacht und verwirklicht werden könnte.
Ein in diesem Sinne erforderlicher Zusammenhang zwischen Widerklage und Klage besteht unter anderem immer dann, wenn die beiden Ansprüche auf ein gemeinsames Rechtsverhältnis zurückzuführen sind. Dies ist hier der Fall, da beide Parteien Ansprüche aus demselben Vertrag geltend machen.

b) Begründung der sachlichen Zuständigkeit

Fall: Der Kläger verlangt vom Beklagten vor dem für beide Parteien als Gericht des Wohnsitzes örtlich zuständigen LG die Zahlung eines restlichen Kaufpreises von 6.000 EUR. Der Beklagte begehrt widerklagend die Rückzahlung der geleisteten Anzahlung von 1.000 EUR wegen Rücktritts. 455

Erörtern: Örtliche Zuständigkeit folgt bereits aus §§ 12, 13 ZPO.
Sachliche Zuständigkeit des LG für die Widerklage, auch wenn deren Streitwert 5.000 EUR nicht übersteigt, folgt aus dem Rechtsgedanken von §§ 504, 506 ZPO.
Konnexität von Klage und Widerklage.

Beachte: § 33 ZPO ist hier nicht zu erörtern, da das Landgericht ohnehin nach §§ 12, 13 ZPO örtlich zuständig ist. Den Meinungsstreit, ob § 33 ZPO nur die örtliche Zuständigkeit für konnexe Widerklagen regelt (so die Lit.) oder ob die Konnexität grundsätzlich eine eigene Zulässigkeitsvoraussetzung von Widerklagen ist (so die Rspr.), können Sie kurz ansprechen, brauchen sich aber nicht zu entscheiden. Die Widerklage ist nach beiden Ansichten zulässig, da die Konnexität vorliegt.
Der Gebührenstreitwert ist nach § 45 I GKG die Summe der beiden Streitwerte (wichtig für die Kostenentscheidung und die Höhe der außergerichtlichen Kosten).

Formulierungsvorschlag:

Die Klage ist zulässig und … Die Widerklage ist ebenfalls zulässig und … (Nach den Ausführungen zur Begründetheit der Klage:)
Die Widerklage ist zulässig und … Die örtliche Zuständigkeit des angerufenen Gerichts folgt aus §§ 12, 13 ZPO, weil der Kläger im hiesigen Bezirk wohnt.
Das Landgericht ist für die Widerklage auch sachlich zuständig, obwohl deren Streitwert die Zuständigkeitsgrenze gem. §§ 23 Nr. 1, 71 I GVG nicht erreicht. Aus der gesetzlichen Regelung in § 33 ZPO, wonach Klage und Widerklage miteinander verbunden werden können, und dem den §§ 504, 506 ZPO zu entnehmenden allgemeinen Grundsatz, dass das angerufene Gericht – wie bei Klagen mit Haupt- und Hilfsanträgen – für den gesamten Rechtsstreit sachlich zuständig sein muss, um umfassend entscheiden zu können, ergibt sich zwingend, dass bei Rechtsstreiten vor dem Landgericht die sachliche Zuständigkeit für die Widerklage der sachlichen Zuständigkeit für die Klageforderung folgt.
Da die Widerklage konnex ist – Klage- und Widerklageforderung resultieren aus demselben Kaufvertrag –, kann es dahinstehen, ob Konnexität grundsätzlich eine besondere Sachurteilsvoraussetzung von Widerklagen ist (so die Rspr.) oder ob § 33 ZPO lediglich die besondere örtliche Zuständigkeit von konnexen Widerklagen regelt (so die Lit.), da beide Ansichten hier zum selben Ergebnis kommen.

c) Die streitgenössische Drittwiderklage

456 **Fall:** Der Kläger macht gegen den Beklagten Ansprüche aus einem Verkehrsunfall vor dem Gericht geltend, in dessen Bezirk der Unfall stattgefunden hat. Der Beklagte erhebt Widerklage gegen den Kläger und dessen Haftpflichtversicherung, die ihren Wohnsitz in einem anderen Bezirk haben.

Erörtern: Örtliche Zuständigkeit für die Widerklage gegen Kläger.
Örtliche Zuständigkeit der Drittwiderklage gegen die Versicherung gem. § 20 StVG.
Konnexität der Drittwiderklage.
Zulässigkeit der nachträglichen Parteierweiterung gem. § 263 Alt. 2 und § 260 ZPO analog iVm §§ 59, 60 ZPO.
Der Begriff »Parteiidentität« muss fallen.
§ 115 I VVG ist zu erwähnen.

Beachte: Die örtliche Zuständigkeit für die Widerklage folgt für den Kläger wahlweise aus § 32 ZPO oder aus § 20 StVG.
Für Ansprüche aus Verkehrsunfällen, bei denen Pflichtversicherer und Halter als Drittwiderbeklagte einbezogen werden, ergibt sich für diese die Zuständigkeit aus § 20 StVG. Die Konnexität ist dann kurz anzusprechen. Den Meinungsstreit zwischen Literatur und Rechtsprechung, ob § 33 ZPO nur die örtliche Zuständigkeit für konnexe Widerklagen regelt (so die Lit.) oder ob die Konnexität eine eigene Zulässigkeitsvoraussetzung von Widerklagen ist (so die Rspr.), können Sie kurz ansprechen, brauchen sich aber nicht zu entscheiden, da die Widerklage nach beiden Ansichten zulässig ist, da die Konnexität vorliegt.
Versicherung und Versicherungsnehmer sind nur einfache Streitgenossen.

Formulierungsvorschlag:

Die Klage ist zulässig ...
Die Widerklage ist ebenfalls zulässig. Die örtliche Zuständigkeit des angerufenen Gerichts für die Widerklage folgt bezüglich des Klägers aus § 32 ZPO, dem Gerichtsstand der unerlaubten Handlung, bezüglich der Widerbeklagten zu 2) aus § 20 StVG.
Da die Widerklage konnex ist, kann es dahinstehen, ob Konnexität grundsätzlich eine besondere Sachurteilsvoraussetzung von Widerklagen ist (so die Rspr.) oder ob § 33 ZPO lediglich die besondere örtliche Zuständigkeit von konnexen Widerklagen regelt (so die Lit.), da beide Ansichten hier zu demselben Ergebnis kommen. Die Konnexität, also ein innerer Sachzusammenhang zwischen Klage und Widerklage, liegt hier darin, dass beide Parteien Ansprüche aus demselben Verkehrsunfall herleiten.
Der Beklagte kann auch die Haftpflichtversicherung des Klägers als weitere Widerbeklagte in den Prozess einbeziehen. Der für Widerklagen geltende Grundsatz der Parteiidentität gilt bei streitgenössischen Drittwiderklagen nur mit der Einschränkung, dass sich die Widerklage auch gegen den Kläger richten muss und die Voraussetzungen der nachträglichen Parteierweiterung gegeben sind. Das sind das Vorliegen einer zulässigen Streitgenossenschaft nach §§ 59, 60 ZPO zwischen dem Kläger und dem Dritten sowie entweder die Einwilligung des Dritten oder die Sachdienlichkeit analog § 263 Alt. 2 ZPO. Dies ist hier der Fall, ... Die Zulässigkeit der durch die Einbeziehung entstandenen nachträglichen, subjektiven Klagenhäufung folgt aus § 260 ZPO analog.

Wenn ein streitgenössischer Widerbeklagter nicht einwilligt, müssen Sie die Sachdienlichkeit gem. § 263 Alt. 2 ZPO wie üblich darlegen. Das kann dann wie folgt lauten:

Die Einbeziehung des Drittwiderbeklagten in den Rechtsstreit ist wegen Sachdienlichkeit iSv § 263 Alt. 2 ZPO zulässig. Die Sachdienlichkeit ist objektiv nach der Prozesswirtschaftlichkeit zu beurteilen. Sie liegt vor, wenn der bereits gewonnene Prozessstoff eine verwertbare Entscheidungsgrundlage bleibt und ein weiterer Rechtsstreit vermieden wird. Dies ist der Fall, denn ...

d) Die isolierte Drittwiderklage

Vorbemerkung: 457

Isolierte Drittwiderklagen, also Widerklagen, die sich ausschließlich gegen bislang nicht am Rechtsstreit beteiligte Dritte richten, sind ausnahmsweise zulässig, wenn das Vorgehen sachdienlich ist und keine schutzwürdigen Interessen des Widerbeklagten durch dessen Einbeziehung in den Rechtsstreit verletzt werden (lesenswert BGH NJW 2007, 1753 ff.; 2008, 2852 ff.; 2011, 460 ff.). »Sachdienlichkeit« ist dabei nach den Kriterien des BGH mehr als Konnexität, die gem. der Definition in § 33 ZPO ja bereits vorliegt, wenn der Gegenanspruch mit dem in der Klage geltend gemachten Anspruch **oder** einem Verteidigungsmittel des Beklagten in Zusammenhang steht. Sachdienlichkeit ist als Voraussetzung für die Zulässigkeit isolierter Drittwiderklagen aber nur gegeben, wenn die zu erörternden Gegenstände der Klage und der Widerklage tatsächlich **und** rechtlich eng miteinander verknüpft sind. Der BGH fordert hier also eine Art »qualifizierter« Konnexität. Diese ist jedenfalls in Fällen anzunehmen, in denen die Klageforderung ein abgetretener Teil der Gesamtforderung des Dritten ist, gegen die sich die Widerklage richtet oder wenn ein überschießender Teil der Gegenforderung des Beklagten gegenüber dem Dritten geltend gemacht wird (→ Rn. 458).

Die auch für die nachträgliche Parteierweiterung analog § 263 ZPO erforderliche Sachdienlichkeit folgt in der Regel schon aus der tatsächlichen und rechtlichen Verknüpfung von Klage und Widerklage.

Merke: § 33 ZPO analog begründet die örtliche Zuständigkeit gegen den Dritten bei streitgenössischen und isolierten Drittwiderklagen, wenn das Vorgehen gegen den Dritten sachdienlich ist und der Dritte dadurch nicht benachteiligt wird.

Hier ein klassischer Fall aus einem Examensdurchgang:

Fall: Der Hund des Beklagten hat den Kläger gebissen. Der Vater des Klägers hat den Hund mit einem Stock vertrieben und ihn dabei verletzt. Der Beklagte – vom Kläger auf Zahlung von Schadensersatz und Schmerzensgeld verklagt – verlangt widerklagend Ersatz der Tierarztkosten vom Vater des Klägers, der in einem anderen Gerichtsbezirk wohnt.

Erörtern: Zulässigkeit der isolierten Drittwiderklage:
Sachdienlichkeit anstelle von Konnexität.
Keine Verletzung schutzwürdiger Interessen des Drittwiderbeklagten.
Voraussetzungen der nachträglichen Parteierweiterung.
Örtl. Zuständigkeit gem. § 33 ZPO analog.

Beachte: Der Begriff »isolierte Drittwiderklage« muss fallen.
Zulässigkeitskriterium **für isolierte Drittwiderklagen ist laut** BGH anstelle von Konnexität »Sachdienlichkeit«. Diese erfordert mehr als Konnexität. Die zu erörternden Gegenstände von Klage und Widerklage müssen tatsächlich **und** rechtlich eng miteinander verknüpft sein.

Formulierungsvorschlag:

... Die Drittwiderklage ist ebenfalls zulässig. Die örtliche Zuständigkeit des Gerichts folgt aus § 33 ZPO analog, der nach hRspr auf Drittwiderbeklagte Anwendung findet. Der Zulässigkeit der hier vorliegenden sog. isolierten Drittwiderklage steht auch nicht das grundsätzliche Verbot entgegen, im Wege der Widerklage ausschließlich einen bislang nicht am Rechtsstreit beteiligten Dritten zu verklagen. Vom Grundsatz der Parteiidentität, nach dem zumindest auch die Hauptpartei widerbeklagt sein muss, macht die Rechtsprechung eine Ausnahme, wenn die gemeinsame Verhandlung von Klage und Drittwiderklage sachdienlich ist, keine schutzwürdigen Interessen des Drittwiderbeklagten durch dessen Einbeziehung in den Rechtsstreit verletzt werden und die Voraussetzungen der nachträglichen Parteierweiterung vorliegen. Dies ist hier der Fall. Die Sachdienlichkeit liegt vor. Die zu erörternden Gegenstände sind tatsächlich und rechtlich eng miteinander verknüpft, da es um denselben Lebenssachverhalt geht, sodass durch die Konzentration der Rechtsfragen bei einem Gericht divergierende Entscheidungen vermieden werden. Dieser Umstand macht analog § 263 Alt. 2 ZPO auch die nachträgliche Parteierweiterung zulässig. Eine Verletzung schutzwürdiger Interessen des Drittwiderbeklagten ist nicht zu erkennen.

Im Folgenden stellen wir Ihnen zwei weitere examensrelevante Konstellationen vor:

458 **aa) Der Kläger macht eine abgetretene Forderung geltend**

Wenn der Kläger eine ihm zum Teil abgetretene Forderung gegen den Beklagten geltend macht und dieser sich zB mit Schadensersatzansprüchen aus dem Vertragsverhältnis mit dem Zedenten aufrechnet, die den abgetretenen Teil der Forderung übersteigen, kann der Beklagte gegen den bislang nicht am Prozess beteiligten Zedenten eine isolierte Drittwiderklage erheben. Die Tatsache, dass das Gericht ohnehin bei der Beurteilung der Aufrechnung über die Forderung des Beklagten entscheiden muss, begründet die Konnexität und die Sachdienlichkeit der Widerklage.

Gleiches gilt für Fälle, in denen die Wirksamkeit einer – teilweisen oder vollständigen – Abtretung zweifelhaft ist und der Beklagte ein rechtliches Interesse an der Feststellung hat, dass nicht nur dem Kläger (Zessionar), sondern auch dem Zedenten keine Ansprüche gegen ihn zustehen.

Denken Sie daran, dass der Beklagte bei Ansprüchen gegen den Zedenten gegenüber dem als Kläger auftretenden Zessionar gem. § 404 BGB ein Zurückbehaltungsrecht geltend machen und nach Maßgabe von § 406 BGB die Aufrechnung erklären kann.

Fall: Der Kläger macht vor dem Landgericht gegen den Beklagten den Teil eines ihm abgetretenen Anspruchs geltend. Der Beklagte erklärt die Aufrechnung mit Ansprüchen aus dem Rechtsverhältnis mit dem Zedenten, die den eingeklagten Teil der Forderung übersteigen. Den die Klageforderung übersteigenden Betrag seiner Forderung macht der Beklagte widerklagend gegen den Zedenten geltend. Dieser widerspricht seiner Einbeziehung in den Rechtsstreit.

Erörtern: Zulässigkeit der isolierten Drittwiderklage:
Sachdienlichkeit, keine Verletzung schutzwürdiger Interessen des Drittwiderbeklagten. Voraussetzungen der nachträglichen Parteierweiterung.
Örtliche Zuständigkeit gem. § 33 ZPO analog.

Beachte: § 33 ZPO analog begründet nach neuerer Rechtsprechung des BGH die örtliche Zuständigkeit gegenüber dem Drittwiderbeklagten.
Der Begriff »isolierte Drittwiderklage« muss fallen.
Zulässigkeitskriterium **für isolierte Drittwiderklagen ist laut** BGH anstelle von Konnexität »Sachdienlichkeit«. Diese erfordert mehr als Konnexität. Die zu erörternden Gegenstände von Klage und Widerklage müssen tatsächlich **und** rechtlich eng miteinander verknüpft sein.

Formulierungsvorschlag:

... Die Drittwiderklage ist ebenfalls zulässig. Die örtliche Zuständigkeit des Gerichts folgt aus § 33 ZPO analog, der nach hRspr auf Drittwiderbeklagte Anwendung findet. Der Zulässigkeit der hier vorliegenden sog. isolierten Drittwiderklage steht auch nicht das grundsätzliche Verbot entgegen, im Wege der Widerklage ausschließlich einen bislang nicht am Rechtsstreit beteiligten Dritten zu verklagen. Vom Grundsatz der Parteiidentität, nach dem zumindest auch die Hauptpartei widerbeklagt sein muss, macht die Rechtsprechung eine Ausnahme, wenn die Widerklage sachdienlich ist, keine schutzwürdigen Interessen des Drittwiderbeklagten durch dessen Einbeziehung in den Rechtsstreit verletzt werden und die Voraussetzungen der nachträglichen Parteierweiterung vorliegen. Dies ist hier der Fall. Eine Verletzung schutzwürdiger Interessen des Widerbeklagten ist nicht zu erkennen. Die Sachdienlichkeit liegt ebenfalls vor. Der enge innere Zusammenhang zwischen Klage und Widerklage besteht darin, dass die vom Beklagten geltend gemachte Gegenforderung sowohl den eingeklagten, abgetretenen Teil der Forderung als auch deren restlichen bei dem Widerbeklagten verbliebenen Teil betrifft. Da das angerufene Gericht den Bestand der Gegenforderung im Rahmen der Aufrechnung ohnehin prüfen muss, ist es sachdienlich, die Entscheidung über die gesamte Forderung in einer Hand zu belassen. Dieser Umstand macht analog § 263 Alt. 2 ZPO auch die nachträgliche Parteierweiterung zulässig.

bb) Der Kläger tritt in Prozessstandschaft auf

Es macht hier grundsätzlich keinen Unterschied, in welcher der beiden examensrelevanten Formen der Prozessstandschaft der Kläger auftritt, also in gewillkürter Prozessstandschaft, wenn er von vornherein einen fremden Anspruch im eigenen Namen geltend macht, oder in gesetzlicher Prozessstandschaft gem. § 265 I ZPO, wenn er den zunächst im eigenen Namen geltend gemachten Anspruch nach Rechtshängigkeit abtritt. **458a**

Wenn der Kläger in Prozessstandschaft klagt und der Beklagte einen Anspruch gegen den materiellen Rechtsinhaber geltend machen will, kommt eine Widerklage gegen den Kläger wegen dieses Anspruches nicht in Betracht, da sich der Anspruch des Beklagten nicht gegen den Kläger, sondern gegen den materiellen Rechtsinhaber richtet. Eine sog. gewillkürte passive Prozessstandschaft, in die der Kläger bei einer solchen Widerklage gedrängt würde, wird allgemein abgelehnt.

Der Beklagte kann allerdings mit diesem Anspruch aufrechnen oder grundsätzlich gegen den materiellen Rechtsinhaber im Wege einer isolierten Drittwiderklage vorgehen (vgl. Zöller/*Vollkommer* ZPO Vor § 50 Rn. 57; BGH NJW 2007, 1753 f.). Bei gewillkürter Prozessstandschaft wird aber die für die Drittwiderklage erforderliche Konnexität zweifelhaft sein, weil mögliche Ansprüche des Beklagten gegen den materiellen Rechtsinhaber (zB die Bank) in der Regel nicht mit dem klageweise geltend gemachten Anspruch (zB einer Werklohnforderung) zusammenhängen dürften. Die Konnexität wird in derartigen Fällen aber durch eine gegenüber dem Kläger (primär oder hilfsweise) erklärte Aufrechnung mit einer Forderung gegen den materiellen Rechtsinhaber hergestellt, weil dann ja die Gegenforderung schon durch die Aufrechnung Teil des Rechtsstreits ist.

Fall: Der Kläger macht gegen den Beklagten eine begründete Werklohnforderung geltend, die er zuvor zur Sicherheit an die ABC-Bank abgetreten hat. Diese hat ihn, nachdem der Beklagte die Zahlung verweigert hat, zur Geltendmachung der Forderung im eigenen Namen bevollmächtigt.
Der Beklagte erklärt hilfsweise die Aufrechnung mit berechtigten Schadensersatzansprüchen aus einem eigenen Vertragsverhältnis mit der ABC-Bank, die den eingeklagten Anspruch übersteigen. Wegen des übersteigenden Betrages erhebt er Widerklage gegen die ABC-Bank, die ihrer Einbeziehung in den Rechtsstreit widerspricht.

Erörtern: Die Zulässigkeit des Auftretens in gewillkürter Prozessstandschaft:
Frühere Rechtsinhaberschaft, rechtliches Interesse am Auftreten in Prozessstandschaft, Bevollmächtigung durch den jetzigen materiellen Rechtsinhaber, grundsätzliche Abtretbarkeit des Anspruchs, keine Benachteiligung des Beklagten.
Die besonderen Zulässigkeitsvoraussetzungen einer isolierten Drittwiderklage: Sachdienlichkeit, keine Verletzung schutzwürdiger Interessen des Drittwiderbeklagten, Zulässigkeit der nachträglichen Parteierweiterung. »Sachdienlichkeit« erfordert mehr als Konnexität. Die zu erörternden Gegenstände von Klage und Widerklage müssen tatsächlich und rechtlich eng miteinander verknüpft sein.
Zulässigkeit von Hilfsaufrechnungen (kein Verstoß gegen § 253 II Nr. 2 ZPO, da die Begründung innerprozessual ist).
In der Begründetheit § 388 S. 2 BGB ansprechen (→ Rn. 322a), der der Wirksamkeit der Aufrechnungserklärung aus denselben Gründen nicht entgegensteht.

Formulierungsvorschlag:

Die Klage ist zulässig … (→ Rn. 354), aber unbegründet. Die Widerklage ist zulässig und begründet.
(Nach der Zulässigkeit der Klage folgen Ausführungen zum ursprünglichen Bestehen der Klageforderung.)
Dem Kläger stand der geltend gemachte Anspruch ursprünglich zu …
Die hilfsweise erklärte Aufrechnung hat zum Erlöschen der Klageforderung geführt.
Die hilfsweise erklärte Aufrechnung ist zulässig … (kein Verstoß gegen § 253 II Nr. 2 ZPO).
Sie ist auch begründet (kein Verstoß gegen § 388 S. 2 BGB). Die gem. § 389 BGB erforderliche Voraussetzung der Gegenseitigkeit der Forderungen liegt vor, da der Kläger eine Forderung der ABC-Bank einklagt und die Gegenforderung des Beklagten sich gegen die ABC-Bank richtet …
Die Widerklage in Gestalt einer sog. isolierten Drittwiderklage ist ebenfalls zulässig. Die örtliche Zuständigkeit des Gerichts folgt aus § 33 ZPO analog, der nach hRspr auf Drittwiderbeklagte Anwendung findet. Der Zulässigkeit der isolierten Drittwiderklage steht auch nicht das grundsätzliche Verbot entgegen, im Wege der Widerklage ausschließlich einen bislang nicht am Rechtsstreit beteiligten Dritten zu verklagen. Vom Grundsatz der Parteiidentität, nach dem zumindest auch die Hauptpartei widerbeklagt sein muss, macht die Rechtsprechung eine Ausnahme, wenn die zu erörternden Gegenstände von Klage und Drittwiderklage tatsächlich und rechtlich eng miteinander verknüpft sind, keine schutzwürdigen Interessen des Drittwiderbeklagten durch dessen Einbeziehung in den Rechtsstreit verletzt werden und die Voraussetzungen der nachträglichen Parteierweiterung vorliegen. Dies ist hier der Fall. Der innere Zusammenhang zwischen Klage und Widerklage liegt hier darin, dass die vom Beklagten geltend gemachte Gegenforderung sowohl den eingeklagten, abgetretenen Teil der Forderung als auch deren restlichen bei dem Widerbeklagten verbliebenen Teil betrifft. Da das angerufene Gericht den Bestand der Gegenforderung im Rahmen der Aufrechnung ohnehin prüfen muss, ist es sachdienlich, die Widerklage zuzulassen, bei der es um den Rest derselben Forderung geht. Dieser Umstand macht analog § 263 Alt. 2 ZPO auch die nachträgliche Parteierweiterung zulässig.
Die Widerklage ist auch begründet. Wie aus den obigen Ausführungen zum Erfolg der Aufrechnung folgt, steht dem Beklagten der geltend gemachte Anspruch zu …

e) Zwischenfeststellungswiderklage gem. § 256 II ZPO

459 **Fall:** Der Kläger macht aus einem Vertrag Ansprüche geltend und kündigt weitere Ansprüche an. Der Beklagte beantragt widerklagend festzustellen, dass kein Vertrag zustande gekommen sei.

Erörtern: Gegebenenfalls örtliche Zuständigkeit für die Widerklage gem. § 33 ZPO.
Feststellungsinteresse gem. § 256 II ZPO.

Beachte: Eine Zwischenfeststellungswiderklage ist zulässig, wenn das zu klärende Rechtsverhältnis vorgreiflich für die Hauptklage ist und in seiner Bedeutung über diese hinausgeht.

Formulierungsvorschlag:

Die Klage ist zulässig … Die Widerklage ist ebenfalls zulässig und …
(Nach den Ausführungen zur Zulässigkeit und Begründetheit der Klage:)

Die vom Beklagten erhobene Widerklage ist zulässig. Das angerufene Gericht ist auch zur Entscheidung über die Widerklage örtlich zuständig. Dies folgt aus § 33 ZPO, der für konnexe Widerklagen den Gerichtsstand des Gerichts der Klage bestimmt. Konnexität liegt vor, denn … (→ Rn. 458).
Nach § 256 II ZPO kann der Beklagte widerklagend die Feststellung eines im Laufe des Verfahrens streitig gewordenen Rechtsverhältnisses beantragen, von dessen Bestehen die Entscheidung des Rechtsstreits abhängt. Eine derartige Zwischenfeststellungswiderklage ist immer dann zulässig, wenn das Rechtsverhältnis, dessen Klärung der Beklagte begehrt, vorgreiflich für die Hauptklage ist und in seiner Bedeutung über deren Ergebnis hinausgeht. Diese Voraussetzungen sind vorliegend gegeben. Das Bestehen eines Vertrages ist für die Klage von Bedeutung. Das Begehren des Beklagten, feststellen zu lassen, dass kein Vertrag zustande gekommen sei, geht über das des Klägers, der noch weitere Ansprüche aus dem streitigen Vertrag angekündigt hat, hinaus.

f) Hilfswiderklage

Vorüberlegungen: 460

Die Erhebung der Widerklage kann von verschiedenen innerprozessualen Ereignissen abhängig gemacht werden, zB Erfolg der Klage in einer bestimmten Höhe oder grundsätzlicher Erfolg eines Antrages. Wenn die Bedingung eintritt, ist über die Widerklage zu entscheiden. Der anzusprechende Zulässigkeitsaspekt ist stets derselbe: keine Bedenken wegen Verstoßes gegen den Bestimmtheitsgrundsatz, § 253 II Nr. 2 ZPO, da es sich um eine innerprozessuale Bedingung handelt.

Wir beschränken uns hier auf die am häufigsten in Examensklausuren anzutreffende Kombination von Hilfsaufrechnung und Hilfswiderklage. Die Bedingung, die nur durch Auslegung des Begriffs »hilfsweise« zu ermitteln ist, lautet im Normalfall: Wenn über meine Gegenforderung nicht bei der Hilfsaufrechnung entschieden wird, möge das Gericht im Rahmen einer Widerklage darüber entscheiden. In Ihrer Klausur müssen Sie bei ursprünglich begründeter oder unbegründeter Klageforderung nur einmal inhaltlich über die Gegenforderung entscheiden, entweder bei der Aufrechnung oder im Rahmen der Widerklage. Nur wenn die Klage – isoliert betrachtet – teilweise begründet ist, müssen Sie über die Gegenforderung bei der Aufrechnung und über deren gegebenenfalls nicht durch die Aufrechnung erloschenen Rest im Rahmen der Widerklage entscheiden.

- Klage unbegründet: Entscheidung über die Gegenforderung im Rahmen der Hilfswiderklage, → Rn. 460a
- Klage begründet: Entscheidung über die Gegenforderung im Rahmen der Aufrechnung, → Rn. 460b
- Klage teilweise begründet: Entscheidung über die Gegenforderung im Rahmen der Aufrechnung und gegebenenfalls über den Rest im Rahmen der Hilfswiderklage, → Rn. 460c

Fall: Der Beklagte macht dieselbe Forderung, mit der er bereits hilfsweise die Aufrechnung erklärt hat, in demselben Rechtsstreit hilfsweise widerklagend geltend. Die Klageforderung scheitert bereits an den primär vorgebrachten Einwendungen des Beklagten. 460a

Erörtern: Örtliche Zuständigkeit für die Widerklage.
Keine Bedenken wegen Verstoßes gegen den Bestimmtheitsgrundsatz, § 253 II Nr. 2 ZPO, da die Bedingung innerprozessual ist.
Keine anderweitige Rechtshängigkeit der Forderung durch die Hilfsaufrechnung gem. § 261 III Nr. 1 ZPO, da die Aufrechnung keine Rechtshängigkeit begründet.
Konnexität der Widerklage durch die Hilfsaufrechnung.

Beachte: Wenn die Klage bereits an den primären Einwendungen des Beklagten scheitert, erwähnen Sie die Hilfsaufrechnung in Ihren Entscheidungsgründen mit keinem Wort, sondern kommen nach den Ausführungen zur Unbegründetheit der Klage sofort zur Zulässigkeit und Begründetheit der Widerklage.

Formulierungsvorschlag:

(Nach den Ausführungen zur Zulässigkeit und Unbegründetheit der Klage kommen Sie direkt zur Hilfswiderklage:)

Die vom Beklagten hilfsweise erhobene Widerklage ist zulässig und … / aber nicht …
Die örtliche Zuständigkeit für die Widerklage folgt aus … Der Umstand, dass die Widerklage unter einer Bedingung erhoben worden ist, ist als Ausnahme von dem § 253 II Nr. 2 ZPO zu entnehmenden Grundsatz der Bedingungsfeindlichkeit von Anträgen zulässig. Die Bedingung ist ein innerprozessuales Ereignis, da die Erfolglosigkeit der Klage und damit das Scheitern des Aufrechnungseinwandes allein von der Entscheidung des erkennenden Gerichts abhängt und keine Rechtsunsicherheit bewirkt, wie sie § 253 II Nr. 2 ZPO verhindern soll.
Die Tatsache, dass der Beklagte mit dem hilfsweise widerklagend erhobenen Anspruch gleichzeitig hilfsweise die Aufrechnung erklärt hat, steht der Erhebung der Widerklage auch nicht aus dem Gesichtspunkt der anderweitigen Rechtshängigkeit gem. § 261 III Nr. 1 ZPO entgegen. Durch die im Prozess erklärte hilfsweise Aufrechnung wird dieser Anspruch nämlich nicht rechtshängig.
Da die Widerklage durch die Hilfsaufrechnung Teil des Rechtsstreits und damit konnex ist, kann es dahinstehen, ob Konnexität grundsätzlich eine besondere Sachurteilsvoraussetzung von Widerklagen ist (so die Rspr.) oder ob § 33 ZPO lediglich die besondere örtliche Zuständigkeit von konnexen Widerklagen regelt (so die Lit.), da beide Ansichten hier zu demselben Ergebnis kommen.
Auch die weiteren Zulässigkeitskriterien Parteiidentität und das allgemeine Rechtsschutzbedürfnis liegen vor.
Die Widerklage ist auch begründet …

460b **Fall:** Der Beklagte macht dieselbe Forderung, mit der er bereits hilfsweise die Aufrechnung erklärt hat, in demselben Rechtsstreit hilfsweise widerklagend geltend. Die Klage ist schlüssig und – isoliert betrachtet – begründet. Die Gegenforderung besteht auch.

Erörtern: Zulässigkeit der Hilfsaufrechnung, § 253 II Nr. 2 ZPO und § 388 S. 2 BGB
Keine Bedenken wegen des Bestimmtheitsgrundsatzes, da die Bedingung innerprozessual ist.

Beachte: Wenn die Klage schlüssig ist und der Beklagte mit seinem primären Verteidigungsvorbringen scheitert, entscheiden Sie in diesen Fällen nur über die Hilfsaufrechnung. Sie müssen vor den Ausführungen zur Begründetheit der Gegenforderung noch ansprechen, dass weder § 253 II Nr. 2 ZPO noch § 388 S. 2 BGB – letztere Norm wird häufig vergessen – der Wirksamkeit der Aufrechnungserklärung nicht entgegensteht, da die Bedingung innerprozessual ist.
Unabhängig davon, ob die Gegenforderung besteht, kommen Sie dann nicht mehr zur Widerklage, da die Bedingung für die Entscheidungsbefugnis des Gerichts (wenn über meine Hilfsaufrechnung nicht entschieden wird) nicht eingetreten ist.

Achten Sie bei der Darstellung **des** Erfolgs der Aufrechnung auf die richtige Zeitform:

Dem Beklagten **stand** die Gegenforderung zu …

Formulierungsvorschlag:

(Nach den Ausführungen zur Zulässigkeit und Unbegründetheit der Klage kommen Sie zur Hilfsaufrechnung:)
Die dem Kläger ursprünglich zustehende Forderung ist durch die vom Beklagten wirksam erklärte Aufrechnung gem. § 389 BGB erloschen.
Es bestehen keine Bedenken gegen die Zulässigkeit der unter der Bedingung des Scheiterns der primären Einwendungen gegen die Klage erklärten Aufrechnung. Der § 253 II Nr. 2 ZPO zu entnehmende Grundsatz, dass alle Prozesshandlungen bedingungsfeindlich sind, gilt nicht für innerprozessuale Bedingungen, weil sie keine Unsicherheit in den Prozess bringen. Denn durch die eigene Entscheidung des Gerichts steht fest, ob die Bedingung eingetreten ist oder nicht.
Aus demselben Grund steht auch § 388 S. 2 BGB der Wirksamkeit der Aufrechnungserklärung nicht entgegen.
(Los geht's mit der ursprünglichen Begründetheit der Gegenforderung, wobei die Hilfswiderklage mit keinem Wort erwähnt wird:)
Dem Beklagten stand die zur Aufrechnung gestellte Forderung zu…

Eine Besonderheit ergibt sich, wenn die Klageforderung teilweise begründet war und nach der Hilfsaufrechnung des Beklagten von dessen Gegenforderung noch ein Teil übriggeblieben ist, er aber mit seiner Hilfswiderklage – wie immer – den vollen Betrag seiner Gegenforderung geltend gemacht hat. Hier bietet folgende Argumentation an: **460c**

Die Annahme, dass die Bedingung für die Entscheidungsbefugnis des Gerichts über die Hilfswiderklage nicht eingetreten ist, weil der Antrag ja auf Zuerkennung der gesamten Gegenforderung lautet, würde unberücksichtigt lassen, dass Anträge im Lichte des vermutlich wirklichen Willens des Antragstellers zu verstehen und gegebenenfalls analog §§ 133, 157 BGB auszulegen sind. Deshalb sollten Sie darlegen, dass in dem Antrag »Wenn meine Aufrechnung nicht zum Zuge kommt, will ich meine gesamte Gegenforderung zuerkannt bekommen« als Minus iSv 308 II ZPO unausgesprochen enthalten ist »oder jedenfalls so viel, wie mir bei einem Teilerfolg der Klage von meiner Gegenforderung noch zusteht«. Bei jeder Zuvielforderung eines Klägers ist diese Sichtweise ja auch eine Selbstverständlichkeit.

Bei dieser Lösung bleibt dann die Frage, welche Auswirkung die Zuerkennung des Differenzbetrages zwischen geforderter Gesamtsumme und zuerkanntem Rest auf den Hauptsachetenor, den Gebührenstreitwert und die Kostenentscheidung hat.

Der Streitwert ist in jedem Fall gleich. Bei angenommenen Einzelstreitwerten von Klage und Gegenforderung von jeweils 10.000 EUR beträgt der Streitwert immer 20.000 EUR. Wenn die Klageforderung schon ohne Berücksichtigung der Aufrechnung scheitert, folgt das aus § 45 I GKG, wenn die Aufrechnung voll oder gar nicht greift, aus § 45 III GKG und bei einem Teilerfolg aus der Kombination der beiden Vorschriften.

Eine Teilabweisung der Widerklage kommt hier auch nicht in Betracht, weil der Beklagte durch die Auslegung der Bedingung »hilfsweise« und die daraus resultierende Folge für den Antrag, der damit als »in der nach einem etwaigen Teilerfolg der Aufrechnung sich ergebenden Höhe« gestellt anzusehen ist, nicht unterliegt.

Bei der Kostenentscheidung müssen Sie sich wie immer fragen, wer vom Gebührenstreitwert wieviel verloren hat. Wenn die Klage im obigen Beispiel isoliert betrachtet iHv 5.000 begründet war, ergibt sich bei dem Gesamtstreitwert von 20.000 EUR gem. § 45 III GKG eine Unterliegensquote des Klägers von 15.000 EUR und damit eine Kostenquote von 75% Kläger und 25% Beklagter.

Diese Klausurkonstellation erfordert von Ihnen eine Kombination der Argumentationen der beiden vorangegangenen Fälle:

Fall: Der Beklagte macht dieselbe Forderung, mit der er hilfsweise die Aufrechnung erklärt hat, in demselben Rechtsstreit hilfsweise widerklagend geltend. Isoliert betrachtet ist die Klageforderung zur Hälfte und die gleichhohe Gegenforderung in vollem Umfang begründet.

Erörtern: Zulässigkeit der Hilfsaufrechnung, § 253 II Nr. 2 ZPO, § 388 S. 2 BGB.
Keine Bedenken wegen des Bestimmtheitsgrundsatzes, da Bedingung innerprozessual. Keine anderweitige Rechtshängigkeit der Forderung durch die Hilfsaufrechnung gem. § 261 III Nr. 1 ZPO, da Aufrechnungen keine Rechtshängigkeit begründen.
Örtliche Zuständigkeit für die Widerklage.
Auch bei der Widerklage keine Bedenken wegen § 253 II Nr. 2 ZPO, § 388 S. 2 BGB.
Parteiidentität und allg. Rechtsschutzbedürfnis.
Den Meinungsstreit zwischen Literatur und Rechtsprechung, ob § 33 ZPO nur die örtliche Zuständigkeit für konnexe Widerklagen regelt (so die Lit.) oder ob die Konnexität eine eigene Zulässigkeitsvoraussetzung von Widerklagen ist (so die Rspr.), können Sie kurz ansprechen, brauchen sich aber nicht zu entscheiden, denn die Widerklage ist nach beiden Ansichten zulässig, da die Konnexität vorliegt.
Auslegung des Widerklageantrags.

Beachte: Wenn die Klage schlüssig ist und der Beklagte mit seinem primären Verteidigungsvorbringen scheitert, entscheiden Sie nur über die Hilfsaufrechnung.

Wenn die Klage bereits an den primären Einwendungen scheitert, übergehen Sie die Hilfsaufrechnung und kommen nach den Ausführungen zur Unbegründetheit der Klage sofort zur Zulässigkeit und Begründetheit der Widerklage.
Hier haben Sie nun den Sonderfall, dass die Klageforderung – isoliert betrachtet – zur Hälfte begründet ist und Sie sich folglich zunächst in diesem Umfang im Rahmen der Hilfsaufrechnung mit der Gegenforderung auseinandersetzen müssen. Das eigentliche Problem taucht erst bei dem restlichen Betrag der Gegenforderung auf, der nicht durch die Aufrechnung erloschen ist. Über diesen Betrag müssen Sie im Rahmen der Hilfswiderklage entscheiden.

Formulierungsvorschlag:

(Nach den Ausführungen zur Zulässigkeit und zur ursprünglichen Begründetheit der Klage iHd Hälfte der Forderung kommen Sie zunächst zur Hilfsaufrechnung.)
Der dem Kläger ursprüglich zustehende Teil der Klageforderung ist durch die vom Beklagten wirksam erklärte Aufrechnung gem. § 389 BGB erloschen.
Es bestehen keine Bedenken gegen die Zulässigkeit der unter der Bedingung des Scheiterns der primären Einwendungen gegen die Klage erklärten Aufrechnung. Der § 253 II Nr. 2 ZPO zu entnehmende Grundsatz, dass alle Prozesshandlungen bedingungsfeindlich sind, gilt nicht für innerprozessuale Bedingungen, weil diese keine Unsicherheit in den Prozess bringen, die diese Norm verhindern will. Denn durch die eigene Entscheidung des Gerichts steht fest, ob die Bedingung eingetreten ist oder nicht.
Aus demselben Grund steht auch § 388 S. 2 BGB der Wirksamkeit der Aufrechnungserklärung nicht entgegen.
(Es folgen Ausführungen zum Bestehen der Gegenforderung, die nach der Wirkung der Aufrechnung gem. § 389 BGB mit dem rechnerischen Überschuss zugunsten des Beklagten enden.)
Über diesen Betrag war im Rahmen der Hilfswiderklage zu befinden.
Die vom Beklagten hilfsweise erhobene Hilfswiderklage ist zulässig und begründet.
Die örtliche Zuständigkeit des Gerichts für die Widerklage folgt aus …
Die oben bei der Hilfsaufrechnung angeführten Gründe für die Unschädlichkeit der Bedingung gelten auch für die Hilfswiderklage.
Die Tatsache, dass der Beklagte mit dem hilfsweise widerklagend erhobenen Anspruch gleichzeitig hilfsweise die Aufrechnung erklärt hat, steht der Zulässigkeit der Hilfswiderklage auch nicht aus dem Gesichtspunkt der anderweitigen Rechtshängigkeit gem. § 261 III Nr. 1 ZPO entgegen. Durch die im Prozess erklärte hilfsweise Aufrechnung wird dieser Anspruch nämlich nicht rechtshängig.
Da die Hilfswiderklage konnex ist, kann es dahinstehen, ob Konnexität grundsätzlich eine besondere Sachurteilsvoraussetzung von Widerklagen ist (so die Rspr.) oder ob § 33 ZPO lediglich die besondere örtliche Zuständigkeit von konnexen Widerklagen regelt (so die Lit.), da beide Ansichten hier zu demselben Ergebnis kommen. Die Konnexität folgt daraus, dass die Gegenforderung gleichzeitig hilfsweise zur Aufrechnung gestellt worden ist. Darin liegt der erforderliche innerlich zusammengehörige Lebenssachverhalt zwischen Klage und Widerklage.

Auch die weiteren Zulässigkeitskriterien Parteiidentität und das allgemeine Rechtsschutzbedürfnis liegen vor.
Die Voraussetzung für die Entscheidungsbefugnis des Gerichts über die Hilfswiderklage ist auch gegeben, weil die vom Beklagten gesetzte Bedingung eingetreten ist.
Dem Antrag des Beklagten, der auf Zuerkennung der gesamten Gegenforderung lautet, ist bei verständiger Würdigung nicht zu entnehmen, dass die Bedingung nur bei einer völlig unbegründeten Klage eingetreten ist. Anträge sind analog §§ 133, 157 BGB im Lichte des vermutlich wirklichen Willens des Antragstellers zu verstehen und gegebenenfalls auszulegen. Nach diesem anerkannten Grundsatz ist in dem Antrag auf hilfsweise Verurteilung zur gesamten geltend gemachten Gegenforderung im Rahmen einer Hilfswiderklage als Minus iSv 308 II ZPO unausgesprochen enthalten, dass der Beklagte jedenfalls so viel verlangt, wie ihm auch bei einem Teilerfolg der Klage von seiner Gegenforderung noch zusteht. Bei jeder Zuvielforderung eines Klägers ist diese Sichtweise ja auch eine Selbstverständlichkeit.

Die Widerklage ist auch, wie aus den obigen Ausführungen zum Bestehen der Gegenforderung folgt, in Höhe des Rests der Forderung begründet …

g) Hilfswiderklage und unbedingte Widerklage

Wenn die Gegenforderung höher ist als die Klageforderung, kann der Beklagte den die Klageforderung übersteigenden Betrag zusätzlich noch im Wege einer unbedingten Widerklage geltend machen. In diesen Fällen müssen Sie immer zur Widerklage Stellung nehmen, da diese zum Teil ja unbedingt erhoben worden ist. Wenn Sie Ausführungen zur Gegenforderung schon im Rahmen der Hilfsaufrechnung gemacht haben, können Sie verweisen. Wenn die Klage allerdings ohne Entscheidung über die Hilfsaufrechnung scheitert, müssen Sie die Begründetheit oder Unbegründetheit der gesamten Gegenforderung im Rahmen der dann zusammengefasst dargestellten beiden Widerklagen darlegen. **461**

Das sind die relevantesten Konstellationen:

- Klage begründet, Gegenforderung begründet: Entscheidung über Gegenforderung im Rahmen der Aufrechnung + unbedingte Widerklage
  Ergebnis: Klage abweisen, unbedingte Widerklage zusprechen, Verweisung auf Aufrechnung
- Klage begründet, Gegenforderung unbegründet: Entscheidung über die Gegenforderung im Rahmen der Aufrechnung + unbedingte Widerklage
  Ergebnis: Klage zusprechen, unbedingte Widerklage abweisen, Verweisung auf Aufrechnung
- Klage unbegründet, Gegenforderung begründet: Entscheidung im Rahmen der beiden Widerklagen – zusammengefasst
  Ergebnis: Klage abweisen, beide Widerklagen zusprechen mit Begründung
- Klage unbegründet, Gegenforderung unbegründet: Entscheidung im Rahmen der beiden Widerklagen – zusammengefasst
  Ergebnis: Klage abweisen, Gegenforderung zusammengefasst im Rahmen der beiden Widerklagen abweisen
- Klage begründet, Gegenforderung nur in Höhe der Klageforderung begründet: Entscheidung im Rahmen der Aufrechnung + Widerklage
  Ergebnis: Klage und unbedingte Widerklage abweisen, Verweisung auf Aufrechnung

Hier die Standardfälle:

1. Fall: Der Beklagte macht die Forderung, mit der er bereits hilfsweise die Aufrechnung erklärt hat, in demselben Rechtsstreit hilfsweise widerklagend geltend. Da seine Forderung höher ist als die Klageforderung, erhebt er in Höhe der Differenz auch noch unbedingte Widerklage. Die Klageforderung besteht nicht. **461a**

Erörtern: Örtliche Zuständigkeit für die Widerklage.
Parteiidentität, allg. Rechtsschutzbedürfnis.
Keine Bedenken wegen des Bestimmtheitsgrundsatzes gem. § 253 II Nr. 2 ZPO.
Keine anderweitige Rechtshängigkeit der Forderung durch die Hilfsaufrechnung gem. § 261 III Nr. 1 ZPO, da Aufrechnungen keine Rechtshängigkeit begründen.
Konnexität zwischen Widerklage und Verteidigungsvorbringen des Beklagten.

Beachte: Wegen des Scheiterns der Klage kein Wort zur Aufrechnung.
Beide Widerklagen zusammen abhandeln.
Den Meinungsstreit zwischen Literatur und Rechtsprechung, ob § 33 ZPO nur die örtliche Zuständigkeit für konnexe Widerklagen regelt (so die Lit.) oder ob die Konnexität eine eigene Zulässigkeitsvoraussetzung von Widerklagen ist (so die Rspr.), können Sie kurz ansprechen, brauchen sich aber nicht zu entscheiden, denn die Widerklage ist nach beiden Ansichten zulässig, da die Konnexität vorliegt.

Formulierungsvorschlag:

Die Klage ist zulässig, aber unbegründet.
(Nach Abhandlung der Zulässigkeit und Unbegründetheit der Klage verlieren Sie kein Wort zur Aufrechnung, es geht gleich zu den beiden Widerklagen:)

Die beiden Widerklagen sind zulässig und begründet/aber nicht begründet.
Der Umstand, dass die Hilfswiderklage unter einer Bedingung erhoben worden ist, ist als Ausnahme von dem in § 253 II Nr. 2 ZPO niedergelegten Grundsatz der Bedingungsfeindlichkeit von Anträgen unbedenklich. Die Bedingung ist ein innerprozessuales Ereignis, da die Erfolglosigkeit der Klage und damit das Scheitern des Aufrechnungseinwandes allein von der Entscheidung des erkennenden Gerichts abhängt und keine Rechtsunsicherheit bewirkt, wie sie § 253 II Nr. 2 ZPO verhindern soll.
Da die Widerklage konnex ist, kann es dahinstehen, ob Konnexität grundsätzlich eine besondere Sachurteilsvoraussetzung von Widerklagen ist (so die Rspr.) oder ob § 33 ZPO lediglich die besondere örtliche Zuständigkeit von konnexen Widerklagen regelt (so die Lit.), da beide Ansichten hier zu demselben Ergebnis kommen. Die Konnexität folgt hier daraus, dass ein Teil der Gegenforderung gleichzeitig hilfsweise zur Aufrechnung gestellt worden ist. Darin liegt der erforderliche innerlich zusammengehörige Lebenssachverhalt zwischen Klage und Widerklagen.
Auch die weiteren Zulässigkeitskriterien Parteiidentität und das allgemeine Rechtsschutzbedürfnis liegen vor.
Die Tatsache, dass der Beklagte mit dem widerklagend erhobenen Anspruch gleichzeitig die Hilfsaufrechnung erklärt hat, steht der Zulässigkeit der Widerklage auch nicht aus dem Gesichtspunkt der anderweitigen Rechtshängigkeit gem. § 261 III Nr. 1 ZPO entgegen. Durch die im Prozess erklärte hilfsweise Aufrechnung wird dieser Anspruch nämlich nicht rechtshängig.
Der mit den beiden Widerklagen geltend gemachte Anspruch ist begründet/nicht begründet …
(Es folgen die materiell-rechtlichen Ausführungen zur Gegenforderung.)

461b **2. Fall:** Der Beklagte macht die Forderung, mit der er bereits hilfsweise die Aufrechnung erklärt hat, in demselben Rechtsstreit hilfsweise widerklagend geltend. Da seine Forderung höher ist als die Klageforderung, erhebt er in Höhe der Differenz auch noch unbedingte Widerklage. Die Klageforderung bestand ursprünglich, die Gegenforderung auch.

Erörtern: Zulässigkeit der Hilfsaufrechnung, § 253 II Nr. 2 ZPO, § 388 S. 2 BGB.
Keine Bedenken wegen des Bestimmtheitsgrundsatzes, da Bedingung innerprozessual. Örtliche Zuständigkeit für die unbedingte Widerklage.
Parteiidentität und allg. Rechtsschutzbedürfnis.
Den Meinungsstreit zwischen Literatur und Rechtsprechung, ob § 33 ZPO nur die örtliche Zuständigkeit für konnexe Widerklagen regelt (so die Lit.) oder ob die Konnexität eine eigene Zulässigkeitsvoraussetzung von Widerklagen ist (so die Rspr.), können Sie kurz ansprechen, brauchen sich aber nicht zu entscheiden, denn die Widerklage ist nach beiden Ansichten zulässig, da die Konnexität vorliegt.

Beachte: Wegen der Entscheidung über die Hilfsaufrechnung kein Wort zur Hilfswiderklage.
Bei Begründetheit der unbedingten Widerklage auf Aufrechnung verweisen.

Formulierungsvorschlag:

Die Klage ist zulässig, aber unbegründet, die Widerklage ist zulässig und begründet.
(Nach Abhandlung der Zulässigkeit der Klage und des ursprünglichen Bestehens der Klageforderung:)
Die Klageforderung ist jedoch durch die vom Beklagten wirksam erklärte Aufrechnung gem. § 389 BGB erloschen.
Es bestehen keine Bedenken gegen die Zulässigkeit der unter der Bedingung des Scheiterns der primären Einwendungen gegen die Klage erklärten Aufrechnung. Der § 253 II Nr. 2 ZPO zu entnehmende Grundsatz, dass alle Prozesshandlungen bedingungsfeindlich sind, gilt nicht für innerprozessuale Bedingungen, weil sie keine Unsicherheit in den Prozess bringen, die das Bestimmtheitsgebot der Norm verhindern will. Denn durch die eigene Entscheidung des Gerichts steht fest, ob die Bedingung eingetreten ist oder nicht.
Aus demselben Grund steht auch § 388 S. 2 BGB der Wirksamkeit der Aufrechnungserklärung nicht entgegen.

(Es folgt die Darlegung der Begründetheit der Gegenforderung. Anschließend gehen Sie sofort zur unbedingten Widerklage über. Die Hilfswiderklage erwähnen Sie mit keinem Wort, da die Bedingung für die Entscheidungsbefugnis – das Scheitern der Aufrechnung – ja nicht eingetreten ist.)
Die Widerklage betreffend den nicht durch Aufrechnung erloschenen Rest der Gegenforderung ist zulässig und begründet.
Da die Widerklage konnex ist, kann es dahinstehen, ob Konnexität grundsätzlich eine besondere Sachurteilsvoraussetzung von Widerklagen ist (so die Rspr.) oder ob § 33 ZPO lediglich die besondere örtliche Zuständigkeit von konnexen Widerklagen regelt (so die Lit.), da beide Ansichten hier zu demselben Ergebnis kommen. Die Konnexität folgt daraus, dass die mit der Widerklage geltend gemachte Forderung gleichzeitig hilfsweise zur Aufrechnung gestellt worden und damit Teil des Rechtsstreits ist. Darin liegt der erforderliche innerlich zusammengehörige Lebenssachverhalt zwischen Klage und Widerklage.
Auch die weiteren Zulässigkeitskriterien Parteiidentität und das allgemeine Rechtsschutzbedürfnis liegen vor.
Die unbedingte Widerklage ist auch begründet.
(Es folgt ein Satz zu der Begründetheit der Gegenforderung durch den Verweis nach oben auf die Ausführungen zur Aufrechnung:)
Der mit der unbedingten Widerklage geltend gemachte Anspruch ist, wie aus den obigen Ausführungen zur Hilfsaufrechnung folgt, auch begründet.
Der Zinsanspruch folgt aus ...
Die Kostenentscheidung ergibt sich aus, die vorläufige Vollstreckbarkeit aus ...

h) Petitorische Widerklage

Vorüberlegungen: 462

Petitorische Widerklagen sind solche, bei denen sich der Beklagte mit Ansprüchen aus Eigentum gegen eine Besitzschutzklage zur Wehr setzt. Es geht in der Regel um die schuldrechtlichen Standardprobleme, die Schwierigkeit besteht im besonderen Aufbau der Entscheidungsgründe. Weil der Erfolg der Klage, anders als es § 863 BGB vermuten lässt, wegen § 864 II BGB analog grundsätzlich von dem Erfolg der Widerklage abhängt, sind die Zulässigkeit und Begründetheit einer erfolgreichen petitorischen Widerklage vor der dann fehlenden Begründetheit der Klage darzustellen. Letztere ist in dieser Konstellation mit einem Satz abgehandelt: Infolge der Begründetheit der Widerklage ist die Klageforderung analog § 864 II BGB erloschen.

Fall: Der Beklagte hat dem Kläger eine Sache verkauft und geliefert. Wegen Zahlungsverzuges erklärt der Beklagte den Rücktritt und verlangt die Sache heraus. Der Kläger weigert sich. Der Beklagte nimmt die Sache dem Kläger gegen dessen Willen weg. Der Kläger beruft sich auf § 861 I BGB und verlangt die Herausgabe der Sache. Er bestreitet den vom Beklagten behaupteten Eigentumsvorbehalt und beruft sich auf sein Besitzrecht. Daraufhin beantragt der Beklagte widerklagend, sein Eigentum und das fehlende Besitzrecht des Klägers festzustellen. Der Beklagte hat Recht.

Erörtern: Sachliche und örtliche Zuständigkeit.
Feststellungsinteresse gem. § 256 ZPO.
§ 863 BGB steht der Zulässigkeit analog § 864 II BGB nicht entgegen.
Den Meinungsstreit zwischen Literatur und Rechtsprechung, ob § 33 ZPO nur die örtliche Zuständigkeit für konnexe Widerklagen regelt (so die Lit.) oder ob die Konnexität eine eigene Zulässigkeitsvoraussetzung von Widerklagen ist (so die Rspr.), können Sie kurz ansprechen, brauchen sich aber nicht zu entscheiden, denn die Widerklage ist nach beiden Ansichten zulässig, da die Konnexität vorliegt.

Beachte: Die Entscheidungsgründe sind bei erfolgreichen petitorischen Widerklagen anders als bei normalen Widerklagen aufgebaut. Die Zulässigkeit und Begründetheit einer begründeten petitorischen Widerklage sind vor der Begründetheit der Klage abzuhandeln, weil deren Schicksal grundsätzlich von dem Erfolg der Widerklage abhängt, was aus § 864 II BGB analog folgt.

Formulierungsvorschlag:

Die zulässige Klage ist unbegründet, weil die Widerklage zulässig und begründet ist.
(Es folgen Ausführungen zur Zulässigkeit der Klage.)
Da Klage und Widerklage zur Entscheidung reif sind, folgt aus der Begründetheit der Widerklage die Unbegründetheit der Klage. Dies ergibt sich bei sog. petitorischen Widerklagen, mit denen der Beklagte sein Eigentumsrecht geltend macht, aus der analogen Anwendung von § 864 II BGB. Diese Vorschrift regelt, dass ein auf verbotene Eigenmacht gestützter Anspruch erlischt, wenn durch rechtskräftiges Urteil festgestellt wird, dass dem Täter ein Recht an der Sache zusteht, vermöge dessen er die Herstellung eines seiner Handlungsweise entsprechenden Besitzstandes verlangen kann.
Wenn sich aber – wie vorliegend – der Beklagte noch nicht auf ein rechtskräftiges Urteil berufen kann, seine entscheidungsreife Widerklage aber begründet ist, müsste der Kläger bei Erfolg von Klage und Widerklage, sobald er seinen titulierten Anspruch aus § 861 I BGB durchsetzen wollte, die Sache sofort wieder an den Beklagten herausgeben.
Da der Gesetzgeber dieses sinnlose Hin und Her durch § 864 II BGB ausschließen wollte, der vorliegende vergleichbare Fall aber von der Norm nicht erfasst wird, liegt erkennbar eine planwidrige Regelungslücke vor, die nur durch eine analoge Anwendung der Vorschrift sachgerecht geschlossen werden kann.
Die Widerklage ist zulässig. Da die Widerklage konnex ist – die Parteien streiten um Rechte an derselben Sache –, kann es dahinstehen, ob Konnexität grundsätzlich eine besondere Sachurteilsvoraussetzung von Widerklagen ist (so die Rspr.) oder ob § 33 ZPO lediglich die besondere örtliche Zuständigkeit von konnexen Widerklagen regelt (so die Lit.), da beide Ansichten hier zu demselben Ergebnis kommen.
Die sachliche Zuständigkeit des angerufenen Gerichts folgt aus ..., die örtliche aus ...
Das gem. § 256 I ZPO für begründete Feststellungsklagen erforderliche rechtliche Interesse besteht, weil der Beklagte durch den Erfolg seiner Feststellungsklage den Klageanspruch zu Fall bringen kann.
Auch § 863 BGB steht der Zulässigkeit der Widerklage nicht entgegen. Der Sinn und Zweck dieser Vorschrift, dem Kläger eine möglichst zügige Durchsetzung seines auf verbotene Eigenmacht gestützten Anspruchs zu ermöglichen, wird grundsätzlich nicht durch eine petitorische Widerklage vereitelt. Ist diese entscheidungsreif, gebietet der Rechtsgedanke von § 864 II BGB ihre Zulässigkeit, andernfalls ist dem Kläger mit einem klagezusprechenden Teilurteil geholfen.
Die Widerklage ist auch begründet. Der Beklagte ist Eigentümer der Sache ...

Im Anschluss an die Ausführungen zur Begründetheit der Widerklage folgt

- bei einer offensichtlich vorliegenden verbotenen Eigenmacht des Beklagten:

  Die Klage ist unbegründet, weil der auf verbotene Eigenmacht gestützte Anspruch des Klägers – wie oben dargestellt – wegen des Erfolges der Widerklage gem. § 864 II BGB analog erloschen ist.

- bei zweifelhafter oder streitiger verbotener Eigenmacht des Beklagten:

  Es kann dahinstehen, ob der Kläger mit seinen Behauptungen zur verbotenen Eigenmacht des Beklagten Recht hat, weil seine Klage in jedem Fall unbegründet ist. Ohne Nachweis einer verbotenen Eigenmacht des Beklagten hat der Herausgabeanspruch nie bestanden oder er ist – wie oben dargestellt – wegen des Erfolges der Widerklage gem. § 864 II BGB analog erloschen.
  Die prozessualen Nebenentscheidungen beruhen auf §§ ...

Wenn die petitorische Widerklage keinen Erfolg hat, bleibt es bei dem üblichen Aufbau, dh zunächst die Klage, danach die Widerklage.

16. Verfahren nach Einspruch

a) Gegen einen Vollstreckungsbescheid

463 **Vorüberlegungen:**

In Ihrer Examensklausur wird der Einspruch statthaft und rechtzeitig sein, damit Sie zu der materiellen Rechtslage kommen. Notfalls wird ein begründetes Wiedereinsetzungsgesuch helfen (→ Rn. 464). Denken Sie auch daran, dass ein rechtzeitiger Widerspruch analog § 694 II ZPO als Einspruch zu werten ist, wenn gleichwohl versehentlich ein Vollstreckungsbescheid ergangen ist.

Fall: Der Kläger erwirkt einen Mahnbescheid, der Beklagte legt rechtzeitig Widerspruch ein. Durch Verzögerungen im Postlauf des Gerichts wird der Widerspruch aber verspätet vorgelegt. Es ist bereits ein Vollstreckungsbescheid ergangen.

Erörtern: Der Widerspruch ist analog § 694 II ZPO als rechtzeitiger Einspruch zu werten.

Beachte: Im Tenor muss ein Vollstreckungsbescheid wie ein Versäumnisurteil je nach Verfahrensausgang aufrechterhalten oder aufgehoben werden. Im Tatbestand müssen Sie den Teil der Prozessgeschichte, der den Vollstreckungsbescheid betrifft, mit Daten vor den Anträgen bringen, weil diese sonst unverständlich sind.

Formulierungsvorschlag:

Der Widerspruch des Beklagten gegen den Mahnbescheid ist analog § 694 II ZPO als statthafter und rechtzeitiger Einspruch gegen den Vollstreckungsbescheid zu werten, der nicht mehr hätte erlassen werden dürfen, da der Widerspruch schon bei Gericht eingegangen war.
(Weiter geht es mit der Statthaftigkeit und Zulässigkeit des als Einspruch zu wertenden Widerspruchs, → Rn. 464.)

b) Gegen ein Versäumnisurteil

Vorüberlegungen: 464

Dies ist eine der beiden Konstellationen, bei denen im Examen ein VU eine Rolle spielt. Der Beklagte lässt die Frist zur Verteidigungsanzeige verstreichen oder er kommt nicht zum Verhandlungstermin. Daraufhin ergeht gegen ihn ein VU, gegen das er Einspruch einlegt. Diesen Fall stellen wir hier weiter unten dar.

In der anderen Konstellation ist einer von mehreren Beklagten, die einfache Streitgenossen sind, säumig. Dann haben Sie es in Ihrer Klausur nicht mit einem Einspruch zu tun, sondern mit dem Erlass eines Teilversäumnis- und Endurteils. Hier die Übersicht:

In welcher Form kommt ein VU in der Klausur in der Regel vor?

Urteil nach Einspruch gegen ein VU	**Urteil mit VU gegen einen einfachen Streitgenossen**
Klage Keine Verteidigungsanzeige oder Säumnis im Termin VU Einspruch Termin Ende Ihrer Klausurvorlage	Klage mit Erwiderung Ein Beklagter ist säumig im Termin Ende Ihrer Klausurvorlage
Ihre Aufgabe: Urteil mit Tenor gem. § 343 ZPO KE gegebenenfalls mit § 344 ZPO VV gegebenenfalls mit § 709 S. 3 ZPO Vor der Zulässigkeit § 341 ZPO	**Ihre Aufgabe:** Teilversäumnis- und Endurteil KE mit § 100 III ZPO VV mit § 708 Nr. 2 ZPO

Nun zu Klausuren mit einem Einspruch gegen ein bereits in Ihrer Vorlage enthaltenes VU:

Sie sollten in Examensklausuren bei Einsprüchen gegen Versäumnisurteile grundsätzlich von deren Zulässigkeit ausgehen. Bei später als zwei Wochen nach Zustellung an den Beklagten eingegangenen Einsprüchen müssen Sie, bevor Sie auf ein gegebenenfalls verführerisch angebotenes Wiedereinsetzungsgesuch eingehen, stets zunächst prüfen,

- ob sich das Fristende wegen § 222 II ZPO nicht verschoben hat,
- ob bei einem VU im schriftlichen Vorverfahren die Frist wegen späterer Zustellung an den Kläger gem. § 310 III ZPO nicht erst später zu laufen begonnen hat,
- ob die Frist nicht zu laufen begonnen hat, weil die Zustellung nicht ordnungsgemäß war (zB wegen Verstoßes gegen §§ 172, 87 I 2 ZPO).

Wenn Sie ein Wiedereinsetzungsgesuch bescheiden, das gar nicht erforderlich war, weil der Einspruch doch rechtzeitig eingelegt worden ist, erwecken Sie den Eindruck, Ihnen seien die vorstehend genannten Vorschriften unbekannt. Das kostet mehr als einen Notensprung …

aa) Rechtzeitiger Einspruch

464a **1. Fall:** Der Beklagte hat sich innerhalb der ihm nach § 276 ZPO gesetzten Frist nicht gemeldet. Gegen das daraufhin ergangene Versäumnisurteil hat er eine Woche nach Zustellung form- und fristgerecht Einspruch eingelegt.

Erörtern: Der Einspruch ist zulässig. Er ist gem. § 338 ZPO statthaft, in der Frist des § 339 ZPO eingelegt, und § 340 II ZPO ist beachtet worden.

Formulierungsvorschlag:

Der Einspruch des Beklagten gegen das Versäumnisurteil vom … ist statthaft und zulässig.
Er ist statthaft, denn das Urteil ist ein sog. echtes Versäumnisurteil, das aufgrund der entgegen § 276 I 1 und II ZPO nicht rechtzeitig eingegangenen Verteidigungsanzeige des Beklagten gem. § 331 III ZPO ergangen ist.
Der Einspruch ist auch zulässig. Das angerufene Gericht ist nach § 340 I ZPO zuständig, da es das Versäumnisurteil erlassen hat. Ferner sind auch durch die Bezeichnung des Versäumnisurteils und die Erklärung, dass Einspruch eingelegt werde, die Voraussetzungen von § 340 II ZPO gewahrt.
Durch Einreichung des Einspruchs am … hat der Beklagte auch die zweiwöchige Einspruchsfrist gem. § 339 ZPO eingehalten.
Der statthafte und zulässige Einspruch hat den Prozess gem. § 342 ZPO in die Lage zurückversetzt, in der er vor der Säumnis des Beklagten war.
(Jetzt geht es »normal« mit der Zulässigkeit der Klage weiter.)

464b **2. Fall:** Der Beklagte hat sich innerhalb der ihm nach § 276 ZPO gesetzten Frist nicht gemeldet. Das daraufhin gegen ihn ergangene Versäumnisurteil ist ihm am 2.5.2021 zugestellt worden, dem Kläger erst am 3.5.2021. Der Beklagte hat am 17.5.2021 Einspruch eingelegt.

Erörtern: Der Einspruch ist zulässig. Er ist gem. § 338 ZPO statthaft, § 340 ZPO ist auch beachtet worden. Entgegen dem ersten Anschein ist auch die zweiwöchige Frist des § 339 ZPO eingehalten, denn Fristbeginn war gem. § 310 III ZPO die letzte Zustellung am 3.5.2021.

Formulierungsvorschlag:

Der Einspruch des Beklagten gegen das Versäumnisurteil vom … ist statthaft und zulässig.
Er ist statthaft, denn (s. oben).
Der Einspruch ist auch zulässig (s. oben).
Durch Einreichung des Einspruchs am 17.5.2021 hat der Beklagte auch die zweiwöchige Einspruchsfrist gem. § 339 ZPO eingehalten. Gemäß § 310 III ZPO hat die Einspruchsfrist erst mit der letzten Zustellung zu laufen begonnen, hier also mit der Zustellung an den Kläger am 3.5.2021.
Der statthafte und zulässige Einspruch hat den Prozess gem. § 342 ZPO in die Lage zurückversetzt, in der er vor der Säumnis des Beklagten war.
(Jetzt geht es »normal« mit der Zulässigkeit der Klage weiter.)

bb) Verspäteter Einspruch mit Wiedereinsetzung in den vorigen Stand

Nur wenn der Einspruch sicher verfristet ist, prüfen Sie eine Wiedereinsetzung. 465

Dabei beachten Sie folgende Prüfungsreihenfolge:
(Zulässigkeit des Antrages)

- Statthaftigkeit, § 233 S. 1 ZPO
- Frist, § 234 ZPO
- Form, § 236 ZPO
- Zuständigkeit des Gerichts, § 237 ZPO

(Begründetheit des Antrages)

- Versäumung ohne Verschulden
- Ursächlichkeit
- Glaubhaftmachung

Fall: Der Einspruch des Beklagten ist verspätet. Er war bis nach Fristablauf urlaubsbedingt ortsabwesend und hat innerhalb einer Woche nach seiner Rückkehr Wiedereinsetzung beantragt, den Urlaub durch eidesstattliche Erklärung glaubhaft gemacht und Einspruch eingelegt.

Formulierungsvorschlag:

Der Einspruch des Beklagten gegen das Versäumnisurteil vom ... hat Erfolg/keinen Erfolg. Er ist statthaft, denn er richtet sich gegen ein sog. echtes Versäumnisurteil. Er ist auch zulässig, obwohl der Beklagte ihn nicht in der gem. § 339 I ZPO vorgeschriebenen zweiwöchigen Frist nach Zustellung des Versäumnisurteils eingelegt hat. Dem Beklagten ist nämlich gem. § 233 ZPO Wiedereinsetzung in den vorigen Stand zu gewähren, weil er ohne Verschulden verhindert war, die Einspruchsfrist, eine Notfrist, einzuhalten. Sein Antrag ist zulässig, denn er ist gem. § 234 I 1 ZPO frist- und gem. § 236 ZPO formgerecht bei dem gem. § 237 ZPO zuständigen Gericht eingelegt. Er ist auch begründet, weil der Beklagte urlaubsbedingt ortsabwesend und dadurch daran gehindert war, den Einspruch rechtzeitig einzulegen, was er durch Belege und eine eidesstattliche Erklärung auch glaubhaft gemacht hat.
Der Einspruch hat den Prozess gem. § 342 ZPO in die Lage zurückversetzt, in der er vor der Säumnis des Beklagten war.
Die Klage ist ...

Fall: Der Einspruch des Beklagten ist verspätet. Er hatte aber rechtzeitig seinen Prozessbevollmächtigten mit der Einlegung des Einspruchs beauftragt, dessen Personal hat die Frist versäumt. So lautet jedenfalls die eidesstattliche Versicherung der Anwaltsgehilfin. 466

Erörtern: Der Einspruch ist zulässig.
Zulässigkeit der Wiedereinsetzung gem. § 233 ZPO.
Keine Zurechnung des Verschuldens der Anwaltsgehilfin, § 85 II ZPO.

Formulierungsvorschlag:

Der Einspruch des Beklagten gegen das Versäumnisurteil vom ... ist statthaft und zulässig.
Er ist statthaft, denn er richtet sich gegen ein sog. echtes Versäumnisurteil.
Er ist auch zulässig, obwohl der Beklagte ihn nicht in der gem. § 339 I ZPO vorgeschriebenen zweiwöchigen Frist nach Zustellung des Versäumnisurteils eingelegt hat. Dem Beklagten ist nämlich gem. § 233 ZPO Wiedereinsetzung in den vorigen Stand zu gewähren, weil er ohne Verschulden verhindert war, die Einspruchsfrist, eine Notfrist, einzuhalten. Sein Antrag ist zulässig, denn er ist gem. § 234 I 1 ZPO frist- und gem. § 236 ZPO formgerecht bei dem gem. § 237 ZPO zuständigen Gericht eingelegt.
Das Wiedereinsetzungsgesuch ist auch begründet, weil der Beklagte die den Umständen entsprechende angemessene Sorgfalt gewahrt hat, als er seinen Prozessbevollmächtigten rechtzeitig mit der Einlegung des Einspruchs beauftragt hat. Der Umstand, dass eine der Angestellten des Prozessbevollmächtigten des Beklagten die Frist fahrlässig versäumt hat, ist gem. § 85 II ZPO dem Beklagten nicht zuzurechnen. Nach dieser Vorschrift steht nur ein Verschulden des Bevollmächtig-

ten dem Verschulden der Partei gleich. Der Prozessbevollmächtigte des Beklagten hat aber keine eigene Sorgfaltspflicht verletzt und ihm ist auch kein Organisationsverschulden vorzuwerfen. Die Anwaltsgehilfin hat nämlich durch eidesstattliche Versicherung glaubhaft dargelegt, dass sie rechtzeitig beauftragt war, Einspruch einzulegen und dies aufgrund eines in ihrer Person liegenden Umstandes fahrlässig versäumt hat. Da der Zivilprozessordnung eine Zurechnung für das Verschulden von Erfüllungsgehilfen, wie sie in § 278 BGB geregelt ist, fremd ist, muss sich weder der Prozessbevollmächtigte des Beklagten noch der Beklagte selbst das Verschulden der Anwaltsgehilfin zurechnen lassen.
Der Einspruch hat den Prozess gem. § 342 ZPO in die Lage zurückversetzt, in der er vor der Säumnis des Beklagten war.
Die Klage ist …

17. Exkurs: Der Antrag auf einstweilige Einstellung der Zwangsvollstreckung

467 Vor einiger Zeit war unseres Wissens zum ersten Mal im Zusammenhang mit dem Verfahren nach Einspruch gegen ein Versäumnisurteil ein Antrag auf einstweilige Einstellung der Zwangsvollstreckung gem. §§ 719 I, 707 ZPO Gegenstand einer Zivilgerichtsklausur.

Auf der Grundlage der Erfahrung, dass im Examen in der Regel zu begründende Sachentscheidungen gefordert werden, lag es auf der Hand, dass der Einspruch rechtzeitig sein musste. Denn nur bei einem rechtzeitigen Einspruch war der Einstellungsantrag inhaltlich zu bescheiden. Ein verspäteter Einspruch wäre unzulässig, das Versäumnisurteil rechtskräftig und damit der Antrag schon deswegen zurückzuweisen gewesen, ohne auf die Rechtslage inhaltlich einzugehen.

Bei einem rechtzeitigen Einspruch ist der Antrag begründet, wenn der Sachvortrag des Beklagten erheblich ist und zumindest den Weg zu einer Beweisaufnahme ebnet.

18. Exkurs: Die Fristen in der ZPO

468 **1. Fristenarten**

a) Ausschlussfristen: zB §§ 234 III, 320 II 3, 517 Hs. 2 ZPO

Es sind starre Fristen, die weder abgekürzt noch verlängert werden können.

b) Gesetzliche Fristen: Die Dauer legt das Gesetz fest (zB §§ 217, 274 III ZPO).

c) Richterliche Fristen: Das Gericht bestimmt die Frist (zB § 276 I 2, III ZPO).

d) Notfristen (§ 224 I 2 ZPO): Notfristen sind Fristen, die das Gesetz als solche bezeichnet.

Sie sind starr: Man kann sie weder abkürzen noch verlängern (vgl. § 224 ZPO).

e) Gewöhnliche (einfache) Fristen: Das sind alle Fristen, die weder Not- noch Ausschlussfristen sind.
- Abkürzung durch Parteivereinbarung möglich (§ 224 I 1 ZPO)
- Abkürzung und Verlängerung durch das Gericht nur auf Antrag (§ 224 II ZPO)
- Abkürzung gesetzlicher Fristen nur, wenn das Gesetz es erlaubt (zB §§ 224 II Hs. 2, 226 I ZPO)
- Verfahren der Friständerung: §§ 225, 226 ZPO

f) Anstelle der Gerichtsferien: § 227 III 1 ZPO

2. Fristbeginn

a) Fristauslösendes Ereignis

- Die **gesetzliche Frist** beginnt mit dem Ereignis, das im **Gesetz** genannt wird. (Zustellung: §§ 339 I Hs. 2, 517 Hs. 2, 569 I 2 ZPO oder Verkündung: §§ 320 II 3, 548 Hs. 2 ZPO)

- Der Lauf einer **richterlichen Frist** beginnt nach § 221 ZPO
  - an dem in der richterlichen Anordnung festgesetzten Zeitpunkt (selten),
  - mit der **Verkündung** der Entscheidung gem. § 329 I 1 ZPO,
  - bei Nichtverkündung mit der gem. § 329 II 2 ZPO notwendigen **Zustellung**.

  Beachte: Im Regelfall, also beim Fehlen einer richterlichen Bestimmung des Fristbeginns, sind für den Anfang der Frist Zustellung oder Verkündung maßgeblich.

b) **Wirksamkeit der Fristauslösung** (Ordnungsgemäße Zustellung beachten!)

3. **Fristdauer** (zB 2 Wochen gem. §§ 276 I 1 oder 339 I Hs. 1 ZPO, 1 Monat gem. § 517 ZPO)

4. **Fristberechnung**

a) Berechnet wird die Frist nach § 222 I ZPO iVm §§ 187–192 BGB.

Zu unterscheiden ist, ob die nach Zeitabschnitten (Tage, Wochen, Monate) bemessene Frist
- mit einem **bestimmten Ereignis** oder
- mit einem **bestimmen Tag** (= Tagesbeginn) anfangen soll.

Beginnt die Frist mit einem **Ereignis während des Tages** (zB Zustellung, Verkündung), so wird der angebrochene Tag **nicht mitgerechnet** (§ 187 I BGB). Das ist die Regel.

Beginnt die Frist mit dem **Tagesanfang** (zB § 234 II ZPO), so wird der **Anfangstag mitgerechnet** (§ 187 II BGB).

Den Fristablauf regelt § 188 BGB, insbesondere § 188 II BGB.

b) **Stundenfristen (zB § 604 II ZPO)**

Die Frist beginnt (soweit bei richterlichen Fristen nichts anderes festgelegt ist) mit Zustellung bzw. Verkündung und endet mit Ablauf der bestimmten Stundenzahl.
- Die angebrochene Stunde wird analog § 187 I BGB nicht mitgerechnet.
- In Stundenfristen werden nach § 222 III ZPO Samstage, Sonn- und Feiertage nicht eingerechnet.

c) **Tages- und Wochenfristen (zB §§ 217, 132 I, 339 I, 569 I ZPO)**

- Die **Fristberechnung** erfolgt im praktisch wichtigsten Fall des Fristbeginns durch **Zustellung** oder **Verkündung** (§ 187 I BGB) durch **Addition** der Zahl der Tage zum Zustellungs-/Verkündungstag (§ 188 I, II Alt. 1 BGB),
  - zB Zustellung 3.5., Fristdauer: zwei Wochen, Fristende: 3 + 14 = 17.5. (24:00 Uhr);
  - geht die Frist über das Monatsende, so ist von der Summe die Zahl der Tage des betreffenden Monats abzuziehen, zB Zustellung 20.5., Frist: zwei Wochen, Fristende: 20 + 14 = 34 – 31 = 3.6. (24:00 Uhr).
- Ist für den Anfang der Frist der **Beginn eines Tages** maßgebend (§ 187 II BGB), so wird dieser Tag mitgerechnet (§ 188 II Alt. 2 BGB), zB richterliche Frist, Fristdauer: 2 Wochen, Fristbeginn festgesetzt auf 2.5., Fristende: 15.5.

d) **Monatsfristen (zB §§ 517, 548 ZPO)**

- Die Monatsfrist endet grundsätzlich mit dem Ablauf des Tages, der seiner **Zahl** nach dem Zustellungs- oder Verkündungstag entspricht (§§ 187 I, 188 II Alt. 1 BGB), zB Zustellung 2.6., Fristende: 2.7. Bei Zustellung am 29./30./31.1. ist Fristende der 28.2., im Schaltjahr der 29.2. (§ 188 III BGB).
- Ist für den Anfang der **Beginn eines Tages** maßgebend (§ 187 II 1 BGB), endet die Frist mit Ablauf des Tages des letzten Monats, der dem Tage **vorhergeht**, der seiner Zahl nach dem Anfangstag der Frist entspricht (§ 188 II Alt. 2 BGB), zB richterliche Frist von zwei Monaten + Bestimmung, dass sie mit Beginn des 27.5. anfangen soll: Fristende: 26.7.

e) Das so errechnete Fristende ist wegen **§ 222 II ZPO** stets mit Hilfe eines Kalenders daraufhin zu prüfen, ob es nicht auf einen Samstag, Sonntag oder allgemeinen Feiertag fällt. Dann läuft die Frist nämlich erst am nächsten Werktag ab.

469 **5. Bei Fristversäumung gegebenenfalls Wiedereinsetzung in den vorigen Stand, §§ 233 ff. ZPO**

a) Zulässigkeit des Wiedereinsetzungsgesuchs:

- **Statthaftigkeit**
  Versäumung einer der in § 233 ZPO genannten Fristen (unter anderem Notfristen, Frist zur Begründung der Berufung, Revision, Nichtzulassungsbeschwerde, Rechtsbeschwerde und der Wiedereinsetzungsfrist nach § 234 ZPO)
- **Zuständigkeit**
  Gemäß § 237 ZPO ist das Gericht zuständig, dem die Entscheidung über die nachgeholte Prozesshandlung zusteht.
- **Form**
  - § 236 I ZPO (gleiche Form wie die versäumte Prozesshandlung)
  - § 236 II ZPO (Angabe und Glaubhaftmachung des Verhinderungsgrundes)
- **Frist:** § 234 ZPO (zwei Wochen nach Behebung des Hindernisses; Ausschlussfrist ein Jahr)

b) Begründetheit des Wiedereinsetzungsgesuchs:

- Überzeugender Verhinderungsgrund
- Ursächlichkeit des Verhinderungsgrundes für die Fristversäumung
- Kein Verschulden (§ 85 II ZPO bedenken! Das Verschulden des Prozessbevollmächtigten wird der Partei zugerechnet, nicht aber das Verschulden eines Büroangestellten des Prozessbevollmächtigten, vgl. → Rn. 465.)

470–474 Wenn der Beklagte die Frist zur Klageerwiderung versäumt und Wiedereinsetzung beantragt, ist das eine böse Falle. Das Problem regelt ausschließlich § 296 ZPO. Bei schuldhafter Säumnis ist der Beklagte mit seinem Tatsachenvortrag präkludiert, wenn dessen Berücksichtigung den Rechtsstreit verzögern würde, andernfalls wird er berücksichtigt, aber für eine Wiedereinsetzung ist hier kein Raum.

F. Fehlerwarnung

Im Folgenden finden Sie eine Aufstellung der »beliebtesten« Fehler in einer erstinstanzlichen zivilgerichtlichen Urteilsklausur.

I. Rubrum (→ Rn. 152 ff.)

- Die falsche Reihenfolge der »Essentialia« des Rubrums (richtig: *»hat ... durch ... auf ... für ...«*) 475
- Das Rubrum im schriftlichen Verfahren ist falsch.
  (richtig: *»hat ... durch ... im schriftlichen Verfahren mit Schriftsatzfrist bis zum ... für ...«*)
- Es wird ein Verkündungsvermerk angebracht, obwohl die Aufgabe in der Regel lautet: *»Entwerfen Sie die Entscheidung des Gerichts.«* Der Verkündungsvermerk ist aber keine Aufgabe des Gerichts, sondern der Geschäftsstelle.
- Es fehlt das Aktenzeichen.
- Es fehlt die Bezeichnung des Gerichts.
- Es fehlt bei Urteilen die Überschrift *»Im Namen des Volkes«*.
- Die Urteilsart ist falsch bezeichnet (zB Urteil statt Teilanerkenntnis- und Schlussurteil).
- Die Bezeichnung der Parteien ist unkorrekt oder unvollständig (es fehlt zB Kläger und Widerbeklagter oder Verfügungskläger bzw. Verfügungsbeklagter).
- Die Anschriften der Parteien oder der Parteivertreter fehlen.
- Die ohnehin überflüssigen Berufsbezeichnungen sind auch noch falsch, zB »Kaufmann« entgegen §§ 1 ff. HGB.
- Bei juristischen Personen fehlt die Angabe der Vertretungsberechtigten mit voller Anschrift.
- Es fehlt die Angabe beigetretener Streitgenossen mit voller Anschrift.
- Nicht beigetretene Streitgenossen werden überflüssigerweise aufgeführt.
- Bei Urteilen des Amtsgerichts wird die Abteilung angegeben.
- Bei Urteilen des Landgerichts fehlt die Bezeichnung der Kammer.
- Die Angabe der »erkennenden« Richter fehlt, ist unvollständig oder fehlerhaft. Es ist ratsam, die zutreffenden Amtsbezeichnungen anzuführen (Vorsitzender Richter am Landgericht, Richter am Landgericht, Richter bzw. die entsprechende weibliche Form).

II. Tenor (→ Rn. 159 ff.)

- Der Tenor hat keinen vollstreckungsfähigen Inhalt 476
  - Zinsen werden »ab Rechtshängigkeit« ohne genaue Datumsangabe zugesprochen,
  - es fehlt die genaue Angabe von herauszugebenden Sachen,
  - es fehlt die Angabe der Fahrgestellnummer des Pkw oder
  - es fehlt die genaue Grundstücksbezeichnung mit Band, Blatt usw.
- Bei unbegründeten Feststellungsklagen, vor allem bei fehlgeschlagenen einseitigen Erledigungserklärungen, wird falsch tenoriert: Es wird festgestellt, dass der Rechtsstreit nicht in der Hauptsache erledigt ist. Es muss aber wie bei jeder Klageabweisung lauten:

  > Die Klage wird abgewiesen.

- Die Teilabweisung fehlt, vor allem bei Minimalabweisungen wegen Zinsforderungen.
- Der Tenor nach vorangegangenen Versäumnisurteilen oder Vollstreckungsbescheiden ist fehlerhaft. Bei bestätigenden Urteilen wird der Hauptsacheausspruch wiederholt, anstatt das Versäumnisurteil aufrecht zu erhalten, bei ganz oder teilweise aufhebenden Urteilen wird die Klageabweisung vergessen. Bei der vorläufigen Vollstreckbarkeit wird § 709 S. 3 ZPO nicht beachtet.

- Die Kostenquote ist greifbar falsch, die Summe ergibt nicht 100%.
- Bei der Verlustquote wird die Streitwerterhöhung nach § 45 GKG nicht beachtet.
- Bei der vorläufigen Vollstreckbarkeit werden §§ 708 Nr. 11, 711 ZPO und § 709 S. 1 ZPO verwechselt.
- Es wird übersehen, dass auch der Beklagte einen Teil seiner Kosten vollstrecken kann und deshalb eine doppelte vorläufige Vollstreckbarkeit erforderlich ist.
- Es wird überflüssigerweise eine Entscheidung über den Antrag getroffen, die Sicherheit durch Bankbürgschaft leisten zu dürfen.
- Bei der Entscheidung über die vorläufige Vollstreckbarkeit gem. § 711 S. 2 iVm § 709 S. 2 ZPO analog wird tenoriert »... sofern der Kläger/Beklagte nicht vor der Vollstreckung Sicherheit in gleicher Höhe« leistet. Dabei wird übersehen, dass der Vollstreckende stets nur Sicherheit iHv 110% des jeweils zu vollstreckenden Betrages zu leisten hat, während der Vollstreckungsschuldner 110% des aufgrund des Urteils vollstreckbaren Betrages als Sicherheit leisten muss. Die Höhe der Sicherheitsleistung ist also nicht gleich.
- § 709 S. 2 ZPO wird angewandt, obwohl keine Geldforderung vollstreckt wird.
- § 709 S. 2 ZPO wird angewandt, obwohl mehrere Ansprüche vollstreckt werden können, von denen es sich nicht bei allen um Geldforderungen handelt.
- Bei Entscheidungen nach § 709 ZPO wird eine Abwendungsbefugnis ausgesprochen.
- Die Höhe der Sicherheitsleistung ist falsch berechnet:
  - Der Wert der Hauptsache ist nicht eingerechnet.
  - Die Zinsen werden vergessen.
  - Die außergerichtlichen Kosten werden falsch berechnet, weil § 45 GKG übersehen wird.
  - Beim Kläger werden die verauslagten Gerichtskosten vergessen.
  - Beim Beklagten werden die Gerichtskosten fälschlicherweise eingerechnet.
- § 713 ZPO wird als Einschränkung von § 711 ZPO übersehen.
- Die Entscheidung über besondere Vollstreckungsschutzanträge (§§ 710, 712 ZPO) wird vergessen.

III. Tatbestand (→ Rn. 23 ff.)

477
- Der Einleitungssatz fehlt, ist unvollständig, nichtssagend, irreführend oder sogar falsch.
- Es fehlt die Gewichtung. Das Unwesentliche wird genauso ausgebreitet wie das Wesentliche.
- Tatsachen werden durch unreflektierte Übernahme aus den Schriftsätzen unpräzise oder wertend wiedergegeben, zB:
  - »Der Beklagte ist zurückgetreten«, statt »... *er hat erklärt, er trete zurück.*«
  - »Der Beklagte hat rechtzeitig Einspruch eingelegt«, statt die relevanten Daten aufzuführen.
- § 184 GVG (»Die Gerichtssprache ist deutsch«) wird nicht beachtet.
- Der historische Aufbau wird ohne plausiblen Grund vernachlässigt.
- Es besteht mangelnde Kongruenz zwischen Tatbestand und Entscheidungsgründen.
- Die Vorlage wird fast vollständig abgeschrieben, ohne Überflüssiges wegzulassen.
- Von der Möglichkeit zu verweisen wird zu wenig oder zu viel Gebrauch gemacht.
- Die Verweisungen sind zu pauschal oder ohne genaue Angabe der Fundstelle.
- Das Unstreitige wird nicht in eine sinnvolle Reihenfolge gebracht.
- Das Streitige wird nicht streng vom Unstreitigen getrennt dargestellt.
- Es fehlt die klare Abgrenzung zwischen Rechtsansichten und Tatsachenbehauptungen.
- »Behaupten« und »meinen« werden verwechselt.
- Rechtsansichten der Parteien werden überflüssig lang ausgebreitet.
- Einfach Streitiges wird sowohl beim Kläger als auch beim Beklagten gebracht.
- Als Folge der Verwechslung der Darlegungs- und Beweislast wird einfach Streitiges bei der falschen Partei gebracht.
- Die indirekte Rede im streitigen Parteivorbringen wird nicht durchgehalten.
- Jeder Absatz wird erneut mit »der Kläger/der Beklagte behauptet weiter« oÄ eingeleitet.
- Anträge werden falsch wiedergegeben oder bereits rechtlich ausgelegt.

- Es wird nicht unterschieden zwischen angekündigten und gestellten Anträgen.
- Die Prozessgeschichte wird völlig weggelassen oder nicht an den richtigen Stellen wiedergegeben.
- Zuvor gestellte, geänderte Anträge werden nicht aufgeführt.
- Es werden überflüssige Teile der Anträge zu Kosten, vorläufiger Vollstreckbarkeit und der Art der Sicherheitsleistung aufgeführt.
- Fälle mit Aufrechnungen und Widerklagen werden falsch aufgebaut.
- Es werden unnötigerweise Repliken angeführt.
- Erst am Ende des Tatbestandes wird pauschal auf alle eingereichten Schriftsätze und Urkunden Bezug genommen, anstatt im Text an den passenden Stellen die Verweisung anzumerken.
- Der Hinweis auf eine durchgeführte Beweisaufnahme wird vergessen.

IV. Entscheidungsgründe (→ Rn. 232 ff.)

Zulässigkeit (→ Rn. 303 ff.) 478

- Obersätze fehlen, sind falsch formuliert oder stehen an der falschen Stelle.
- Der Normbezug fehlt, Gesetzesvorschriften werden nicht zitiert und es wird nicht normorientiert subsumiert.
- Die gegebenenfalls erforderliche Auslegung von Anträgen fehlt oder wird an der falschen Stelle gebracht. Sie gehört vor die Zulässigkeitserörterungen.
- Der Einleitungssatz steht im Widerspruch zum Tenor. Vor allem bei geringfügiger Teilabweisung liest man zB: »Die Klage ist begründet«, was vollständig begründet bedeutet. Es muss lauten:

  > Die Klage ist bis auf einen geringen Teil der Zinsforderung begründet.

- Die Zulässigkeit wird falsch aufgebaut, zB:
  - Zulässigkeitsaspekte, die den gesamten Rechtsstreit betreffen, müssen vor denjenigen dargestellt werden, die nur einzelne Anträge betreffen.
  - Die Zulässigkeit eines Hilfsantrages/einer Widerklage gehört vor die Erörterung der Begründetheit des Hilfsantrages/der Widerklage und nicht an den Anfang der Entscheidungsgründe.
- Es werden in der Zulässigkeit Leerformeln gebracht wie »Der Antrag entspricht den Anforderungen von § 253 ZPO« oder »Bedenken gegen die Zulässigkeit bestehen nicht«.
- Relevante Zulässigkeitsfragen werden nicht oder zu knapp abgehandelt, unproblematische werden zu ausführlich dargestellt.
- Bei ursprünglichen, objektiven, kumulativen Klagenhäufungen wird § 260 ZPO als »echte« Zulässigkeitsvoraussetzung dargestellt, anstatt die Vorschrift nach den übrigen Zulässigkeitsaspekten anzusprechen.
- Es fehlen die »Zulässigkeits-Pflichtpunkte« der jeweiligen Klagearten, zB die Zuständigkeit bei Leistungsklagen oder die Statthaftigkeit, das Feststellungsinteresse und die Zuständigkeit bei Feststellungsklagen oder die Statthaftigkeit, die Zuständigkeit und das Rechtsschutzbedürfnis bei den prozessualen Gestaltungsklagen der Zwangsvollstreckung.

Begründetheit (→ Rn. 271 ff.) 479

- Obersätze fehlen, sind falsch formuliert oder stehen an der falschen Stelle.
- Der Normbezug fehlt, Gesetzesvorschriften werden nicht zitiert und es wird nicht normorientiert subsumiert.
- Entscheidungsgründe werden wie Hausarbeiten gegliedert (üblich nur teilweise im Süden).
- Die Entscheidungsgründe sind nicht sinnvoll aufgebaut.
- Absätze fehlen oder sind an unpassenden Stellen.
- Bei Klageabweisungen wird die Reihenfolge Vertrag/Vertrauen/Gesetz nicht eingehalten.
- Bei Klageabweisungen werden die erfüllten Teilvoraussetzungen der Anspruchsgrundlage ausführlich dargestellt, statt sogleich den Grund des Scheiterns darzulegen.

- Bei ganz oder teilweise klageabweisenden Urteilen, gescheiterten Aufrechnungen, Einreden und Einwendungen wird vergessen, alle in Betracht kommenden Normen aufzuführen.
- Bei zusprechenden Urteilen wird zunächst dargelegt, aus welchen Normen die Klage nicht begründet ist, anstatt sofort auf die vorliegende Anspruchsgrundlage einzugehen.
- Bei zusprechenden Urteilen wird mehr als eine Anspruchsgrundlage dargelegt.
- Normen werden ungenau angegeben, dh ohne Absatz, Satz, Nummer, Halbsatz, Alt.
- Bei der analogen Anwendung einer bedeutsamen Norm, zB als Anspruchsgrundlage, werden Sinn und Voraussetzungen einer Analogie nicht erläutert.
- Die Subsumtion wird nicht in der gebotenen Reihenfolge durchgeführt.
- Der Urteilsstil wird nicht durchgehalten.
- Bei wichtigen Teilen der Begründung wird die Reihenfolge »Gesamtergebnis mit Norm/ Rechtssatz, Definition, Zwischenergebnis, Subsumtion« nicht durchgehalten.
- Teile des Tatbestandes werden wiederholt, statt sie in rechtliche Überlegungen einzubinden.
- Es werden Tatsachen verwertet, die im Tatbestand nicht erwähnt worden sind.
- Es fehlen tragfähige Argumente, die Darstellung erschöpft sich in Rechtsbehauptungen.
- Eine sinnvolle Gewichtung fehlt. Alles wird gleichermaßen breit oder dürftig dargestellt.
- Es wird aus Kommentaren zitiert, statt zu argumentieren.
- Für Selbstverständlichkeiten werden Zitate bemüht.
- Statt des Kommentars wird die dort angeführte Entscheidung als Fundstelle zitiert.
- Kommentare werden falsch zitiert, zB »Palandt« statt »Palandt/*Herrler*«.
- Zu völlig nebensächlichen Rechtsauffassungen der Parteien wird zu breit Stellung genommen. (Ausnahme: Der Korrektor will erkennbar etwas dazu lesen. Dann: »Dahinstehenlassen-Technik«!)
- Die Beweiswürdigung erschöpft sich ohne Obersatz in Leerformeln,
- Bei der Beweiswürdigung von Zeugenaussagen werden »glaubhaft« und »glaubwürdig« verwechselt.
- Gänzlich unergiebige Beweisaufnahmen durch Zeugenbeweis werden gewürdigt. (Ausnahme: unergiebige Gutachten müssen gewürdigt werden)
- Zeugenaussagen werden nicht präzise genug oder wertend wiedergegeben. Es muss heißen: *»Der Zeuge hat bekundet, er wisse nicht …«* und nicht: »Der Zeuge wusste nicht …«
- Am Ende der Darstellung wird das Ergebnis wiederholt.
- In Bayern und Baden-Württemberg: Das Hilfsgutachten fehlt, obwohl typische Inhalte vorhanden sind.

480 **Zinsen** (→ Rn. 169 ff.)

- Verzugszinsen werden trotz unschlüssigen Vortrags zuerkannt.
- Bei Verurteilung Zug um Zug werden Zinsen zuerkannt.
- Bei Klagen auf künftige Leistung oder bei Klageänderungen von Herausgabe auf Schadensersatz werden Zinsen ab Klagezustellung zuerkannt (Ausnahme: § 849 BGB).
- Der Zinsbeginn wird entgegen § 187 I BGB analog einen Tag zu früh angenommen.
- Der gesetzliche Zinssatz wird falsch formuliert: »iHv 5% über dem Basissatz«. Es muss lauten:

> Zinsen iHv 5 Prozentpunkten über dem jeweiligen Basiszinssatz.

- Bei der Geltendmachung von Verzugszinsen unter Vorlage einer Bankbescheinigung wird das einfache und damit unsubstantiierte Bestreiten für ausreichend erachtet.
- Bei der Zuerkennung von gesetzlichen statt der beantragten Verzugszinsen wird vergessen, dass der beantragte Zinssatz als Obergrenze anzugeben ist (*»… höchstens aber … %«*).

481 **Prozessuale Nebenentscheidungen** (→ Rn. 176 ff.)

- »Normale« Kostenentscheidungen werden überflüssigerweise begründet.
- Der Teil der Kostenentscheidung, der auf § 91a oder § 269 III 3 ZPO beruht, wird nicht begründet.
- § 92 ZPO wird ohne differenzierenden Hinweis auf eine der drei Varianten angeführt.

- Bei Hilfsanträgen, Hilfsaufrechnungen, Widerklagen wird vergessen, § 45 GKG zu zitieren.
- Bei teilweisen Klagerücknahmen wird vergessen, neben § 92 ZPO auch § 269 III 2 oder 3 ZPO anzuführen.
- Die Begründung der Entscheidung über besondere Vollstreckungsschutzanträge fehlt.

V. Sonstiges

- Die Rechtsbehelfsbelehrung wird vergessen. **482**
- Es wird vergessen, die Unterschriften der erkennenden Richter zu vermerken.
- Es wird mit dem eigenen Namen oder dem Namenszug der erkennenden Richter unterschrieben, anstatt zu vermerken: »*Unterschriften der erkennenden Richter*«.
- Der geforderte Streitwertbeschluss wird vergessen oder nicht als gesonderter Beschluss tenoriert.

G. Die Notfall-Lösung

I. Grundsätzliches

Die folgenden, dieses Lehrbuch abschließenden Ratschläge für den Super-GAU, wenn Sie beim besten Willen mit einer Klausur nicht zurechtkommen sollten, gelten im Wesentlichen nur für die im Examen am häufigsten vorkommenden Zivilurteilsklausuren, also für Leistungsklagen in erster Instanz. Einige der Ratschläge helfen aber auch bei allen Situationen, bei denen das Ergebnis von der Entscheidung einer Rechtsfrage abhängt, bei der Sie völlig »auf dem Schlauch stehen«. 483

Die Erfahrung hat gezeigt, dass in derartigen Situationen Panikreaktionen dazu führen, dass das, was nach fünf Stunden abgegeben wird, nicht einmal den Anschein eines Urteils erweckt und nicht selten bei 0 Punkten landet. So etwas darf nicht passieren, weil auch drei verschenkte Punkte für die erhoffte Note oder die Zulassung zur mündlichen Prüfung von Bedeutung sein können.

Es kann jedem passieren, dass er sich im Examen einer Klausur gegenübersieht, mit der er nicht zurechtkommt. Deshalb richten sich die Ratschläge auch nicht nur an »schwache« Kandidaten, sondern an alle, die aus einer schwierigen Situation das Beste machen wollen.

Wir kennen viele Referendare, die das Examen nur deshalb bestanden haben, weil sie sich rechtzeitig für die Notfall-Lösung entschieden haben. Die Zahl derer, die sich im Nachhinein gewünscht hätten, die Notfall-Lösung gewählt zu haben, ist noch weit größer. In allen uns bekannten Fällen sind Ergebnisse von mehr als drei Punkten herausgekommen; das Beste waren 13 Punkte. Kandidaten, die an einer für sie zu schwierigen Klausur, die sie de lege artis lösen wollten, gescheitert sind, haben meistens weniger als 3 Punkte erzielt.

Wie schon unter → Rn. 13 ff. dargestellt, ist es grundsätzlich empfehlenswert, den Tatbestand vor den Entscheidungsgründen zu schreiben. Für Ihre Vorgehensweise im Notfall ist dies ein absolutes Muss. Wenn Sie sicher sind oder auch nur die Befürchtung haben, dass Sie ein Fall überfordert, müssen Sie zunächst aus dieser beklemmenden Situation herauskommen. Und das geht nur, indem Sie mit dem Teil der Aufgabe beginnen, dem Sie sicher gewachsen sind.

Wenn Sie nur im Gesetz und im Kommentar blättern, wird Ihre Nervosität ständig zunehmen. Ihre Leistungsfähigkeit wird im gleichen Maße sinken. Sie müssen es schaffen, Ihre Kraft auf das zu konzentrieren, was Sie auch in einer derartigen Situation auf jeden Fall können. Das sind das fehlerfreie Abfassen des Rubrums, Tenors und Tatbestandes sowie die Darstellung der Zulässigkeitsaspekte, die ja auch vom materiell-rechtlichen Schwierigkeitsgrad der Klausur unabhängig sind. Klageänderung ist Klageänderung, im Schuldrecht wie im Erbrecht.

Merke: Sie müssen sich auf das besinnen, was Sie auf alle Fälle können, und das ist

- das Niederschreiben eines vollständigen Rubrums,
- das Abfassen eines formal ordnungsgemäßen Tenors,
- das Formulieren eines fehlerfreien, gut aufgebauten Tatbestandes,
- die überzeugende Darlegung der Zulässigkeitsaspekte,
- den richtigen Aufbau der Entscheidungsgründe,
- die Entscheidung über die Nebenforderungen,
- die korrekte Begründung der prozessualen Nebenentscheidungen,
- die Einhaltung des Urteilsstils.

Dies fällt jedoch besonders schwer, wenn man diese Vorgehensweise nicht zumindest bereits einmal geübt hat. Es ist deshalb im höchsten Maße töricht, während der Referendarzeit Klausuren, die einen überfordern, nicht mitzuschreiben. Sie müssen üben, mit solchen Situationen umzugehen und Ihre Erfahrungen mit dem Notfallschema machen. Es gehört nämlich eine Menge Mut dazu, sich für diesen Weg zu entscheiden. Die Gewissheit, dass er in der gegebenen Situation der bessere ist, gewinnt man leichter, wenn man ihn schon einmal gegangen ist. Und dass er in der Not der bessere ist, daran besteht nach unseren Erfahrungen kein Zweifel.

II. Die Vorgehensweise im Einzelnen

484 Die Reihenfolge Ihres Vorgehens ist:

1. Schreiben Sie das Rubrum!
2. Lesen Sie die Klausur mehrfach durch, und werten Sie dabei die Vorlage aus!
3. Schreiben Sie den Tatbestand!
4. Klären Sie den Klausurtyp!
5. Arbeiten Sie den »Fall« heraus!
6. Analysieren Sie den Fall unter klausurtaktischen Aspekten!
7. Nehmen Sie sich höchstens eine Stunde Zeit für eigene rechtliche Überlegungen!
8. Entscheiden Sie sich nach dieser Stunde für oder gegen die Notfall-Lösung!
9. Entscheiden Sie sich für stattgeben oder abweisen!
10. Schreiben Sie den Tenor!
11. Formulieren Sie die Zulässigkeitsaspekte!
12. Skizzieren Sie die Lösung!
13. Formulieren Sie die Entscheidungsgründe!
14. Lesen Sie sich alles gründlich durch!

Nun zu den Arbeitsschritten im Einzelnen:

1. Schreiben Sie das Rubrum!

485 Dadurch werden Sie zunächst einmal ruhiger, weil Sie von der Angst vor der rechtlichen Lösung abgelenkt werden und sich auf etwas konzentrieren müssen, was Ihnen leicht von der Hand geht. Sie werden merken, dass es Ihnen schon bei dieser Arbeit besser geht.

2. Lesen Sie die Klausur mehrfach durch, und werten Sie dabei die Vorlage aus!

486 Sie lesen sich den Sachverhalt so durch, als bestünde Ihre Aufgabe lediglich darin, einen perfekten Tatbestand zu schreiben. Ihre Aussicht auf die Punkte hängt nämlich ganz überwiegend davon ab, dass Sie in diesem Teil der Arbeit keine Fehler machen. Werten Sie beim Durchlesen die Vorlage wie gewohnt aus, indem sie alle Besonderheiten vom Bearbeitervermerk über das Rubrum der Klage, den Antrag des Klägers, die Klagebegründung, die Klageerwiderung, eventuelle besondere Anträge des Beklagten, eine eventuelle Replik des Klägers, bis hin zum Terminsprotokoll auf Merkzetteln festhalten. Legen Sie eine Zeittafel an, um Ordnung in den Sachverhalt zu bekommen.

3. Schreiben Sie den Tatbestand!

487 Sie müssen sauber trennen zwischen Streitigem und Unstreitigem. Sie müssen daran denken, den Vortrag der Parteien nicht ungeprüft und ungeordnet zu übernehmen. Vermeiden Sie Wertungen, bauen Sie historisch auf und bemühen Sie sich um eine verständliche Sprache, eine leserliche Schrift und eine gute graphische Gestaltung. Es zählen auch die Kleinigkeiten. Die vorgetragenen Tatsachen sollten Sie vollständig übernehmen, weil sie ja nicht wissen, welche möglicherweise überflüssig sind, es sei denn, es handelt sich um greifbar Nebensächliches. Schwierigkeiten, die sich daraus ergeben können, dass Sie einfach Streitiges nur einmal bringen dürfen und Sie nicht wissen, wer die Darlegungs- und Beweislast hat, lassen sich nicht vermeiden. Sie sollten nur grob prüfen, wem der jeweilige Vortrag nützt, und die Einordnung nach den allgemeinen Grundsätzen der Beweislast vornehmen. Einfach streitiger Vortrag zu rechtsbegründenden Tatsachen führen Sie im streitigen Klägervorbringen an, einfach streitigen Vortrag zu rechtshindernden, rechtsvernichtenden und rechtshemmenden Tatsachen bringen Sie im Beklagtenvortrag.

4. Klären Sie den Klausurtyp!

Als Nächstes müssen Sie feststellen, um welchen Klausurtyp es sich handelt (→ Rn. 76 ff.). **488**
Die Unterscheidung zwischen Klausurtyp 2 oder 3 wird schwerfallen, weil Sie ohne Kenntnis der rechtlichen Zusammenhänge nicht abschätzen können, ob streitige Tatsachen erheblich sind oder nicht. Sie werden aber herausfinden, ob die Parteien nur um Rechtsmeinungen oder auch um Tatsachen streiten.

5. Arbeiten Sie den »Fall« heraus!

Nach dem Abfassen des Tatbestandes sollten Sie versuchen, den Fall zu erarbeiten. Dieser **489**
Schritt erfolgt nach den allgemeinen Regeln. »Fall« wird das Unstreitige, das Bewiesene und das, was ohne bewiesen werden zu müssen, der Entscheidung zugrunde zu legen ist.

6. Analysieren Sie den Fall unter klausurtaktischen Aspekten!

Auch ohne den Fall rechtlich erfasst zu haben, wird es Ihnen gelingen, sofern Sie Ruhe be- **490**
wahren, die klausurtaktischen Überlegungen anzustellen, die Sie aus → Rn. 80 ff. kennen. Rufen Sie sich die klausurtaktischen Grundsätze »Entscheidungsreife, Vollständigkeit und Richtigkeit« in Erinnerung, ziehen Sie die zwingenden Rückschlüsse aus einer durchgeführten oder unterbliebenen Beweisaufnahme oder aus erteilten oder fehlenden Hinweisen. Das kann schon viel Licht ins Dunkel bringen. Vielleicht wissen Sie sogar, wer gewinnen muss, weil die Beweislast eindeutig ist und die Beweisaufnahme unergiebig war.

7. Nehmen Sie sich höchstens eine Stunde Zeit für eigene rechtliche Überlegungen!

Sie sollten sich anschließend maximal eine Stunde Zeit lassen, um herauszufinden, ob Sie nicht **491**
vielleicht doch in der Lage sind, die Klausur normal zu lösen. In dieser Stunde sollten Sie angstfrei im Gesetz suchen, im Kommentar lesen und überlegen. »Angstfrei« deshalb, weil Sie wissen, dass Sie zur Not Ihre Lösung schon haben.

8. Entscheiden Sie sich nach dieser Stunde für oder gegen die Notfall-Lösung!

Spätestens nach dieser Stunde müssen Sie sich entscheiden, ob Sie wirklich eine Chance sehen, **492**
den Fall »normal« zu lösen, oder ob Sie ab dann auf Notfall schalten. Diese Entscheidung ist von enormer Tragweite. Es ist aber auf jeden Fall falsch, sie weiter hinauszuschieben. Sie brauchen auch für das Abfassen der Entscheidungsgründe nach dem Notfallschema eine gewisse Zeit. In zu großer Eile machen Sie Fehler, die Sie verraten können.

Wenn Sie sich für die Notfall-Lösung entschieden haben, muss diese Entscheidung endgültig sein. Sie müssen sich darüber klar sein, dass Sie damit einen Weg gewählt haben, der wahrscheinlich nicht zu einer zweistelligen Punktzahl führt. Wenn Sie durch Zufall das richtige Ergebnis treffen, haben Sie eine faire Chance, im befriedigenden Bereich zu landen. Andernfalls schaffen Sie es zumindest über die Einhaltung der Formalien und den äußeren Schein einer zu Ende geschriebenen, ordentlich abgefassten Klausur, nicht unter drei Punkte abzurutschen. Hinzu kommt, dass Sie davon ausgehen können, dass es bei einer wirklich »abgefahrenen« Klausur den meisten anderen Prüflingen auch nicht wesentlich besser geht als Ihnen. Wenn deren Versuch, die Klausur normal zu lösen, scheitert, werden deren Arbeiten weitaus chaotischer und schlechter sein als Ihre. Das erhöht Ihre Chance, im Rahmen einer relativen Bewertung ins Ausreichend zu rutschen.

Zur Vermeidung von Missverständnissen noch mal der Hinweis: Die hier skizzierte Notfall-Lösung funktioniert im Wesentlichen nur bei Zivilurteilen bei Leistungsklagen in erster Instanz. Insbesondere die Ratschläge unter Nr. 13 helfen aber auch bei allen Situationen, bei denen das Ergebnis von der Entscheidung einer Rechtsfrage abhängt, mit der Sie beim besten Willen nicht zurechtkommen.

9. Entscheiden Sie sich für stattgeben oder abweisen!

Als Nächstes müssen Sie sich entscheiden, ob Sie der Klage stattgeben oder ob Sie sie abweisen. **493**
Grundsätzlich ist es einfacher, einer Klage stattzugeben, weil Sie dann lediglich eine Anspruchsgrundlage darstellen müssen (→ Rn. 235 ff.). Bei einem klageabweisenden Urteil müsste man ja alle in Betracht kommenden Anspruchsgrundlagen ansprechen (→ Rn. 243 ff.), was bei einer

Klausur, die einen überfordert, deutlich schwieriger sein könnte und auch mehr Zeit kostet. Wenn allerdings nur eine Anspruchsgrundlage in Betracht kommt (→ Rn. 496), können Sie sich die Lösung aussuchen, die sie besser begründen können. Achten Sie auf die üblichen Stolpersteine bei Zinsen (→ Rn. 169 ff.) und die gegebenenfalls erforderliche Teilabweisung.

10. Schreiben Sie den Tenor!

494 Da Sie ja wissen, wie zu entscheiden ist, sollten Sie sodann den Tenor schreiben, damit Sie in der möglichen Hektik der Schlussphase nicht doch noch etwas vergessen oder schief formulieren.

11. Formulieren Sie die Zulässigkeitsaspekte!

495 Zunächst beginnen Sie damit, nach erörterungswürdigen Zulässigkeitsproblemen zu suchen. Diese werden Sie auch dann finden, wenn Sie die materielle Rechtslage nicht durchschaut haben. Es ist selbstverständlich, dass Sie alle Zulässigkeitsfragen darstellen, die die Parteien problematisieren oder die ohnehin angesprochen werden sollten (→ Rn. 303 ff.).

12. Skizzieren Sie die Lösung!

496 Wenn Sie »Ihre« Anspruchsgrundlage gefunden haben, erstellen Sie wie üblich eine Gliederung. Sofern es sich um eine Vorschrift handelt, die im Palandt kommentiert ist, sollten Sie zunächst dort nachlesen und sich notieren, worüber bei dieser Norm gestritten wird. Mit etwas Glück ist »Ihr« Problem ja kommentiert. Lesen Sie im Schönfelder auch die benachbarten Vorschriften des gesamten Kapitels durch. Dort finden Sie vielleicht wertvolle Anregungen oder Lösungshinweise (→ Rn. 144).

Wenn Sie keine Anspruchsgrundlagen finden, hilft nur eins:

- Ohne vertragliche Bindungen zwischen den Parteien ist § 812 I 1 Alt. 2 BGB »Ihre« Anspruchsgrundlage. Das »Zauberwort« heißt: Eingriff in den Zuweisungsgehalt eines fremden Rechts.
- Bei vertraglichen Beziehungen ist die Verletzung vertraglicher Nebenpflichten bzw. positive Vertragsverletzung gem. §§ 280, 241 II BGB der Schlüssel zum Erfolg.

In Ihrer Gliederung sollten Sie die Anspruchsvoraussetzungen auflisten und sich zu jedem Punkt das herausschreiben, was die Parteien jeweils an Argumenten pro und contra liefern.

13. Formulieren Sie die Entscheidungsgründe!

497 Wenn Sie sich einmal entschlossen haben, die Notfall-Lösung zu schreiben, müssen Sie die Spielregeln einhalten, und die lauten in diesem Punkt:

- **Sie müssen sich mit dem begnügen, was die Vorlage an Argumenten enthält!**
- **Sie dürfen auf keinen Fall eigene Überlegungen einbringen!**

Jede Überlegung oder jedes Argument, das sich nicht in der Vorlage wiederfindet, kann so abwegig sein, dass es Sie verrät. Das bedeutet für Ihre Scheinargumentation, dass Sie die anspruchsbegründende Norm mit den Argumenten der obsiegenden Partei stützen und dem die Argumente des Gegners lediglich gegenüberstellen, verbunden mit der Feststellung, dass dessen Ansicht nicht zutrifft. Zur Unterstützung dieser Feststellung sollten Sie sich ein Ihnen besonders überzeugend erscheinendes Argument der obsiegenden Partei aufbewahren oder ein bereits angeführtes mit anderen Worten wiederholen. Bezüglich der Einreden und Einwendungen des Unterlegenen gehen Sie anschließend in umgekehrter Weise vor.

Nutzen Sie die Gelegenheit, an geeigneten Stellen durch Darlegung von juristischem Basiswissen wie den Voraussetzungen einer Analogie oder dem Vorrang der Leistungskondiktion vor anderen Kondiktionen zu zeigen, dass Sie etwas vom Zivilrecht verstehen.

Da Sie keinen Schwerpunkt erkennen können, weil Sie den Fall ja nicht verstanden haben, einige Sätze mehr schreiben und notfalls dieselben Argumente in umgekehrter Reihenfolge oder leicht anders formuliert noch einmal bringen. It's showtime!

Achten Sie darauf, dass Sie jeden Aspekt, den die Parteien ansprechen, auch erwähnen müssen. Dadurch setzen Sie sich zumindest nicht dem Vorwurf aus, einen wichtigen Gesichtspunkt, den Sie als solchen nicht erkannt haben, völlig übergangen zu haben.

Bei der Umsetzung Ihrer Skizze in Entscheidungsgründe müssen Sie besonders auf guten Urteilsstil achten. Das Ergebnis Ihrer Klausur hängt davon ab, dass Ihnen in der »B-Note«, dem formalen Teil, keine Fehler unterlaufen. Zwingen Sie sich dazu, das unter → Rn. 275 dargestellte Frage- und Antwortspiel in den Grundzügen durchzuhalten.

14. Lesen Sie sich alles gründlich durch, und achten Sie auf die typischen Fehler!

Bei diesem »Feinschliff« sollten Sie die unter → Rn. 475 ff. aufgeführten Fehlerwarnungen **498**
vor Augen haben und besonders auf Kleinigkeiten achten. Die großen Entscheidungen sind ohnehin schon gefallen. Mit Kleinigkeiten sind hier die äußere Form, das Schriftbild, sinnvolle Absätze sowie die materiellen und prozessualen Nebenentscheidungen gemeint.

Achten Sie darauf, Zinsen nicht in zu großem Umfang zuzusprechen, wenn der Kläger zB zur Höhe oder zum Verzug nicht schlüssig vorgetragen hat. Und denken Sie an § 187 I BGB analog, wenn der Kläger den Zinsbeginn einen Tag zu früh angenommen hat.

Die prozessualen Nebenentscheidungen dürften nicht schwerfallen. Die Kostenentscheidung folgt bei vollem Erfolg oder Misserfolg immer aus § 91 I 1 ZPO, bei minimalen Teilabweisungen aus § 92 II I Nr. 1 ZPO. Die vorläufige Vollstreckbarkeit ergibt sich je nach Wertgrenze aus § 709 S. 1 ZPO oder §§ 708 Nr. 11, 711 ZPO. Bedenken Sie bei der Sicherheitsleistung nach § 711 S. 2 iVm § 709 S. 2 ZPO, dass Sie zwischen dem jeweils zu vollstreckenden und dem aufgrund des Urteils vollstreckbaren Betrag unterscheiden. Achten sie darauf, ob das Urteil gem. §§ 511 ff. ZPO mit Rechtsmitteln anfechtbar ist. Die Beschwer muss über 600 EUR liegen, ansonsten ist das Urteil gem. § 713 ZPO ohne Sicherheitsleistung und Abwendungsbefugnis für vorläufig vollstreckbar zu erklären (→ Rn. 215 ff.).

Wir hoffen, dass Sie auf die Ratschläge für den Notfall nicht zurückgreifen müssen und, falls doch, dass es gelingen möge. Deshalb lautete auch der Untertitel des diesem Buch zugrunde liegenden Skripts unter Missachtung von § 184 GVG:

»Prosit«

(lat.: Es möge nützen!)

Wenn Sie dieses Buch durchgearbeitet haben, geht es weiter mit Band II (Wiederholung und Vertiefung), der Ihnen den letzten Schliff in den Monaten vor den Examensklausuren gibt.

Stichwortverzeichnis

Die im Verzeichnis aufgeführten Zahlen bezeichnen Randnummern. Wenn mehrere Fundstellen angegeben sind, sind die Hauptfundstellen durch Fettdruck hervorgehoben.